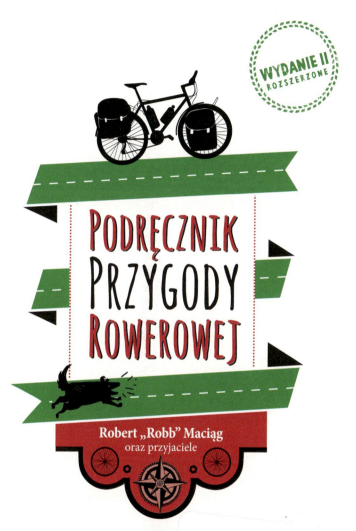

Podręcznik Przygody Rowerowej

Robert „Robb" Maciąg
oraz przyjaciele

Bezdroża

Wszelkie prawa zastrzeżone. Nieautoryzowane rozpowszechnianie całości lub fragmentu niniejszej publikacji w jakiejkolwiek postaci jest zabronione. Wykonywanie kopii metodą kserograficzną, fotograficzną, a także kopiowanie książki na nośniku filmowym, magnetycznym lub innym powoduje naruszenie praw autorskich niniejszej publikacji.

Wszystkie znaki występujące w tekście są zastrzeżonymi znakami firmowymi bądź towarowymi ich właścicieli.

Autor oraz Wydawnictwo HELION dołożyli wszelkich starań, by zawarte w tej książce informacje były kompletne i rzetelne. Nie biorą jednak żadnej odpowiedzialności ani za ich wykorzystanie, ani za związane z tym ewentualne naruszenie praw patentowych lub autorskich. Autor oraz Wydawnictwo HELION nie ponoszą również żadnej odpowiedzialności za ewentualne szkody wynikłe z wykorzystania informacji zawartych w książce.

Redaktor prowadzący: Michał Mrowiec

Projekt okładki: Natalia Oporowska

Przygotowanie okładki: ULABUKA

Wydawnictwo HELION
ul. Kościuszki 1c, 44-100 GLIWICE
tel. 32 231 22 19, 32 230 98 63
e-mail: *bezdroza@bezdroza.pl*
WWW: *http://helion.pl* (księgarnia internetowa, katalog książek)

Drogi Czytelniku!
Jeżeli chcesz ocenić tę książkę, zajrzyj pod adres
http://bezdroza.pl/user/opinie/berow2
Możesz tam wpisać swoje uwagi, spostrzeżenia, recenzję.

ISBN: 978-83-283-2620-0

Copyright © Helion 2016

Printed in Poland.

Podręcznik Przygody Rowerowej

Ania i Robert „Robb" Maciąg

oraz
(kolejność absolutnie przypadkowa): Agnieszka Szczepaniuk, Adam Kmieciak, Janek Piętek, Marzena Badziak, Agata Roszczka, Anna Rudy, Małgosia Duszyńska, Anita Demianowicz, Pit Blama, Kuba Rybicki, Piotr Strzeżysz, Marcin Jakub Korzonek, Dominik Szmajda, Ewa Świderska, Magdalena Mokrzan, Kamila Kielar, Mateusz Waligóra, Andrzej Kaleniewicz, Michał Piec, Karolina i Aleksander Klaja, Rafał Czyżewski, Michał Sitarz, Ola Nikitin, Staszek Majcherkiewicz, Elżbieta Grądziel, Stephen Lord, Szymon Michalski, Dorota Chojnowska, Piotr Waksmundzki, Michał Dudkowski, Jens Hoffman, Arek Łojek, Jurek Szczęsny, Marek „Transatlantyk" Piluch, Agnieszka i Jacek Stanisławscy, Czesław Adamiak, Małgorzata Maćkowiak, Kuba Postrzygacz, Antek Myśliborski, Michał Sałaban, Ola Pająk-Gałęza i Zbyszek Gałęza, Tomek Gurdziołek, Marek Miłoszewski, Joanna Witczak, Darek Marchewicz, Anna Filipczak, Czesław Adamiak, Małgorzata Grochowska

A więc czytelniku i czytelniczko!

Jeśli masz pieniądze, kupuj rower.

Nie wyobrażaj sobie, że w nim siedzi diabeł, nie lękaj się trudów początkowej nauki, nie lekceważ go jako zabawkę, ale naucz się jeździć i wyjeżdżaj jak najczęściej i najdalej za miasto. W krótkim czasie zgrubieją ci muskuły, odzyskasz sen, apetyt i dobry humor, staniesz się człowiekiem zdrowym, dzielnym i podziękujesz niżej podpisanemu, że cię tak gorliwie zachęcał.

Bolesław Prus, „Kurier Codzienny", 1891

Wstęp

Jak zamienić marzenie o wyprawie rowerowej w rzeczywistość? To nurtujące niejednego z naszych Czytelników pytanie znalazło odpowiedź w poniższej książce.

Ania i Robb Maciągowie, zapaleni cykliści i podróżnicy, właściwie mogliby wypełnić kolejne strony tylko swoimi opowieściami z różnych stron świata — materiału na pewno by nie zabrakło, a i lektura byłaby przednia, bo oboje piszą ze swadą i znajomością rzeczy.

Autorzy ustrzegli się jednak pisarskiego „egoizmu" polegającego na chęci pokazania tylko swoich osiągnięć i zaprosili do współpracy znanych podróżników rowerowych. W ten sposób powstała niezmiernie interesująca książka stanowiąca połączenie dokumentu z trzymającą w napięciu beletrystyką.

Jeszcze raz okazało się, że chęć poznania świata i silna wola czynią cuda. W książce znajdziemy na to wiele przykładów, jak choćby barwną opowieść dziewczyny, która nie bała się samotnie przemierzać na rowerze tybetańskie bezdroża.

Jeśli ktoś nie wierzy w swoje siły, po przeczytaniu „Podręcznika..." może zmienić zdanie, bo „jeśli innym się udało, to dlaczego nie mnie!".

Książka na pewno przyda się początkującym rowerzystom, którzy znajdą tu mnóstwo informacji i porad dotyczących roweru i wypraw rowerowych, a wszystko to napisane na podstawie własnych doświadczeń autorów.

Naprawdę miła i pouczająca lektura!

Henryk Sytner

Spis treści

Wstęp do wydania drugiego · 7
Opowieści z drogi · 9
Pataty i pomarańcze — Afryka, o jakiej marzyliśmy · 11
Krótka historia o tym, jak rowerami dojechaliśmy na drugi koniec świata
i dlaczego możesz zrobić to i Ty · 21
Kobieta potrafi (czego trzy kobiety nauczyły się, jadąc przez Azję) · 31
Dookoła Polski · 43
Punkistan Zindabad! · 53
Dolina Muminków · 63
Negocjacje nocą po indyjsku · 72
Rower na koniu, czyli Kirgizja na dwóch kółkach · 80
Szlakiem uralskich strumieni · 92
W drodze na Hokkaido · 99
Sama w kotle bałkańskim · 114
Rowerowe rubieże północy · 121
WALKABOUT. Rowerem przez Canning Stock Route · 129

Trasy · 135
Ja też chcę w świat... tylko dokąd? · 137
To może najpierw po Polsce? · 138
A ja chcę pojechać daleko! · 138
Jedziemy w daleki świat! · 141
Transdanubia, czyli rowerem wzdłuż Dunaju · 141
Ukraina — rowerem do sąsiadów · 147
Bałkany — otwarte drzwi i serca byłej Jugosławii · 151
*W krainie północnego słońca, czyli kultowa podróż
na północny kraniec Europy — Nordkapp* · 154
Turcja — gdzie stacja benzynowa jest oazą · 158
Gruzja — nie tylko Kaukaz · 161

Kanada pachnąca przestrzenią · 167
Wietnam — widoki jak z pocztówek · 172
Karakorum Highway — droga do nieba · 177
Rowerem z królową polskich rzek · 181

Sprzęt · 185
Rower mój to jest to… kocham go! · 187
Rowerowe kempingowanie · 221

Zanim wyruszysz · 233
Sześć najważniejszych pytań · 235
Dobry plan nie jest zły · 236
Samotnie czy w tłoku? · 239
Panie pilocie — rower w samolocie · 253
Pociąg · 256
A ile to kosztuje? · 258

W drodze · 269
Gdzie ja dzisiaj będę spać? · 271
Częste mycie wydłuża życie · 276
Gdzie tu jest jakaś restauracja? · 279
Nie ma wody na pustyni · 289
Pokaz mody · 293
W poszukiwaniu pralki · 298
Czy tu mieszkają ludożercy? · 300
Podręcznik zimowej przygody rowerowej · 307
W drodze z psem. Sabaka wiełosypiedystka, czyli rzecz o rzeczach niemożliwych · 314
Niemożliwe staje się możliwe, czyli magia żółtego długopisu · 317
Być kobietą, być kobietą · 325
Praktycznik dla kobiet · 327

Dzieci · 331
Kajtostany jak bociany, czyli urlop macierzyński w drodze · 333
Nasz pierwszy raz z przyczepką · 344
A ze starszym dzieckiem? · 350
Jak kupić pierwszą przyczepkę? · 353
Hol „Follow Me" · 362

Wyzwania · 365
Psy · 367
Zaproszenie do domu · 369
Zmęczenie i nuda · 371
Kontuzje · 372

Wstęp do wydania drugiego

Kiedy wydawaliśmy Podręcznik po raz pierwszy, nikt nie wierzył, że tak szybko trzeba będzie przygotować go po raz drugi. Okazało się jednak, że świat przygody rowerowej w Polsce przyjął go bardzo dobrze i dziś oddajemy Wam w ręce drugie wydanie. Trochę grubsze niż poprzednie, ale identyczne z charakteru. Wciąż jest to książka dla każdego, kto nie wie jak zacząć wielką rowerową przygodę. Nie ma tu zbyt wielu technicznych detali, gramów i milimetrów. Jak każda nasza książka tak i ta jest o tym, że jechać można na wszystkim gdy się bardzo chce, a reszta wydarzy się sama, jeśli tylko na to pozwolimy.

Znajdziecie tu kilkanaście zupełnie nowych opowiadań, napisanych przez zwykłych, odważnych ludzi. Takich samych jak Wy. (Wiemy na pewno, że co najmniej dwie podróże z opisanych odbyły się dzięki naszym wcześniejszym książkom!) Nowi autorzy, opowiedzą Wam także jak wybrać się na wycieczkę w srogą zimę, jak to zrobić z psem i skąd wziąć na to wszystko pieniądze.

Drugie wydanie rozszerzyliśmy o zupełnie nowy rozdział o podróżach z dziećmi. Przeczytacie w nim jak dziś podróżują Ci, dla których to nie pierwszyzna oraz jak robili to po raz pierwszy. Dowiecie się na co zwrócić uwagę przy kupowaniu pierwszej przyczepki i jak podróżować z dzieckiem, gdy już z niej wyrośnie.

Do zobaczenia w drodze!
Robb i Ania Maciąg

Opowieści z drogi

Pataty i pomarańcze
— Afryka, o jakiej marzyliśmy

www.papatyipomarancze.pl

AFRYKA. Nasza wielka rowerowa przygoda musiała mieć miejsce właśnie tam. Bo gdzie indziej? Nieważne, ile tras rozważaliśmy, ile różnych pomysłów mieliśmy — zawsze kończyliśmy na tym samym. AFRYKA. Samo to słowo brzmi magicznie. Tajemnicze lasy tropikalne, bezludne sawanny, piękne zwierzęta i barwne kultury pobudziłyby wyobraźnię niejednego poszukiwacza przygód. Jednak nie mieliśmy złudzeń. Afryka dla podróżnika może być nie tylko fascynująca, ale także trudna, męcząca, momentami nudna, a czasem niebezpieczna. Dlatego na hasło „jedziemy rowerami przez Afrykę" spotykaliśmy się z różnymi reakcjami. Jedni pukali się w głowę, inni patrzyli z przerażeniem, a jeszcze inni z niedowierzaniem. Wszystkich natomiast najbardziej interesowało, czy nie boimy się dzikich zwierząt. Czy kemping „na dziko" jest bezpieczny? Czy słoń nas nie rozdepcze, gdy będziemy spać? Czy mamy coś do obrony przed lwami i co z rozwścieczonym afrykańskim bawołem? Dla nas jednak problem dzikich zwierząt nigdy nie był najważniejszy. Zawsze bardziej martwiliśmy się komarami niż słynną „wielką piątką" afrykańskich ssaków, brakiem dostępu do wody pitnej, walkami plemiennymi czy brakiem infrastruktury drogowej. Te zagrożenia wydawały się bardziej realne, bardziej prawdziwe niż szarża bawołów albo niezdarne słonie rozdeptujące namioty. To z powodu malarii czy innych tropikalnych chorób podróżnicy często nie wracają z Afryki, a nie z powodu pożarcia przez krokodyle. Tak myśleliśmy. Tymczasem Afryka szykowała dla nas ciekawą niespodziankę...

Pierwsze miesiące podróży upewniły nas w przekonaniu, że to nie dzikie zwierzęta przysporzą nam najwięcej kłopotów w czasie naszej wyprawy. Jak na razie, jedynymi spotykanymi przez nas bestiami były wielbłądy, krowy, osły, kozy, psy i termity. Z całej tej gromady najbardziej dokuczały nam oczywiście psy. Zazwyczaj leniwie leżały przy drodze i rzadko kiedy podnosiły głowę, ucho albo choćby otwierały oko, ale czasem znalazł się jakiś nadgorliwiec, który pomimo

50-stopniowego upału postanowił pokazać nam, gdzie nasze miejsce. Pewnie należało mieć pod ręką mały kamyczek i postraszyć drania, ale kto miał do tego serce. Zamiast konfrontacji zdecydowanie woleliśmy rozwiązanie pokojowe, czyli... wiejemy, ile sił w nogach. Zazwyczaj się udawało, ale czasem, szczególnie pod górkę, słono musieliśmy zapłacić za tę słabość do wsiowych burków.

Nadzieja na spotkanie jakiegoś bardziej egzotycznego zwierza niż koza pojawiła się wraz z obraniem kursu na przejście graniczne, do którego droga prowadzi przez Park Narodowy Niokolo-Koba w Senegalu. Z tego, co udało nam się wywiedzieć, wynikało, że mieliśmy szansę zobaczyć małpy, guźce, może jakąś antylopę i sporo różnych gatunków ptaków, ale to tyle. Zawsze lepiej niż koza i krowa. Z nadstawionymi uszami i aparatem w pogotowiu skręciliśmy w stronę parku. Trochę się zdziwiliśmy, jak chwilę później zobaczyliśmy dwóch żandarmów i szlaban. Oczywiście dla tych, którzy planowali safari, wjazd do serca parku, kasy biletowe i wynajem 4×4 były gdzie indziej; to była zwykła droga narodowa, która biegła przez park. Jednak wyczuwając kłopoty, postanowiliśmy przyjąć strategię działania, która do tej pory nigdy nas nie zawiodła: zgrywamy głupa. Panowie żandarmi miło się z nami przywitali, ale płynną francuszczyzną (Senegal to była kolonia francuska) dość stanowczo powiedzieli, że nie mogą nam pozwolić przejechać. Wjazd do parku jest dozwolony tylko samochodem, gdyż są w nim „lwy i inne dzikie koty", i w związku z tym musimy zawrócić. My na to, że przepraszamy, ale nie rozumiemy francuskiego i z najsympatyczniejszymi uśmiechami na świecie wytrwale powtarzaliśmy nazwę miejscowości, do której jedziemy. Panowie lekko poirytowani zaczęli szukać kogoś, kto mówi po angielsku, ale na szczęście bez skutku. Liczyliśmy na to, że w końcu im się znudzi, i widząc, że się nie dogadamy, po prostu nas puszczą. Tymczasem nie było tak łatwo. Piętnaście minut później ta próba wytrwałości trwała nadal. W końcu, jak wyciągnęliśmy materiały pomocnicze w postaci mapy i przewodnika i zaczęliśmy się rozkładać, udając, że będziemy im tłumaczyć, o co nam chodzi, miarka się przebrała i mniej uparty z żandarmów machnął ręką i podniósł szlaban. Udało się! Krótko trwała nasza radość, bo kilka kilometrów dalej zatrzymali nas panowie w terenowej Toyocie. To byli strażnicy parku. Nie mieli władzy, żeby podważyć decyzję żandarmów, ale byli bardzo niezadowoleni z naszej obecności i chcieli nas pouczyć, uwaga... że „w parku są lwy i inne dzikie koty". Jasne, od lat ich nikt nie widział, ale cały *safari biznes* się na nich opiera, więc wszyscy podtrzymują ten mit. Niezależnie od tego, czy się lwów przestraszyliśmy, czy nie, obiecaliśmy strażnikom, że noc spędzimy na ich posterunku, 75 kilometrów dalej, mniej więcej w połowie drogi przez park. I pojechaliśmy. Przez cały dzień nie spotkaliśmy ani nawet pół małpy, co najwyżej kilka kolorowych ptaszków. Nie, żebyśmy tak od razu chcieli zobaczyć lwa na naszej drodze, ale tak zupełnie nic?!

13 Pataty i pomarańcze

Wieczorem dojechaliśmy na posterunek. Strażnicy (dziewiętnastoletnie chłopaki poprzebierane w moro) przyjęli nas z radością, bo zdaje się, że strasznie się tam nudzą. Ich jedyną rozrywką były grasujące w okolicy małpy, które podkradały z obozu jedzenie. Nocleg trudno byłoby nazwać udanym (poza pyszną *yassa au poulet*, na którą zaprosiła nas kobieta jednego ze strażników). Na posterunku śmierdziało jak w zoo, małpy podkradały nam rzeczy z namiotu i dobierały się do sakw, a całą noc płonęły ogniska, które miały niby odstraszyć „lwy i inne dzikie koty". Po południu następnego dnia wyjechaliśmy z parku, nie widząc ani śladu „lwa i innych dzikich kotów". Najwyraźniej to te ogniska je przestraszyły, bo przecież nie ciężarówki jadące tędy do granicy z Gwineą...

Po wyjeździe z Senegalu przez następnych kilka miesięcy kontynuowaliśmy naszą batalię z wsiowymi burkami, mrówkami gryzącymi nas po nogach i osłami blokującymi drogę. Temat dzikich zwierząt i zagrożeń z nimi związanych zaczął funkcjonować w naszej świadomości już tylko jako mit, a nawet zabawny żart. „Uważaj, żeby cię lew nie pożarł, jak będziesz sikał", „Nie rozkładaj się tam, bo cię słoń rozdepcze", ha, ha, ha, ha, wolne żarty!

Sytuacja zaczęła się zmieniać dopiero w Afryce Wschodniej. Na drogach pojawiały się znaki ostrzegawcze uprzedzające o słoniach przekraczających drogę, a miejscowi z jeszcze większym niż w Afryce Zachodniej uporem ostrzegali nas przed tymi dzikimi bestiami. Jednak przez dwa miesiące spędzone w Kenii natrafialiśmy jedynie na zebry, kilka różnych rodzajów antylop i strusie. Te biedne zwierzaki uciekały przed nami szybciej, niż byliśmy w stanie wyciągnąć aparat. Raczej trudno je było nazwać zagrożeniem. Mijał już blisko rok naszej rowerowej podróży przez Afrykę, a my coraz bardziej utwierdzaliśmy się w przekonaniu, że żeby zobaczyć w niej jakieś dzikie zwierzęta, trzeba zapłacić kilkaset dolarów, zapakować tyłek do terenowej Toyoty i razem z grupką rozfotografowanych turystów wybrać się na safari do jednego z parków narodowych... Zanim jednak całkiem straciliśmy nadzieję, postanowiliśmy jeszcze dać szansę Tanzanii...

Zmierzając na południe, jak zawsze zjechaliśmy z głównej drogi, żeby ominąć ruch samochodowy. Skręciliśmy w boczną, kurzową drogę, prowadzącą przez tereny Masajów. Nie minęło dużo czasu, zanim rozpoczęliśmy nasze długo wyczekiwane rowerowe safari. Najpierw znad rozłożystych akacji dostrzegliśmy wystającą głowę żyrafy. Chwilę potem pojawili się jej kompani. A jeszcze kolejną chwilę potem cała gromada. Oniemiali urokiem i gracją tych pstrokatych dziwaków kompletnie straciliśmy rachubę czasu. Nagle zaczęło zmierzchać. Rozsiane po buszu zwierzęta zaczęły się schodzić na sawannę, by tam w większej grupie spędzić noc. Stada zebr, jedno za drugim wynurzały się ze wszystkich stron, między nimi gazele i liczne antylopy. Niespecjalnie się nas obawiały. Nawet płochliwe gnu dały się troszkę popodglądać. Dopuszczały nas

do siebie na bezpieczną odległość, a jak przesadziliśmy to nieśpiesznie cofały się o kilka metrów. Nie mogliśmy się oprzeć ich towarzystwu. Zaparkowaliśmy rowery, rozbiliśmy namiot pod rozłożystą akacją, żeby rano mieć trochę cienia, i cały wieczór cieszyliśmy się tym magicznym widowiskiem. Kolejne dni i kolejne spotkania z mieszkańcami afrykańskiej sawanny rekompensowały nam ciągłe gumy i wielogodzinne poszukiwanie mikroskopijnych dziurek w dętkach spowodowane przez wszechobecne ciernie akacji. Problemem zaczęła też być woda pitna. I tak rzadko rozsiane wioski Masajów nie zawsze miały studnie i coraz częściej byliśmy zmuszeni do czerpania wody z rzeki i jej wielokrotnego filtrowania. Nic jednak nie miało znaczenia, bo w końcu byliśmy w Afryce, o jakiej zawsze marzyliśmy.

Im dalej na południe tym rzadsze były widoki ogromnych stad zebr i gnu, a częstsze ślady największego z afrykańskich ssaków — słonia. Busz aż się roił od śladów ich ogromnych stóp i jeszcze większych kup. Niemal czuliśmy ich obecność, niemal słyszeliśmy ich potrąbywanie, ale ciągle ich nie widzieliśmy. W końcu zniecierpliwieni ruszyliśmy na ich poszukiwanie. Wjechaliśmy na niewielką drogę prowadzącą w głąb buszu. Według mapy nadkładaliśmy kilkaset kilometrów drogi, ale pokusa była nie do odparcia. Nie zawróciliśmy, nawet gdy po kilkunastu kilometrach droga zrobiła się piaszczysta i rowery bardziej ciągnęliśmy i pchaliśmy, niż na nich jechaliśmy. Determinacja była duża. Szukamy słoni, nie wycofujemy się. Miny nam zrzedły, dopiero gdy nagle ni stąd, ni zowąd otoczył nas rój setek boleśnie kąsających much. Nie mieliśmy wątpliwości. To były muchy tse-tse. Ugryzienia szybko rosły i puchły jak potłuczenia. *Deet*, co to niby miał wszystko, co lata i pełza, trzymać od nas z daleka, okazał się w tym wypadku absolutnie nieskuteczny. Zostało nam tylko uciekać. Jednak im bardziej przed nimi uciekaliśmy, tym bardziej kąsały, bo przyciągał je pot i ciepło naszych ciał. Poza tym nie bardzo mieliśmy jak przed nimi uciekać. Droga była fatalna, rowery grzęzły w piachu, a strome pagórki niczego nie ułatwiały. Nie bardzo wiedząc, co zrobić, rozbiliśmy moskitierę i liczyliśmy na to, że sobie odlecą. Niestety, bzykały dookoła nas nawet po zachodzie słońca. Padnięci od wysiłku w końcu zasnęliśmy, bez kolacji. Rano obudziły nas głód i znajome bzykanie. Do tego Adam wyglądał, jakby go kibice na stadionie obtłukli. Naliczyliśmy u niego ponad 70 ukąszeń! U mnie niewiele mniej. Nie było dobrze… Niewiele wiedzieliśmy o tych cholernych tse-tse. Jedynie tyle, że roznoszą groźną chorobę, która nieleczona może spowodować śpiączkę. Ile mieliśmy czasu na przyjęcie leków? Czy każda mucha zaraża? No i gdzie jest najbliższy szpital? Jedno wiedzieliśmy na pewno. Musimy się stąd wydostać! I to szybko! Tyle tylko, że „szybko" nie wchodziło w grę. Droga fatalna, samochody tędy nie jeżdżą, nic poza pchaniem lub ciągnięciem rowerów do najbliższej miejscowości nam nie pozostało. Tak upłynęły nam kolejne 24 godziny niepewności…

Gdy dotarliśmy do miasteczka, była niedziela. W szpitalu lekarza nie było i dwoje pielęgniarzy przyjmowało tylko kobiety w połogu. Próbowaliśmy od nich wyciągnąć jakąś informację, ale chłopaki ewidentnie nie mieli żadnej wiedzy w temacie i stremowani zaczęli wertować jakiś tomiasty podręcznik! Jeszcze godzinę czekaliśmy, aż spróbują skontaktować się z lekarzem, niestety, bez skutku. Podpowiedzieli nam, żeby szukać pomocy u weterynarza. Tak też zrobiliśmy. Ten nas nieco uspokoił informacją, że nie wszystkie muchy są zarażone, ale koniecznie musimy zrobić test, żeby się przekonać, czy te też nie. Najbliższe laboratorium było 130 kilometrów dalej. Droga oczywiście w budowie, ruch samochodowy żaden. Na szczęście znalazł się jakiś transport, ale… z pijanym kierowcą, który trzymając saszetkę ginu w ręce, zapewniał, że nie ma się co bać, bo prowadzić będzie jego pomocnik, a on przejmie kierownicę tylko na trudniejszych odcinkach!!! Jedyne 17 godzin później na pace rozklekotanej ciężarówki dojechaliśmy do Lundazi. Rano zrobiliśmy test. Na szczęście wynik był negatywny, czyli muchy nie były zarażone.

Cała ta historia z obsesyjnym poszukiwaniem słoni i atakiem tse-tse upewniła nas tylko w przekonaniu, z jakim wyjeżdżaliśmy z domu: to nie dzikie zwierzęta są największym zagrożeniem w Afryce. Z tego właśnie powodu kilka tygodni później w Botswanie zbagatelizowaliśmy ostrzeżenia miejscowych, że w kierunku, w którym jechaliśmy, czekało nas ponad 300 kilometrów bez żadnej osady ludzkiej, z czego blisko 100 przez strefę ochronną parku narodowego, gdzie roi się od słoni, lwów i innych dzikich kotów. Tak, tak. Już kiedyś słyszeliśmy tę gadkę. Dokupiliśmy trochę ryżu i pojechaliśmy.

Pół godziny później, czyli jakieś 10 kilometrów od średniej wielkości miasteczka ze SPAR-em, KFC i stacją Shell, stało się w końcu to, na co czekaliśmy całą naszą podróż. Słoń przeszedł nam drogę! Omal nie spadliśmy z rowerów z wrażenia! W końcu! Słoń! Chwilę później dwa słonie stały w cieniu drzewa obok drogi i jak gdyby nigdy nic, skubały korę! No co tu się dzieje! I nikt poza nami nie zatrzymuje się, żeby na nie popatrzeć?! O co chodzi? Przecież SŁOŃ. Przy DRODZE. To chyba nie taki znowu codzienny widok, co? Przecież to nie sarna!

Przy trzecim słoniu już się tak nie ekscytowaliśmy, przy czwartym zaczęliśmy się zastanawiać, czy to jednak aby nie sarna, ale przy piątym zaczęliśmy się trochę martwić. Dzień się powoli kończył, a słoni mijaliśmy więcej niż aut na drodze i rzeczywiście przez cały dzień nie było nawet najmniejszej wioski, osady czy choćby pojedynczego domu. Gdzie będziemy spać??? Przy tej liczbie słoni nocleg w buszu odpadał…

Przejechaliśmy jeszcze trochę, ale niewiele się zmieniło poza tym, że asfalt się nagle skończył i jak obwieściła nam samotna, żółta tablica, przed nami 150 kilometrów robót drogowych. CUDOWNIE!

Zaczęło się ściemniać i kawałek dalej, niemal przy samej drodze, postanowiliśmy się rozbić. Lepiej bliżej drogi niż w buszu, gdzie się roi od słoni i nie wiadomo czego jeszcze. Rozsądna decyzja, biorąc pod uwagę okoliczności, nie? No niestety... Wracając po zostawione na drodze rowery, zauważyliśmy intrygujące ślady... Ich wielkość nie pozwalała pomylić ich ze śladem zwykłego kota czy psa. Tym razem byliśmy pewni, że w okolicy jest lew, i to prawdopodobnie niedaleko, bo trop był świeży. Gdy Adaś upierał się przy szybkim zrobieniu zdjęcia tropów, ja nerwowo rozglądałam się po okolicy. I wtedy ją zobaczyłam. Powoli, ale sprężyście przechodziła między krzakami, jakieś kilkanaście metrów od nas. Odwróciłam się w stronę Adama, moja mina wyrażała więcej niż słowa. Bez nawet pojedynczego dźwięku, powoli, z wymuszonym spokojem, zaczęliśmy się wycofywać. Serca biły nam jak oszalałe, ale wyglądało na to, że albo nas nie zauważyła, albo nie była nami zainteresowana. Wróciliśmy na drogę i wsiedliśmy na rowery. Stale oglądając się przez ramię, pedałowaliśmy ile sił w nogach, aż do czasu, gdy drogę znowu zagrodziły nam słonie. Nie jeden, nie dwa, ale dokładnie 73!!! Jak zamurowani, z przerażeniem patrzyliśmy, jak kolejne rodziny dołączały do tych po drugiej stronie drogi. Były wszędzie dookoła nas. Część już przeszła i zdążyła się nieco oddalić, część się pasła, inne spokojnie czekały na pozostałe. Byliśmy w pułapce. Za plecami lwica, przed nami potężne stado słoni...

Nie wiedzieliśmy, co robić, ale instynkt nam podpowiadał, że mamy im dać spokojnie przejść, nie ruszać się, nie dać im żadnego powodu do strachu, nie sprowokować żadnym gwałtownym gestem lub dźwiękiem. Czekaliśmy nieruchomo przez chwilę, która wydawała się wiecznością. W końcu wszystkie przeszły i zaczęły znikać w buszu. W międzyczasie zrobiło się już całkiem ciemno, a my ciągle nie mieliśmy miejsca na nocleg. Postanowiliśmy jechać do przodu z nadzieją na spotkanie jakichś ludzi, samochodu, czegokolwiek. Kilka kilometrów dalej zobaczyliśmy światło. Szczęście nas nie zawiodło. To był obóz ludzi pracujących przy budowie drogi. Nie musieliśmy im nic tłumaczyć, o nic prosić — jak tylko nas zobaczyli, od razu wpuścili nas na teren ogrodzonego wysoką siatką obozu, wskazali miejsce na rozbicie namiotu i zaprosili na kolację. Niestety, nie mogliśmy nic przełknąć. Byliśmy naprawdę przerażeni. Co, gdybyśmy nie znaleźli tego obozu? Albo gdyby był 20 kilometrów dalej? Gdzie spędzilibyśmy noc?

Rano chłopaki streścili nam najbliższe 200 kilometrów. Do następnego obozu mieliśmy dzienny dystans, a potem jedyną opcją będzie ogrodzony przekaźnik z budką strażnika, potem stacja weterynaryjna, a potem już jest miasteczko i powinno być mniej słoni i całego tego dzikiego tałatajstwa.

Jeszcze przez następne dwa tygodnie omijaliśmy busz szerokim łukiem. Mieliśmy świadomość, że wpakowaliśmy się w spotkanie z lwicą i hordą słoni

19 Pataty i pomarańcze

na własne życzenie. Poczuliśmy się w Afryce za pewnie, straciliśmy czujność, przestaliśmy wierzyć w „dziką Afrykę", a już na pewno w dzikie zwierzęta poza skrzętnie pilnowanymi parkami narodowymi. Jednak Afryka nas zaskoczyła, pogroziła nam palcem. To, że przez tyle miesięcy udało nam się uniknąć kłopotów, dowodziło jedynie naszego szczęścia, niczego więcej. Jednak dziś, siedząc bezpiecznie w fotelu i z kubkiem zielonej herbaty pisząc te słowa, cieszymy się, że prawie na sam koniec podróży Afryka nas jeszcze zaskoczyła. Dzięki temu, wspominając tę przygodę, marzymy o tym, by kiedyś do niej jeszcze wrócić, by znów oprzeć rowery o akację, rozbić namiot na sawannie skąpanej w świetle zachodzącego słońca i obserwować pasące się zebry, poczuć dreszczyk emocji, gdy słysząc łamanie gałęzi, spodziewamy się zobaczyć wyłaniającego się z buszu słonia, czy gonić małpy, które ukradły nam kolację. Dziś, zasypiając wygodnie w łóżku, marzymy o tym, by znów leżeć w namiocie i nasłuchiwać nieznanych dźwięków Afryki. Afryki, która nieustannie fascynuje.

* * *

Agnieszka Szczepaniuk i Adam Kmieciak w swojej rowerowej podróży przez Afrykę spędzili siedemnaście miesięcy. Ich trasa wiodła z Casablanki ku południowym krańcom kontynentu, przez 14 krajów afrykańskich, m.in. Mauretanię, Burkina Faso, Kenię czy Namibię. Pokonali ponad 21 000 kilometrów, na których zmierzyli się z piaskami Sahary, wiatrami Mauretanii, górami Gwinei, tropikalnymi lasami równikowymi i prażącym słońcem pustyni Namib.

O ich przygodach i poprzedzających je przygotowaniach można poczytać na stronie internetowej wyprawy *www.patatyipomarancze.pl*.

Krótka historia o tym, jak rowerami dojechaliśmy na drugi koniec świata i dlaczego możesz zrobić to i Ty

www.nagniatamy.pl

Stambuł. Jesteśmy na miejscu, wylądowaliśmy, zaczynamy. W głowach mętlik, kompletne zagubienie, chaos. Co my tak naprawdę robimy i po co? Jak będzie wyglądać nasze życie przez najbliższe dni, miesiące, może lata? Rzuciliśmy pracę, swoje stare życie spakowaliśmy do pudeł, które podrzuciliśmy rodzicom na strych, a sami wyprowadziliśmy się z wynajmowanego mieszkania. Została nam tylko garstka najbardziej potrzebnych turystycznych drobiazgów, dwa rowery i kilka sakw. To wszystko leży teraz w rozsypce przed nami na chodniku przed lotniskiem. Jest późny wieczór. Nie mamy zarezerwowanych żadnych noclegów ani jakiegokolwiek kontaktu na miejscu. Plan był taki, aby szybko to wszystko poskładać w pół godziny i od razu pomknąć w drogę na wschód, przed siebie. Tymczasem jakoś nie idzie. Przerzutki nie chcą się zmieniać, hamulce nie hamują, a w sakwach nie można nic znaleźć. Wokół nas wianuszek taksówkarzy i ludzi z obsługi lotniska. Każdy się przygląda, mierzy nas zdziwionym wzrokiem, niektórzy chcą pomóc. Jeden z taksiarzy wisi mi na ramieniu i kibicuje, gdy pompuję koła. Szarpię się, urywam wentyl w dętce, a na końcu krzyczę na człowieka, że gdyby mi tak nie patrzył na ręce i nie zawracał głowy, to byśmy dawno już się z tym wszystkim uporali. Do dziś nie wiem jak to się stało, ale siedzieliśmy tak przed tym lotniskiem ponad cztery godziny. W końcu o wpół do drugiej w nocy udaje się doprowadzić rowery do porządku. Wrzucamy sakwy na bagażniki. Wskakujemy na siodełka. Jedziemy!

Mamy więcej szczęścia niż rozumu, że wylądowaliśmy na lotnisku Sabiha na wschodnim krańcu Stambułu, już po azjatyckiej stronie cieśniny Bosfor, i nie musimy przedzierać się przez całe miasto. W takim stanie ducha pewnie skończyłoby się to wielką klapą. Do pokonania mamy za to niekończące się kilometry przedmieść poboczami dróg szybkiego ruchu. Niezdarnie brniemy przed siebie. Obładowane rowery jakoś nie chcą jechać prosto.

Nic dziwnego, skoro to nasza druga jazda z sakwami w życiu. Tę pierwszą mieliśmy dzień wcześniej w Łodzi. Zrobiliśmy może z pięć kilometrów pod miastem. Prawdziwy trening czeka nas dopiero teraz, w Turcji, na ekspresówce, w środku nocy. Wszędzie wokół słychać ujadanie psów. Najpierw goni nas jeden. Za chwilę dołącza do niego drugi. Potem trzeci, czwarty... Po kilku chwilach wzdłuż drogi ściga nas już cała wataha. Wiejemy, ile sił w nogach, ale kondycja tureckich owczarków jest zdecydowanie lepsza od naszej. W końcu ratuje nas to, że droga gwałtownie odbija w dół, a stadko rozwścieczonych psów dobiega do skarpy, której nie daje już rady sforsować. Zbliża się trzecia w nocy, a wokół cały czas ciągną się długie rzędy domów. Nigdzie nie ma dobrego miejsca na rozbicie namiotu. Nie wiemy, co zrobić, boimy się, trochę zaczynamy panikować. Chodzi nam po głowie, aby gdzieś zapukać, ale o tej porze przecież nie wypada. Po przygodzie z psami tracimy chęć i odwagę do dalszej jazdy. Odbijamy w pierwszą lepszą drogę w bok, wpychamy rowery na trawiaste wzgórze. Trochę nie chcemy zwracać na siebie uwagi, a trochę nie mamy już po prostu na nic siły. Rzucamy rowery na bok i tak jak stoimy, kładziemy się na ziemi. Zasypiamy pod gołym niebem w samych śpiworach.

Rano budzimy się kompletnie mokrzy. Nie wymagało to wielkiego pomyślunku, aby przewidzieć, że w tych okolicach w kwietniu każde najmniejsze źdźbło trawy będzie pokryte rosą. Racjonalne myślenie nie było jednak tym, co szło nam wczoraj najlepiej. Na pocieszenie zaczyna przygrzewać słońce. Suszymy się i ruszamy w drogę. Z duszą na ramieniu przejeżdżamy obok pierwszych wylegujących się przy drodze psów. Ale jak to? Żadnej piany z pyska, ujadania czy choćby lekkiego warczenia? Nic. Za dnia nawet nie podnoszą na nas wzroku. Jeden problem z głowy. Bez dodatkowego dopingu drastycznie spada nam za to tempo. Ja owszem, przez ostatnie lata sporo biegałem i jeździłem na rowerze, ale nigdy z taką kupą gratów. Marzena poważniejszego rowerowego doświadczenia nie ma prawie wcale. Dodajmy do tego turecki styl prowadzenia podjazdów pod niewielkie wzniesienia, który wygląda mniej więcej tak: pionowa rampa od podnóża aż po wierzchołek, bez żadnych zakrętów i wypłaszczeń, które mogłyby dać nam chwilę ulgi. Pot leje się z czoła, nadmiarowe kilogramy tłuszczu ciążą, a nasze wypalone ekranami monitorów białe twarze krzywią się z bólu. Mimo wszystko jadę te kilkaset metrów z przodu. Zaczynam popędzać Marzenę i rzucam sakramentalne: „No w takim tempie to nigdy i nigdzie nie dojedziemy". Czas na pierwszą i nie ostatnią kłótnię. „Taki jesteś mocny, to z Mają Włoszczowską sobie jedź". Rzeczywiście, urodzony ze mnie sportowiec. Pokaźnych rozmiarów dołek w klatce piersiowej, na każdej górce tętno jak przed zawałem i zadyszka. Może po prostu mam więcej samozaparcia i lubię tę walkę z samym sobą?

23 Krótka historia o tym, jak rowerami dojechaliśmy na drugi koniec świata

Wygląda to wszystko trochę tak: naczytały się „korpoludki" podróżniczych książek i zachciało im się wielkiej rowerowej przygody. Tylko że chyba nie wiedziały do końca, na co się porywają. Myślimy sobie, że może to wszystko jest bez sensu i nie dla nas takie zabawy. Rozmowę z głosami we własnych głowach przerywa nam wołanie spod pobliskiego sklepu. Ekipa Turków zaprasza nas na czaj. W sumie czemu nie, i tak już wiele dzisiaj nie ujedziemy. Herbatę pije się tutaj zawsze i wszędzie, ale to tylko pretekst do długich rozmów. Pytają oczywiście, dokąd wybieramy się na tych rowerach. W pierwszej chwili chcemy pochwalić się, że nasz cel to Bangkok, Singapur czy Australia. Tylko jakoś sami w to nie wierzymy. Jak na razie pokonaliśmy całe 40 kilometrów. Odpowiadamy, że jedziemy na wycieczkę do Trabzonu — tureckiego miasta nad Morzem Czarnym, 700 kilometrów na wschód. „Taki kawał?! Na rowerach? Chyba zwariowaliście, no ale cóż — powodzenia!".

Tak wyglądały pierwsze dwa z 474 dni naszej rowerowej przygody. Pamiętam to wszystko jak dziś. Drugą noc spędziliśmy już pod namiotem. Miejsca na jego rozbicie szukaliśmy chyba z godzinę, dokładnie analizując, czy aby na pewno jesteśmy idealnie zakamuflowani. Rowery też zamaskowaliśmy, spięliśmy je dwoma zapięciami, ale i tak przez pół nocy nie mogliśmy spać. Czuwaliśmy, wsłuchując się w najdrobniejszy dźwięk. Budziła nas każda trzeszcząca gałąź, każdy ruch ptaków w koronach drzew. Przecież tutaj gdzieś nieopodal ktoś tylko czeka, aż zaśniemy, a potem cichaczem podejdzie pod namiot i nas okradnie.

Z dzisiejszej perspektywy myślę, że potrzebowaliśmy po prostu czasu, aby oswoić się ze światem i podróżą, zacząć się tym wszystkim cieszyć i wierzyć, że ludzie nie mają wobec nas złych zamiarów. Potrzebowaliśmy tych wszystkich setek szklanek herbaty i osób, które nas nią poczęstowały. Mało kiedy kończyło się to na popijaniu czaju. Były wspólne obiady, podwózki na kipie ciężarówek i zaproszenia do domów. Mafus, Ismail, Erhan, Ergun, Musafa, Nemat, Hasan. Wszyscy ci ludzie, jeszcze podczas dwóch pierwszych tygodni w Turcji, wzięli nas pod swój dach zupełnie z ulicy i potraktowali jak dawno niewidzianych członków rodziny. Byli dla nas tak dobrzy, że instynktownie czuliśmy, że wszystko będzie w porządku i po prostu nie wypada nie zaufać im. Ergun na przykład chciał nam odstąpić swój domek w górach na cały tydzień, bo przecież będzie padać. Z kolei Hasan opowiedział nam pół swojego życia — jak to w beznadziejnych okolicznościach rozstał się z żoną, która zabrała dzieci i mieszka teraz w Stambule, a on siedzi tutaj na wsi sam jak palec, odpala papierosa od papierosa i mocno przesadza z alkoholem. To wszystko bez słowa po angielsku, na migi, posiłkując się kartką papieru i słownikiem na telefonie. Gdy chciałem spiąć nasze rowery na noc, prawie się na nas obraził, że nie mamy zaufania do niego i jego sąsiadów. Wtedy jeszcze wymknąłem się cichaczem w nocy i zabezpieczyłem rowery. Dziewięć miesięcy później w Wietnamie, gdy przypadkowy facet wsiadł na mój ukochany jednoślad i zaczął gdzieś jechać razem z paszportem, laptopem i kartą płatniczą, nawet nie zabiło mi mocniej serce. Wiedziałem, że po prostu chce się kawałek przejechać, pokręcić przerzutkami, przetestować hamulce. Pojeździ, może raz się wywali i wróci. Pełen luz.

Czasu na przystosowanie się do nowych warunków potrzebowały też nasze organizmy, ale mniej więcej po trzech miesiącach gdzieś może w Azerbejdżanie albo już po drugiej stronie Morza Kaspijskiego, na stepach kazachskiego regionu Mangystau, poczułem, że coś jest już ze mną jakby inaczej. Ubyło mi osiem kilo wagi, włosy wypłowiały od pustynnego słońca, skóra staje się permanentnie ciemnobrązowa, znikają pyzate policzki, wyostrzają się rysy, a na twarzy przybywa zmarszczek. Jadąc na skraju pustyni Kyzył-kum w Uzbekistanie, ze zdziwieniem odkryłem, że nawet przy 46 stopniach w słońcu z trudem, bo z trudem, ale da się jeszcze jechać rowerem. Co prawda dobrze poszukać już wtedy cienia, bo odpływać zaczyna nam już nie tylko głowa, ale i asfalt pod kołami. Organizm człowieka jest niesamowitym wynalazkiem. Gdy postawi się go przed faktem dokonanym, granicę komfortu może przesunąć sobie zdumiewająco daleko. Coś, co jeszcze kilka miesięcy temu byłoby dla nas zupełnie nie do pomyślenia, staje się codzienną normą. Bez większych problemów wdrapujemy się na pamirskie ponadczterotysięczne przełęcze. Na pustynnych odcinkach, czy to w Uzbekistanie, Chinach, czy Australii, kilka razy ujechaliśmy po 200 kilometrów w ciągu jednej doby i spokojnie dalibyśmy radę jeszcze trochę więcej. Dwa tygodnie non stop w drodze z przerwami na sen pod namiotem, bez mycia, z dietą makaronowo-cebulowo-kapuścianą? Żaden problem. Ba, zaczęło nam to wszystko sprawiać dziką przyjemność! A podczas australijskiego finiszu zdziczeliśmy już do reszty. Jadąc rowerami przez pustkowia zachodniej i północnej Australii, czuliśmy, jak coraz bardziej wsiąkamy w przyrodę. Każdy dzień wyglądał podobnie: zaraz po wschodzie słońca przedrzeźniamy kruki, zaciągamy się intensywnym zapachem buszu, w okolicach rzek wypatrujemy krokodyli, a wieczorem walczymy z niezliczoną liczbą krwiożerczych muszek. Przerwać ten stan mógłby tylko dłuższy pobyt w wygodach, pod dachem, w większym skupisku ludzi. Tyle że od jakiegokolwiek większego miasta dzielił nas w tym momencie miesiąc pedałowania. Pamiętam, gdy raz pośrodku niczego w absolutnej ciemności dostrzegliśmy na horyzoncie dziwne światło. Długo wpatrywałem się w nie i nie mogłem dojść, co to jest. Jechaliśmy w stronę tego światła dobrą godzinę. W końcu okazało się, że było to skrzyżowanie z podrzędną drogą, które ktoś postanowił oświetlić latarnią, zasilaną przez baterie słoneczne. W tym momencie uświadomiłem sobie, że zdążyłem już zapomnieć, jak wyglądają latarnie i oświetlone ulice.

Problem w tym, że kiedyś nadchodzi ten moment, gdy skończą się już powoli pomysły, pieniądze czy po prostu stały ląd pod kołami roweru, i wtedy z tej naszej podróżniczej dziczy nagle musimy się wyrwać. I jest to terapia szokowa. W naszym wypadku ten moment przyszedł w australijskim Darwin. Na finiszu, gdy wsiadaliśmy do samolotu, mieliśmy takie wrażenie, jakby ktoś nagle wcisnął przycisk przewijania. Wróciliśmy w okrągłe 90 godzin i zlegliśmy w łóżkach w naszych rodzinnych domach. To jest chyba najbardziej fascynujące uczucie na świecie, gdy człowiek budzi się następnego dnia po tym powrocie, jeszcze koszmarnie niewyspany i nie do końca świadomy tego, co się stało, i ma wrażenie, jakby cała ta podróż trwała co najwyżej jeden wieczór. A może to był tylko sen? Zaraz, zaraz, na dysku twardym laptopa jest przecież te kilkanaście tysięcy zdjęć. Przejechaliśmy na rowerach Azję z zachodu na wschód i pół Australii. Nasz rowerowy licznik wskazuje dwadzieścia dwa i pół tysiąca kilometrów. To się wydarzyło naprawdę.

„A co wam to dało? Warto się było tak szarpać? Czy zrobilibyście to jeszcze raz?". To chyba najczęściej zadawane nam po tej podróży pytania — i tak trudno udzielić na nie jednoznacznej odpowiedzi. Nic namacalnego z tego przecież nie mamy. A jednak — długie podróże wywracają życie do góry nogami, mieszają w głowie i przestawiają hierarchię wartości. Jadąc na taką wycieczkę jak nasza, warto pamiętać, że po powrocie pewne rzeczy nie będą już takie same. Prędzej czy później trzeba będzie wrócić do bardziej stacjonarnego trybu życia, choćby na jakiś czas. O ironio, życie po powrocie może nam się jeszcze bardziej skomplikować. Na przykład w takiej sytuacji, gdy podróżowaliśmy w parze, ale to jedna osoba mocniej złapała wolnościowego bakcyla. Absolutna, stuprocentowa wolność, jaką dostajemy w takiej podróży, może uzależnić, bo to naprawdę świetne i nieznane współczesnemu człowiekowi uczucie: wstawać, gdy ma się na to ochotę, przez cały dzień robić to, na co ma się ochotę, a w nocy mieć pewność, że nikt nie obudzi nas telefonem. Każdego ranka budzić się ze świadomością, że nie wiemy, gdzie dziś wieczorem będziemy spać. Żyć w rytmie wyznaczanym przez wschody i zachody słońca.

Jeśli podświadomie czujesz, że chciałbyś tej wolności zaznać choć przez te kilkanaście miesięcy, i odruchowo przebierasz teraz nogami, poradzić możemy tylko jedno. Nie gaś w sobie od razu tego pomysłu i nie usprawiedliwiaj się długą listą bardzo racjonalnych wymówek. Że jesteś za gruby, za chudy, słaby, podróżniczo niedoświadczony, nieśmiały, strachliwy czy uzależniony od cywilizacyjnych wygód. Skoro takie dwa wyciągnięte niemalże z dnia na dzień z korporacyjnych przegródek chuchra dały radę — to ty też dasz, jeśli podejdziesz do tego wszystkiego na spokojnie i dasz sobie odpowiednio dużo czasu. Wystarczy tylko jedno: nie bać się spróbować.

* * *

Janek Piętek i Marzena Badziak. W 2014 roku wybraliśmy się w rowerową podróż z Turcji do… Australii.
Po 474 dniach w drodze wróciliśmy do Polski. Podróże (nie tylko te długie i dalekie) stały się dla nas sposobem na życie.

www.nagniatamy.pl

Kobieta potrafi
(czego trzy kobiety nauczyły się, jadąc przez Azję)

www.kobietynarowery.com

Atmosfera zrobiła się gęsta. Za oknami już ciemno, nie było szansy, żeby się stamtąd wydostać przed wschodem słońca. Uciekać też nie było sensu, przyprowadzili nas tutaj mieszkańcy z wioski, więc i tak wszyscy wiedzieli, gdzie jesteśmy. Zresztą, nie taki był zamiar. Siedziałyśmy otoczone przez wnikliwe spojrzenia policjantów. Każdy chciał zadać pytanie, ale w tym momencie liczyło się tylko dwóch z nich. „Jeszcze jeden papieros i umrę", pomyślałam. „Jeszcze jeden i koniec. Tylko zapiję to łykiem herbaty, to może uda mi się go skończyć i nie wypluję płuc". No ale jak tu nie palić, skoro częstują? W Chinach paliłyśmy niemiłosiernie dużo. Już na samym początku nauczyłyśmy się, że darowanego jedzenia i papierosów się nie odmawia. To chyba złota zasada każdego podróżującego rowerzysty i jednocześnie nakaz. W przypadku odmowy na pewno spotkałaby nas kara. W końcu podróżowałyśmy w tym momencie po Państwie Środka, gdzie część ludzi wierzyło zgodnie z zasadami buddyzmu w to, że dobra i zła karma powracają. Gdybyśmy były niemiłe i nie przyjęły podarków, jedzenia i noclegu, to zła karma mogłaby coś zepsuć nam w rowerach. O ile wcześniej częstowano nas głównie jedzeniem, o tyle w Chinach palenie jest tak popularne, że przeciętny Chińczyk na pewno ma przy sobie zapas papierosów, a porządny rowerzysta musi sobie zapalić w przerwie od pedałowania. Fanaberia rzucania palenia została w Europie, w Azji dopiero kiełkuje myśl o zdrowych nawykach. Poza tym większość rowerzystów spotkanych w Azji po prostu paliła. Zresztą, przy barierze językowej, gdy ciało już zmęczy się tłumaczeniem, co na obiad, skąd, dokąd, to wtedy najłatwiej sobie zapalić z takim zainteresowanym. Smużka dymu jest jak nić porozumienia wijąca się pomiędzy szwendającym się na rowerze a resztą świata. Niepalących odsyłam do Gośki, jakoś sobie poradziła, a przy okazji poczęstunku nasz zasób papierosowy powiększał się o podarunki dla niej. Gośka też musiała brać. Teraz też nie było wyjścia.

Tak więc siedziałyśmy w zadymionym pomieszczeniu z grupą ciekawskich chińskich policjantów i w końcu padło to pytanie: „A wy tam u siebie to jaką pijecie herbatę?", zapytał ten „najważniejszy". Oczywiście nie miałyśmy zielonego pojęcia, jaką pełnił funkcję w hierarchii tego posterunku, ale tego wieczoru odgrywał najważniejszą rolę: przygotowywał dla nas herbatę. Drugi „najważniejszy" to tłumacz. Łamaną angielszczyzną przetłumaczył pytanie, gdy pierwszy odprawiał czary przy specjalnym czajniczku do parzenia herbaty przywiezionej z Tybetu, jak się później okazało. „No taką czarną, czasami zieloną. Herbatę w torebce zalewa się wrzątkiem i już", odpowiedziałyśmy. Nastała niezręczna cisza przerywana tylko odgłosami głębokich wdechów dymu papierosowego. W tym momencie też uświadomiłyśmy sobie, jakie głupie jesteśmy, przecież byłyśmy w Yunnanie! „Ale u nas nie ma takiej wspaniałej tradycji picia herbaty jak u WAS". Uff, jakoś poszło. Atmosfera się rozluźniła, mężczyźni postawili sobie za punkt honoru nie tylko zaopiekować się nami tego wieczoru, ale także przekazać nam całą wiedzę na temat herbat z prowincji, kraju, chyba całego świata herbaty. Gośka dalej brała papierosy, my je paliłyśmy, piłyśmy morze herbaty, skorzystałyśmy z internetu bez cenzury. Później tłumacz poszedł do domu, a my uczyłyśmy się od policjantów do późnego wieczora gry w szachy na chińskich zasadach. Oczywiście po chińsku, ale to już mniej ważne. To było pewnego ciepłego sierpniowego wieczoru gdzieś w Chinach, w drodze na południe. Trzeci miesiąc od początku podróży, dokładne miejsce też już nieważne. Najważniejsze, że po raz kolejny potrafiłyśmy spędzić czas z ludźmi bez używania języka. Nieco wcześniej przekonałyśmy się, że w niektórych momentach może lepiej go nie używać wcale. Ale do tego jeszcze wrócimy.

Na początku był chaos

Tylko jak my się tam znalazłyśmy? Ano było to tak.

Długiej, ponurej i mglistej jesieni, jeszcze przed wyjazdem, targane rozterkami życiowymi, pragnąc odnaleźć sens i dobro, pełne marzeń i nadziei, drobiazgowo i skrupulatnie zaplanowałyśmy podróż rowerową do kilku krajów Azji na wiosnę kolejnego roku. Miałyśmy już przecież ogromne doświadczenie w podróżach rowerowych. Do tego nasze feministyczne serca wzdrygały się na samą myśl o wyjeździe z samcami, dlatego postanowiłyśmy dokonać owego wyczynu w ściśle damskim gronie. Taaaak. To może jeszcze raz. Jesień, jak to jesień, istotnie była brzydka, a my stwierdziłyśmy, że żal nam marnować młodość i urodę na chodzenie do pracy i dobrze byłoby gdzieś wyjechać na parę miesięcy. A żeby nie tracić czasu na autostop ani pieniędzy na lokalny transport, postanowiłyśmy zrobić to rowerami. Wybrałyśmy Azję, bo nie oddziela jej od nas żaden ocean. Taki oto argument. Oczywiście nie miałyśmy zielonego pojęcia o rowerowych wyjazdach, a żaden kolega nie chciał jechać z nami, bo jesteśmy wredne i mało sympatyczne. Znając nieco swoje możliwości szybkiej rezygnacji, zdecydowałyśmy się wystartować z Uzbekistanu — było to na tyle daleko, że trudno byłoby nam zawrócić, jakby po kilku dniach się nam znudziło. Znajomi i rodzina postukali się w głowy, słysząc o naszych ambitnych planach, i sprawa przycichła. Ale my nie próżnowałyśmy. Wyznaczyłyśmy termin startu na maj, zakupiłyśmy bilety w jedną stronę i postanowiłyśmy, że o reszcie pomyślimy w swoim czasie. W rezultacie miesiąc przed wyjazdem w panice załatwiałyśmy wizy, ubezpieczenia, sprawdzałyśmy, czy potrafimy poruszać się na rowerze z przymocowanymi sakwami, przechodziłyśmy przyspieszony kurs obsługi palnika turystycznego i naprawy roweru — z różnym skutkiem (po dziś dzień wierzymy, że większość usterek można naprawić poprzez wyczyszczenie łańcucha). Mało kto, widząc nasze nieporadne przygotowania, wierzył, że nam się uda. Gdyby tylko te niedowiarki wiedziały, że już za kilka tygodni będziemy wzbudzać respekt ludzi ulicy oraz podziw i zazdrość backpackersów w hostelach od Samarkandy po Osz jako TE, KTÓRE MAJĄ JUŻ CHIŃSKĄ WIZĘ! W obliczu tego wyczynu wszystkie inne niedociągnięcia bladły.

Mimo wszystko emocje i myśli, które towarzyszyły nam, gdy znalazłyśmy się na płycie lotniska w Taszkiencie, to przede wszystkim podekscytowanie i przerażenie. Wskakiwać na rower i jechać na spotkanie z przygodą, czy może jak najszybciej zorganizować sobie transport z powrotem do Polski i przez kolejne miesiące ukrywać się na przykład w Rzeszowie, nie przyznając się do porażki?

Samolot nie spadł, a my w myśl zasady „taśma izolacyjna i kreatywny umysł" po prostu pojechałyśmy przed siebie.

Kiedy język zawodzi

Podróżowanie pozwala na odkrywanie i poznawanie nowych miejsc, a przede wszystkim poznawanie ludzi. I to nas cieszyło najbardziej, nawet wtedy, gdy nie zawsze docierałyśmy tam, gdzie akurat chciałyśmy.

Nie używałyśmy GPS-a. Stwierdziłyśmy, że będziemy fajne i analogowe. Los nam zresztą to ułatwił, jeden telefon zgubiłyśmy na tadżycko-kirgiskiej granicy, drugi utopił się w sakwie podczas ulewy (prawidłowe zawinięcie sakwy to nie lada wyzwanie nawet dla wytrawnej rowerzystki). Z mapami miałyśmy mnóstwo zabawy, szczególnie w Chinach, gdzie dostępne były tylko po chińsku, i żeby u zagadniętych przez nas osób ustalić kierunek, w którym mamy jechać, odstawiałyśmy pantomimę.

Opracowałyśmy też system skojarzeń, np. teraz przez 358 km jedziemy na „płotek z krzyżykiem".

Raz, ufne w naszą coraz lepszą znajomość chińskiego, postanowiłyśmy po prostu powiedzieć nazwę interesującej nas miejscowości, zamiast wskazywać ją palcem na mapie.

Byłyśmy w prowincji Syczuan i poza jej stolicą nie stosuje się tutaj angielskiego alfabetu pod chińskimi nazwami. Zaufałyśmy swoim zdolnościom lingwistycznym i zamiast jechać asfaltową gładką drogą, wylądowałyśmy na szutrowej wąskiej ścieżce. Zrobiło się już późne popołudnie, więc działając według sprawdzonej i niezawodnej reguły — zatrzymałyśmy się w pierwszej mijanej wiosce.

Na ławce przed „sklepem" siedziało małżeństwo starszych ludzi. Oni przyglądali się nam, a my im. Pokazałyśmy mapę i zapytałyśmy o drogę, bo coś nam się nie zgadzało, może źle skręciłyśmy i trzeba będzie wracać, a tego nie lubimy i nie robimy. Dla zasady. Nietrudno się pomylić, czytając chińską mapę i przenosząc na nią plątaninę kresek i kropek ze znaku drogowego i odwrotnie. Starsza pani podała wybrane przez nas jakieś dziwne, ciągnące się suszone mięso i inne smakołyki z działu niezdrowych przekąsek. Zaczęłyśmy się rozglądać za miejscem na nocleg, gdy pojawiła się młoda dziewczyna, za nią chowała się druga. „Chyba ktoś z rodziny", pomyślałyśmy. Dziewczyny początkowo nieśmiało nam się przyglądały i tylko rozmawiały z dziadkami. Zapewne nie codziennie trafiają tu rowerzyści. Jedna z nich cicho zapytała, czy możemy zrobić wspólnie zdjęcie, i zaczęłyśmy rozmawiać, trochę po angielsku, trochę z użyciem rąk i telefonu. Zrobiło się ciemno i dziewczynka zadecydowała, że będziemy spać u jej dziadków, czyli na tyłach sklepu, ale przedtem zaproponowała nam kąpiel w rzece. Ochoczo skorzystałyśmy z zaproszenia — same z siebie kąpiemy się raz na kilka dni i chyba to nie był jeszcze „dzień czyściocha" — całej podróży przyświecała nam idea „częste mycie skraca życie". Przy świetle księżyca, niewiele się zastanawiając, rozebrałyśmy się do majtek i z piskiem — hop do zimnej rzeki. Rozkoszując się wodą, zauważyłyśmy, że dziewczyny do wody wchodzą w ubraniach. Nawet nie w stroju kąpielowym czy w staniku i majtkach, ale w koszulce i szortach. Nawet latarki wyłączyły. Czy popełniłyśmy nietakt wobec tych dziewczyn, że paradujemy z gołym cycem? Zaczęłyśmy zastanawiać się, czy nie obraziłyśmy ich, czy przypadkiem nie ma w pobliżu jakichś mężczyzn. Już w mojej głowie rodziła się kolejna teoria spiskowa, gdy dotarł do mnie śmiech dziewczyn. Uświadomiłam sobie, że to nie chodzi o jakieś różnice kulturowe, do których chciałam już dołożyć całą filozofię, tylko te nastolatki najzwyczajniej w świecie się wstydziły, jak większość młodych kobiet w ich wieku.

No właśnie, a jakie są kobiety? Jakie my jesteśmy w podróży?

Skończyło się tym, że dzięki naszej „płynnej chińszczyźnie" zboczyłyśmy jakieś 200 km z trasy i wylądowałyśmy w rezerwacie, pełnym ponoć pand, tygrysów i innego dzikiego zwierza. W sumie to nie żałujemy, bo przygód było jeszcze więcej, tylko przez resztę podróży z rezerwą podchodziłyśmy do naszego chińskiego.

Kobiety o kobietach

Jako podróżujące kobiety byłyśmy w uprzywilejowanej sytuacji — wzbudzałyśmy w ludziach instynkty opiekuńcze, że takie biedne, same i daleko od domu, więc trzeba je jak najszybciej przyjąć pod dach. Dzięki temu udało nam się bardziej zbliżyć do ludzi spotkanych po drodze, poczuć się częścią tego świata, w którym przez chwilę byłyśmy. Także świata kobiet, nie zawsze łatwego.

To było gdzieś w Pamirze. Na tle surowego, wręcz księżycowego krajobrazu kilka kobiet ubranych w czerwono-fioletowo-zielone chusty pasło kozy i owce na wątłej, zieleniącej się polanie. Siedziały, rozmawiały, część z nich pochłonięta dzierganiem grubych skarpet. Zatrzymałyśmy się na chwilę dla tego widoku. W milczeniu przypatrywałyśmy się, jak płynnym ruchem powstają kolejne oczka z trzech kolorowych kłębków wełny położonych na ziemi. Kobiety wymieniły z nami nieśmiałe uśmiechy i poczęstowały czerstwą lepioszką* oraz cukierkami. Zaczęłyśmy rozmawiać. Mimo że one nie znały rosyjskiego, a my tadżyckiego, to pojedynczymi słowami opowiedziały nam swoje historie, resztę dopowiedziałyśmy sobie same. Niestety, w Tadżykistanie wiele kobiet przerywa edukację, by zająć się gospodarstwem. Na studia pójdą nieliczne, a wybrane przez nie kierunki muszą gwarantować im zatrudnienie, co oznacza, że zostaną albo nauczycielkami, albo lekarkami. Jedna szkoła przypada na kilka okolicznych wiosek, gdzie wszystkie dzieciaki chodzą w mundurkach, a dziewczyny mają wpięte we włosy czerwone kokardy. Na lekcjach WF chłopacy na boisku grają w piłkę w spodniach na kant i białych koszulach. Niezależnie od pogody uczniowie pokonują po kilka kilometrów pieszo lub na rowerze, by dotrzeć na lekcje i poznać świat, który części nie jest znany nawet z telewizji, bo jej nie mają. Oczywiście, są to takie same dzieciaki jak te w Polsce, którym rano nie chce się wstać, a jak wieje i pada, to najchętniej zostałyby w domu. Tylko w przeciwieństwie do europejskich dzieciaków alternatywą będzie dla nich iść z matką wypasać bydło.

Niesprzyjające warunki atmosferyczne, mróz, duże amplitudy temperatur, wiatr i ostre słońce sprawiają, że kobiety wyglądają na starsze, niż są

---

* Lepioszka — w krajach byłego Związku Radzieckiego rodzaj chleba z mąki, wody i tłuszczu wypiekanego wewnątrz glinianego pieca. Kształtem przypomina bardzo gruby naleśnik.

w rzeczywistości. Do tego praca fizyczna związana z prowadzeniem gospodarstwa, gdzie kobiety często wykonują typowo męskie zadania, bo mężczyzn w Pamirze nie ma — wyjeżdżają do Rosji, by zarobić pieniądze na utrzymanie swoich rodzin. (Zdjęcia członków rodziny, którzy wyjechali za przysłowiowym chlebem, wiszą w centralnym miejscu pamirskiego domu obok Agi Khana IV**). Naszą uwagę przykuwały często dłonie — pomarszczone, wysuszona skóra, połamane paznokcie — z tych dłoni można wyczytać, w jak ciężkich warunkach żyją te kobiety. Mimo to nigdy nie narzekają na swój los. A mogłyby. Większość z nich tu się urodziła i tu umrze, prawdopodobnie nigdy nie wyjeżdżając z Pamiru, ale zdarzały się takie, które przyjechały tu za miłością, zostawiły swoje życie w mieście. Opowiadając o swoim życiu, robiły to z dumą. Niejedna z nich porzuciła swoje marzenia i ambicje dla miłości do męża i do gór. Na przykład poznana babcia Bronka, która przywędrowała do Korytarza Wachańskiego za radzieckim żołnierzem, zwana panią Sławą. Podobno wszyscy wiedzieli, że jest Polką, a skoro my też z Polski, to po prostu trzeba było się spotkać i porozmawiać. Nasz patriotyzm potwierdził: Polka! Mimo że pani Sława pochodziła z terenów dzisiejszej Ukrainy i nie potrafiła mówić po polsku ani nie lepiła pierogów.

Przejeżdżałyśmy przez miejsca, gdzie dom i płaszczyzny życia podzielone były na damskie i męskie i gdzie pilnowało się, aby nie przekraczać tych magicznych granic. Mogłyśmy swobodnie rozmawiać z tymi doświadczonymi przez życie mieszkankami Pamiru i poznawać ich historie. Tylko że z nami nie podróżował żaden mężczyzna. Dzięki temu często byłyśmy kwalifikowane jako jakiś dziwny twór trzech osób bez płci. Ciekawość mężczyzn była silniejsza niż trzymanie się zasad, więc jako goście bez problemu przenikałyśmy pomiędzy tymi płaszczyznami, czasem rozmawiając o polityce w męskim gronie, a czasami tańcząc z młodymi kobietami i plotkując o modzie. Trochę kobiety, a trochę mężczyźni. Tak zresztą było przez całą podróż.

Gdzie diabeł nie może, tam babę pośle

Nie zawsze jednak było tak, że chciałyśmy przebywać z ludźmi. Czasami każdy potrzebuje spokojnego azylu. Tak się złożyło, że w Tajlandii co wieczór miałyśmy taki azyl do swojej dyspozycji. Odkryłyśmy go zupełnie przypadkiem.

** Aga Khan IV — to taki dobry książę, który znany jest w Azji Środkowej, i nie tylko, z działalności charytatywnej. Szczególnie widoczne jest to w Pamirze, bo tam pomagał chociażby przy zakładaniu szkół i szpitali. Zainteresowanych odsyłamy do fachowej literatury i strony o organizacji: *www.akdn.org*.

Zaraz za granicą laotańską oczywiście zrobiłyśmy sobie przerwę na obiad. Zrobiła się z niego kolacja — i ciemno. No i pytanie: „Gdzie śpimy?". Oderwałyśmy się od naszego ulubionego mleka sojowego i tylko wzruszyłyśmy ramionami: „No jak to gdzie… tutaj!". I jakie było nasze zaskoczenie, gdy uśmiechnięci Tajowie pokręcili przecząco głowami. Nie możemy. Dlaczego? Niby niebezpiecznie. Pokazali na drugą stronę — tam mamy iść. Tam, tam jest bezpiecznie. Zwinęłyśmy manatki i udałyśmy się tam, gdzie pokazały uśmiechy — to był nasz pierwszy dzień w tym kraju i musiałyśmy znowu nauczyć się, jak sobie radzić. Po ciemku dojechałyśmy do parku pod wskazane miejsce i okazało się, że skierowano nas do klasztoru. Znowu nam się udało. Ten nocleg zapewnił nam słoneczny mnich, mówiący świetnie po angielsku i tryskający energią. Czym nas do siebie przekonał? Sojowym mlekiem czekoladowym. I tak zaczęła się nasza przygoda z pomarańczowymi mnichami.

Tajlandia niczym nie różni się od Europy — w dużym mieście jest tu wszystko, czego tylko potrzebujesz. Ludzie tutaj też są zabiegani, w międzyczasie załatwiają miliony spraw, wieczorami żyją szybko. Pałeczki do ryżu zostały w Laosie. Razem z Azją. Czas zatrzymał się tutaj tylko w klasztorach. Możesz przyjść i zatrzymać zegarek w tym miejscu, jeśli tego potrzebujesz. My dojeżdżałyśmy do tych miejsc zawsze przez przypadek, w nocy ktoś nas przyprowadzał albo same, widząc stupy buddyjskie, kierowałyśmy się w tamtą stronę. Nigdy nas nie wyrzucono, chyba że akurat klasztor był zamknięty, wtedy kierowano nas do innej instytucji, czyli na policję. Gdzieś pomiędzy medytującymi pomarańczowymi mnichami unoszącymi się trochę ponad ziemią, a w gorące noce śpiącymi w moskitierach przed posągami Buddy, rozbijałyśmy cichutko namiot i miałyśmy czas dla siebie. I nawet gongi poranne o 4 rano nam nie przeszkadzały. Czułyśmy się jak u Pana Boga za piecem. Tylko trochę innego…

Śniadania zawsze przynosili ludzie z okolicy. Mnisi jedzą to, co dostaną. Najpierw wychodzą do ludzi, a później ludzie przychodzą do nich. Do wspólnej modlitwy i śniadania my też byłyśmy zapraszane. „Nie jesteście buddystkami? Nie szkodzi. Chcecie zostać dłużej? Możecie". Zawsze żałowałyśmy, że czas nas gonił. Na ich twarzach oprócz tatuaży zawsze wypisane były spokój i uśmiech. Jakaś mniszka, która skończyła studia w Stanach, też odnalazła tu spokój. Ciastko przy śniadaniu podał nam uśmiechnięty mężczyzna w średnim wieku. Prawnik u szczytu kariery. Co tam robił? Przyjechał pomedytować i zatrzymać się na chwilę, i został już któryś miesiąc. Obok siedziała starsza pani z obciętymi włosami. Pewnie mniszka — pomyślałam i dostałam szybką odpowiedź: „A to moja mama. Przyjechała mnie odwiedzić. Chyba też tu zostanie". I jeszcze wybiegł za nami później z jakimiś napojami energetycznymi, gdy już miałyśmy odjeżdżać. Najgorszy smak na świecie, ale i tak wypiłyśmy. Jak miałyśmy mu wytłumaczyć, że nie mamy ochoty na nie? Pewnie by zrozumiał, ale nie o to chodziło.

Co nas kręciło najbardziej?

Jednym z najważniejszych aspektów naszej podróży było jedzenie, a przerwa na ciastka — świętym rytuałem. Ludzie, którzy przyjmowali nas pod swój dach lub po prostu przechodzili obok miejsc, gdzie zatrzymywałyśmy się na popołudniową drzemkę, także często chcieli ugościć nas tym, co w ich mniemaniu najlepsze. Poznałyśmy w ten sposób mnóstwo wspaniałych smaków, jednak czasem zdania w kwestii pyszności były podzielone, a przecież odmówić ofiarowanego z dobrego serca poczęstunku nieładnie. Więc nie grymasiłyśmy. Kirgistan na przykład na zawsze pozostanie w naszej pamięci jako mroczna kumysowa kraina. Mieszkańcy tego kraju wierzą, że sfermentowane, lekko alkoholowe kobyle mleko jest lekiem na całe zło, i hojnie dzielą się tym cudownym napitkiem z podróżnymi. Nie przyjmowali do wiadomości naszych nieśmiałych protestów, że nie, dziękujemy, już dziś piłyśmy. Wypiły? To zrobimy dolewkę, nie będziemy wszak żałować nikomu tej boskiej ambrozji. W Chinach miałyśmy okazję posmakować takich smakołyków, jak kurze łapki (jedna z ulubionych przekąsek Chińczyków, w sklepach leżały w miejscu, gdzie u nas można znaleźć batoniki), wędzone kacze dzioby czy główki królików. A jeśli danie nam zasmakowało, uradowani gospodarze bez końca namawiali nas na dokładki. Ze smutkiem wspominam, gdy jedna z nas, przez litość nie wymienię która, rozchorowała się z przejedzenia po uczcie u gościnnych Uzbeków. Im dalej, tym pyszniej było, a w Chinach to już każdy dzień przynosił kulinarne niespodzianki. W przydrożnych garkuchniach, gdzie najczęściej się stołowałyśmy, nasz sposób zamawiania dań był prosty — na chybił trafił celowałyśmy palcem w którąś z pozycji w zapisanym chińskimi krzaczkami menu. Czasami efekt był świetny, a czasem dostawałyśmy na obiad orzeszki. Kiedy nie miałyśmy ochoty na eksperymenty, po prostu ładowałyśmy się do kuchni, pokazywałyśmy wybrane składniki, i oznajmiałyśmy zdumionemu kucharzowi, że to właśnie pragniemy zjeść na obiad. Zwykle byłyśmy zadowolone z efektów. Na koniec chcemy także obalić niebezpieczny mit, jakoby jazda na rowerze odchudzała. Otóż nie.

Często byłyśmy po drodze goszczone przez ludzi, którzy dawali nam swoje jedzenie i miejsce do spania. Nie zawsze przypominało to hotel i wykwintne jedzenie. Nie zawsze wegetariańskie. Bo to przecież zwyczajni ludzie, często oddawali nam wszystko, co mieli. Oczywiście mogłyśmy powiedzieć, że nie chcemy, albo wymyślić powód, dla którego grzecznie i ładnie można odmówić, tak żeby nie urazić gospodarzy. I ktoś pewnie się odezwie: przecież nie trzeba iść na takie kompromisy. Przecież to Twój sposób życia i jeśli ktoś chce, to zrozumieć. W podróży można wybrać, czy chce się zrozumieć otaczający świat, czy to otaczający świat ma Ciebie zrozumieć. Można stanąć na głowie i przekonać do siebie wszystkich albo po prostu usiąść na chwilę i poczekać, czym świat Cię przekona do siebie. I chociaż byłybyśmy wegetariankami (a jedna z nas była), to szybko przestałybyśmy nimi być. Dlaczego? Bo ci ludzie byli prawdziwi. I czasami dla nich warto iść na kompromisy. My wybrałyśmy taki sposób.

Kobiety na rowery!

Generalnie to fajnie jest być kobietą na rowerze. Nie trzeba być damą, nie trzeba się codziennie kąpać, można opowiadać sobie głupie dowcipy. Wielką przyjemnością jest kupienie sobie w upalnych Chinach wełnianych chust w liczbie 3 sztuk i wożenie ich przez kolejne 3000 km w sakwie. Oczywiście, bywały chwile, gdy brakowało nam męskiego ramienia, np. gdy hostel w Osz (Kirgistan) okazał się być na 5. piętrze w budynku bez windy albo gdy zósemkowały nam się koła. No ale wrodzony wdzięk i nasze poczciwe lica sprawiały, że zawsze znalazł się jakiś miły pan, który dużo lepiej ogarniał rowery niż my. Zresztą w Chinach praktycznie na każdym rogu jest jakiś sklep czy warsztat rowerowy, gdzie można znaleźć pomoc i brakujące części.

Poza tym cała podróż nauczyła nas, że nic nie jest takie ładne jak na obrazkach z internetu czy książek i że na przykład wrzesień w Tajlandii nie jest wymarzonym miejscem dla rowerzystek, które zdemontowały sobie błotniki kilka miesięcy wcześniej. Na przykład ze względu na porę deszczową.

Państwo władane przez króla Bhumibola Adulyadeja niczym nie przypominało raju z pocztówek — hotele przy plaży, laguny, słońce, błękitne morze, palmy z kokosami. Jedyne, co się zgadzało z naszą wiedzą, to wiecznie uśmiechnięci, przytakujący we wszystkim Tajowie. Same dowiedziałyśmy się za to, że mieszkańcy tego kraju nigdy nie odmawiają pomocy. Nawet jeśli czegoś nie wiedzą, to z uśmiechem na twarzy wskażą, gdzie masz jechać, gdzie skręcić. Nieważne, że jego „rada" nie rozwiązała problemu ani nie ułatwiła dotarcia do celu, ważne, że on mógł pomóc. Z uśmiechem na twarzy. Jakże inne podejście od typowego polskiego marazmu.

Po dojechaniu do końca naszej podróży przez Azję, czyli nad morze, miałyśmy jeden dzień zasłużonego odpoczynku na plaży. Oczywiście wyglądało to jak w naszych wyobrażeniach: plaża, woda, kokosy do picia ze słomkami, pyszne jedzenie oraz pochmurny zimny dzień. Nie przeszkodziło to jednak w założeniu bikini, które wiozłyśmy ze sobą w sakwach przez całą drogę, i położeniu się na leżakach pod parasolami. Nie, nie targałyśmy przez pół świata ze sobą w sakwach suszarki do włosów i lokówki, szpilek i podróżnego zestawu do manicure. Choć czasami tak odpowiadałyśmy, gdy ciekawscy próbowali zaglądać nam do sakw. Zdarzało się to często po drodze i momentami stawało się udręką. Chińczycy w swojej ciekawości przekraczali granice. Może dlatego, że sami nie widzą problemu w tym, żeby zaglądać komuś „do garnka". Do tego upatrywali w nas bohaterki i robili sobie z nami zdjęcia lub fotografowali nas z samochodu, często nie zważając na to, że mogą komuś przejechać rower. Czasami, gdy byłyśmy zmęczone po całym dniu pedałowania albo gdy po prostu nie miałyśmy ochoty na cudze spojrzenia, takie sytuacje doprowadzały nas do wściekłości, a wiadomo, że w Chinach nie da się ukryć przed wzrokiem drugiej osoby. Z tego wszystkiego najprzyjemniejsze były okrzyki typu „number one" i pokazywanie kciuka w górę. Naprawdę myślałyśmy, że jesteśmy takie fantastyczne. Przeważnie jednak, po kilkudziesięciu kilometrach okazywało się, że wybrałyśmy sobie najtrudniejszą drogę, a kierowcy po prostu dodawali nam otuchy. Podobnie było w Pamirze, gdy turyści z jeepów rzucali nam snickersy na podjazdach (i teraz bądź tu, człowieku, mądry i wybierz: łapczywie podnieść batonika, próbując nie upaść, czy być obojętnym na tego typu pokusy i jechać dalej pod górę).

Czy się nie bałyśmy? Na początku strasznie. Nie wiedziałyśmy, czego się spodziewać, czy sobie poradzimy. Po powrocie okazało się, że każda z nas miała ochotę zrezygnować, ale bała się przyznać przed pozostałymi. Wolałyśmy zgrywać twardzielki, i dobrze, bo podróż pokazała nam, że strach ma wielkie oczy. Nikt nas nie porwał, nie zgwałcił, nie okradł (jeden z rowerów został ukradziony już po powrocie do Polski). Miałyśmy kilka niebezpiecznych sytuacji, zwykle jednak pakowałyśmy się w nie z własnej głupoty, jak choćby nocleg na bezludziu chętnie odwiedzanym przez wilki. Przeżyłyśmy aresztowanie przez uzbeckich pograniczników za naruszenie strefy granicznej, w Chinach o kilka dni wyprzedziło nas trzęsienie ziemi, jedną z nas chciał pojąć za żonę kirgiski mafioso. I nic, żyjemy. Z perspektywy czasu możemy stwierdzić, że najtrudniejsza w całym wyjeździe była ta pierwsza decyzja, żeby rzucić wszystko i pojechać w nieznane, potem było już z górki i wszystko układało się samo.

PS. Po powrocie do domu rzuciłam w kąt worek z częściami zapasowymi, który woziłyśmy przez całą podróż w razie problemów technicznych. Zupełnie o nim zapomniałam. Jakiś czas później przed kolejnym wyjazdem oddałam rower do zaprzyjaźnionego serwisu i stwierdziłam, że przecież mam części, więc raczej chłopacy tylko wymienią zużyte części na nowe. Jakie było ich zdziwienie, gdy wyciągnęłam wszystko z worka! Okazało się, że większość części nie pasuje to rowerów, którymi jeździłyśmy, więc równie dobrze mogłyśmy ich po prostu nie zabierać. Można przejechać w takiej niewiedzy pół Azji? Można. Bo kobieta potrafi.

* * *

Kobiety na rowery, czyli projekt 3 dziewczyn, które uwierzyły, że chcieć to móc, i bez żadnego przygotowania udały się w swoją pierwszą rowerową podróż po Azji w roku 2013. Agata Roszczka, Anna Rudy i Małgosia Duszyńska w kilka miesięcy pokonały trasę z Taszkientu do Bangkoku, przez Uzbekistan, Tadżykistan, Kirgistan, Chiny, Laos i Tajlandię. Załapały rowerowego bakcyla i mimo stałej pracy kontynuują swoją przygodę z dwoma kółkami i sakwami.

kobietynarowery.com

Dookoła Polski

Anita Demianowicz,
www.banita.travel.pl

— Proszę pani, proszę pani! — Usłyszałam i podniosłam się z ziemi, z którą walczyłam, próbując wbić śledzie. Grunt był twardy, chociaż znajdowałam się na polu namiotowym w Kołobrzegu, które miało specjalnie przygotowany pod namioty teren. „Proszę pani" sprawiło, że poczułam się staro. Spojrzałam na parę dzieciaków: dziewczynkę z długimi jasnymi włosami i młodszego chłopca. Wyglądali na rodzeństwo. Stali i wpatrywali się we mnie.
— Tak? — wydusiłam w końcu, zastanawiając się, czego ta para może chcieć ode mnie.
— Czy ponad miesiąc temu była może pani w Węgorzewie?
Spojrzałam na nich podejrzliwie, próbując skojarzyć fakty. Dzieciaków kompletnie nie pamiętałam, natomiast w Węgorzewie faktycznie byłam. Na tamtejszym polu namiotowym spędziłam kolejną noc w mojej dłuższej rowerowej podróży, którą zaczęłam cztery dni wcześniej w Gdańsku. Potaknęłam.
— Tak myślałam. — Dziewczynka się uradowała. — Z rodzicami byliśmy na biwaku i widziałam panią, i zastanawiałam się nawet, co pani sama robi na rowerze, dokąd jedzie. I teraz spotykam panią tu.
— Wtedy zaczynałam podróż — odpowiedziałam w końcu całym zdaniem.
— A za cztery dni ją kończę.
— I cały czas od tamtego czasu pani jechała? A którędy?
— Dookoła Polski.
Dziewczynka zamarła z szeroko otwartą buzią.

* * *

Rower ważył ze trzydzieści kilogramów. Po raz pierwszy założyłam przednie sakwy, które miałam nadzieję, że pomogą w równomiernym rozłożeniu ciężaru, a tymczasem stały się inspiracją do zabrania jeszcze większej niż zwykle ilości ubrań i innych mało potrzebnych rzeczy. Wiedziałam, że w terenie płaskim nie będzie tak źle. Martwił mnie jednak wjazd w góry. Szybko przypomniałam sobie wpychanie roweru z sakwami sprzed miesiąca w irańskich górach na przełęcz na wysokości 2049 m n.p.m. i od razu pomyślałam, że tak źle to na pewno nie będzie.

— Jesteś pewna, że dasz radę? Może pojedź tylko na wschód, dojedziesz na południe, do rodziców, i wrócisz. — Mój mąż jak zawsze służył dobrą radą.

— Nie zakładam przecież, że objadę Polskę. Jadę i zobaczę, dokąd dojadę. Po prostu chcę pojeździć na rowerze, i tyle. Nie martw się. Wrócę na ślub twojego brata.

Nie chciałam czuć presji, dlatego niczego nie planowałam. Wiedziałam, że gdy tylko to zrobię, podejdę do tej podróży jak do kolejnego zadania, które trzeba wykonać, i wówczas przyjemność zmieni się w obowiązek, a nic nie deprymuje mnie tak, jak przymus. Nie po to przestałam pracować na etacie w firmie farmaceutycznej, w której wciąż nas z czegoś rozliczano i do czegoś zobowiązywano, żebym teraz sama sobie cokolwiek narzucała. Chciałam jechać powoli, mieć czas na fotografowanie, wylegiwanie się nad jeziorem albo na łące i zatrzymywanie się w miejscach, które przypadną mi do gustu, na dłużej niż tylko na noc po długiej żmudnej jeździe, po której pada się często na pysk ze zmęczenia, by następnego dnia powtórzyć znów wyścig. Nie zamierzałam ani z nikim konkurować, ani bić rekordów. Nie interesował mnie plan: objechać Polskę dookoła w dwa tygodnie albo i krócej. Chciałam móc cieszyć się podróżą i swoją samotnością, tą, którą tak bardzo lubię. Samotnością bezpieczną, ze świadomością, że w domu czeka na mnie mąż.

* * *

Początek czerwca w ciągu dnia był ciepły i słoneczny. Trochę gorzej bywało wieczorami i w nocy. Naciągałam na siebie po dwa śpiwory, na uszy czapkę, a na dłonie rękawiczki i tak zasypiałam w namiocie. Dopiero pod koniec miesiąca noce zaczęły robić się cieplejsze. Długo zastanawiałam się, w którą stronę najpierw ruszyć. Wschodnią ścianę odwiedzałam rok wcześniej i po mojej głowie krążył pomysł, by może jednak jeszcze poza sezonem wakacyjnym ruszyć wzdłuż wybrzeża bałtyckiego, by ominąć tłumy letników, gdybym jednak zdecydowała się okrążyć kraj. Ciągnęło mnie jednak na wschód. To nieśpieszne życie tam, życzliwi i gościnni ludzie, ławeczki poustawiane przy płocie każdego domu, na których można przysiąść i odpocząć w drodze, brukowane uliczki w małych wioskach, przez które przejeżdżałam. Chciałam wrócić do Kruszynian, do Tatarów, których poznałam rok wcześniej, poszukać żyjącego w okolicach pustelnika i odwiedzić podlaskie szeptuchy, a potem ruszyć w Bieszczady, do których mam ogromny sentyment, i dojechać do Gorlic, gdzie mieszkają moi rodzice. Chciałam odpoczywać w drodze, fotografować przyrodę i poznawać

ciekawe historie. A potem? Więcej nie chciałam planować. Będzie, co ma być, powtarzałam, czekając, aż nowy dzień czymś mnie zaskoczy.

* * *

Pojechałam do Wierszalina, szukać proroka, a właściwie to nie samego proroka, ale historii o nim, ludzi, którzy mogliby go jeszcze pamiętać. Zamiast proroka znalazłam jednak Nadzieję i jej historię.

— Pamięta go pani? Proroka Eliasza Klimowicza? — Oparłam brodę o drewniane szczebelki zielonego odrapanego płotu. Pies uwiązany przy budzie ujadał jak oszalały, dlatego postanowiłam nie otwierać furtki bez zaproszenia właścicielki jedynego w tej okolicy domu.

— A ja nic nie pamiętam. — Starsza kobieta w chuście na głowie machnęła ręką, jakby chciała się pozbyć natręta.

— Ale leśniczy mówił, że tylko pani może mi coś opowiedzieć, że pani znała rodzinę Wołoszyna, który budował z prorokiem „nowy świat". — Nie odpuszczałam.

— Tam trzeba jechać. — Pomarszczoną, spracowaną dłonią wskazała dróżkę naprzeciwko jej domu.

Tyle wiedziałam, bo już tam byłam.

— Ale tam chaty tylko i podwaliny cerkwi, a ja chciałam coś więcej usłyszeć. Zresztą jakoś tam nieswojo się czułam — przyznałam, a kobieta spojrzała na mnie z, wydawało mi się, nieco groźnym wyrazem twarzy.

— No i dobrze, że nieswojo. Staruszek w grobie się przewraca, że wszyscy tu przyjeżdżają i szaleńca z niego robią. To ludzie powariowali. Kiedyś tu ciągle ktoś przyłazIł i pytał, gdzie prorok, gdzie prorok. W końcu postawili tablicę, to już dali mi święty spokój, bo był czas, że przeganiałam — wyznała. — Dawno nie było jednak nikogo. Teraz tylko ty... — Pozwoliła sobie na cień uśmiechu.

— A skąd?

— Z Gdańska jadę.

— Rowerem?!

Wzruszyłam ramionami i uśmiechnęłam się przepraszająco. Nie wiedziałam, co odpowiadać na takie pytania. Przecież skoro jest rower, to wiadomo, że nim jadę. Pytanie traktowałam bardziej jako retoryczne.

— To jak z Gdańska i rowerem, to chodź na kawę. — Odwróciła się i zaczęła powoli iść w stronę domu. Otworzyłam drewnianą furtkę. Bobik uwiązany przy budzie przestał ujadać.

Usiadłam na ławce ustawionej pod drewnianą ścianą domku. Na schodach przysiadł Józef, syn Nadziei, a u moich stóp położył się Żuk, mieszaniec o poczciwych oczach. Na stole wylądowały herbatniki w cukrze i kawa w szklanym kubku z duralexu.

— A może głodna? Kiełbasy dam.
Podziękowałam.
— Ciastka jedz. To jak tobie na imię?
— A pani? — zagadnęłam, gdy sama już się przedstawiłam.
— A mi strasznie brzydko. Nadia albo Nadzieja mi mówią.
I tak poznałam Nadzieję.
— Ale to piękne imię!
— Wszyscy tak mówią, a ja tak nie uważam. — Westchnęła, poprawiła chustę, spod której wychodziły siwiutkie włosy. Jej twarz, choć poorana zmarszczkami, miała młodzieńczy blask, mimo że oczy też już nieco wyblakłe, to tlił się w nich ogień, a może to po prostu najzwyklejsza dobroć serca z nich przebijała.

Siedzieliśmy tak we trójkę przy drewnianej chatce, wystawiając twarze ku słońcu, pogryzając ciastka w cukrze, popijając drobnymi łykami czarną kawę, delektując się spokojem płynącym z lasu i rozmowami. O proroku szybko zapomniałam.

— Ty jesteś taka... nierozlazła. — Usłyszałam najpiękniejszy komplement, jaki mógł mi ktoś powiedzieć. — Nie jak te dzisiejsze dziewuchy. Gdyby tak było, to bym przegoniła, ale widziałam od razu, czułam, że ty nie taka, że ty dobra. — Uśmiechnęła się. Robiła to w taki specyficzny sposób, trudny do opisania. Ten uśmiech był lekko tajemniczy, ale rozjaśniający całą twarz. Jakby lekko zawadiacki, ale pełen dobroci. Dzięki niemu ja też się cały czas uśmiechałam i nie mogłam przestać jeszcze długo po tym, jak wyjechałam od Nadziei.

— Chcesz herbatę na drogę? Dam ci torebki. Mam całe opakowanie. Albo kawę? Którą chcesz? — Już trzymała w dłoniach dwa opakowania. Nie chciałam odmawiać. Nauczyłam się przyjmować, wychodząc z założenia, że skoro ktoś chce coś ofiarować, to dlatego, że naprawdę tego chce.

— Będziesz pić ją i pamiętać o mnie.
— Będę. — Uśmiechnęłam się błogo. — A możemy zdjęcie wspólne na pamiątkę?
— Ale ja dziś nie taka... — Drobne pomarszczone dłonie zaczęły ugładzać chustkę, a potem fałdy spódnicy. — Dziś nie w humorze, bo szwagier zmarł — przyznała w końcu.

Nie namawiałam. Czasem nie warto nalegać, lepiej odpuścić. Chciałam to zdjęcie z nią dla siebie, nie na pokaz. Na pamiątkę pojawienia się w moim życiu Nadziei.

— To co? Zobaczymy się za rok?

Wzruszyłam ramionami. Nie wiedziałam, czy za rok znów będę jechać tą trasą. Istniała jednak we mnie pewność, że Nadzieję jeszcze zobaczę. Czułam, że muszę. Coś mnie do niej ciągnęło. Może ten uśmiech? Przebłyskiwało przez niego wspomnienie mojej ukochanej zmarłej babci.

Odjechałam, choć nie chciałam odjeżdżać. Rower grzązł w piachu leśnym, ale ja nie przestawałam się uśmiechać.

* * *

W drodze pracowałam. Zbierałam materiał, czasem musiałam zatrzymać się na dłużej, by napisać tekst o ciekawych miejscach i ludziach. Tak było w Kruszynianach, w których zatrzymałam się u Tatarów. Po całym dniu stukania w klawiaturę i wgapianiu się w ekran monitora poczułam ogromne zmęczenie. Potrzebowałam złapać oddech, przejechać się rowerem po lesie. Kruszyniany od Wierszalina oddalone są zaledwie o dziesięć kilometrów w jedną stronę. Wsiadłam na rower i znów pojechałam do Nadziei.

Bobik ujadał równie głośno, jak poprzedniego dnia, dając znać pani i panu, że ktoś się zbliża. Nadzieja odchyliła kolorową zasłonkę w drzwiach. Spojrzała, jakby wiedziała, że przyjadę.

— To co? Kawy zrobić? — Zapytała od progu.

I już po chwili na schodkach siedział pan Józef, a Żuk o poczciwych oczach ułożył się u moich stóp. Na stoliczku stanęły szklanka z duralexu i ciastka.

— Jedz ciastka, Anitko. Inne dziś. Z czekoladą. — Obdarzyła mnie tym swoim niesamowitym uśmiechem.

I znów siedziałyśmy, patrząc na zachodzące za lasem słońce i na rozlewające się po podwórku ostatnie złociste promienie. Rozmawiałyśmy o zwyczajnych rzeczach: o pogodzie, o tym, jak upłynął dzień, o tym, co słychać u sąsiadów z wioski. Miałam nieodparte wrażenie, jakby to miejsce było moje, to na drewnianej ławce, przy drewnianej ścianie tego domu, przy Nadziei. Jakbyśmy spędzały tak każdy wieczór, popijając kawę, zagryzając ciastka i omawiając sprawy dnia codziennego albo po prostu milcząc. Było to jednak bardzo miłe milczenie. Takie, w którym jest dużo treści.

Na pożegnanie ucałowałam ją w policzek.

— A co ty, dziecko, stare pudło całujesz. — Żachnęła się, choć widziałam, że sprawiło jej to przyjemność. Niby dzieci ma, wnuki i nawet prawnuki, ale wszystkie dorosłe, rzadko przyjeżdżają, a ona do miasta nie chce, bo źle się tam czuje. Musi być na łonie natury, bo wtedy czuje, że żyje. I może właśnie to w jej oczach i uśmiechu dojrzałam? A może jednak podobieństwo do uśmiechu ukochanej, wciąż żyjącej w mojej pamięci, babci.

Za to uwielbiam włóczenie się rowerem w pojedynkę. Bo ludzie inaczej postrzegają rowerzystów, a już dziewczynom, które podróżują same, szczególnie łatwo wkraść się do ich serc. „Nie boisz się tak sama podróżować?", słyszę za każdym razem i w drodze, i po podróży, i przed każdą kolejną. Może dość naiwnie powtarzam, że ludzie są dobrzy, więc się nie boję. Wiem, że to nie do końca prawda, bo nie jestem już dzieckiem, które z ufnością spogląda na świat, wiem, że i tych złych nie brakuje, ale chyba z takim lekko naiwnym myśleniem jest mi wygodniej i łatwiej, gdy zaklinam rzeczywistość, powtarzając, że jest dobrze.

* * *

— Halo? Pani Nadzieja? — Usłyszałam trzaski w słuchawce. — To ja. Anita, rowerzystka. Dzwonię zapytać, jak pani się czuje, i chciałam też powiedzieć, że dojechałam już do domu. Za mną 3551 kilometrów i prawie siedem tygodni w drodze.

— Anitka? — Nie widziałam jej, ale w sposobie, w jaki wypowiedziała moje imię, wyczułam uśmiech. — Dobrze, że już do męża wróciłaś bezpiecznie.

Opowiedziałam jej o drodze, o innych, równie jak ona życzliwych ludziach, których spotkałam, o pani Alfredzie z Dubienki, do której też dzwoniłam zgodnie z obietnicą, powiadomić, że bezpiecznie dojechałam do domu, o parze emerytów na rowerach, którzy jechali z południa na północ i zachwycili mnie swoim podejściem do życia i siebie nawzajem do tego stopnia, że gdy ja byłam w podróży, mój mąż gościł ich w naszym domu, w Gdańsku. O wizycie u rodziców i odkryciu na nowo miasta, w którym przez wiele lat mieszkałam, o jeździe przez góry w upałach sięgających prawie czterdziestu stopni, o zatłoczonej trasie wzdłuż Bałtyku, której turystyczna kumulacja prawie wykończyła mnie psychicznie, i o tym, że jednak pierwotnie miałam rację, planując, by wybrzeże przejechać poza sezonem. Mówiłam o jeziorach, nad których brzegiem rozbijałam namiot, o polach, na których fotografowałam kwiaty, i o drzewach, pod którymi chowałam się przed południowym, silnym słońcem. I o tym, że wschód jest najlepszy.

— To co? Wrócisz do nas w przyszłym roku? Pamiętaj, że u mnie miejsca pod dostatkiem.

Spojrzałam na mapę Polski, która leżała rozłożona przede mną na podłodze. Wzrokiem przebiegłam wschodnią ścianę.

— Uzależniłam się chyba od wschodu.

Nadzieja zaśmiała się.

* * *

Pamiętam siebie sprzed ponad trzech lat, sprzed pierwszej podróży w pojedynkę. Wówczas mocno chciałam wyjechać w podróż i równie mocno bałam się realizacji tego pomysłu. Rower jeszcze wtedy nie wchodził w grę. Kupiłam po prostu bilet, spakowałam plecak, zostawiłam męża w domu i wyjechałam na pięć miesięcy do Ameryki Środkowej, by spełnić swoje marzenie o podróży nieco dłuższej niż dotychczasowa dwa czy trzy tygodnie. Chciałam się sprawdzić, zobaczyć, czy jestem w stanie bez męskiego wsparcia poradzić sobie w drodze.

Byłam pewna, że nie, a jednak ta pierwsza podróż dała mi pewność, że potrafię świetnie o siebie zadbać. Najzabawniejsze jest jednak to, że dwa lata później postanowiłam po raz pierwszy wybrać się na wycieczkę rowerową w pojedynkę po Polsce i bałam się bardziej niż podczas pierwszego wyjazdu do Ameryki Środkowej. Bałam się, że zabłądzę, bo orientacja w terenie nigdy nie była moją mocną stroną i nigdy wcześniej nie zmieniałam też dętki, nie mówiąc o innych naprawach: zerwanego łańcucha czy wymianie klocków hamulcowych. Mimo wszystko pojechałam i przekonałam się, że jazda na rowerze w pojedynkę jest niesamowitym doświadczeniem, i dlatego rok później pomyślałam, że spróbuję objechać Polskę. Przekonałam się podczas tej podróży, że nie trzeba wyjeżdżać na koniec świata, by przeżyć fantastyczną przygodę i poznać niezwykłych ludzi.

* * *

Anita Demianowicz — zwykle sześć miesięcy w roku spędza poza domem. Zakochana bez pamięci w Ameryce Łacińskiej. Gwatemala, Honduras, Salwador i Meksyk to pierwsze kraje, do których wybrała się na pięć miesięcy w pierwszą podróż w pojedynkę, gdzie wszystko się zaczęło. Ostatnio sporo podróżuje po Polsce. Jej pasją oprócz podróżowania są jazda na rowerze i fotografia oraz góry, wulkany i lodowce. Bloguje na *www.banita.travel.pl* oraz organizuje TRAMPKI — Spotkania Podróżujących Kobiet.

Punkistan Zindabad!

Pit Blama, *www.pitblama.com*

Aby starać się o wizę do Pakistanu, musiałem pojawić się w ambasadzie RP w Delhi w celu wydania mi listu z tejże ambasady... Nigdy nie dowiedziałem się, po co taki list, ale taki jest system.
Na bramie powitał mnie hinduski Justus (ochrona). Zdecydowanie więcej manier prezentował i szerszy w barach był ochroniarz Jadin niż jego polski odpowiednik.
Po wejściu na teren ambasady przywitała mnie — nazwijmy ją — pani Jadzia.
— Dzień dobry, mam na imię Piotr, chcę jechać do Pakistanu i w tym celu potrzebuję listu rekomendacyjnego od państwa.
— Ojej, do Pakistanu? A nie boi się pan?
— Szczerze, to nigdy tam nie byłem, więc nie wiem, czy powinienem...
— Rozumiem. Pan, który wypisuje takie listy, gdzieś wyszedł, więc proszę chwilę poczekać.
Po piętnastu minutach pojawia się sympatyczna pani:
— Jest już pan od listów. A pan potrzebuje go do ambasady Pakistanu czy Bangladeszu?
— Pakistanu.
— Ach, bo mi się zawsze Pakistan z Bangladeszem myli...
No comments...
Po kilku minutach przynosi upragniony list, który został wystawiony do ambasady Iranu.
No comments no 2...
Hindus po raz kolejny wypisał mi ten nieszczęsny list, sprawdzam po raz ostatni, czy wszystko z nim jest w porządku, i szczęśliwie opuszczam placówkę dyplomatyczną. Pełna profeska.
W hostelu spotykam Francuza, który był rok temu w Pakistanie:
— O, stary, jedziesz do Paki, super.

— Tak, choć zupełnie nie wiem, czego mam od tego miejsca oczekiwać.
— Najlepiej niczego, oczekiwania zawsze rodzą rozczarowania. Jedno, co ci powiem, to że nie zobaczysz żadnej kobiety na ulicy, sami kolesie.
Nie mieściło mi się to w głowie, puściłem to mimo uszu. Miał rację.
Kiedy dotarłem na granicę, pierwszą dziwną rzeczą, jaką zauważyłem, był brak jakichkolwiek pojazdów przekraczających to przejście. Do transportu towarów zatrudniano armię tragarzy, z których połowa ubrana była na zielono, pozostali na czerwono.

Przyczyną takiego porządku jest konflikt indyjsko-pakistański, trwający od 1947 roku, czyli od momentu odłączenia się Pakistanu od Indii Brytyjskich. W wyniku sporu, głównie na tle religijnym, migrowało około 10 milionów osób, z czego około miliona zginęło w wyniku walk urosłych z tego konfliktu.

Zanim tu przyjechałem, spędziłem około trzech miesięcy w Nepalu i Indiach — miejscach, gdzie króluje kuchnia wegetariańska. Kiedy wysiadłem na dworcu w Lahore, pierwszą rzeczą, jaką zobaczyłem, były stoiska z jedzeniem, a dokładnie — kebabami. Na wejściu więc połknąłem dwa i następnego dnia kolejne dwa. Poczułem, że mam więcej siły, ale też zaobserwowałem, że stałem się bardziej agresywny...

Granicę przekroczyłem 13 lutego 2006 r., lokując się w najpopularniejszym i chyba tak naprawdę jedynym hostelu w Lahore — Regal internet Inn — którego właścicielem był znany przez wszystkich i wszystkich znający Malik.

Kilka dni wcześniej w prasie europejskiej ukazały się karykatury Mahometa, w związku z czym w świecie muzułmańskim zawrzało.

14 lutego był dniem, na który wyznaczono demonstracje przeciwko temu, co ukazało się w europejskich mediach. Co mnie zaskoczyło — Pakistańczycy tego dnia też obchodzą walentynki.

Nie byłem za bardzo świadom tego, co się dzieje. Rano (dla backpackersów godzina 10 - 11) wyszedłem na ulicę w poszukiwaniu strawy. Tak naprawdę duża część czasu typowego gościa z plecakiem jest poświęcona poszukiwaniom dobrego miejsca z jedzeniem.

Kiedy wyszedłem z hostelu, zobaczyłem tłum dość mocno wkurwionych mężczyzn, skandujących hasła, których nie rozumiałem. Zacząłem robić im zdjęcia, w pewnej chwili jeden ze sfrustrowanych zabrał mi aparat. Zrobiło się nieprzyjemnie. Delikatnie wytłumaczyłem nabuzowanym demonstrantom, że już sobie idę, nie będę robił więcej zdjęć, ale proszę, żeby mi oddali aparat. Zrobili to i bardzo szybkim krokiem dotarłem do restauracji.

Jadłodajnia pełna była chłopów w takich samych tradycyjnych pakistańskich strojach. Wejście przypominało trochę scenę z westernu, gdzie czarny charakter otwiera drzwi saloonu. W tym momencie cichnie pianino, cichną rozmowy, wszyscy odwracają się zza baru i patrzą na Ciebie z pytaniem — WTF.

Byłem więc trochę takim kosmitą wchodzącym do miejsc, gdzie wita Cię ekipa brodaczy o bardzo poważnych spojrzeniach.

Na wejściu patrzę więc na nich i mówię:
— Salam aleikum (pokój z wami).

Na co wszyscy odpowiadają:
— Wa aleikum asalam (i z tobą).

Dodaję:
— Kiale? (Jak się macie?).

Odpowiadają:
— Tik tak.

Po czym pojawiają się szerokie uśmiechy na ich twarzach, zaproszenia do stolika i rozmowy.

Kiedy w środku oddawałem się konsumpcji nowych dań i smaków, na zewnątrz rozkręcała się gruba jazda z demonstracją. Zauważyłem, że knajpy w sąsiedztwie zamykają się bardzo szybko, co zrobiono i w naszym lokalu. Właściciel z synami zasunęli kratę przy wejściu, przez którą ujrzałem płomienie na wysokości hostelu, z którego przyszedłem. Byłem przekonany, że pali się mój tymczasowy dom. Miałem farta, nie tak jak bank mieszczący się blisko hostelu, który spalono przy użyciu koktajli Mołotowa. Ochrona banku zastrzeliła dwie osoby.

Najsmutniej jednak wyglądały walentynkowe róże, zniszczone i rozsypane przez demonstrantów na ulicy. Co niby miały te róże wspólnego z karykaturami i Mahometem — tego nigdy nie zrozumiałem.

Poważnie rozważałem wyjazd z Pakistanu i powrót do Indii. Namieszałoby mi to trochę w planach — do Polski chciałem wrócić lądem.

Po nieszczęsnej demonstracji miasto wyglądało jak po ustawce ze sprzętem dwóch zaprzyjaźnionych drużyn piłkarskich. Szczęśliwie później takie historie już się nie zdarzyły.

Właścicielem hostelu w Lahore jest bardzo charyzmatyczna postać — Malik. Facet jest mocno zajawiony muzyką. Co tydzień praktycznie przyjeżdżają do hostelu muzycy i prezentują swój repertuar.

Co czwartek na cmentarzu w Lahore odbywają się ceremonie sufi. Sufizm jest formą mistycyzmu islamu, wyrażaną przez poezję, taniec (taniec derwiszy) czy muzykę.

Wstęp mają tylko pakistańscy faceci, ale Malik ma tak to wszystko poukładane, że co tydzień bierze grupę ludzi z hostelu (obu płci), z którą jedzie na imprezę. Dziewczyny oczywiście muszą mieć chustki na głowach, ale wstęp mają.

Kiedy docieramy na miejsce, widzimy tłum mężczyzn. Wielu z nich siedzi na grobach i pali haszysz. W głównej sali stoją dwaj bracia z bębnami ustawionymi w pozycji horyzontalnej. Gumba brothers — tworzą najlepszy team

sufi w Pakistanie. Grali podczas oficjalnej wizyty Jurka W. Busha czy na weselu córki prezydenta Pakistanu.

Konstruują piękne transowe sety trwające 3 – 4 godziny, czasami ktoś zastępuje jednego z braci, innym razem ktoś wyciera muzykowi twarz z potu. Większość ludzi siedzi i słucha, a grupa dziesięciu osób bierze udział w ceremonii w sposób aktywny — tańcząc. Tancerze posiadają odświętne stroje odróżniające ich od reszty. Jeden z biesiadników na nogach ma dzwonki, które uzupełniają melodię podczas ruchu w transowym rytmie. Tancerze poruszają dynamicznie głowami w lewo i prawo. Fizycznie wydaje się, że niczego nie widzą, bo ruchy są bardzo szybkie, oni jednak doskonale zdają sobie sprawę z tego, co się dzieje. W powietrzu unosi się zapach haszyszu.

Z Lahore wyruszyłem do Islamabadu z zamiarem złożenia papierów o wizę w ambasadzie Iranu i przebitkę w Karakorum. Stolica nie przypadła mi do gustu — wielki moloch bez określonego centrum był mało ciekawym miejscem na eksplorację. Kemping natomiast był mocno zarośnięty gandzią i bardzo przyjemny dzięki ludziom, którzy się tam znajdowali. Było kilku zmotoryzowanych ze swoimi ciężarówkami i jedna panna ze Szwajcarii, która przyjechała tu motocyklem BMW 1200 GS. Byli tu i wcześniej poznani Belgowie, punki, i Francuz, który każdego wieczoru rozpalał ognisko.

Pewnego dnia wybrałem się z nim po drzewo do pobliskiego gaju — pamiętam zdziwione miny Pakistańczyków, widzących dwóch białasów w środku stolicy, targających ze sobą drewno...

Zdecydowałem, że staram się o wizę tranzytową (tygodniową) do Iranu. Zostawiłem papiery i pojechałem na stopa w góry.

Pakistańskie ciężarówki to swoiste dzieła sztuki. Właściciele wkładają tak wiele pracy w dekorację wozu, że zastanawiałem się, co jest droższe — samochód czy jego wystrój. Nad kabiną znajduje się przedłużenie części załadunkowej, gdzie kierowcy śpią. Pierwszy stop i kolejne wyglądały mniej więcej tak samo. Mili goście, postój, próba zrewanżowania się za przejazd postawieniem obiadu, zdecydowana odmowa kierowców. Twierdzili, że jestem w podróży, a to powoduje, że mają obowiązek o mnie dbać — piękni ludzie.

Pakistan zamieszkują trzy grupy wyznawców islamu: sunnici, szyici i ismaili. Ci ostatni zamieszkują północną, górską część kraju, są mniej ortodoksyjni niż pozostali. Ich przywódca duchowy w tym czasie był siódmym najbogatszym człowiekiem na świecie. Jest luźniej, widać twarze kobiet.

W Gilgit rozpocząłem jazdę rowerową.

Moim celem jest przełęcz Khunjerab na granicy pakistańsko-chińskiej, znajdująca się na wysokości 4730 m n.p.m. Sezon w górach jeszcze się nie rozpoczął, zresztą w Pakistanie turystów jak na lekarstwo, mało atrakcyjna miejscówka. W poprzednim roku kraj ten odwiedziło tylko 4500 osób.

Karakorum Highway jest jeszcze zamknięta, oficjalnie otwierają ją za dwa miesiące, z początkiem maja.

Z dnia na dzień posuwam się do przodu, nie jest bardzo stromo, idzie mi dobrze.

Wraz z wysokością pojawiają się pierwsze przeszkody, dojeżdżam do miejsc zasypanych przez lawinę śniegu i kamieni. Ściągam bagaże z roweru i przenoszę wszystko na drugą stronę. Jest coraz więcej śniegu. Widok na Nanga Parbat z drogi. Wysokie góry są bardzo blisko. Kocham to miejsce.

Na wysokości 3300 m n.p.m. znajduje się strażnica parku narodowego, gdzie mieszkają jego pracownicy, bardzo swojskie chłopaki. Proszą oczywiście, żebym został i dalej nie jechał, bo jest za dużo śniegu i zagrożenie lawinowe. Spędzamy wieczór na rozmowach:

— Kolego, a jak to jest w Europie? Czy to prawda, że przed ślubem można spać z kobietą?

— Tak, to prawda. U was nie można?

— Nie.

Ludzie, których spotykam w tej części Pakistanu, bardzo różnią się fizycznie od reszty krajan, bardziej przypominają Europejczyków niż Azjatów.

Niedaleko znajduje się dolina Kalasha, którą zamieszkują ludzie posługujący się zupełnie innym językiem niż reszta kraju. Twierdzą, że są potomkami żołnierzy oddziałów greckich Aleksandra Wielkiego, którzy pojawili się tam w roku 384 p.n.e.

Obok ludzi Kalasha północny Pakistan, a dokładnie tereny leżące na granicy Pakistanu i Afganistanu, zamieszkiwane przez największą wspólnotę plemienną na świecie — Pasztunów. Jedną z najbardziej rozpoznawalnych fotografii National Geographic — kobieta w czerwonej chuście, z zaczarowanymi oczami — zrobiono właśnie pasztuńskiej dziewczynie. Plemiona są bardzo charakterne i waleczne — w konstytucji Pakistanu jest zapis określający ich prawa: jeżeli droga przechodzi przez ich teren, to prawo pakistańskie ma moc do 10 metrów po obu stronach drogi.

W tej części świata ukrywał się Osama bin Laden. W miejscowości Dara produkuje się broń, a dokładnie kałasznikowy. Często można zobaczyć chłopa wychodzącego z prymitywnej jak na nasze warunki chaty, który wali salwę z kałacha w powietrze, sprawdza go i wraca do pracy nad kolejnym.

Strażnicy parku mieli oczywiście rację — nie było sensu pchać się wyżej. Podjechałem kilometr, przepchałem rower przez kolejne dwa — śnieg robił się coraz głębszy. Stwierdziłem, że wracam. W końcu doszedłem do tego, że już nic nie muszę… Jadę tą samą drogą, z górki.

Karakorum Highway to raj dla rowerzystów, asfalt gładki jak pupcia niemowlaka, widoki zapierają dech. W tym miejscu łączą się trzy największe łańcuchy górskie na świecie: Himalaje, Karakorum i Hindukusz.

61 Punkistan Zindabad!

Po dotarciu do Gilgit dołożyłem jeszcze jakieś dwa dni jazdy. Ostatniego dnia mijałem demonstrację podobną do tej, którą widziałem na początku pobytu w Pakistanie. Bardzo spięci byli ci ludzie.

Po powrocie do Islamabadu wróciłem na kemping. Ze starej ekipy został Ralf z Niemiec, bardzo pozytywny, spokojny ziomek podróżujący ciężarówką.

— Jak się masz, stary?
— Wietrznie.
— A dokładnie?
— Dostałem ameby kości i od miesiąca czekam na wizę do Iranu...

Tego samego wieczoru, niefortunnie stawiając krok, słyszę: trrrach, i czuję ból w kostce. Świetnie, teraz mi jeszcze brakuje do tego wszystkiego skręconej kostki.

Odruchowo, w ostatnim momencie puściłem ciało tak, żeby skręcenie było jak najlżejsze. Torebki stawowej nie naruszyłem na szczęście, trzy dni regeneracji i smarowania różnymi maściami przyniosło efekt — mogłem dalej podróżować.

Zawinąłem wizę tranzytową do Iranu i byłem gotowy na powrót lądem do domu. Z rowerem w torbie. To były ostatnie kilometry na rowerze. Było pięknie...

Dolina Muminków

Kuba Rybicki, *www.jakubrybicki.pl*

Przylądek Szartly otaczają zasieki z kilkumetrowych torosów i „pola minowe" z bezładnie porozrzucanego lodu. Bronią dostępu do małej, oklejonej dyktą chałupki, która wygląda, jakby miała się rozlecieć przy pierwszym lepszym huraganie. To kolejna siedziba strażnika parku narodowego. Z okna łypią już na nas podejrzliwie czyjeś skośne oczka. Wichra straszliwie boli kolano, więc mimo że to rzut beretem od Słonecznej, postanawiam zapytać o nocleg.

— Dzień dobry, jestem rowerzystą z Polski, jadę z Siewierobajkalska rowerem i zastanawiam się, czy nie zechcielibyście ugościć nas noclegiem? — pytam stojącego na straży macierzy Buriata.

— Po pierwsze, sowieckie czasy się skończyły — odezwał się niezbyt przyjaźnie. — Teraz mamy, widzisz, kapitalizm, kurwa jego mać. Dziś już nikt nie pozwoli ci nocować za darmo. Po drugie, pokaż paszport.

Pokornie pokazuję paszport, zastanawiając się, co w takiej sytuacji zrobiłby czytelnik anglojęzycznego przewodnika, którego autor wyraźnie ostrzega, żeby pod-żadnym-pozorem-nigdy-i-nikomu-nie-pokazywać-paszportu! To najbardziej dziwaczne zalecenie, jakie mogę wyobrazić sobie w odniesieniu do Rosji. Paszport jest tu wymagany na każdym kroku — pomijając już nawet przedstawicieli władzy, musimy okazywać go w hotelach, na kolei (kupując bilet, wsiadając do pociągu), a nawet w sklepach (na przykład chcąc nabyć kartę SIM albo niektóre rodzaje elektroniki).

Buriat zaklął pod nosem, po czym przedstawił oficjalny cennik noclegów na terenie Bajkalsko-Leńskiego Parku Narodowego. Dwa tysiące rubli od osoby za noc.

— No tak, to my dziękujemy.

— Spokojnie, no przecież wszyscy jesteśmy chrześcijanami... Jakoś się dogadamy — błyska złotymi zębami.

Rzeczywiście, dogadanie się idzie nam wyjątkowo sprawnie i bez problemu ustalamy, że 1/10 oficjalnej kwoty jest jak najbardziej uczciwą ceną.

— Ja tu jestem, rozumiecie, strażnikiem. Chociaż nie mamy tu żadnych tajnych baz ani rakiet, to i tak muszę pilnować, he, he. No dobrze. Pamiętajcie, że jesteście tu nielegalnie! — Po czym zapisuje nasze dane z paszportów w jak najbardziej oficjalnym zeszycie parku. Porządek musi być.

Nazywa się Giennadij, ale to rosyjskie imię jakoś do niego nie pasuje. Powinien nazywać się, nie wiem, Czyngis. Jest niewysoki, szpakowaty, krępej budowy ciała, w nieodłącznej czapce uszance i wielkich walonkach. Wszystko koloru moro. W krągłej, pucołowatej (jak to u Buriatów) twarzy błyskają przenikliwe, skośne oczka, te same, które widać było przez okno. Jest Buriatem z krwi i kości, dumnym ze swojego dziedzictwa i tożsamości.

— Jak odbywałem służbę wojskową na Węgrzech, to pojechaliśmy kiedyś na przepustkę do Budapesztu...

— Piękne miasto!

— No. Więc stanąłem na takim moście...

— Ach, pewnie na moście łańcuchowym, takim z lwami? Fantastyczny z niego widok!

— A możesz mi, kurwa, nie przerywać? Nie wiem, czy był z lwami, czy z jebanymi kogutami. Stanąłem na moście i splunąłem do Dunaju, tak samo jak Batu-chan w 1241 roku, gdy pobił Madziarów. Ha!

Ale najbardziej jest dumny oczywiście z Czyngis-chana. W jego czasach Buriaci i Mongołowie stanowili jeden naród, więc Giennadij ma pełne prawo uważać się za potomka wielkiego wodza. Zresztą, według bardzo prawdopodobnej teorii, matka pogromcy narodów pochodziła z Doliny Barguzinskiej, na przeciwległym brzegu jeziora. Sam Czyngis miał rozkazać, aby jego szczątki złożono obok matki, w ziemi przodków.

Czyngis — Giennadij stawia go za wzór dla wszystkich uciśnionych narodów. Jednym z nich są, rzecz jasna, Buriaci.

— Przecież to wszystko jest nasza ziemia! A teraz jakiś rosyjski naczalnik postawił mnie tutaj jako strażnika, żeby ruscy turyści mogli oglądać „prawdziwego" Buriata, chuje złamane!

— To może nie pracuj dla nich?

— Ty to jednak głupi jesteś! A za co żyć? Tu robota nawet niezła, spokój, cisza, przyroda. Podoba mi się.

Drepczemy razem do oddalonej o dobre 200 metrów chatki na wzgórzu. Nie wierzymy własnym oczom. To idealny domek Muminków! Jest co prawda kwadratowy, a nie okrągły, ale poza tym wszystko się zgadza. Wysoka, strzelista konstrukcja z wieżyczką na szczycie. W środku pachnie świeżym drewnem i nowością, na górze leżą materace, jeszcze nierozpakowane z folii. Na środku stoi pieczka (produkcji szwedzkiej), na której Czyngis kładzie drewno mocno naciągnięte żywicą. Po chwili szczapka zaczyna dymić, a w całym

Dolina Muminków

domku rozchodzi się odurzający zapach lasu. Wyobrażamy sobie, że będziemy odgrywać role Muminków.

— Jakby co, to ja jestem Muminkiem. Ty, Wichrze, możesz być Paszczakiem, he, he.

— Wolałbym Włóczykija...

— To zupełnie nowa chałupa, niedługo się tu przeprowadzę — mówi Tatuś Muminka. — Chodzi o to, żeby móc przyjmować gości, rozumiecie, kapitalizm, pies go jebał.

Czyngis nie posługuje się specjalnie wyszukanym słownictwem. A może wręcz przeciwnie, tylko my nie umiemy tego docenić? Trzeba przyznać, że jego przekleństwa są dość wyszukane i wielopiętrowe, jednak wtrąca je tak często, że z reguły trudno zrozumieć sens zdania. Fascynujący człowiek — na pierwszy rzut oka największy cham i gbur, ale serce ma złote. To zresztą dość częsta charakterystyka ruskiego mużyka — ale Czyngis nie jest przecież Ruskim!

— Chuj im w dupę, waszym Ruskim. Przyszli tutaj, okradli narody, które żyły tu od zawsze, a potem zbudowali fabryki, które trują Bajkał!

Można by się z tym zgodzić, ale gwoli ścisłości — Buriaci zamieszkali nad Świętym Morzem dopiero w XII wieku, wcześniej żyli tu już Ewenkowie, Kurykanie, nie brakuje też śladów obecności starożytnych Scytów. Co do fabryk, to mimo wielkich planów, koniec końców nad brzegiem Bajkału powstała dokładnie jedna, czyli Bajkalski Kombinat Celulozowy, który pomału, lecz nieuchronnie zmierza w stronę zakończenia działalności.

Giennadij pochodzi z okolic Ust-Ordyńskiego, na północ od Irkucka.

— A niedaleko jest wasza wieś, Wierszyna — mówi. — No, tam *Polaki mołodcy*, zachowali język przez tyle lat!

Wierszyna to prawdziwa syberyjska legenda. Prawie wszyscy z 500 mieszkańców wsi mówią po polsku! Polskie korzenie nie są tu zresztą niczym wyjątkowym. Praktycznie co drugi Sybirak znajdzie jakiegoś przodka z kraju nad Wisłą, niektórzy zachowali polskie nazwiska. Większość Polaków osiadłych na Syberii była tu zesłana za udział w powstaniach, działalność antycarską albo trafiła tu w latach stalinizmu. Nie brakowało jednak i dobrowolnych osadników. Drudzy synowie i chłopi bez ziemi szukali miejsca, gdzie by mogli godnie żyć. Moskwie bardzo zależało na kolonizacji dzikiej krainy za Uralem. Na zachętę można było otrzymać 15 dziesięcin ziemi i 100 rubli bezzwrotnej zapomogi, zwracano też koszty biletów kolejowych. Dopiero potem zaczynały się schody — trzeba było samemu wykarczować las pod swoją ziemię, zbudować domy i ułożyć stosunki z nie zawsze przyjaznymi tubylcami. Kolejne pokolenia stopniowo zatracały mowę polską i zapominały o korzeniach. W odciętej od świata Wierszynie było jednak inaczej — dziś jest to prawdziwy fenomen, enklawa polskości pośrodku tajgi. Z tego powodu stała się swego rodzaju atrakcją turystyczną. Turyści

„z macierzy" często nie rozumieją jednak, że jej mieszkańcy nie są uwięzieni w tajdze, a przyjechali i pozostają tu z własnej, nieprzymuszonej woli. Doszło do tego, że wierszynianie z rezerwą odnoszą się do coraz liczniejszych przyjezdnych, niosących dobrą nowinę: „Jesteście wolni, wracajcie!". Sybir to nie tylko zesłania, to także piękna i hojna kraina, w której można normalnie żyć. Wielu polskich patriotów i bojowników o wolność zdecydowało się tu pozostać po odbyciu wyroku.

Po pogawędce o urokach życia w tajdze poszliśmy topić* banię. To niewielka budka, położona malowniczo tuż nad jeziorem — tak, aby w letnie dni można było wyskakiwać bezpośrednio z sauny do lodowatej wody. My będziemy musieli chłodzić się w śniegu. Zanim to nastąpi, dostajemy wiertło i przykazanie, żeby nabrać wody. Dzięki temu mamy szansę przekonać się naocznie, jak gruby jest lód. W miejscu naszego odwiertu ma dobrze ponad metr.

Szlachetna banio, jesteś tak tanią,
A tak wspaniałą.
Mógłbym się parzyć przez wieczność całą!

Nie wiem, co można by tu dodać. Najprościej chyba będzie, jeśli Czytelnik odłoży książkę na tydzień, w tym czasie nie będzie się mył, za to codziennie spędzi kilka godzin na siłowni. A potem pójdzie do sauny i siedząc w niej, wyobrazi sobie, że może nagle wyjść, pełen pogardy dla dwudziestostopniowego mrozu. Ciało paruje, na włosach szybko osiada szron, a przed nami roztacza się panorama zamarzniętego morza lodu i gór skąpanych w świetle księżyca. Tak to mniej więcej wygląda.

Po co jechać zimą na Bajkał? Na upartego można znaleźć banię i w Polsce, liczyć na to, że w zimie spadnie śnieg i będzie można się w nim wytarzać na golasa. Ale na pewno nie przy takim widoku. Chyba właśnie gdzieś tu chowa się dobro, bo naga prawda jest widoczna gołym okiem, a piękno natury oszałamia, zwala z nóg.

Trzeba się napić.

Wiedzeni nagłą potrzebą serca, po bani idziemy do Czyngisa podzielić się resztkami naszej putinki.

— Najpierw trzeba ugościć ducha ognia. — Uroczyście macza palec serdeczny w kieliszku i kropi nim języry płomieni, chciwie wyskakujące z pieczki. — To opiekun domu, od którego wszyscy jesteśmy zależni. Zawsze i wszędzie należy okazywać mu najwyższy szacunek.

To chyba pierwsza wypowiedź, w której nie słyszę przekleństwa.

---

* Rozpalać.

— Gdybyśmy byli na zewnątrz, wypadałoby też poczęstować duchy powietrza, ale na dworze zimno, więc może sobie darujmy.

— Giennadiju, a właściwie co ty robisz całymi dniami?

Nasz gospodarz ewidentnie nie jest typem multiartysty, jak Pietrowicz. Na ścianie wisi święty obrazek i plakat z napisem: „Boks rządzi wszystkim". Poza tym sporo map, jakichś papierów, pokaźna kuchenka i garnki. Wszystkiego dogląda wielki, puszysty kot.

— Radia słucham. Myślę. Patrzę.

Aha.

13.03.2013

Wstaję o siódmej z mocnym postanowieniem samotnego wypadu na wyspy Uszkany. To jedno z ostatnich miejsc na Bajkale, które bardzo chciałem zobaczyć. W lustrze, pierwszy raz od Siewierobajkalska, mogę zobaczyć swoją twarz, temperatura pozwala też na ogólne oględziny ciała. Po bani na policzkach powyskakiwały jakieś dziwne bąble, to chyba odmrożenia? Może jednak trzeba było jechać w kominiarce? Przynajmniej przeszedł mi ból stopy i wróciło czucie w koniuszkach palców u nóg.

Wkrótce przychodzi dobrotliwy Tatuś Muminka.

— Uważaj na siebie, tam śniegu dużo, torosy straszne i nerpy złe! Żebyś mi się nie przeziębił!

A potem konfidencjonalnie zaprasza na pięterko. Na paluszkach przechodzimy obok Włóczykija, który smacznie chrapie, śniąc pewnie o smażonych omulach. Wdrapujemy się z Tatusiem Muminka na szczyt chatki. Z wieżyczki nie tylko widać pół jeziora, to również miejsce, gdzie po raz pierwszy od tygodnia mogę złapać zasięg komórki. A teraz będziemy podglądać izubry. Jest to wschodnioazjatycki podgatunek** jelenia szlachetnego, bardzo w tych stronach popularny.

— Są! Szepce triumfalnie i daje mi — Muminkowi — lunetę.

Szukam, szukam, i nic nie mogę wypatrzeć. Czuję na sobie gniewne spojrzenie Tatusia, który na powrót zmienia się w Czyngisa.

— Na lewo, kurwa! Nie, teraz na prawo!

W końcu widzę stado siedmiu zwierząt, pasące się jakiś kilometr od naszej chatki.

— Widzę!

— I co? Piękne chujki, prawda?

Piękne. Dobrze, że nie są to straszliwe piżmowce, potwory z moich dziecięcych snów. Na pewno czają się gdzieś w okolicy, ale Giennadij mówi, że tu ich nie widuje.

** Z braku polskiej nazwy: *Cervus elaphus xanthopygus*.

Nie kręcą mnie pospolite izubry, chcę zobaczyć nerpy! Tylko te foki mogą żyć w słodkiej wodzie — kolejna z wielu osobliwości Bajkału. W dodatku naukowcy wciąż nie wiedzą, skąd się tu wzięły. Akurat w tym okresie wydają na świat potomstwo — urocze, puszyste białe foczki, sama słodycz. To jedyne ssaki żyjące w jeziorze i zarazem największe drapieżniki, stoją na szczycie piramidy pokarmowej. Mają tylko jednego wroga — człowieka, ceniącego sobie piękne futro (sam Gorbaczow zakrywał znamię na głowie czapką z młodej nerpy) i jakoby lecznicze właściwości ich tłuszczu. Od czasu niedawnego wprowadzenia zakazu polowań rozmnażają się w zawrotnym tempie i ich liczebność szacowana jest dziś na prawie 200 tysięcy sztuk. Mimo to nie jest łatwo zobaczyć je zimą. Rzadko wylegują się na słońcu, prawie cały czas spędzają pod wodą albo leżą zakopane w śniegu w okolicach torosów i szczelin. Jeśli więc miałbym szansę gdziekolwiek je wypatrzeć, to chyba tylko na Uszkanach, które są od wieków ich niezbyt tajną bazą. Latem bez trudu można oglądać tysiące nerp zażywających kąpieli słonecznych na kamienistych brzegach wysp.

Po prawie 20 kilometrach mam Wielki Uszkan niemal na wyciągnięcie ręki.

Teraz dociera do mnie sens wiadomości z Polski, którą odebrałem w wieżyczce domu Muminków: „Kowalski i Berbeka zginęli na Broad Peak". Ludzie, którzy tak jak my, gonili za marzeniami, tam gdzie jest bardzo, bardzo zimno. Tomek, mój rówieśnik z Poznania, i Maciek, człowiek ikona, gość, który nigdy się nie poddawał. Nie mogę powstrzymać dobijających się do świadomości myśli. Zwykle jadę i śpiewam w głowie sprośne piosenki, a teraz zastanawiam się, czy taka śmierć nie jest lepsza od dobrego, spokojnego zgaśnięcia starca? Odejść w miejscu, które się kocha? Każdy himalaista, polarnik i zimowy rowerzysta zdaje sobie sprawę z niebezpieczeństwa. Robimy wszystko, żeby je zminimalizować, ale i tak jest wkalkulowane w cenę doświadczenia tej krótkiej chwili olśnienia, gdy wydaje się, że cały świat należy do nas. Radości z pokonywania własnych słabości fizycznych i psychicznych, z bycia sam na sam z Absolutem, Naturą, Górą, Wszechświatem, jak zwał, tak zwał.

Gdy nie wieje, a lód akurat nie trzeszczy, na Bajkale bywa przenikliwie cicho. Tak cicho, jak może być tylko w górach zimą. Chyba odzwyczaiłem się od myślenia. Cisza dzwoni mi w uszach, gdy staję napić się herbaty. Przebija głowę, zmienia się w pisk wibrujący w mózgu. Muszę ruszyć, żeby zagłuszył go odgłos lodu drapanego kolcami opon. Wtedy pojawiają się torosy i głęboki, niemożliwy do przejechania śnieg. Czy warto pchać się tam, gdzie przyroda nas najwyraźniej nie chce? Nie mam wyjścia, z podkulonym ogonem wracam do Doliny Muminków.

Zresztą, co ja sobie wyobrażałem? Jestem pieprznym krótkowidzem i pewnie nie zobaczyłbym foki dopiero, gdyby wpadła mi pod koła. Tak naprawdę, to nie do końca wierzyłem, że tam dojadę i znajdę te sympatyczne futrzaki. Pewnie

właśnie dlatego się nie udało. Głupie uczucie, droga powrotna jest o wiele szybsza i łatwiejsza, wiem, dokąd jadę, tym razem cel mam prosty i jasny — ogrzać zmarznięte członki i coś zjeść. Czy może być lepsza motywacja? Powodzenie każdego przedsięwzięcia zależy tylko od nas, a nie od warunków zewnętrznych. Wierzę, że człowiek odpowiednio zdeterminowany i bezkrytycznie wierzący we własne siły może osiągnąć wszystko, co sobie wymyśli. Stąd też powiedzenie, że wiara przenosi góry. Stąd też bardzo wielu ludzi sukcesu to zapatrzeni w siebie narcyzi, którzy nie dopuszczają do siebie możliwości, że ktoś może być po prostu lepszy od nich. To się opłaca.

Na otarcie łez porażki Czyngis ugościł mnie po powrocie, jak należy, chlebem i mięsem niewiadomego pochodzenia, przeklinając okrutnie foki, torosy, ekologów i rybaków.

* * *

Kuba Rybicki. Włóczy się po świecie, robi zdjęcia, pisze i opowiada o dziwach, którym się dziwował. Wygrał parę festiwali podróżniczych, kilka konkursów fotograficznych i dwa (takie małe) filmowe. W kwietniu ukazała się jego książka, *Po Bajkale*, z której pochodzi to opowiadanie.

Negocjacje nocą po indyjsku

Piotr Strzeżysz, *www.onthebike.pl*

Kiedy zastanawiam się nad swoimi, długo już trwającymi, podróżami po świecie, czasem wydaje mi się, że najbardziej niepokojącym problemem były nie tyle granice i fronty, trudy i zagrożenia, ile wielokroć odżywająca niepewność o rodzaj, jakość i przebieg spotkania z Innymi, z innymi ludźmi, z którymi zetknę się gdzieś po drodze. Wiedziałem bowiem, że wiele, a nieraz może i wszystko, będzie od tego zależeć. Każde takie spotkanie było niewiadomą. Jak przebiegnie? Jak się potoczy? Czym zakończy?
R. Kapuściński w 2004 roku, w odczycie wygłoszonym na uroczystości przyznania mu doktoratu honoris causa na Uniwersytecie Jagiellońskim w Krakowie

Zmiana scenerii nastąpiła tak nagle i niespodziewanie, że przez chwilę nie mogłem ruszyć się z miejsca. Towarzyszące mi przez ostatnie minuty półmrok i względna cisza przepoczwarzyły się w wibrujące, ulatujące w przestrzeń dźwięki, barwy i zapachy. Dokoła mnie trwała w najlepsze dworcowa symbioza jawy i snu. Jawy żywiołowej, energicznej, tłoczącej się między straganami, rikszami, wózkami, tobołkami, jawy gwałtownej, pachnącej, rozkokoszonej między tymi wszystkimi mniej lub bardziej rzeczywistymi rekwizytami, wśród których, niezauważalnie, lekko pochrapując, rozłożyły się zmęczone upałem, obojętne na wszystko ludzkie sny. Owinięte w brudne łachmany kształty leżały porozciągane na ziemi, na deskach, skręcały się w kartonach albo pudłach, wystawiając z nich bose, zrogowaciałe stopy.

A pomiędzy snem i jawą albo jawą i snem zastygło, choć w taki sposób pewnie prolongowało własne trwanie, czyjeś zobojętniałe życie. Bo zdecydowanie największa część tej ludzkiej, dworcowej masy po prostu stała i patrzyła na mnie. Patrzyła, nie odrywając wzroku, jak idę powoli w stronę widocznych nieopodal kas, patrzyła długim, powłóczystym spojrzeniem, które wybijało się z ciemnych twarzy, wyróżniało w ciemności, naznaczało mnie, a może nawet i popychało nieznacznie do przodu. Chciałem iść szybko, ale nie mogłem, nie byłem w stanie. Stąpałem więc powoli, choć właściwie wydawało mi się, że to nie ja idę, że wcale nie dotykam ziemi, że to już nie moje nogi mnie niosą, tylko niewidoczne sploty przeciągłych, wpatrzonych we mnie spojrzeń.

Klucząc między wychudłymi ciałami, ledwo odzianymi w pasie szmatami, między rikszami, straganami i wałęsającymi się bezwiednie krowami, wśród hałasu wydobywającego się z gardeł i ryku klaksonów, wśród mieszaniny smrodu, brudu i zaduchu, znalazłem się wreszcie przy wejściu do budynku wyglądającego na dworcową poczekalnię. Przez brudne okna dostrzegłem kończącą się przy kasach kolejkę. Wszedłem do środka. Intensywne, jarzeniowe światło zalało moje i tak już spocone do nieprzyzwoitości ciało, odbite w dziesiątkach spojrzeń ciemnych źrenic. Wszedłem bezszelestnie, ciszej niż jednostajne trzeszczenie żarówek i rytmiczny szelest łopatek ogromnego wentylatora, ale w kolorowych, obcisłych rowerowych gatkach i z objuczonym sakwami rowerem nie mogłem nie zwrócić na siebie uwagi. Wszyscy jednocześnie spojrzeli na mnie.

Poczułem się tym spojrzeniem uderzony, jakby niewidzialna, otwarta dłoń walnęła mnie z całej siły w policzek. Uczucie to było tak silne, że przechyliłem głowę, nie wiem sam, czy ze strachu, czy ze zdziwienia, a może ze zwykłego zaskoczenia, że jeszcze nikt do mnie nie podszedł i naprawdę nie dał mi w głowę. Zresztą nikt nie musiałby mnie bić. Gdyby tylko ktoś w tamtym momencie poprosił mnie o pieniądze czy o rower, to oddałbym wszystko bez mrugnięcia okiem, bez zastanowienia, a po chwili, jakby nic się właściwie nie stało, grzecznie stanąłbym w kolejce po bilet. Wszystko po to, by tylko być niewidocznym, przynajmniej odrobinę mniej widzialnym, żeby ci ludzie przestali się tak we mnie wpatrywać, żebym wyglądał tak jak oni, miał długie, ciemne spodnie, białą, przylegającą do ciała koszulę i gumowe klapki, spod których będą wyzierać ogromne, ziemiopodobne paluchy.

Chyba nawet schyliłem głowę, tak w geście przywitania, być może nawet coś powiedziałem, coś jak „dzień dobry" albo „dobry wieczór", tyle że na pewno nikt nic nie odpowiedział, nikt się nie poruszył, nawet łopatki wentylatora nieznacznie spowolniły swe obroty. Nagle poczułem, że sam też zastygłem i że to właśnie na mój ruch wszyscy czekają; że muszę się poruszyć, bo jeśli nie wykonam teraz żadnego gestu, to powoli zacznie nas ubywać, zabraknie nam powietrza albo rozpuścimy się w tym upale, którego nie złagodzi najlżejszy powiew wiatru, bo wiatrak już dawno zamarł nad naszymi głowami, nad gęstą pajęczyną spojrzeń, nad rozciągniętymi między dwoma światami ciszą i milczeniem.

Chciałem oprzeć rower o ścianę i stanąć w kolejce, kiedy kątem oka dostrzegłem dwóch wchodzących do sali Hindusów. Zbliżali się prosto do mnie.

— Dokąd jedzie? — zapytali.

— Do Shimli — odpowiedziałem naprędce.

— Tutaj nie kupi biletów, dla cudzoziemców inna kasa, no problem, chodź z nami, pokażemy.

Dlaczego z nimi poszedłem, nie wiem. Pomimo całej jednoznaczności sytuacji, tego że najprawdopodobniej byli to zwykli naciągacze, którzy właśnie złowili frajera, ci nowo poznani mężczyźni byli dla mnie jakimś punktem zaczepienia, czymś, co dawało mi, jakkolwiek dziwnie to zabrzmi, poczucie pewnego bezpieczeństwa.

Weszliśmy w wąską, wymarłą uliczkę i skierowaliśmy się w stronę odrapanego budynku, którego boczną ścianę pokrywał pstrokaty napis: *Tourist Information Centre*. Przeszliśmy przez próg i znaleźliśmy się w środku potwornie dusznego, ciasnego holu, zasłanego wychudzonymi, śpiącymi postaciami i kilkoma zabiedzonymi psami. Nie mogłem nie nadepnąć przynajmniej jednej z nich, tym bardziej że wchodziłem z rowerem, co doradzili poznani przed pięcioma minutami Hindusi.

Jeden z mężczyzn uniósł się, ale — ku mojemu zdziwieniu — nie po to, aby mieć do mnie jakieś pretensje, tylko by mnie przeprosić, że sam zatarasował przejście. Psy zaczęły skomleć, rozlazła masa bezimiennych ciał poruszyła się niby jakiś wielogłowy, mityczny stwór, który właśnie wybudził się z przydługiego snu i nie bardzo rozumiał, co się wokół dzieje.

Choć na ścianie wisiał szyld *Tourist Tickets & Info*, podświadomie czułem jakiś niepokój, który za moment tylko się pogłębił.

— Ty wejść na górę i tam kupić bilet, rower zostawić na dole, no problem — łamanym angielskim powiedział jeden z mężczyzn.

Czy wiedziałem, co robię? Nie jestem tego pewien, za wiele wtedy nie myślałem. Zareagowałem impulsywnie, idąc za wewnętrznym głosem, który podpowiadał, abym robił to, co mi każą. Na wycofanie się i tak było już za późno.

Wspiąłem się więc po krętych, stromych schodach, które skrzypiąc niemiłosiernie, doprowadziły mnie do dusznego, niewielkiego pomieszczenia. Przestąpiłem wąski próg. Pusto. Nie słyszałem, aby ktoś wchodził za mną. Obejrzałem się. Na schodach nikogo nie było.

Pośrodku pokoju stało ogromne biurko, zawalone papierzyskami, lekko unoszącymi się pod wpływem ruchu powietrza, wzniecanego przez olbrzymi, zwisający z sufitu wiatrak. Było potwornie gorąco. Przez dłuższą chwilę nikt nie przychodził i nie bardzo wiedziałem, co mam o tym myśleć. Nie byłem pewien, czy mam czekać, czy może zejść i zapytać, co dalej. Powoli wychodziło ze mnie zmęczenie i nieprzespana noc. Chciałem już kupić ten bilet, kupić jakikolwiek bilet i dokądkolwiek pojechać, wyjść z tego budynku, wejść do pociągu, rozłożyć się gdzieś w przedziale i zasnąć.

Kiedy już zdecydowałem się wrócić na dół, usłyszałem za sobą odgłos skrzypiących schodów. Po chwili framugę drzwi wypełniła potężna postać hinduskiego urzędnika, który przeprosiwszy za długą nieobecność, podał mi pulchną, spoconą rękę i przedstawił się. Choć nie usłyszałem dokładnie imienia, nie chciałem, aby powtarzał, tylko od razu przeszedłem do rzeczy.

— Dobry wieczór, czy można tutaj kupić bilet na pociąg do Shimli? — zapytałem po angielsku.

Urzędnik nie odpowiedział, tylko kilkakrotnie kiwnął na boki głową, co mogłem odczytać jako tak, ale równie dobrze jako nie, po czym rozsiadł się za biurkiem i wyjął z szuflady gruby zeszyt.

Był to postawny, łysiejący mężczyzna, ubrany w zbyt grubą, zupełnie mokrą od potu, przylegającą do ciała białą koszulę, czarne spodnie z kantem i lśniące, ciemne buty.

— To dokąd chce pan jechać? — zapytał wreszcie płynnym angielskim, odgarniając jednym ruchem ręki piętrzący się na biurku stos papierów.

— Do Shimli albo chociaż do Chandigarh — powtórzyłem.

— Pięćset czterdzieści rupii — powiedział, jednocześnie zapisując sumę w zeszycie. — Rupii, indyjskich rupii — powtórzył, po czym lewą dłonią wyrwał kartkę z zeszytu, położył ją na stole i następnie dwoma palcami prawej dłoni przesunął w moją stronę. Spod odgarniętego na bok pliku papierów wybiegł karaluch. Przystanął na chwilę, zdezorientowany światłem, błyskawicznie podjął decyzję co do kierunku ucieczki, po czym w okamgnieniu czmychnął pod telefon. Przesunięta kartka z zapisaną ceną uniosła się lekko, falując wraz z ruchem obracających się rytmicznie śmigieł wiatraka. Piątka była mała, czwórka wielka i średnie zero. Mężczyzna puścił kartkę. Poniżej koślawego R zostały dwa odciski palców. Tłusty ślad uniósł się lekko, po czym przeleciał nad blatem, smagnięty wzbudzonym powietrzem, i pewnie zniknąłby pod stołem, gdyby mężczyzna nie pacnął w niego pulchną, otwartą dłonią. Wszystko trwało nie więcej niż pięć sekund.

Otworzyłem portfel, wygrzebałem potrzebną sumę i przytrzymując banknoty palcami, położyłem je na stole.

— Momencik. — Mężczyzna spojrzał na pieniądze, zgniótł kartkę i rzucił ją na ziemię, po czym podniósł słuchawkę telefonu. Przez chwilę z kimś rozmawiał w obcym dla mnie języku, ale temat rozmowy był aż nadto czytelny.

Ciągle trzymałem palce na banknotach. Czułem, jak zimniejsze powietrze pełzało po wierzchu dłoni. Chciało mi się pić.

— Na drugą klasę nie ma już biletów, ale można pojechać pierwszą — powiedział po chwili, odwiesiwszy słuchawkę.

— Rozumiem. A pierwsza klasa ile kosztuje?

— Osiemset trzydzieści rupii.

— Osiemset trzydzieści — powtórzyłem, powoli cedząc słowa, sięgnąłem do portfela i wyciągnąłem jeszcze jeden banknot. Chciałem dołożyć go do tych trzymanych na stole, ale kiedy podniosłem palce, pięćset rupii uleciało w stronę urzędnika. Mężczyzna chwycił banknot na krawędzi stołu identycznym ruchem, jakim przed momentem zatrzymał wyrwaną z zeszytu kartkę. Zrobił to nieomal automatycznie, z taką wprawą i zręcznością, jakby od lat nie robił niczego innego, tylko siedział, sprzedawał bilety na pierwszą klasę i wyłapywał ulatujące banknoty.

Zaskrzypiały schody i do pokoju weszli poznani pod kasą biletową Hindusi. Stanęli za mną, zaraz na progu, nienaturalnie wyprostowani, spięci. Spojrzałem na nich przelotnie, ale ich ciemne twarze były dla mnie równie nieczytelne jak znaki diakrytyczne na okładce leżącego obok magazynu.

Siedzący naprzeciwko mnie urzędnik głęboko westchnął, rzucił w stronę mężczyzn krótkie, brzmiące jak komenda zdanie, po czym wyprostował ramię i pochylając się nad stołem, oddał mi lepki od potu banknot. Dołożyłem go do trzymanej na stole gotówki.

Nie wiedzieć czemu, zupełnie nie zdziwiła mnie cena biletu, niewspółmiernie wysoka w porównaniu z kwotą podaną w przewodniku. Czułem się stłamszony przez tę niezbyt komfortową pod jakimkolwiek względem sytuację. Spojrzałem przez ramię na drzwi. Może powinienem po prostu wstać i wyjść? Ale co wtedy? Wrócić do kas biletowych i tam zapytać o bilet, czy może poszukać jakiegoś hotelu na noc i przyjechać tutaj w dzień, na spokojnie, bez roweru?

Właściwie dlaczego tak uparłem się, aby teraz, późną nocą, a właściwie rankiem wyjeżdżać za miasto? Dlaczego nie zatrzymałem się w hotelu, co zrobiłby pewnie każdy rozsądny i w miarę normalny człowiek, i dlaczego nie miałbym kupić biletu na pociąg odjeżdżający do Shimli za dnia?

Wolną ręką otarłem spocone czoło. Próbowałem przełknąć ślinę, ale wyschło mi podniebienie. Było tak gorąco, że wydawało mi się, że w pokoju drga powietrze, a twarz urzędnika faluje, traci kontury i za moment rozpłynie się i zniknie. Jutro będzie jeszcze cieplej. Jutro wejdzie słońce, rozpuści całe miasto, a ja rozpuszczę się wraz z nim.

— Dobrze, może być pierwsza klasa. — zgodziłem się na proponowaną cenę. Mężczyzna znów sięgnął po słuchawkę.

— Niestety, na pierwszą klasę też już nie ma biletów — powiedział bez zmrużenia powiek. — Wykupione są do końca tygodnia. Ale proszę się nie martwić, no problem, znajdziemy rozwiązanie. Można pojechać autobusem jutro o dwudziestej drugiej.

— Dopiero jutro wieczorem? Ale to znaczy, że będę musiał gdzieś do tego czasu przenocować — dodałem, wolnym ruchem chowając pieniądze do portfela.

Urzędnik spojrzał, jak banknoty znikają sprzed jego twarzy i wydawało mi się, że dziwnie stęknął. Równie dobrze mógł to być odruch irytacji, co właściwie było zrozumiałe, bo przecież musiał odczuwać nie mniejsze zmęczenie ode mnie, zresztą prawdopodobnie byłem jego jedynym interesantem tej nocy, a kto wie, może i całego dnia, a może w ogóle byłem pierwszym klientem dopiero co otwartego biura, obsługującego zagubionych, podróżujących samotnie rowerzystów, którzy z jakichś, nawet sobie samym nieznanych powodów za wszelką cenę pragnęli wydostać się nocą poza miasto.

Kolejny telefon. Tym razem krótki, nawet ton głosu wydał mi się bardziej władczy, stanowczy. Odwiesiwszy słuchawkę, mężczyzna wyprostował na moment ramiona, wykonując ruch, jakby chciał wyrzucić je z mankietów mokrej koszuli, odchylił się w fotelu, przeciągnął i zaczął coś pisać w zeszycie. Nawet do góry nogami mogłem bez trudu odczytać pojawiające się koślawe literki: „room + bus = 1730 rupii".

— Tysiąc siedemset trzydzieści. To bardzo dużo — zacząłem, zanim urzędnik zdążył cokolwiek powiedzieć. — Mam naprawdę mało pieniędzy, studiuję, nie stać mnie, aby zapłacić aż tyle.

Do rozmowy włączyli się dwaj Hindusi. Udało mi się wyłapać kilka liczebników. Cena spadła do tysiąca trzystu dwudziestu.

— Very cheap, very cheap, now all rooms booked, high season — powtarzali jak mantrę stojący za mną mężczyźni.

— Dobrze — powiedziałem wreszcie. — Zgadzam się, tylko muszę na moment zejść do roweru i napić się wody.

Oczywiście nie zamierzałem nigdzie wracać. Już nie chciałem jechać na siłę do Shimli, uciekać przed monsunem w góry. Musiałem po prostu stamtąd wyjść. Kiedy zobaczyłem na kartce cenę tysiąca siedmiuset trzydziestu rupii za autobus i pokój, dotarło do mnie wreszcie, że nie będzie pozytywnego zakończenia tej farsy, chyba że sam je zainscenizuję. Tylko jak to zrobić w sposób nienarażający mnie na niepotrzebne ryzyko i zbędne niebezpieczeństwo? Nie mogłem być pewien, że ci ludzie nie mają wobec mnie złych zamiarów, ale zakładałem, że gdyby ich cele daleko wybiegały poza te śmieszne negocjacje, to zapewne już od dawna leżałbym w rynsztoku z podciętym gardłem, a oni dzieliliby się zawartością mojego portfela. Całe to przedstawienie odbywało się więc w pewnych określonych, ale cienkich granicach, które mimo wszystko nie wykraczały poza słowną manipulację i raczej wykluczały użycie siły fizycznej.

Uniosłem się z krzesła i szybko ruszyłem w stronę schodów. Urzędnik coś za mną wołał, ale nie zamierzałem już niczego słuchać i udawać, że staram się coś zrozumieć. Prawie zbiegłem na dół, słysząc za sobą skrzypiące kroki.

Panujący na dole półmrok na moment mnie oślepił. Wychudzone ciała poruszyły się ospale. Rower stał tam, gdzie go zostawiłem. Podniosłem wysoko nogę, celując butem w ciemniejszą szparę między rozłożonymi, śpiącymi ciałami, którą wziąłem za fragment podłogi. Rozległ się głośny skowyt i spomiędzy ściśniętych postaci wyskoczyło wychudzone psisko.

Tym razem rozgardiasz zrobił się jeszcze większy. Ktoś zaczął krzyczeć, ale nie zareagowałem. Bez pardonu, nie bacząc na konsekwencje, depcząc po leżących ciałach znalazłem się przy rowerze. Ktoś trzymał mój bagażnik, kogoś odepchnąłem, chyba sam zacząłem krzyczeć, otworzyłem drzwi, wyszarpnąłem rower na zewnątrz, próbowałem wsiąść i odjechać, ale Hindusi podbiegli do mnie i chwytając za rower, zaczęli prosić, abym wrócił na górę.

Nie wiem, dlaczego po prostu nie próbowałem odjechać, tylko ponownie zacząłem z nimi pertraktować, tłumacząc, że nie chcę jechać jutro, tylko dziś, że nie mam pieniędzy, że jestem zmęczony, że mam już dość i żeby zostawili mnie wreszcie w spokoju.

— Ale dziś też się da jechać, sto dolarów i zaraz będzie samochód.
— Sto dolarów? — powtórzyłem, uśmiechając się lekko.

Mężczyźni nie byli agresywni, raczej bardzo namolni. Zniknęła z nich cała pewność siebie. Byli nawet na swój sposób mili, a ja poczułem coś na kształt współczucia. Przecież to w końcu im dostanie się za to, że pozwolili uciec chłopakowi, który zdążył już wyłożyć na stół prawie tysiąc rupii i nagle się rozmyślił, znikając bez śladu. Jednak przekomarzanie się z nimi nie miało żadnego sensu. Cóż z tego, że za sto dolarów ktoś zawiózłby mnie do Shimli własnym samochodem? Nie było mnie na to stać.

Kręcąc głową, z coraz mocniej wzbierającym zniecierpliwieniem, wyszarpnąłem w końcu rower i nie zważając na nawoływania, prośby i towarzystwo biegnących obok mnie przez dobrą minutę mężczyzn, odjechałem z powrotem w stronę placu. Dopiero kiedy byłem pewien, że zniknąłem Hindusom z oczu, zwolniłem.

Lawirując między straganami, zastanawiałem się, co mam teraz ze sobą zrobić. Powrót do kas biletowych nie miał sensu, chyba rzeczywiście zapytam kogoś o hotel... Wcześniej wydawało mi się, że widziałem policjanta, może spróbuję go odszukać? Na pewno będzie się wyróżniał.

Najpierw jednak musiałem się czegoś napić. Dokuczało mi pragnienie. W ustach miałem kleistą maź, która zespalała język z wyschniętym na wiór podniebieniem. Przede mną stała mała dhaba, restauracyjka, której właściciel już od kilku chwil machał do mnie ręką i kiwał głową w geście zaproszenia. Właściwie nazwanie tego miejsca restauracyjką byłoby pewnego rodzaju fantazją, wyobrażeniową fanaberią, usprawiedliwioną w moim przypadku późną porą i zmęczeniem. Czułem się zupełnie wyzuty z sił i powoli zaczynało być mi wszystko jedno, gdzie będę spał i z kim. Niedaleki już byłem stanu, by zrobić trzy kroki do tyłu i położyć się pod pniem rozłożystej palmy, obok skulonego w przydrożnym rowie mężczyzny.

Spojrzałem na restaurację. Była to sklecona z blachy falistej i pokryta folią niewielka buda, w środku stały trzy stoliki i kilka białych, plastykowych krzeseł. Na ogromnej, gazowej butli skwierczała patelnia, z drewnianej skrzyni wystawały warzywa, a na ustawionym na kilku cegłach blacie rozłożono parę słoików z przyprawami. W skrzynkach stały butelki coca-coli i fanty. Całości dopełniała misa z wodą, w której pływały metalowe talerze i dwa, postawione bezpośrednio na ziemi plastykowe dzbanki z wodą.

Przy jednym ze stolików siedziało dwóch dość młodych chłopców, zajadających rękoma coś przypominającego oblaną ciemnym sosem fasolę. Obok nich leżały walizki. Spojrzałem na walizki, potem raz jeszcze przeniosłem wzrok na chłopców. Było w nich coś znajomego, ale nie bardzo wiedziałem co. W pewnym sensie wszystkie te ciemne twarze dokoła wyglądały podobnie, a przez kontrast z białymi koszulami wydawały się jeszcze ciemniejsze.

Podszedłem bliżej, aby kupić butelkę coli, ale nie zdążyłem o nią poprosić, kiedy usłyszałem za plecami swoje imię. Obejrzałem się. Przy stoliku siedział Fahd, znajomy z samolotu, student uniwersytetu w Kijowie, wracający do swojego domu w Kalkucie. Przyszedł z kolegą, czekali na pociąg.

Wieczór rozpoczął się na nowo, a ja poczułem się, jakbym dopiero teraz wylądował albo właśnie przed momentem wybudził się z męczącego snu.

Rower na koniu, czyli Kirgizja na dwóch kółkach

Marcin Jakub Korzonek,
www.korzonek.info

W głównej komorze sakwy, na dnie, znalazłem dwa większe fragmenty i trzy małe zawijaski. Włożyłem je między zęby i chrupiąc chwilę, rozkoszowałem się ich smakiem. Ktoś mógłby powiedzieć, że te marne resztki suchego makaronu z chińskiej zupki to żaden posiłek. We własnym domu pewnie tak. Co innego kilka tysięcy kilometrów od domu, w głębokim kanionie rzeki, na zboczach kirgiskich gór Tien-szan. Porządne śniadanie w ustach miałem kilka dni temu, a resztki przygotowanych żelaznych racji żywieniowych skończyły się wczoraj. Nie zostało nic. Poza tymi okruchami i jednym mlecznym cukierkiem wygrzebanym z bocznej kieszeni. Byłem naprawdę głodny.

Takie sytuacje uczą pokory. Podobnie jak cała podróż, w szczególności ta na rowerze — gdy przestrzeń pokonujemy siłą własnych mięśni. Nie korzystamy ani z wygodnych turystycznych autobusów, ani nawet z tych mniej komfortowych lokalnych. Jesteśmy zdani tylko na siebie. To właśnie wtedy przekonać się możemy, jakie pokłady energii i siły w nas drzemią. Ile możemy znieść, przejechać czy przeżyć, jeśli tylko nagle zostaniemy do tego zmuszeni. W codziennym ustabilizowanym życiu nikt tego od nas nie wymaga. Wszystko jest proste: po jedzenie idziemy do sklepu, po pieniądze do bankomatu, a gdy zepsuje się rower — do serwisu. Jeśli zachorujemy, odwiedzamy lekarza, a potem kupujemy lekarstwa w aptece i kładziemy się do wygodnego łóżka. Prosto, szybko i wygodnie. Wyprawa rowerowa — jeśli nie jedzie za nami samochód wiozący nasze bagaże — to wyjście poza tę strefę komfortu. Wcześniej czy później przyjdzie nam się zmagać z sytuacjami, które w codziennym życiu są niespotykane. Przeciekający namiot, pęknięty bagażnik, popsuta maszynka benzynowa czy pomylona droga w pierwszej chwili denerwują, a nawet budzą wściekłość. Z czasem pokonujemy przeciwność losu — najpierw fizycznie — naprawiając coś czy znajdując właściwą drogę. Prawdziwa satysfakcja przychodzi dopiero wtedy, gdy uświadomimy sobie rozmiar naszego zwycięstwa. Nie pokonaliśmy tylko oporu materii, ale swoje własne ograniczenia, strach i lęk przed nieznanym. Z każdą taką małą wygraną budujemy lepszego siebie — silniejszego, odważniejszego i optymistycznie patrzącego w przyszłość.

Kirgizja wśród globtroterskiej braci uchodzi za kraj dosyć łatwy do podróżowania. Pomimo że nie wszystkie drogi są asfaltowe, a różnice w wysokościach bardzo duże. Kraj ten jest nazywany azjatycką Szwajcarią, bynajmniej nie z powodu zamożności mieszkańców — gdyż jest jednym z najbiedniejszych państw świata — ale właśnie z powodu ukształtowania terenu. Ponad połowa powierzchni leży na wysokości powyżej 2500 m n.p.m. Zaledwie jedna ósma jest poniżej 1500 m n.p.m., a 93% powierzchni kraju to góry. Drogi w większości to szutry, na których nie dość, że nie ma dużego ruchu, to dodatkowo jeździ stosunkowo mało ciężarówek. Wszyscy kierowcy starają się omijać Kirgizję, bo trudno tu znaleźć drogę, która nie wspina się na dwu- czy trzytysięczną przełęcz. Jeśli do tego dodamy codzienne widoki gór z ośnieżonymi czterotysięcznymi szczytami, miłych, gościnnych ludzi i wspaniałą przyrodę, to nie można się dziwić, że już od dawna marzyliśmy, aby tu przyjechać. Naszą ekipę tworzyli: Grzesiek — mój towarzysz podróży po Karakoram Highway z 1999 roku — Asia, Agata i ja.

W Biszkeku wylądowaliśmy o trzeciej w nocy. Nie jest to dobra pora na szukanie noclegu w obcym kraju — szczególnie jeśli jest to azjatyckie miasto. Z terminala wyszliśmy ostatni, gdyż pozbieranie wszystkich bagaży, z których kilka było uszkodzonych, zajęło nam sporo czasu. Po uporaniu się z formalnościami zostaliśmy tradycyjnie powitani przez całkiem spory komitet powitalny. Taksówkarzy. Na nasze szczęście poznany w samolocie Kirgiz czekał wśród nich. Teraz już poszło jak z płatka. Ładujemy się do starego dużego Audi w 6 osób, 16 sakw, 4 plecaczki i jeszcze kilka innych tobołków, i jedziemy do centrum. Jesteśmy już tak zmęczeni, że nawet specjalnie nie zwracamy uwagi na stan mieszkania, które wynajmujemy. Spędzamy w nim 3 dni razem z całkiem dorodną kolonią karaluchów i komarów.

Uważny Czytelnik pewnie zwrócił uwagę, że z lotniska taksówką jechaliśmy bez rowerów. Zostały na lotnisku i teraz czekała nas cała procedura ich odbierania. To nie takie proste, bo przyleciały jako bagaż cargo. W związku z tym formalności związane z ich odzyskaniem trwały równo 10 godzin. Na zakończenie dnia zostaje jeszcze „registrancja" — czyli obowiązkowe zameldowanie się w odpowiednim urzędzie.

Po takiej dawce biurokracji marzymy tylko o jednym — żeby wyrwać się z objęć stolicy i ruszyć na rowerach przed siebie. Naszym „małym" celem jest odległa o 175 km Balykczy. Ta mała miejscowość leży nad dwustukilometrowej długości jeziorem Issyk-Kol, które zamierzamy okrążyć. Jest to drugie najwyżej położone jezioro na świecie w obszarze górskim (1600 m n.p.m.) po Titicaca.

Jesteśmy nieco rozczarowani jednak — droga do wschodniego krańca, do miejscowości Karakol, nie jest zbyt ciekawa, szosa biegnie w pewnej odległości od jeziora przez małe wioski i pola. Kontuzja kolana Agaty zmusza nas następnego dnia do podjęcia decyzji o zrobieniu w Karakol jednodniowego odpoczynku. W miasteczku — kirgiskim Zakopanem — panuje „trampingowa" atmosfera. W hotelach, guest house czy w restauracjach spotykamy wielu turystów. Nic dziwnego — to właśnie tutaj znajduje się najwięcej atrakcji — gorące źródła, Czerwone Skały, lodowiec Inylchek oraz cel większości podróżników: szlaki turystyczne, a raczej ścieżki w Tien-szan, w okolicach siedmiotysięcznika Piku Pobiedy oraz Chan Tengri.

Odwiedzamy rozklekotaną taksówką dolinę Jeti-Oghuz — Siedmiu Byków. Słynie z pięknych skał o intensywnej czerwonej barwie. Poza abstrakcyjnymi formacjami jest też „Rozbite Serce" — jak można się domyślić — skała w kształcie serca.

Planowanie naszej przyszłej trasy w Kirgizji było trudne i trwało kilka tygodni — owszem, w internecie można znaleźć trochę informacji o podróżowaniu w tym kraju, ale praktycznie wszystkie dotyczyły dróg, które są zaznaczone na mapie. Żelazne punkty programu dla rowerzystów to objechanie jeziora Issyk-Kol oraz wjechanie na czterotysięczną przełęcz — jedną z kilku w tym kraju — Sjok (Suek). Zdecydowana większość turystów wraca z przełęczy nad jeziora tą samą drogą i okrążając potężne, prawie pięciotysięczne pasma górskie Tien-szan, jedzie nad urokliwe, małe jezioro Son-Kol. Nam zależało na przebiciu się przez wysokie góry, od przełęczy Sjok do miasteczka Naryn i dalej, nad Son-Kol. Ta trasa wydała nam się interesująca i pozwalała na zaoszczędzenie kilku dni. Przed wyjazdem zdołałem znaleźć tylko dwie relacje osób, którym ta sztuka się udała. Przerwę w Karakol wykorzystałem na odwiedzenie agencji turystycznych i próbowałem dowiedzieć się czegoś o możliwości przejechania tego najtrudniejszego odcinka przez góry. Później, w czasie jazdy — im bardziej zbliżaliśmy się do przełęczy, tym częściej pytaliśmy miejscowych, który wybrać wariant drogi. Z kompilacji wszystkich informacji wynikało, że jedyna przejezdna ścieżka jest wzdłuż rzek — Narynu lub Małego Narynu (Little Naryn). Niestety, co informator, to zupełnie inne dane na ten temat. Jedni mówili nam, że przejedziemy tylko przez przełęcz Arabel, inni z kolei, że tamtędy nie da się i jedyna szansa to jazda wzdłuż Narynu. Ten brak, a właściwie sprzeczność informacji nie nastrajała nas zbyt dobrze.

70 kilometrów za Karakol żegnamy się z Issyk-Kol i ruszamy na południe — w Niebiańskie Góry, czyli Tien-szan. Za wioską Barskoon rozpoczyna się podjazd z 1600 m n.p.m., gdzie leżało jezioro, na przełęcz na wysokości 3750 m n.p.m. Z początku jesteśmy zaskoczeni szerokością i jakością drogi — jest ona co prawda szutrowa, ale widać, że została przystosowana do ruchu ciężkich

samochodów — jest pokryta dobrze ubitym żwirem. Zagadka szybko się wyjaśnia — codziennie mija nas kilkadziesiąt potężnych ciężarówek w drodze do i z kanadyjskiej kopalni złota. Z jednej strony dzięki temu mamy stosunkowo bezpieczną i szeroką drogę, z drugiej jednak przeszkadzają nam pył unoszony przez samochody oraz kłęby spalin po każdorazowym ich przejeździe. Cały pierwszy dzień jedziemy w górę strumienia Barskoon. Mozolnie wspinamy się, czując każdy gram niepotrzebnego bagażu. Kiedy jednak naszym oczom ukazuje się zygzakowaty podjazd na Sary Mojnok, decydujemy się na zakończenie dzisiejszej rundy. Szczególnie że słońce powoli chowa się za góry, a po prawej stronie od drogi, przy strumieniu, mamy ładny kawałek płaskiego terenu na rozbicie namiotów.

Rano wstawaliśmy jak na skazanie. Nawet widok powoli pełzających po zboczach doliny promieni wschodzącego słońca nas nie pocieszał. Wystarczyło spojrzeć w górę — tam, gdzie mieliśmy jechać — aby każdy kęs chleba stawał w gardle. Żegnamy się z gospodarzem i ruszamy. Dopiero teraz czujemy, co to znaczy stroma droga — przez prawie pięć kilometrów wleczemy się od zakrętu do zakrętu. Kiedy w końcu wjeżdżamy na górę, licznik wysokości pokazuje 3120 m n.p.m., a na horyzoncie majaczą kolejne serpentyny. Jemy szybki obiad gotowany na maszynce i bierzemy się za ostatni odcinek.

To prawdopodobnie tutaj wiosną 2000 roku ciężarówka przewożąca związki cyjanku, używane przy przetwarzaniu złota, wypadła z drogi i roztrzaskała się w strumieniu, skażając okolice. Doprowadziło to do znacznego zmniejszenia się ruchu turystycznego w okolicach jeziora Issyk-Kol.

Coraz bardziej daje nam w kość wysokość — nasze oddechy są szybkie i krótkie. Wreszcie o 17.15 zdobywamy przełęcz Barskoon, która według różnych źródeł ma od 3750 do 3800 m n.p.m. Jesteśmy piekielnie zmęczeni, ale widok na trawiastą szeroką dolinę z małymi oczkami wodnymi oraz górującymi ośnieżonymi lodowcami wynagradza nam wszelkie trudy.

W nocy temperatura spadła do 3 stopni, więc rano przy śniadaniu wygrzewamy się we wschodzącym słońcu, podziwiając skrzący się lodowiec. Niebo jest błękitne, a powietrze ostre jak brzytwa. Jedziemy 9 kilometrów przepiękną wyżyną — cały czas na wysokości około 3700 metrów. To właśnie dla takich chwil warte są całoroczne wyrzeczenia oraz pot i ból podczas wspinaczki.

Dojeżdżamy do dużej stacji transformatorowej. Nowe, błyszczące urządzenia wyglądają nierealnie na tym zupełnie odludnym kawałku świata. Teraz musimy podjąć najważniejszą decyzję — którą drogę wybrać. To właśnie to miejsce wszyscy zgodnie wskazywali jako rozdroże. Szeroka i dobra „kopalniana" droga kieruje się w lewo — na wschód. My wybieramy zdecydowanie mniej uczęszczaną, zdążającą na południowy zachód, na przełęcz Arabel. Zanim jednak ruszymy, musimy zaczekać na jakiś samochód — mamy już mało paliwa do maszynki. Starego dymiącego Kamaza łapiemy dopiero po półgodzinnym oczekiwaniu. Niestety, ma tylko olej napędowy, a nie benzynę. Na całe szczęście jedna z naszych maszynek to najbardziej zaawansowany model, który działa na praktycznie każdym paliwie — teraz będzie miała okazję się sprawdzić.

Rozpoczynamy znowu mozolną wspinaczkę. Nie są to już serpentyny — droga łagodnie kluczy doliną to w prawo to w lewo. Słońce przygrzewa, ale jest zimno — w załomach skał leży nawet śnieg. Droga coraz bardziej wrzyna się pomiędzy dwie skalisto-żwirowe góry, zwiększając nachylenie. Około dwóch kilometrów przed przełęczą zatrzymujemy mijającego nas UAZ-a. Kierowca — właściciel myśliwskiej bazy dla turystów — doskonale orientuje się w terenie, więc wreszcie możemy upewnić się, czy dobrze jedziemy. Wielkie jest nasze zdziwienie, kiedy Nurbek tłumaczy nam, że droga, na której się znajdujemy, prowadzi do Kara-Saj, a przed nami jest czterotysięczna przełęcz Sjok. Nie rozumiemy, jak mogliśmy popełnić tak wielką pomyłkę. Winna okazuje się kopalnia złota — droga prowadząca do niej nie jest zaznaczona na żadnej mapie, właśnie według niej orientowaliśmy mapę. Nie ma jednak tego złego, co by na dobre nie wyszło: przełęcz Arabel, przez którą chcieliśmy jechać, jest nieprzejezdna. Skrzętnie słuchamy i notujemy wskazówki przez prawie godzinę. Częstujemy Kirgizów papierosami i umawiamy się przy rzece Ułan, gdzie znajduje się ich baza.

Skołowani niespodziewaną zmianą wjeżdżamy na przełęcz Sjok (4021 m n.p.m.) i świętujemy sukces specjalnie trzymanymi na tę okazję żelowymi miśkami Haribo. Zaliczamy szalony dziesięciokilometrowy zjazd, zatrzymując się dopiero przy małych zabudowaniach gospodarczych. Prosimy zdziwionych naszą obecnością mieszkańców o lepioszkę — rodzaj płaskiego, okrągłego chleba, będącego podstawą żywienia w Kirgizji. Na wypiek musimy zaczekać, popijając herbatą zagryzaną chlebem z gęstą śmietaną oraz konfiturami. Zaraz za zabudowaniami jest rozjazd — na lewo do Kara-Saj, a prosto, przez rzekę, w bród, do Karakolki. Dzień pełen wrażeń kończymy, gdy droga znowu zaczyna się wspinać na kolejną przełęcz.

Zgodnie ze wskazówkami — następnego dnia zjeżdżamy do bardzo szerokiej doliny rzeki Naryn i jedziemy w jej dół olbrzymim płaskowyżem na wysokości 3200 m n.p.m. Niestety, cały dzień wieje bardzo silny wiatr — miejscowi nazywają go „szamal". Klniemy, na czym świat stoi — szutrowa droga jest równa i płaska, a my grzebiemy się 10 – 12 km/h. Za Karakolką, która okazuje się prawie wymarłą wioską, przejeżdżamy rzekę Naryn po drewnianym, dużym moście i po 7 kilometrach drogę zagradza nam kolejna rzeka. To Karakol, o której wspominał kierowca UAZ-a i z którą możemy mieć problem. Mimo że jest to tylko dopływ Narynu, rzeka jest szeroka i ma wartki nurt. Nic dziwnego — woda pochodzi z topniejących lodowców w górach. Jedyna szansa to próba sforsowania przeszkody rano — kiedy poziom rzeki jest niższy.

Rano Karakol jest spokojniejsza, więc Grzesiek pierwszy próbuje sforsować ją z jednym rowerem. Gdy już wydaje się, że jest na drugim brzegu, silny nurt prawie powala go. Z trudem podpiera się jednośladem, ale udaje mu się wyjść na brzeg. Uzmysławia nam to powagę sytuacji. Całe zajście obserwuje bacznie kilku mężczyzn z pobliskich zabudowań. Już wczoraj proponowali nam transport na drugi brzeg za astronomiczną sumę 100$. Teraz — widząc pewnie naszą determinację — pomagają nam, nie wspominając o opłacie. Po kolei — rowery, sakwy i na koniec my sami — zostajemy bezpiecznie przetransportowani. Podczas śniadania, które dopiero teraz jemy, obserwujemy przeprawę „naszego" UAZ-a przez rzekę. Też łatwo to nie poszło — w czasie przeprawy zgubił tłumik na kamieniach. Witamy się z kierowcą i po krótkiej rozmowie umawiamy się w odległej o jakieś 20 km bazie. Nasza droga to dwa ledwie widoczne ślady opon samochodowych wśród skał i niskich krzewów. Szlak biegnie wzdłuż rzeki, wspinając się na okoliczne pagórki. Niektóre z nich są tak strome, że rowery musimy pchać. Gdy drogę zagradza nam kolejna rzeka, Ułan, zgodnie ze wskazówkami Nurbeka jedziemy wzdłuż niej, aby po 3 kilometrach dotrzeć do małej bazy składającej się z jurty, barakowozu oraz domu. Zostajemy serdecznie ugoszczeni przez gospodarza i Lenę — kucharkę. Mimo że do końca dnia zostało trochę czasu, podejmujemy decyzję o odpoczynku i zostaniu tutaj

87　Rower na koniu, czyli Kirgizja na dwóch kółkach

na noc. Wieczór kończymy wódką oraz pielmieni — czyli małymi pierożkami z mięsem, pływającymi w rosole.

Rano w obozie pojawiają się strażnicy. Okazuje się, że będziemy musieli zapłacić za przejazd przez rezerwat przyrody. Targujemy się mocno i po ustaleniu ceny jemy śniadanie — tym razem kurduuk — czyli smażone kawałki kozła z zapiekanymi ziemniakami. Twarde jak kamień i śmierdzące, ale pożywne.

Pierwsza przeszkoda, którą musimy pokonać, to rzeka. Niedaleko obozu znajduje się rachityczny mostek o filigranowej konstrukcji. Strażnicy po kolei przenoszą rowery, a my przejeżdżamy rzekę na koniach. O ile wcześniej narzekaliśmy na drogę, to teraz modliliśmy się o taką. Cały czas przedzieramy się wąską ścieżką wśród krzewów i wysokiej trawy. Co chwila schodzimy z rowerów i prowadzimy je. Czterech strażników cały czas eskortuje nas na koniach. Okazują się pomocni, kiedy ścieżka nagle ginie w nurtach wezbranego Narynu — poziom wody jest wysoki. Znowu rozbieramy sakwy i po kolei przenosimy wszystko na koniach. Im dalej w las, tym gorzej — i to dosłownie. Pojawiają się drzewa i wysokie kujące krzewy. Jest tak wąsko pomiędzy nimi, że z trudem przepychamy objuczone sakwami rowery. Czując oddech koni na karku i chcąc skrócić te męki, pędzimy, ile sił w nogach. Jesteśmy podenerwowani całą sytuacją. Kiedy Agata rozbija kolano podczas wywrotki, zatrzymujemy się i po naradzie postanawiamy odesłać strażników, szczególnie że znowu dopominają się zapłaty za dalszą drogę. Wyprzedzają nas, a my kontynuujemy przedzieranie się końską ścieżką. Tutaj nawet pieszy ma problem z przejściem — a co dopiero rowerzysta. Kulminacją trudności tego dnia jest skalny, stromy żleb, który musimy pokonać po wąziutkiej, trawersującej ścieżce. Jeden błąd i znajdziemy się we wzburzonych wodach rzeki. Każda taka przeszkoda to prawie dwie godziny straty — rozbieranie rowerów, przenoszenie po dwie sakwy, oraz znowu skompletowanie całego sprzętu po drugiej stronie. Pod koniec dnia ścieżka nagle ginie pośród trawy. Z trudem znajdujemy dalszy szlak — dla odmiany prowadzi prawie pionowo po zboczu góry. Ostatnimi siłami wpychamy po dwie osoby każdy rower. Trudno uwierzyć, ale przejechaliśmy tego dnia tylko niecałe 20 kilometrów — chociaż „przejechaliśmy" to za dużo powiedziane.

Rano budzą nas świstaki. Ruszamy żwawo z nadzieją, że dzisiaj będzie lepiej. Przed nami były jednak: kilka przepraw przez małe rzeki, dwa bardzo strome podejścia na skaliste zbocza, miejscami nieustępujące naszej polskiej Orlej Perci oraz złapana guma. Na zakończenie dnia zaliczyłem ładny lot przez kierownicę po wpadnięciu przedniego koła do jamy świstaka podczas jednej z niewielu zjazdów. Dzisiaj zaczynamy oszczędzać paliwo i od teraz gotujemy głównie na ogniskach.

Mimo że jesteśmy na wysokości tylko 2600 metrów, rano budzi nas ziąb — termometr pokazuje 1 stopień C. Ogrzewamy się przy ognisku i już z niknącą nadzieją, że coś się zmieni, ruszamy przez kolejną łąkę. Nasza droga ma pewną prawidłowość — w wewnętrznych zakolach rzeki Naryn jedziemy przez łąki, a w zewnętrznych musimy wspinać się na strome zbocza. Na początek dnia prowadzimy rowery krok po kroku skalną półką około 100 metrów nad lustrem rzeki. Podłoże jest kruche i śliskie, więc przeprowadzenie rowerów zajmuje nam dużo czasu. Dalej jednak nie jest dane nam odpocząć. Przed nami wyrasta pionowa już skała i ścieżka znowu znika w silnym nurcie. Tym razem musimy sami sobie dać radę. Rozpinamy linę poręczową i po kolei przenosimy każdy bagaż z osobna. Poziom rzeki stale się podnosi i pod koniec trzygodzinnej przeprawy wody mamy już po pas. Na koniec dnia czeka nas tradycyjnie łąka, ale tym razem bagnista i podmokła. Roweru nawet nie da się prowadzić — kępy trawy mają po pół metra wysokości, a pomiędzy nimi znajduje się czarne gęste błoto. Zapadamy się i brniemy dosłownie na kolanach, wyciągając rowery spomiędzy kęp. Wieczorem przy ognisku jemy ostatnie porcje. Skończyło nam się jedzenie — więc nic dziwnego że ogarnia nas wisielczy humor. Jedząc kawałki wyschniętego na pieprz chleba z puszką rybną oraz kaszką dla dzieci, wymyślamy przepisy na potrawy z pokrzyw oraz świstaków.

Rano poszukiwanie w sakwach wszystkiego, co nada się do uzupełnienia energii — okruszków makaronu, cukru, cukierków, ostatniego kisielu i gorącego kubka. Dzisiaj wiemy jedno — to ostatni dzień prowadzenia rowerów. Jeśli nie znajdziemy mostu i nie dostaniemy się do widocznej już od wczoraj drogi po drugiej stronie rzeki, będziemy musieli porzucić rowery i iść dalej pieszo. Tradycyjnie zaczynamy dzień od łąki i bagna, ale kiedy zbliżamy się do stromego zbocza, zza drzew wyłania się Kirgiz na koniu. Tak jak my cieszymy się niepomiernie, że go spotkaliśmy, tak on jest wielce zdziwiony naszym widokiem. Dodatkowo okazuje się, że niedaleko znajduje się drewniany most. Aby dostać się jednak na drogę, musimy pokonać bardzo strome, 300-metrowe zbocze. Prowadzimy rowery początkowo wąską ścieżką po trawiastym zboczu, ale robi się tak stromo, że sakwy szorują po ziemi. Znowu musimy rozebrać wszystkie rowery z bagaży i z pomocą miejscowego transportujemy je koniem na górę. Cała ta operacja trwa prawie dwie godziny. Jesteśmy potwornie zmęczeni i głodni, ale szczęśliwi, czując twardą drogę pod kołami roweru. Według zapewnień Kirgiza do najbliższej jurty mamy około 2 kilometrów. Tylko dzięki nadziei na rychły posiłek mamy siłę się poruszać, ale już nie jechać. Znowu jest stromo i pomimo dobrej drogi nie jesteśmy w stanie pedałować. Pchamy. Nagle słyszymy odgłos silnika — podjeżdża „marszrutka". Prosimy kierowcę, aby sprzedał nam jakiekolwiek jedzenie — niestety, nic nie ma. Kolejną złą informacją jest fakt, że do jurt jest jeszcze około 8 km. Jesteśmy załamani, ale nie mamy wyjścia. Musimy jechać dalej. Droga jest bardzo ładna — biegnie po szczytach wzgórz, a w dali w głębokim kanionie widzimy Naryn. Niestety, po długim zjeździe w dół i po

zapowiadanych 8 kilometrach nic nie ma. Przed nami kolejny stromy podjazd. Razem z Agatą pasujemy. Grzesiek i Asia nie chcą się zatrzymywać — mają nadzieję, że za widoczną na horyzoncie przełęczą coś będzie. Jemy po cudownie odnalezionej chińskiej zupce i dopiero wtedy atakujemy podjazd — jak się okazuje w końcu ostatni tego dnia. Gdy zjeżdżamy do dwóch jurt, jest zupełnie ciemno i zimno. Trafiliśmy na biednych ludzi i z trudem dostajemy kawałek lepioszki ze śmietaną. O jakimkolwiek ciepłym posiłku możemy tylko pomarzyć. Rano szybko się zwijamy i zgodnie z oczekiwaniem za kolejne 3 kilometry jest następna jurta. Tu posilamy się do syta chlebem ze śmietaną i konfiturami i jedziemy dalej. Tego dnia czekają nas jeszcze 3 podjazdy na przełęcze, ale w porównaniu z tym, co jeszcze niedawno przeżywaliśmy, to łatwizna. Na koniec czeka nas nagroda — długi, 17-kilometrowy zjazd do rzeki Naryn, którą z powrotem przekraczamy na drugi brzeg. Z jedną różnicą — teraz już będziemy jechać wzdłuż niej asfaltem. W pobliskim miasteczku robimy zakupy, a na nocleg rozbijamy się pod drzewami na polu. Pierwszy raz od kilku dni kolacja jest sycąca i z pełnymi brzuchami i szczęśliwi kładziemy się spać.

Dzisiaj naszym zadaniem jest dojechanie również do Narynu — ale tym razem do miasteczka o tej nazwie. Niestety, od rana prześladuje nas pech. Jeszcze nie wyjechaliśmy na drogę, a Grzesiek już złapał gumę, a następnie kolejną. Potem zaczepiają nas miejscowi i niby żartem chcą haracz za przejechanie.

Najpierw również żartujemy, a potem ile sił w nogach uciekamy. Po trzydziestu kilometrach dojeżdżamy do Narynu. Tutaj Grzesiek dwa kolejne razy ma flaka, więc dopiero późnym popołudniem znajdujemy hotel. Mamy okazję wyprać rzeczy i porządnie się umyć. Zostaje jeszcze kupienie nowych dętek na bazarze — w starych poryrywały się wentyle.

Następnego dnia, po iście rekordowym jak na tę wyprawę dystansie 80 kilometrów, dojeżdżamy do rozjazdu, nad jezioro Song-Kol. Kolejny dzień zajmuje nam dotarcie szutrówką na wysokość 2400 m n.p.m. Ponieważ musimy wrócić tą samą drogą, decydujemy się zostawić sakwy w lesie, i pół dnia wspinamy się na przełęcz na wysokości 3140 m n.p.m. Stąd zostaje już tylko 10 km zjazdu nad śliczne małe jezioro, położone wśród trawiastych wzgórz. Tęczowe Jezioro — bo tak brzmi jego nazwa — jest płytkie, ma około 15 – 18 metrów głębokości. Od maja do września jego brzegi są upstrzone licznymi jurtami. Posilamy się w jednej z nich i o godzinie 17 w lekko siąpiącym deszczu rozpoczynamy odwrót — najpierw 14 km podjazdu na przełęcz, 13 km zjazdu po serpentynach i 30 km zjazdu drogą w całkowitych ciemnościach. Chcemy dotrzeć do wioski Kurtka, gdzie miał być mały hotelik. Niestety, w ciemnościach najpierw złapaliśmy gumę, pogubiliśmy się, potem ledwo uciekliśmy podpitej grupie Kirgizów, a na koniec nie mogliśmy znaleźć noclegu. W końcu z Agatą rozbiliśmy po raz ostatni już namiot obok drogi w rowie.

Rano szczęśliwie wszyscy spotykamy się z resztą ekipy w hoteliku Shepherd's Life Coordinator i po krótkim targowaniu się wynajmujemy samochód do Kazarmanu. Tankujemy starego, zdezelowanego moskwicza trzema wiadrami benzyny i ruszamy ze średnią prędkością 40 km na godzinę. Nic dziwnego — droga jest szutrowa, przed nami kilka przełęczy, a samochód trzeba co jakiś czas zatrzymywać, aby schłodzić silnik i hamulce. W Kazarmanie przesiadamy się do „marszrutki", czyli małego, wieloosobowego busika, i razem z kilkoma osobami, kaczkami, workami mąki oraz setkami pobrzękujących butelek ruszamy przez góry. Jedziemy już w nocy, ale ryk silnika i przechyły samochodu świadczą, że droga nie jest łatwa. Z trudem wjeżdżamy na przełęcz 3100 m, skąd już czeka nas zjazd do Dżalalabadu. W sumie dojechanie do Taszkientu w Uzbekistanie kilkoma samochodami zajmuje nam trzy dni. Tutaj jeszcze prawie tydzień zwiedzamy wspaniałe miasta, Bucharę, Chiwę oraz Samarkandę, i po 38 dniach podróży wylatujemy razem z rowerami do Polski.

Marcin Jakub Korzonek

Kto: Marcin Jakub Korzonek, Grzegorz Liro, Joanna Żur, Agata Janyszek
Gdzie: Kirgizja na rowerze i Uzbekistan
Kiedy: 2006 r.
www.korzonek.info

Szlakiem uralskich strumieni

Dominik Szmajda, *www.domnikszmajda.com*

Zazwyczaj jest tak, że poranek przynosi dobry humor, wieczorne troski dnia poprzedniego znikają, jest nowy dzień, nowe rozdanie, będzie dobrze. Ale tego ranka tak się nie czuję. Nawet piękne słońce tego nie zmienia. Przede wszystkim nie mam pewności, czy jestem na właściwym szlaku. Wiem także, że czekają mnie teraz kilometry pchania przez grząski teren. Na domiar złego, znów czuję kolano.

Wstaję o wpół do dziewiątej i choć niby jestem wyspany, wypoczęty, to ruszam się jakoś bez ikry. O 10.00 rozpoczynam marsz. W zasadzie trudno mówić, że posuwam się jakąś drogą, to raczej kilka, a czasem kilkanaście równoległych kolein zrobionych przez sanie w grząskim, porośniętym trawą i krzewami jagód łagodnym zboczu. Po niedługim czasie dostrzegam w dole, po drugiej stronie doliny, stado reniferów. Pewnie to stado wczorajszego Komi--Zyrianina. Ale nie widzę jego zaprzęgu. Robię kilka zdjęć sceny, gdy stado przeprawia się przez rzekę.

Męki piekielne tym razem nie trwają wiecznie. Po czterech kilometrach podłoże robi się twardsze, a przede mną widoczny jest zjazd wyraźną ścieżką w dolinę. Co więcej, w oddali, z lewej strony, widzę drugą dolinę oraz miejsce, gdzie rzeki obydwu dolin łączą się w jedną. Czyli wszystko się zgadza z mapą; wiem, gdzie jestem! Otuchy dodają mi jeszcze dwa bielejące czumy u zbiegu rzek. Nie stoją na mojej drodze, ale świadomość, że są tu jacyś ludzie, zawsze krzepi.

Na dole czeka mnie kolejna przeprawa przez rzekę, ale tym razem bród jest na tyle płytki, że wystarczy, że zdejmę tylko górną sakwę. Postanawiam zrobić sobie zdjęcie podczas pokonywania strumienia. Obiecałem przywieźć jakieś fajne foty mojemu jedynemu sponsorowi — firmie Crosso, od której dostałem komplet sakw. Niestety, nie jest łatwo zrobić sobie samemu foty w akcji, samowyzwalacz wszystkiego nie załatwi. Ustawianie statywu na środku strumienia,

potem interwałometru w aparacie i powrót po rower, z którym ładuję się do strumienia tak, żeby zmieścić się w atrakcyjnym kadrze — wszystko to zajmuje mnóstwo czasu, a efekt i tak jest daleki od tego, jaki bym osiągnął, robiąc dynamiczne zdjęcia innej osobie.

Po drugiej stronie strumienia droga pnie się w górę. Jadę tak długo, jak tylko jestem w stanie, aż w końcu muszę się poddać i zacząć wpychać rower po kamienistym szlaku stromo pod górę. Wycisk dostaję porządny, dyszę, sapię, odpoczywam co kawałek, oganiam się od komarów i zastanawiam się, kiedy ten podjazd się skończy. I kiedy wydaje się, że to już koniec, że zaraz będę na przełęczy i zjadę sobie w dół, okazuje się, że to tylko małe wypłaszczenie, a kilkadziesiąt metrów dalej czeka mnie kolejny podjazd.

Po co ja to robię? Przecież nie za karę, nie muszę, mogłem sobie teraz wygodnie siedzieć w domu albo pojechać na jakieś „przyjemne" wakacje, poczytać sobie coś, poleżeć, napić się piwa na grillu w dobrym towarzystwie. Ale nie — sam dobrowolnie skazałem się na mękę. Wręcz zaplanowałem ją sobie dokładnie, z premedytacją. Nie, nie jestem masochistą, po prostu czułem, że to przyniesie mi frajdę, satysfakcję. I gdzie ta przyjemność? Przecież klnę w duchu, nie mogę doczekać się końca podjazdu, kiedy wreszcie będzie z górki, kiedy wreszcie będzie twarde podłoże, kiedy wreszcie skończy się ten spływ, kiedy dotrę do końca. Tak, podążanie do celu wcale nie jest przyjemne. To może tylko o ten cel tu chodzi? Ale czy cel jest aż tak ważny? Czy jego osiągnięcie rzeczywiście ma wynagrodzić cały ten trud? Tylko dlatego, że o własnych siłach? Że z dala od cywilizacji? I co jest tym celem? To głupie jezioro w górach?

Nie umiem precyzyjnie odpowiedzieć na te pytania, choć często je sobie zadaję. Bo jakby nie patrzeć, robię to, co chciałem, i w zasadzie nie żałuję. Tak naprawdę, pomimo tych fizycznych cierpień, codziennie są chwile, kiedy jest mi naprawdę dobrze. Żeby dotrzeć do tego głównego celu, jaki sobie obrałem, czyli do jeziora Balszoje Szczucze, muszę osiągnąć szereg mniejszych celów, codziennie przynajmniej kilka. Rano muszę złożyć biwak w odpowiednim czasie, potem dotrzeć do następnego pagórka, przedostać się na drugą stronę kolejnego strumienia, zrobić dobre zdjęcie, nakręcić ważną scenę do filmu, zrobić notatki z przebiegu całego dnia i tak dalej. Cele są proste, osiągalne, choć wcale nie łatwe. Realizacja każdego z nich przynosi mi małą, ale jednak satysfakcję. Poza tym każdy z tych małych celów przybliża mnie do celu głównego. Nie chodzi mi tylko o to jezioro, ale o realizację całej tej podróży, jakkolwiek się ona będzie układać.

Codziennie osiągając te wszystkie małe cele, wiem, że idę w dobrym kierunku, że zbliżam się, a więc wysiłek ma sens. Nie wiem, czy w codziennym życiu mam takie poczucie. W „realu" wszystko jest bardziej skomplikowane, a przez to trudniejsze, nie tak łatwo osiąga się sukcesy, a już na pewno nie kilka jednego dnia. I nie jest jasne, do jakiego celu ostatecznie mnie one prowadzą.

* * *

Mijam jedno z licznych jezior i zastanawiam się, jak to jest, że nie mam czasu łowić ryb. Prawda jest taka, że zazwyczaj takie jeziorka mijam w środku dnia, kiedy jest czas na pokonywanie kilometrów, nie w głowie mi wtedy długie przystanki. Byłoby idealnie, gdybym nocował nad jakimś jeziorkiem, wtedy łatwiej znalazłbym czas na wędkowanie.

Docieram do wylotu urokliwego wąwozu schodzącego w dół na lewo. Patrząc na mapę, staram się zgadnąć, dokąd ten wąwóz prowadzi i czy tam na dole nie widziałem go już z innej perspektywy. Jednak gąszcz poziomic wcale nie ułatwia mi rozwiązania tej zagadki.

Wreszcie docieram do długiego zjazdu. „No! — myślę sobie — nareszcie trochę odpoczynku". Montuję aparat na górnej sakwie i ruszam. Szlak jest jednak tak wyboisty, że boję się o aparat. W wyniku wstrząsów może mi wyskoczyć z mocowania i rozbić się na kamieniach. Chowam go więc do sakwy i zjeżdżam dalej.

Nie ma mowy o szybkiej jeździe. Nieustannie muszę być bardzo skoncentrowany i wpatrzony w kamienie bezpośrednio przed przednim kołem. W przeciwnym razie w każdej chwili mogę fiknąć kozła. Jadę praktycznie cały czas na zaciśniętych hamulcach, telepie mną potężnie. Obolałe nadgarstki, ale także łokcie i barki, gdyby mogły mówić, z pewnością złorzeczyłyby teraz na brak przednich amortyzatorów.

Gdy docieram na sam dół, jestem naprawdę szczęśliwy, że to już koniec. A miało być tak przyjemnie.

Znalazłem się w nowej dolinie, jej środkiem płynie strumień, a nad nim — niespodzianka. Może z dwieście metrów po lewej stronie, zza pagórka wystają dwa czumy. Sceneria iście idylliczna: zielona trawka, potok, słońce i błękit nieba, daleko od wszelkiej cywilizacji. Są też ludzie — dwie... tak, dwie kobiety, dziewczyny raczej, stoją na wprost mnie, choć dość daleko, nad potokiem, chyba właśnie zamierzają się myć. Nie widzą mnie albo celowo nie zwracają na mnie uwagi. Chyba nie wypada do nich podchodzić, lepiej pójść w kierunku czumów, może tam ktoś jest.

Pcham więc sobie powolutku mój rower i myślę o jedzeniu. Jest już późne popołudnie, już od jakiegoś czasu zwlekam z obiadem, byłoby fantastycznie, gdybym mógł zjeść coś ciepłego u koczowników, najlepiej mięso!

Gdy tak zbliżam się do czumu, nagle zrywają się z obejścia małe pieski pasterskie i głośnym szczekaniem robią mnóstwo hałasu. W końcu, nie przestając szczekać, podchodzą bliżej przyjrzeć się intruzowi. Staję więc w miejscu i czekam — może teraz wyjdzie ktoś z czumu. Ale nic się takiego nie dzieje, widocznie nie ma tam nikogo. Spoglądam w drugą stronę — dziewczyny nadal nie zwracają na mnie uwagi, ale z pewnością mnie widzą. Po chwili wahania postanawiam zawrócić i pójść w ich kierunku. Na to dziewczyny zbierają swoje rzeczy i kierują się do czumów, ale obierają taką drogę, aby mnie nie spotkać. Hm, dlaczego tak dziwnie się zachowują? Nie mogę się oprzeć ciekawości i skręcam tak, aby przeciąć im drogę.

Witamy się zupełnie normalnie, trudno wyczytać z twarzy dziewczyn jakiekolwiek zdziwienie faktem mojego pojawienia się w tym miejscu. Pierwsza jest szczupłej budowy, o jasnej karnacji, włosy pofarbowane na jasnorudo, upięte w kok, rysy twarzy słowiańskie, ubrana w zwyczajne ciuchy. Druga za to tęga, oczy skośne, włosy czarne, wychodzące spod malinowej chusty zawiązanej w ciekawy sposób — z fałdą na czole, ubrana w bardzo kolorową bluzkę i długą pomarańczowo-różowo-czarną suknię. Pytam o drogę, rudowłosa odpowiada, wskazując palcem na drugi brzeg strumienia, że tamtą drogą cały czas prosto. Żeby zawiązać jakoś rozmowę, opowiadam, że jestem z Polski, że właśnie podróżuję rowerem po górach, że jestem pierwszy raz w tych stronach. Ale dziewczyny nie dopytują o nic, nie zanosi się też na zaproszenie do czumu. W desperacji zagaduję, czy są Komi-Zyriankami.

W górach Uralu Polarnego często spotkać można porzucone wraki różnych maszyn (tu przewrócony wrak wiezdiechoda).

— Tak — potwierdza rudowłosa, po czym powtarza, że jak przejdę bród, to mam jechać cały czas prosto, drogą widoczną po drugiej stronie strumienia, i że spotkam po drodze jeszcze jakichś ludzi. „No trudno — myślę sobie — nie pozostaje mi nic innego, jak podziękować, pożegnać się i sobie pójść".

Kładę rower przy brzegu strumienia, zdejmuję górną sakwę, przebieram buty. Wszystko to robię jakoś powoli, chyba w razie czego, gdyby dziewczyny się namyśliły i zaproponowały mi jakiś poczęstunek. Ale nic z tego, obchodzę się smakiem. Przechodzę na drugą stronę, siadam na dużym kamieniu i znowu przebieram buty. Wyciągam aparat i dyskretnie, nie przykładając oka do wizjera, dokumentuję czumy, suszące się pranie i siedzące na trawie dziewczyny.

Jest już po 16.00 jestem głodny nie na żarty. Jadąc, rozglądam się za odpowiednim miejscem na krótki postój. Przydałby się cień, bo słońce praży w najlepsze. Widzę samotną skałkę po lewej stronie na zboczu, jest tam trochę cienia, no i widok stamtąd będzie przyjemny. Ale dotrzeć tam nie tak łatwo, zbocze gęsto pokryte dużymi kamieniami, z porostami, zupełnie jak w Tatrach. Zostawiam więc rower przy drodze, biorę sakwę z jedzeniem, karimatę i sakwę, która posłuży za poduszkę. Przy skałce nie jest zbyt komfortowo, ale korzystam z małego skrawka cienia. Zjadam ostatni kawałek chleba z oliwą, cebuli mam jeszcze sporo, na koniec słodycze. Daję sobie jeszcze kwadrans na drzemkę i ruszam dalej.

Droga po tej stronie strumienia, którą wyznaczają dwie koleiny w twardym i równym podłożu, jest naprawdę znakomita. Co więcej, nie ma podjazdów — albo płasko, albo lekko z górki. Rozwijam więc prędkości nieosiągane przez ostatnie dwa dni. Taka jazda to prawdziwa frajda! Przez ostatni tydzień wielokrotnie zastanawiałem się, czy przyjazd tu z rowerem był najlepszym pomysłem. Wiele odcinków mógłbym z powodzeniem przejść pieszo, nie męcząc się przy tym tak jak przy pchaniu roweru. Pewnie nie dałbym rady zabrać ze sobą tylu rzeczy do plecaka, ale czy wszystko byłoby mi potrzebne? Za to w takich chwilach jak ta nie mam już takich wątpliwości. Jadę piękną doliną, dookoła dzikie góry, a ja mknę dwadzieścia pięć kilometrów na godzinę. Tak można podróżować!

Nie mogę jednak zapominać o moich zobowiązaniach względem sponsorów, muszę porobić sobie jakieś zdjęcia. Choćby najprostsze — jadę na rowerze na tle gór. Ten, kto próbował robić sobie takie zdjęcia, wie, ile to zachodu. Chyba wybrałem najtrudniejszą opcję, bo chciałem się sfotografować bokiem. Na zdjęciach albo dopiero wjeżdżam w kadr, albo jestem już przednim kołem poza nim. Nie daję za wygraną, robię w sumie dwanaście prób. Z żadnej nie jestem do końca zadowolony.

Wieczorem, gdy powoli rozglądam się już za miejscem na nocleg, nagle słyszę dochodzący z przodu głośny warkot silnika. Po chwili zza zakrętu naprzeciw mnie wyjeżdża wiezdiechod, a za nim jeszcze dwa kolejne. Na dachach siedzą młodzi ludzie, na pierwszym i drugim nieco poważniejsi, jakby bardziej eleganccy, wyglądają na Niemców czy może Skandynawów. Na drugim — rosyjscy studenci, o czym się za chwilę dowiaduję. Wszyscy mocno zaskoczeni, patrzą na mnie z wyraźnym niedowierzaniem. Kierowca pierwszego pojazdu zatrzymuje się, pozdrawiamy się wzajemnie, zagadujemy, kto dokąd jedzie. Wiozą turystów, taka wycieczka, jakaś wymiana studencka, zdaje się. Żegnamy się z kierowcą i chcę ruszać dalej, a Rosjanie z dachu trzeciej maszyny pytają, skąd jestem; robimy sobie zdjęcia i jadę dalej.

Jest już przed 22.00. Na rozbicie biwaku znajduję miejsce u zbiegu dwóch strumieni, na żwirowej wysepce porośniętej krzakami i niewielkimi drzewkami. Tak, od kilku kilometrów w dolinie towarzyszą mi drzewa. Nie było ich wcześniej, krajobraz się nieco zmienił. Widzę tu sporo białych mew — od nich nazwę miejsce dzisiejszego obozu.

Po rozbiciu namiotu postanawiam się umyć. Ostatni raz myłem się w Salechardzie, czyli cztery dni temu. Najchętniej kąpałbym się codziennie, przecież tyle wody dookoła. Tylko jedno mnie powstrzymuje — komary. Ale teraz naprawdę czuję, że muszę. Bo czuję. Żeby zminimalizować liczbę ukąszeń, muszę się do tej kąpieli starannie przygotować i to jeszcze będąc w namiocie. Zostawiam na sobie koszulkę z długim rękawem, wokół pasa zawiązuję ręcznik. Buteleczka mydła w rękę i wychodzę szybko z namiotu. Akcja mycia nie może trwać długo, także z powodu lodowatej wody w strumieniu. Po wszystkim w pełnym biegu wpadam do namiotu, zasuwam zamek i, jak co wieczór, wybijam wszystkie komary, które zdążyły ze mną wlecieć do środka.

Zdejmuję koszulkę i patrzę na swój brzuch — tak, bardzo płaski, wyraźnie schudłem. Choć z natury jestem szczupły, to i tak widzę różnicę, tak cienkiej skóry, niemal zupełnie pozbawionej tkanki tłuszczowej, już nie pamiętam. Ale to chyba nie tylko kwestia wysiłku. Myślę, że bardzo brakuje mi w diecie białka i tłuszczu. Przydałby się jakiś preparat białkowy i cały litr oliwy, a nie jedynie sto mililitrów. Gdy o tym myślę, uświadamiam sobie, jak dużo tłuszczu jem na co dzień w domu, i to od samego rana. No bo przecież chleb zawsze z masłem, i to grubo, a do tego zawsze coś jeszcze. A ile białka! Jajka, wędlina, ser… Nic dziwnego, że tak schudłem. Tak jak teraz — powinienem jeść w domu, a tak jak w domu — teraz.

Wykręciłem dzisiaj czterdzieści dwa kilometry, nie jest to może dużo, ale pierwsze dwadzieścia było naprawdę ciężkie. Często pchałem, szczególnie na stromych podjazdach. Miałem dzisiaj też trochę zagadek topograficznych, bo szlaków w terenie jest znacznie więcej niż na mojej mapie, ale szczęśliwie mam nosa i pewnie zmierzam do celu.

Teraz jestem już w zupełnie innym nastroju niż dziś rano. Wiem, gdzie jestem, sukcesywnie realizuję plan. Wygląda na to, że jeśli jutro wszystko pójdzie dobrze, to może uda mi się na koniec dnia osiągnąć mój główny cel, czyli Balszoje Szczucze.

* * *

Zapalony fan postaci Kazimierza Nowaka. Zainspirowany jego dokonaniami zrealizował kilka wypraw rowerowych po krajach afrykańskich (Maroko, Sahara Zachodnia, Mauretania, Mali, Libia, Czad, Kamerun). Dla odmiany pojechał także na Ural Polarny, opisując tę podróż w książce *Rower góral i na Ural*. Jeden z liderów sztafety Afryka Nowaka, współzałożyciel i prezes Fundacji im. Kazimierza Nowaka, na co dzień wydawca książek podróżniczych (Wydawnictwo Sorus).

W drodze na Hokkaido

Ewa Świderska,
www.ewcyna.com

— *Good evening, konbanwa!* — gospodyni pensjonatu, gnąc się w ukłonach i rozpływając w uśmiechach, serwuje filiżanki zielonej herbaty na powitanie. Buty zostają w *genkan*, małym, nieckowatym przedsionku, który stanowi granicę między strefą publiczną a prywatną domu. Wsuwam stopy w ciemnozielone, plastikowe kapcie i dopiero wtedy mogę przejść dalej. W toalecie czekają inne, różowe — takie, co na salony wyjść nie mogą. Panel sedesu, którego podgrzewana deska zapewnia moim czterem literom przyjemny komfort, przypomina deskę rozdzielczą samolotu — atakuje ilością przycisków i guziczków, których nie mam odwagi nacisnąć. Krótki prysznic spłukuje ze mnie ślady podróży, a gorąca woda w głębokiej wannie przynosi ulgę obolałym mięśniom. Narzucam na plecy *yukatę* z cienkiej bawełny, przechodzę wąskim korytarzem, rozsuwając drzwi do pokoju. Mikroskopijny niski stolik wymusza podkulenie nóg. Jeszcze tylko kilka kęsów *onigiri*, czyli kanapki ryżowej, i padam na futon, wygodne posłanie na podłodze. Zasypiając, czuję zapach słomy, z której powstały wyściełające podłogę sypialni maty *tatami*. Jest delikatny i ostry jednocześnie.

Nie może być inaczej — jestem w Japonii!

* * *

Plan jest prosty — przejechać Japonię wzdłuż, z południa na północ, przez wszystkie cztery główne wyspy kraju — Kiusiu, Shikoku, Honsiu i Hokkaido. Określiłam azymut, miejsca, które chciałabym odwiedzić bądź ominąć, wyznaczyłam termin (trzy wiosenne miesiące, tj. kwiecień - czerwiec, aby doświadczyć *sakury*, czyli czasu kwitnienia wiśni — to w Japonii niemal święto narodowe) oraz start i metę. Co do reszty, panuje ogólna dowolność, to ma być podróż, a nie wyścig. Podróżuję w pojedynkę, ale przez pierwsze trzy tygodnie towarzyszy mi zaprawiona we wspólnych rowerowych eskapadach koleżanka Zosia.

* * *

Pierwszy dzień na rowerach, które udało nam się szczęśliwie złożyć na lotnisku w Kagoshimie, na południu wyspy, mija w sielskiej atmosferze. Zachwyca nas praktycznie wszystko — nadmorski krajobraz z dymiącym wulkanem i palmami w tle, panujący ład i porządek, zdyscyplinowani kierowcy, no i uprzejmość Japończyków, która może wydawać się przesadna ludziom z naszego kręgu kulturowego. Jestem w Japonii po raz trzeci, więc etap zupełnego zaskoczenia mam już za sobą, ale dla Zochy wszystko jest nowe. Po dokonaniu zakupów, które to skrzętnie zapakowano i wręczono jej oburącz z niskim ukłonem, zaczyna wychodzić tyłem, kłaniając się w pas w odpowiedzi na niekończące się ukłony sprzedawcy.

— *Kto powinien pierwszy przestać się kłaniać?* — pyta mnie po cichu.

Szczerze mówiąc, sama nie wiem, ale napotkana szyba wystawy, w którą wchodzi koleżanka, zmusza ją jednak do zmiany pozycji. Człowiek taki nieobyty, że nawet trudno zrobić zakupy w tej Japonii.

Wieczorem rozstawiamy namioty nad niewielkim stawem, ryby pluskają do snu, rano śpiewają ptaki, a spacerujący ludzie kłaniają się i mówią „dzień dobry". Pierwsze koty za płoty.

Trasa wiedzie wokół wulkanu Sakurajima, który jest jednym z największych wulkanów w Japonii. Jest ich tutaj ponad 160, z czego połowa jest wciąż czynna (!). Czarny, wulkaniczny pył z lekka pokrywa wszystko dookoła i gromadzi się na poboczu drogi. Zastanawiam się, jak wygląda życie codzienne w cieniu wulkanu. No i jak tu chociażby wywiesić pranie?

Nie da się przemierzać wyspy w szybkim tempie, gdyż co chwila czekają kolejne atrakcje. Kąpiel w gorącym piachu? Proszę bardzo! Ibusuki, nadmorska miejscowość położona na samym południu wyspy, właśnie z tego słynie. Przywdziewamy błękitne *yukaty* i przechodzimy na plażę, nad którą unosi się para. Pracownica gestem zaprasza do położenia się w piaszczystej niecce, potem sięga po łopatę i sypie na mnie ciemny, mokry, gorący piach, który przykrywa mnie po samą szyję. Uffff! Sauna. Jeszcze tylko koło głowy przytwierdza kolorową parasolkę, która ma chronić oczy przed słońcem, i można zacząć się relaksować. Leżący obok Japończycy tkwią nieruchomo w piaszczystych posłaniach, ale mnie po może 5 minutach robi się gorąco, potem bardzo gorąco... po 10 już za gorąco... OK, koniec tego dobrego, zdejmijcie to ze mnie!

Gdy odbijamy znad wybrzeża w głąb wyspy, na drodze robi się spokojniej, a uprawy herbaty i ryżu nadają pejzażowi egzotyczny charakter. Pogoda stabilizuje się jednak na zimnym i wietrznym poziomie — wieje tak, że nie sposób pedałować czy wręcz utrzymać się na rowerze. Muszę przyznać, że moja wizja Kiusiu jako wyspy wiecznego słońca nad Pacyfikiem była zdecydowanie zbyt stereotypowa.

Generalnie plan noclegowy zakłada spanie w namiocie, ale hm, gdy wieje lodowaty wiatr, zacina deszcz, a mój przewodnik informuje o jedynym w okolicy hostelu, nie zastanawiamy się długo, zwłaszcza że pani w recepcji udostępnia nam dwa miejsca w cenie jednego. Aby się z nami porozumieć, dzwoni do koleżanki — tak poznajemy Totsuke, miejscową nauczycielkę angielskiego, która przyjeżdża wraz z czwórką nastoletnich uczniów. Właśnie mieli zaczynać lekcje w domu, no to sobie poćwiczą język obcy na żywych cudzoziemkach.

What's your name? How old are you? Do you have brother or sister? What do you like to eat?

Proste pytania paraliżują i tak już bardzo onieśmieloną młodzież. Japończycy są bardzo, ale to bardzo nieśmiali, a znajomość angielskiego nie tylko na prowincji jest naprawdę znikoma.

— Co będziesz robił jutro?

Będę odrabiać lekcje — odpowiadają jednakowo.

— Ale co jeszcze będziesz robił? Jutro niedziela, może pójdziesz do kina albo spotkasz się ze znajomymi?

— Nie, jutro będę odrabiał lekcje.

Aha. No dobrze. Nie będę wciskać młodym ludziom, że dobrze by było kiedyś odpocząć i zapodać sobie jakąś rozrywkę, bo tu najwyraźniej obowiązują inne zwyczaje. Może kiedyś sami dojdą do takiego wniosku, chociaż to też nie takie pewne.

Totsuke w podzięce za konwersacje zaprasza nas do siebie do domu, a główną atrakcją wizyty jest przymierzanie jej rodowych kimon. Są super, ale jeździć w tym na rowerze zdecydowanie się nie da.

Pozostajemy w wulkanicznych klimatach, gdy po kilku dniach rowerowej wspinaczki docieramy do wulkanu Aso. To największy aktywny wulkan w Japonii i jeden z największych na świecie. Kaldera ma średnicę ok. 30 km i ponad 120 km obwodu, a wewnątrz znajdują się cztery mniejsze stożki wulkaniczne. Wjazd na punkt widokowy w pobliże krateru jest uzależniony od emisji dymu i siły wiatru. Gdy przyjeżdżamy, jest zamknięty, ale po południu wiatr się zmienia i możemy zajrzeć w dymiącą czeluść. Robi wrażenie. Unoszące się nad nią szaroniebieskie kłęby pary i dymu mieszają się ze sobą, czuć ostry zapach siarki, a widoki dookoła są iście księżycowe.

„Dla odmiany" kilka dni później w Beppu oglądamy liczne kolorowe *jigoku* (tj. „piekiełka"), czyli błotne i wodne gorące źródła, z których słynie to miasto. Tak, Kiusiu to zdecydowanie bardzo parująco-dymiąca wyspa.

* * *

Ta rzeka płynie w złym kierunku — powiedziała Zocha, uważnie studiując mapę, gdy promem przedostałyśmy się na najmniejszą i najmniej znaną z głównych wysp Japonii — Shikoku. Faktycznie, rzeka płynęła w niewłaściwym kierunku, robiąc sprytnie na mapie zawijas, który nas zmylił podczas planowania trasy. Jak wiemy, a przynajmniej rowerzyści wiedzą to dobrze, jedyny właściwy kierunek, w którym powinna płynąć rzeka to ten, w którym my zmierzamy. Jeśli jest inaczej, nie należy zawracać wody kijem, tylko:

wariant a) zmienić plany i jechać tam, gdzie chce rzeka,

lub

wariant b) podjąć wyzwanie i stawić czoła podjazdom, tym większym, im bliżej jesteśmy jej źródeł.

Po krótkiej naradzie stawiamy na wariant a) i zmieniamy z lekka trasę — w końcu nigdzie nam się szczególnie nie spieszy. Potem jednak górzyste wnętrze wyspy wyciska z nas siódme poty, ale też wynagradza pięknem przyrody — oczy cieszą świeża zieleń lasów na zboczach gór, rwące potoki lub dla odmiany rozlewające się szeroko rzeki i wybrzeże Pacyfiku. Gdzie ta „normalna", betonowa Japonia, no gdzie?

W kwestii włóczęgostwa nie czujemy się samotne. Shikoku odwiedza rokrocznie tysiące pielgrzymów, zwanych *Henro-san*, którzy wędrują dookoła wyspy szlakiem 88 buddyjskich świątyń, założonych w VIII wieku n.e. przez buddyjskiego uczonego Kobo Daishi. W białym ubraniu, z drewnianą laską, szalem i w stożkowatych, słomkowych kapeluszach przebywają pieszo 1400 kilometrów, co zajmuje im zazwyczaj około dwóch miesięcy. Pozdrawiamy się wzajemnie, choć z uwagi na barierę językową z rzadka jest możliwość rozmowy.

Są chwile, kiedy wędrowiec rowerowy staje się turystą — plaża Katarahama w pobliżu miasta Kochi jest zachwalana w przewodniku jako cud natury. Jedziemy! Jak na atrakcję w Japonii przystało, na parkingu stoi sznur autokarów, a po plaży przetaczają się rzesze wycieczek z przewodnikami. Każdy z nich trzyma w ręku chorągiewkę, aby jego podopieczni nie mogli się zgubić idąc po betonowym chodniku wyznaczającym... ścieżkę zwiedzania owej plaży właśnie. Miejsce jest faktycznie urocze, ale Zocha kręci nosem — jakby ci wszyscy wycieczkowicze przyjechali do Międzyzdrojów, toby im oczy z orbit wyszły. Nad Bałtykiem to dopiero są plaże!

* * *

Przeprawiwszy się do miasta Wakayama na wyspie Honsiu, po niemal miesiącu wspólnej podróży żegnam się z koleżanką i rozpoczynam etap podróży w pojedynkę. To właśnie tu, na półwyspie Kii, w okolicach Osaki, znajdują się dwa najważniejsze z punktu widzenia religii święte miejsca w Japonii — jest to kompleks świątyń buddyjskich na świętej górze Koya-san oraz najważniejsze dla japońskich wierzeń *shinto* sanktuarium w Ise. Postanawiam odwiedzić oba miejsca i zgodnie z ideą podróży ominąć piękne, lecz zatłoczone Kioto.

Święta góra Koya-san, na którą prowadzi ponad dwudziestokilometrowy, wijący się podjazd, to od wielu wieków centrum buddyzmu ezoterycznego i kompleks świątyń. Jeszcze do ubiegłego stulecia wstęp mieli tu tylko mężczyźni. Obecnie chętni mogą skorzystać z noclegu w jednym z buddyjskich klasztorów, podglądać życie mnichów i uczestniczyć we wspólnych modlitwach i posiłkach. To tyleż atrakcyjna, co kosztowna sprawa, więc rozkładam namiot na placu zabaw dla dzieci. W nocy siąpi lodowaty deszczyk, wyciągam z sakw niemal wszystkie ciuchy — „przepraszam się" z czapką, rękawiczkami, zakładam skarpety narciarskie i dopiero wtedy robi mi się ciepło. To dobrze, bo już więcej rzeczy do „przepraszania" mi nie zostało. Przez następne dni jest naprawdę zimno.

Zespół Wielkich Chramów *shinto* w Ise, czyli *Ise Jingu*, gdzie docieram kilka dni później, to jedno z najwspanialszych sanktuariów w Japonii i duchowa mekka narodu. *Shinto* to tradycyjna religia Japonii, oparta na wierzeniach animistycznych i politeistycznych, charakteryzująca się wiarą w niezliczone bóstwa (zwane *kami*), które razem z ludźmi zamieszkują ziemię. Bóstwa te uosabiają siły przyrody i są opiekunami wszelkich aspektów życia człowieka. W Ise znajduje się najważniejszy w Japonii chram poświęcony bogini Słońca *Amaterasu*.

Czasem malutkie i zmurszałe, czasem nowe i duże chramy *shinto*, do których wejścia strzeże rozdzielająca strefę sacrum od profanum brama torii, są nierozerwalnie związane z krajobrazem Kraju Kwitnącej Wiśni. W sanktuarium *shinto* w Ise jest ich ponad sto dwadzieścia. Są przykładem architektury przedbuddyjskiej, choć przypominają mi nieco drewniane chałupy kryte strzechą. Odprawia się tu dziennie dziesiątki rytuałów. Kapłani *shinto* mogą pochodzić tylko z rodziny cesarskiej i wierzy się, że cesarz Japonii jest potomkiem bóstw w prostej linii.

Zgodnie z tradycją wszystkie chramy w Ise co dwadzieścia lat są zastępowane nowymi, identycznymi, do których podczas wielkich uroczystości przenosi się mieszkające tam bóstwa. Mam niezwykłe szczęście, bo właśnie w tym roku na jesieni przypada ta uroczystość! Jest początek maja 2013 roku i nowe, pachnące świeżym drewnem świątynie już powstają, choć są jeszcze skrzętnie skrywane przed ludzkim wzrokiem. Przyznam, że i mnie udziela się nastrój nowości i zmiany. A udziela mi się też dlatego, że dzielę go z tysiącami odwiedzających to miejsce Japończyków i jestem tam jedyną „bladą twarzą". Kończy się tzw. Złoty Tydzień, czyli szereg dni wolnych od pracy na przełomie kwietnia i maja, kiedy to przypada wiele świąt — np. dzień konstytucji, dzień zieleni, dzień dziecka. To czas, kiedy naród masowo podróżuje — tłumy chcące oddać cześć bóstwom są nieprzebrane. A to wszystko dzieje się w supernowoczesnej, zalanej zdobyczami cywilizacji Japonii.

* * *

W drodze do alpejskiego Nagano droga wije się w poziomie i w pionie, a w głowie brzmi mi nieustannie „Long and winding road" the Beatles. Na horyzoncie bieleją szczyty dwutysięczników, a swojsko wyglądające bratki, łubin, irysy zdobią wypielęgnowane przydomowe ogródki. Kiedy jednak na środku drogi widzę siedzącą małpę, od razu mi się przypomina, że jestem w Alpach, ale japońskich.

Na odpoczynek po wielodniowej wspinaczce wybieram Matsumoto, położone w centrum wyspy Honsiu miasto, które słynie z najstarszego z pięciu oryginalnych zamków w Japonii. Zamek Czarnego Kruka zupełnie nie przypomina znanych mi dotychczas, europejskich zamków — jego drewniane kondygnacje z zadartym dachem nadają mu lekkości, a wykonana z ciemnego drewna fasada odbija się w wodzie otaczającej go fosy. Całość prezentuje się nadzwyczaj majestatycznie i malowniczo.

— *Czy miałabyś coś przeciwko temu, żebym cię oprowadził?* — Przed wejściem zaczepia mnie Mitsuto, przewodnik, wolontariusz, a niedługo potem opowiada mi o historii miejsca i panujących onegdaj obyczajach. Staram się słuchać uważnie, ale maszerujemy w samych skarpetach; te Mitsuto są niebieskie, pięciopalczaste i wygląda w nich jak Papa Smerf. Zabawne.

Po godzinie żegnamy się, ale Mitsuto odnajduje mnie w sklepiku, gdzie kupiłam sobie zestaw obiadowy, czyli zupkę chińską (tak naprawdę japońską, bo wynaleziono je w Japonii) i onigiri.

— *Może zjesz to, co kupiłaś, jutro, a teraz byłoby mi bardzo miło, gdybyś przyjęła moje zaproszenie na obiad. Oczywiście, jeśli nie masz nic przeciwko temu.*
Jak mogłabym mieć? Zmiana menu jest mile widziana i chętnie próbuję lokalnego specjału, jakim jest wyrabiany z mąki gryczanej makaron *soba*, który się jada, maczając go w sosie sojowym i zagryzając smażoną tempurą. Mitsuto kilkakrotnie jeszcze dziękuje mi za towarzystwo i możliwość rozmowy po angielsku, choć przecież to ja czuję wdzięczność za miłe zaproszenie i dobry obiad. Nie po raz pierwszy myślę, że byłoby wspaniale, gdyby choć odrobina japońskiego wyrażania wdzięczności stała się polskim zwyczajem.

* * *

Siódma rano, kończę śniadanie, siedząc jeszcze w namiocie, a tu słyszę: „*Good morning*"! I żeby nie było wątpliwości, ponownie: „*Good morning*"! Nie to, żebym spała, ale ki czort? Otwieram namiot i widzę pana z pieskiem, który kłaniając się, wita mnie po raz trzeci i dodaje, pokazując na niebo: „*Sunshine*"! No tak, słońce świeci. Co ja tu jeszcze robię? Namiot rozbiłam przy nadmorskiej promenadzie w małej wiosce nad Pacyfikiem. Nie pierwszy raz budzą mnie miejscowi poranni spacerowicze, którzy jeszcze przed świtem masowo wylegają na ulice. Odpędzają starość, ćwicząc zawzięcie — szybki krok, wymachy ramion, skłony, przysiady i kamienna twarz, która wyraża jedno — że nikt, ale to absolutnie nikt mnie ani mojego namiotu nie widzi.

Po ponad miesiącu w drodze nabrałam już obycia w trampingu na rowerze „po japońsku". Kluczowe kwestie w podróży, tj. noclegi, toaleta i jedzenie, nie sprawiają z reguły problemu. Niemal nie gotuję, gdyż ceny gotowych zestawów obiadowych, jakie można kupić w większych sklepach, są przystępne (300 – 500 jenów, czyli kilkanaście złotych), do tego na miejscu można je podgrzać w mikrofali i zrobić sobie herbatę, bo gorąca woda w termosach jest wszędzie. Japońskie toalety z mnóstwem guziczków i bidetowymi wodotryskami niezwykle pomagają w utrzymaniu higieny rowerzysty. Inna sprawa to ich liczba i jakość — jest ich tyle i są tak czyste, że nie nadążam z wszystkich korzystać. Na dokładniejszą kąpiel najlepiej wybrać się do łaźni publicznych — nazwanych *sento*, a jeszcze lepiej do takiej, która korzysta z wody termalnej, czyli *onsenu*, bo przypomina niewielkie SPA.

Łaźnie są powszechne (kiedyś w mikroskopijnych mieszkaniach i domach japońskich nie było łazienek) i raczej niedrogie (100 – 500 jenów, czyli od kilku do kilkunastu złotych), a korzystanie z nich ma w Japonii długą tradycję. To nie tylko miejsce mycia, ale też spotkań towarzyskich. Ważne jest, aby wcześniej poznać i stosować się do zasad korzystania z takich przybytków. Podstawowa zasada brzmi: kąpiemy się tylko nago i do basenu wchodzimy czyści, po wzięciu wcześniej prysznica i dokładnym spłukaniu piany. W łaźniach zawsze znajduje się kilka baseników z wodą od zimnej po koszmarnie gorącą, w których to należy siedzieć i się moczyć. Niezwykle podoba mi się japońskie podejście do nagości, nienaznaczone pruderią. Dziewczynki, kobiety i wiekowe staruszki przebywają obok siebie bez cienia wstydu. Mamy kąpią maluchy. Choć mężczyźni i kobiety kąpią się osobno, to mali chłopcy przebywają z mamami w części damskiej. Uwielbiam odwiedzać onseny.

Kempingów na trasie przed wyspą Hokkaido niemal nie było, ale nikt za bardzo nie zwracał uwagi na ustawiany w różnych miejscach namiot i mnie nie niepokoił. Rozbijałam go o zmroku, a zwijałam rano, zwracając uwagę na to, żeby miejsce było terenem publicznym, a nie prywatnym. Szukanie miejsca na nocleg powoli stało się nie tylko koniecznością, ale wręcz wieczorną rozrywką. Najłatwiej o trawiasty zakątek było na wybrzeżu, gdzie jest mnóstwo

zadbanych punktów widokowych z obowiązkową toaletą, a najgorzej w górach. Na terenie miasta najczęściej rozglądałam się za ustronnym skwerem, parkiem lub placem zabaw. Choć ciężko to sobie wyobrazić mieszkańcowi Europy, w Japonii, tak jak w wielu innych krajach Azji, które odwiedziłam, szalenie trudno o miejsce na rozbicie namiotu. Stawianie go w przestrzeni publicznej jest często koniecznością, gdyż w tzw. plenerze o miejscówkę trudno. Japonia to w niemal 90 procentach porośnięte gęstym lasem góry, użytki stanowi tylko 11 procent powierzchni kraju!), zatem ziemia jest zagospodarowana niemal co do centymetra. Uznałam, że lepiej pod wieczór kierować się do miasta i szukać ustronnego kąta w parku.

    Zachowanie ludzi to inna kwestia, na temat której zresztą powstają opasłe tomy książek. Japończycy prześcigają się w niesieniu pomocy. Pracownicy sklepów nie chodzą, tylko biegają truchtem. Pytasz o coś, a sprzedawca już biegnie w podskokach w stronę półki. Chodzi o to? Ach nie, o coś innego? Ojej, tego nie mamy (zmartwiona mina). Ale mamy coś innego, może się przyda? (mina wyraża nadzieję). Tup, tup, szur, szur, biegnie ponownie. Szanowny klient musi być zadowolony. Każdy zakup przybiera formę zgrabnego pakunku, który wręczany jest oburącz, oczywiście z odpowiednim ukłonem.

Utrzymanie porządku wydaje się w Japonii kwestią priorytetową. Gdziekolwiek się jest, napotyka się CZYSZCZĄCE ODDZIAŁY SPECJALNE. Odziani w jasne uniformy pracownicy służb miejskich, z maseczkami na twarzy, przypominają bardziej służby ekologiczne w świecie zaatakowanym bronią biologiczną. Mam wrażenie, że znalezienie choć małego papierka jest dla nich kwestią życia i śmierci. To naprawdę nie jest proste, gdyż tutaj śmieci nikt ot tak sobie nie wyrzuca. Co więcej — na ulicach trudno znaleźć kosz! Niejednokrotnie przez pół dnia wożę ze sobą torebkę ze śmieciami, których nie ma gdzie wyrzucić. Konsternacji w tym względzie dopełnił napotkany przed jedną z informacji turystycznych napis: WE DON'T PROVIDE TRASH FACILITIES. PLEASE DISTRIBUTE ACCORDINGLY („Nie zapewniamy koszy na śmieci, prosimy zrobić z nimi to, co trzeba"). Czyli co??? Zagadka zostaje wyjaśniona kilka dni później, gdy w pobliżu miejsca piknikowego widzę napis: PLEASE TAKE YOUR TRASH HOME („Proszę, zabierz śmieci do domu"). Tak, śmieci należy zabrać do domu, gdzie muszą zostać skrupulatnie posegregowane, włożone do odpowiedniego worka o odpowiednim kolorze, pozostawione w odpowiednim miejscu w śmietniku i to odpowiedniego dnia tygodnia. Jest na przykład dzień papieru, białych butelek, zielonych butelek i tak dalej. Ale ja wiozę swój dom na rowerze.

* * *

Przypadek to czy nie przypadek, ale gdy tylko docieram nad Morze Japońskie, czyli północne wybrzeże Kraju Kwitnącej Wiśni, pogoda zmienia się jak za dotknięciem czarodziejskiej różdżki na taką „średnią nadbałtycką". Często pada i przechodzą pierwsze wiosenne burze z piorunami, a niebo zasnuwają ciężkie, ołowiane chmury. Wybrzeże także czasami przypomina Bałtyk, z tą różnicą, że strzegą go ośnieżone górskie szczyty dwutysięczników. W Polsce góry i morze dzieli jednak wiele kilometrów.

— *You travel like this? Great.* — Młody, wysoki (bardzo nietypowe) człowiek o kruczoczarnych (bardzo typowe) włosach wpatruje się to we mnie, to w mój rower, który wygląda jak wielbłąd jednogarbny. Po chwili już wiem, że Kou jest miejscowym nauczycielem w szkole podstawowej, ale jego pasją są podróże i nauka języków.

— *To co teraz zamierzasz? Gdzie będziesz spać? Za godzinę będzie ciemno* — pyta po chwili.

— *No jeszcze nie wiem. Tak sobie myślę, że tu gdzieś może przy plaży.*

Godzinę potem siedzę u niego w domu i jemy razem kolację. Jestem wykąpana, a moje ciuchy wirują w pralce. Tata Kou jest rybakiem — większość specjałów, które się pojawiły na stole, pochodzi z połowu (ryby) lub zbioru (wodorosty w zupie miso) z tego dnia. Z ogromnej butli polewa mi sake, więc

zmęczenie szybko przechodzi w senność, ale chcę też porozmawiać z Kou. Mój nowy kolega wyznaje z dumą, że jest backpackerem! Jest bardzo szczęśliwy i przejęty, bo jedzie w sierpniu na urlop — do Europy, do Włoch.
— *Super! A na jak długo?*
— *Na 8 dni.*
— *Tak krótko?!*
— *Nie dostanę więcej dni urlopu.*
— *Ale przecież w sierpniu nie ma szkoły, są wakacje.*
— *Tak, ale mamy codziennie zebrania i w ogóle dużo pracy.*

Nie wiem, czy bardziej jestem zdziwiona, czy bardziej mi smutno. Nie po raz pierwszy Japończycy mówią mi, że u nich nie ma urlopu dłuższego niż tydzień, o ile w ogóle uda się go dostać. No bo też nie wypada brać urlopu, a już na pewno nie za dużo, choć należy się 20 dni rocznie.

Czuję się w tym kraju bardzo dobrze i nawet myślałam sobie, że chciałabym tu zamieszkać, ale wrodzone lenistwo mówi mi zdecydowanie: NIE.

* * *

„Na Hokkaido są konie" — to zdanie z książki *W drodze na Hokkaido* Willa Fergusona, którą czytałam przed wyjazdem, zapadło mi w pamięć i sprawiło, że niecierpliwie czekałam na spotkanie z tą wyspą. Zapamiętałam rozmarzenie przemieszane z niezaspokojonym pragnieniem pewnego Japończyka, by tam dotrzeć i zobaczyć pasące się konie. Bo Hokkaido jest inne. Na Shikoku, Kiusiu czy Honsiu koni nie ma. Konie potrzebują przestrzeni, potrzebują łąk, a tam głównie pola ryżowe i busz. To gdzie niby mogłyby się te konie paść?

Ciekawa byłam tego Hokkaido, jak nie wiem co.

Pierwsze dni jazdy po wyspie rozczarowują i to bardzo. Masakra. Jazda wzdłuż zatoki Uchiura drogą krajową nr 5 jest koszmarna, ale nie ma alternatywy. Jakbym znalazła się w innym kraju. Bród, smród i ubóstwo, a droga nadgryziona mrozami tak, że ciężko się trzymać pobocza. Gdzieś zniknęły tak wypielęgnowane dotychczas domy i obejścia. Wrażenia wizualne i węchowe (te nadmorskie zapaszki) są bezcenne i zaliczam ten odcinek do najgorszych w Japonii. Do tego brak sklepów przez długie kilometry każe mi nastawić się na robienie większych zapasów, no i do łask wraca gotowanie.

Ale potem jest lepiej. Przewodniki rozpływają się nad pięknem krajobrazu centralnego Hokkaido. Uprawia się tam warzywa i owoce — ziemniaki, jabłka, kapustę oraz inne znane mi z rodzinnych stron warzywne specjały. To wielka atrakcja — w folderze turystycznym pani obściskuje się z kapustą oraz wpatruje czule w jabłuszko, napotykam także pomnik cebuli. Nie robią one na mnie żadnego wrażenia, ale rozumiem, że mogą robić wrażenie na przyzwyczajonych do pól ryżowych Japończykach. Wrażenie za to nieustająco robią na mnie ceny owych warzywek i owoców. Dwa jabłuszka 10 zł. Garstka groszku tyleż samo. Eh. Przy tych cenach awitaminoza gwarantowana.

Szczególnie zachwalane są okolice miast Furano i Biei, słynące z pól lawendy czy innego kwiecia oraz malowniczych krajobrazów. Choć na lawendę za wcześnie, ulotka sugeruje, że najważniejsze to „pojeździć po okolicach miasta i podziwiać widoki". Postanowiłam przez jeden dzień zabawić się w japońską turystkę i podążać opisywanym na ulotkach szlakiem. Pani w informacji turystycznej z pełną powagą dokładnie mazakiem nakreśla, gdzie i w którą stronę należy się udać, aby uzyskać najlepszy widok.

Widok na... samotne drzewo... dwa samotne drzewa... trzy drzewa, które wyglądają jak rodzina... szereg drzew, które wystąpiły w reklamie papierosów Mild Tobacco... drzewo, które przypomina choinkę...

Mam ochotę parsknąć śmiechem. Marketing turystyczny w Japonii nieustająco wprawia mnie w podziw, ale to już mnie przerasta. Czy ktoś u nas wpadłby na to, żeby opisać na mapie dojazd do samotnie stojących w polu drzew, zakładając, że nie jest to dąb Bartek?!

Dałam sobie spokój z szukaniem drzew, choć nie było to trudne, bo są wszędzie, jak to w Japonii. Jazda po wzgórzach była naprawdę przyjemna, a że widoki jak w Beskidach połączonych z widokiem na Tatry to już inna sprawa.

Jak tylko opadają ze mnie turystyczne emocje, wyruszam na podbój ostatniego odcinka trasy, jaki dzieli mnie od północnego przylądka Japonii, *Soya Misaki*, i pomachania Rosji — tym razem z drugiej strony wybrzeża.

W drodze na północ Hokkaido krajobraz staje się coraz surowszy, pustka dookoła i hula wiatr. Któregoś dnia po drodze natrafiam na uroczo położony kemping i choć zamierzałam jeszcze trochę popedałować, po usłyszeniu ceny stwierdzam, że nic mi się nie stanie, jak zostanę, choć jest dopiero godzina 15. Całe 200 jenów, czyli jakieś 7 PLN. W cenie ciepła woda w kranie (to w ogóle niemal niespotykany w Japonii rarytas) i Wi-Fi.

Stawiam namiot, a po chwili podjeżdża do mnie dwóch panów na rowerach. Skąd jestem? Sama? Jak to? Że aż z Kiusiu jadę? Niemożliwe.

Pryszniców co prawda nie ma, ale naprzeciwko kempingu znajduje się onsen. Gdy tak siedzę i się zastanawiam, czy jestem aż tak brudna, żeby wydać te 400 jenów na onsen, podjeżdża jeden z tych panów i wręcza mi „prezento" — mały bilecik okazuje się biletem wstępu do tegoż właśnie onsenu. Czytał w moich myślach czy też jednak wyglądałam na zabiedzoną i zapuszczoną? Tak czy inaczej nie muszę się już dłużej zastanawiać, tylko idę się kąpać.

Podeszła też do mnie zaprzyjaźniać się jeszcze pani z jamnikiem. Zdążyłam już nawet trochę znielubić tego jamnika, bo szczekacz był z niego (ale jak szczekał, to go zamykali w przyczepie, i tym się różni podejście do tematu hałasu w Japonii od podejścia to tego u nas), ale pani była przemiła. Od słowa

do słowa — o, przepraszam — od gestu do gestu — okazuje się, że pani też właśnie idzie do onsenu, więc poszłyśmy razem. Po powrocie przyniosła mi coś na ząb — zupkę błyskawiczną i wodę w termosie, żebym sobie mogła od razu ową zupkę zalać. I jajka na twardo.

Chyba jednak wyglądałam dość marnie, skoro mnie tak na tym kempingu w Bifuka czyścili i dokarmiali.

* * *

Panie Premierze, Panie Prezydencie i Wysoka Izbo, melduję wykonanie zadania! W 68 dniu podróży, mając w pedałach 3900 km, dotarłam do przylądka Soya, który jest najdalej na północ wysuniętym miejscem w Japonii. Stąd na rosyjski Sachalin niewiele ponad 40 km i nawet można sobie zafundować wycieczkę. Odznaczam się zakupionym na miejscu pamiątkowym medalem i jadę dalej wzdłuż Morza Ochockiego, zamierzając zrobić pętlę po wyspie. Mam jeszcze dwa tygodnie do daty powrotu z Sapporo.

Wcześniej dotarłam już do Wakkanai, które jest najdalej na północ wysuniętym miastem w Japonii. Na pierwszy rzut oka wydaje się nieciekawe. Na drugi też. Dopiero na trzeci rzut oka można było zauważyć w tym surowym krajobrazie jakieś interesujące elementy. Szyldy na głównej ulicy handlowej po rosyjsku, w sklepie też zagaduję do mnie w tym języku. Domy klockowate i rozpirzone jakoś tak w przestrzeni, po której hula wiatr. Ale czego się spodziewać, w końcu to japoński Nordkapp.

Przez kilkaset kilometrów jadę wzdłuż wybrzeża Morza Ochockiego. Na sam dźwięk tej nazwy robi mi się zimno, a tu zaskakują mnie piękna pogoda i ładne, choć wąziutkie plaże, które ciągną się po horyzont, oraz wspaniałe, wymarzone wręcz na nocleg miejscówki. Bądź też bezpłatne pola namiotowe! Trawa, toaleta i kosze na śmieci — nic więcej tam nie ma, ale to i tak aż nadto, jak na tę niską — czyli zerową — cenę.

Ludzie tu są pogodni i kontaktowi, często mnie pozdrawiają, czy to z ulicy, zza kółka samochodu, czy też kierownicy motocykla. Hokkaido to raj dla motocyklistów. Rozbijają się oni po tutejszych z reguły pustych drogach swoimi Yamachami, Kawasakami czy innymi Harleyami. Wczoraj jeden z nich, nie zatrzymując się, zwalniając jedynie, podał mi torebkę czekoladek. Fajne!

* * *

Słyszał kto o japońskich Indianach? Ja, póki nie dotarłam na Hokkaido, w okolice jeziora Akan — nie. To miejsce, w którym mieszkali i wciąż mieszka japońska mniejszość etniczna, Ajnowie, choć za takową zostali uznani niedawno, po dość długich sporach z rządem japońskim. Co ciekawe, jednym z głównych badaczy Ajnów był Bronisław Piłsudski, brat Józefa.

No cóż, obecnie tzw. wioska Ajnów to tylko komercyjny skansen, natomiast jezioro Akan, nad którym mieszkali, ma w sobie coś magicznego. Idąc jego brzegiem, docieram do świętego miejsca, przy brzegu bulgocze szara maź, a wydobywająca się z gorącego źródła para wodna tworzy na jej powierzchni pękające pęcherze. Obserwując, ilu jest miłośników łowienia ryb, myślę, że biorą.

* * *

Docieram do Sapporo, gdzie kończę rowerową wędrówkę po Japonii, nie mając jakiegoś większego apetytu na zwiedzanie. Ot, duże miasto, w którego okolicach odbyła się olimpiada zimowa w roku 1972, dla Polaków znacząca, gdyż na dużej skoczni triumfował Wojciech Fortuna, zdobywając pierwszy w historii sportów zimowych złoty medal dla Polaków. Chciałam, naprawdę chciałam oddać hołd naszemu sportowcowi, odwiedzając skocznię, na której odbyły się zawody, ale się nie udało. Nocuję u Kenichi, który oferuje gościnę u siebie w ramach społeczności *warmshowers* oraz jest jednym z prowadzących portal Japan Cycling Navigator, z którego dużo korzystałam, planując trasę. No a przede wszystkim jest rowerowym obieżyświatem, bo odbył 4-letnią podróż dookoła świata. I mnie coś takiego rodzi się w głowie.

* * *

Udaje mi się przetransferować z rowerem do Osaki, skąd wracam do domu. Wita mnie ciężkie, gorące i wilgotne powietrze — pod koniec czerwca zaczyna się pora deszczowa. Warto o tym pamiętać, gdy się planuje rowerowe eskapady.

Główne lotnisko Osaki — Kansai — położone jest na sztucznej wyspie na oceanie. Te sztuczne wyspy tu i w Tokio (Odaiba) są dla mnie szczytem osiągnięć człowieka. Po urokach japońskiej prowincji i pustkowiach Hokkaido znalezienie się w jednym z największych miast Japonii jest dość szokujące. Betonowe domy, drapacze chmur, przesuwający się sznur ludzkich głów, niezliczone migające światła reklam — to wszystko, co uosabia stereotyp wielkiego miasta. Szumi mi od tego w głowie i zamiast zwiedzać, wracam do hostelu i kładę się spać.

Zakochałam się w Japonii od pierwszego wejrzenia. Pokutująca opinia, że jest to kraj bardzo drogi, przeludniony i że jego krajobraz zdominowany jest przez betonowe drapacze chmur, odstręcza wielu amatorów podróży na rowerze. Odwiedzając tylko Tokio, Osakę czy Nagoję, trudno będzie uwierzyć, że Japonia to także świat oszałamiającej przyrody — odpowiednio planując trasę wędrówki, mamy szansę ujrzeć zupełnie inne oblicze kraju.

Już w domu znajduję broszurę zachwalającą Kraj Kwitnącej Wiśni, którą przeglądałam przed wyjazdem. Hasło promujące Japonię brzmi: „Japan — many smiles await you", czyli „Japonia — czeka na Ciebie wiele uśmiechów".

Uśmiecham się. Ten marketing to nie ściema.
Trasa: Kiusiu-Shikoku-Honsiu-Hokkaido, 3 miesiace, 5000 km

Sama w kotle bałkańskim

Magdalena Mokrzan

Życie w drodze uczy więcej niż niejedna szkoła. Niebezpieczne sytuacje? Zdarzają się w każdej podróży, jednak w czasie samotnej wyprawy, gdy nie można liczyć na pomoc partnera, ważną rolę zaczyna odgrywać intuicja, która wyostrza się i podpowiada, czasem wbrew logice, co zrobić, a z czego zrezygnować. Dla tej podróży rzuciłam przyszłościowe studia na politechnice i po kilku miesiącach kompletowania wyposażenia i gromadzenia funduszy w Szkocji ruszyłam ku samotnej rowerowej przygodzie życia. Ze wszystkich opresji wychodziłam zawsze szczęśliwie i cało, choć zdarzało się, że się bałam lub nie zmrużyłam oka w nocy. Moja nieposkromiona wyobraźnia tworzyła czasem wariackie wizje, wyolbrzymiając potencjalne zagrożenia. Ale strach jest naturalny. Zwłaszcza gdy jesteś dwudziestojednoletnią dziewczyną, leżącą samotnie w namiocie w obcym kraju, tysiące kilometrów od domu.

W baśniowej krainie niedźwiedzi

W Lublanie, stolicy Słowenii, gdzie rozpoczęła się moja podróż, przecierałam oczy ze zdumienia. Garstka osób stała lub leżała w różnych pozycjach z ustami przyklejonymi do lśniącej karoserii nowego samochodu ustawionego na scenie w centrum miasta. Zawieszony w tle zegar leniwie odliczał czterdziestą piątą godzinę osobliwej rozrywki. Ten, kto wytrzymał trzy pełne doby w nieustannym pocałunku, mógł zatrzymać auto w ramach nagrody. Akcja nie była porywająca, a ja po kilku godzinach zwiedzania Lublany ruszyłam na południe. Obozowisko rozbiłam nad dzikim brzegiem Kupy. Wbrew nazwie to jedna z najczystszych rzek, jaką widziałam w czasie wyprawy. Oddziela Słowenię od Chorwacji, stanowiąc symboliczną granicę Półwyspu Bałkańskiego.

Niespiesznie wtaczałam się na coraz wyższe wzniesienia Gór Dynarskich, mozolnie zdobywając formę. Nie mogłam się doczekać chwili, gdy ciało przyzwyczai się do codziennego wysiłku. Po dwóch tygodniach żaden podjazd nie budził już grozy, a ja nabrałam krzepiącego przekonania, że dam radę każdej górze! Czasem na szczycie przełęczy czekały mnie różne niespodzianki, np. uskrzydlający aplauz przechodniów podziwiających moją mordęgę. Innym razem był to upajający aromat rozmarynu porastającego okolicę albo kubek pysznej zimnej wody, ofiarowany przez mieszkańca wioski. Uwielbiam to uczucie, gdy przy intensywnym wysiłku podróży rowerowej zmienia się percepcja. Wtedy drobne przyjemności potrafią wyzwolić niezwykle silne emocje. Dla tych pięknych momentów warto oderwać się od swojej codziennej bieganiny.

Park Narodowy Jezior Plitwickich w Chorwacji zachwyca krajobrazem z kilkunastoma krystalicznie czystymi, turkusowymi jeziorami, ułożonymi kaskadowo. Zasilają je wody z dwóch rzek, które spływając między szesnastoma jeziorami, tworzą blisko setkę spektakularnych wodospadów. Przyjemnie wędrowało się między jeziorami razem ze Zdravkiem, który wychował się na tym terenie. Znał wiele ciekawych miejsc poza wyznaczonymi szlakami, np. „salonik fryzjerski", gdzie na krzesełku przed chatką z widokiem na wzgórza strzygł sędziwy fryzjer z siedemdziesięcioletnią praktyką.

Za Parkiem Narodowym zjechałam z głównej szosy na szutrówkę niknącą wśród okolicznych pagórków. Zrobiło się tak stromo, że coraz częściej musiałam pchać rower. Po kilku kilometrach stękania na stromiźnie wychyliłam się za kolejny zakręt i zdębiałam. Na drodze, kilkadziesiąt metrów przede mną, stał niedźwiedź! Przeszył mnie lodowaty dreszcz, przekalkulowałam bowiem, że niedźwiedzie biegają szybciej, niż ja pcham rower pod górę. Co innego w dół — wtedy niedźwiedziom plączą się ponoć łapy. W szaleńczym tempie zjechałam więc do głośnej i śmierdzącej spalinami szosy.

Kolejnym punktem podróży było urocze, stare miasteczko Nin, blisko Zadaru. Starówka Ninu leży na wyspie o średnicy zaledwie 500 m. Znajduje się tam kościół Świętego Krzyża, uważany do niedawna za najmniejszą katedrę świata, z obwodem mierzącym jedynie 40 m. Dalej droga prowadziła częściowo wzdłuż wybrzeża Morza Adriatyckiego. Z radością korzystałam ze sposobności schładzania się, gdyż następna okazja do kąpieli w słonym akwenie miała się nadarzyć dopiero po wielu tygodniach, po dotarciu do Morza Czarnego. Po krótkich przerwach na zwiedzanie Zadaru, Parku Narodowego Rzeki Krka i Splitu odbiłam przed Makarską w kierunku Bośni i Hercegowiny.

Najtrudniej być prorokiem we własnym kraju

Wiele niepokojących historii nasłuchałam się o nieprzyjaznym i niebezpiecznym narodzie, który zamieszkuje Bośnię. Nie przez przypadek więc za pierwszy przystanek obrałam sobie Medziugorje (po polsku „międzygórze"). Cel licznych pielgrzymów z całego świata wydawał się wystarczająco bezpiecznym miejscem. Na noc zaprosiło mnie starsze małżeństwo. Tak jak większość miejscowych, nie dowierzali szóstce dzieci, którym w 1981 roku objawiła się Matka Boska na zboczach wzgórza Podbrdo. W kontemplacji miejsca przeszkadzał nachalny przemysł pamiątkarski pełen dalekowschodnich wyrobów. Zastanawiałam się, jacy klienci kupują plastikowe figurki Maryi, mrugające w różowofluorescencyjnym kolorze. Następnego dnia dotarłam do Mostaru, stolicy Hercegowiny. To piękne bałkańskie miasto o niepowtarzalnej atmosferze. Najważniejszy obiekt, Stary Most, dzieli miejscowość na wschodni brzeg Neretwy, zamieszkały przez bośniackich muzułmanów, i zachodni brzeg, zdominowany przez chorwackich katolików. Trwające na początku lat dziewięćdziesiątych bratobójcze walki utrwaliły ten podział w umysłach mieszkańców.

Nocleg znalazłam w Abraševiću, centrum kultury przypominającym squat, który stworzyli młodzi ludzie, pełni kreatywnego entuzjazmu i energii. Zaczynał się właśnie festiwal muzyki alternatywnej, goszczący wielu bałkańskich muzyków. Wzięłam aktywny udział w imprezie, organizując warsztaty żonglerki oraz balansowania na slackline, czyli wąskiej, rozciągliwej taśmie zawieszonej między drzewami. Popołudnia spędzałam z moim nowym, muzułmańskim znajomym, Safetem. Ten najstarszy handlarz pamiątek na Starym Moście stał się dla mnie mistrzem rzemiosła. Przez cały tydzień uczył mnie ręcznego wyrobu miedzianych bransolet.

W cieniu piramid

„Nie bierz więcej niż kilogram absurdu do bagażu" — poradził mi Halo, znajomy podróżnik. Szkoda, że nie posłuchałam. Ze względu na krajoznawczy i całkiem rekreacyjny charakter podróży mój zestaw absurdu prezentował się całkiem efektownie: pięć piłeczek do żonglowania, trzy i pół kilograma slackline'u, w tym pięć metalowych karabinków, oraz trzy regularne hula-hoopy (ostatecznie ofiarowane żonie gospodarza w Chorwacji). Efekt? Trzykrotne spawanie bagażnika w trakcie podróży…

Droga na północ w górę rzeki Neretwy jest niezwykle malownicza. Wije się, prowadząc przez liczne tunele wykute w skalistych zboczach, które wyrastają wprost z brzegów rzeki. Od momentu wkroczenia do Bośni zaprzestałam szukania schronienia w lasach i przydrożnych zaroślach. Zbyt wiele tu pól minowych pozostałych po wojnie. Zazwyczaj pytałam miejscowych o możliwość rozbicia namiotu przy ich domu. Wielu ludzi okazało się bardzo gościnnych i zapraszało mnie do domów. To doskonała okazja do poznania zwyczajów i mentalności mieszkańców. Na kolejną noc znalazłam schronienie w ogródku Biby i jej męża, pobożnych muzułmanów. Zabrali mnie do pobliskiego meczetu, gdzie mułła uznał wizytę samotnej rowerzystki za znak od niebios. Uradowany postanowił wręczyć mi jedną z religijnych ksiąg, abym w swojej misji przekazała ją społeczeństwu muzułmańskiemu w Polsce. Poczułam się bardzo wyróżniona, lecz w obawie o trudy podróży musiałam zostawić opasłe tomisko w rękach mułły. W miejscowości Turbe spotkałam lokalnego pasjonata turystyki rowerowej. Dyskutowaliśmy o możliwościach zawiązania współpracy między organizacjami z różnych krajów na rzecz sportu osób niepełnosprawnych, a ja zastanawiałam się, jakim sposobem udało mu się podróżować z jedną ręką na klasycznym rowerze górskim. Dalej pedałowałam w podarowanej koszulce, upamiętniającej Otwarte Mistrzostwa Niepełnosprawnych Tenisistów Stołowych w Travniku.

Do Visoko, miejscowości ok. 30 km na północ od Sarajewa, przyciągnęła mnie kontrowersyjna atrakcja — pierwsze europejskie piramidy, które są większe niż najwyższe egipskie. W 2005 roku Semir Osmanagić, archeolog amator, ogłosił, że wzgórze Visočica i dwa pobliskie pagórki to w rzeczywistości pokryta roślinnością Piramida Słońca, Księżyca i Smoka. Kompleks budowli miał zostać wzniesiony co najmniej 10 000 lat temu przez bliżej nieznaną cywilizację, być może Illyrów lub uciekinierów z mitycznej Atlantydy. Wszyscy zawodowi archeologowie stanowczo zaprzeczyli prawdziwości znaleziska, jednak góry o stokach równych jak od linijki wcześniej nie widziałam.

Tańce w Kosowie

Tak jak Chorwaci starali się odwieść mnie od wjazdu do Bośni, rzekomo niebezpiecznej dla samotnej rowerzystki, tak Bośniacy próbowali zniechęcić mnie do wizyty w Serbii, opowiadając o barbarzyńskiej naturze Serbów. Natomiast niemal wszyscy po drodze, niezależnie od swoich sympatii czy uprzedzeń, stanowczo odradzali samotne wycieczki do Kosowa, przytaczając historie mrożące krew w żyłach. Sytuacja w Kosowie była napięta, niepodległość jeszcze nie została ogłoszona i wciąż sporadycznie zdarzały się zamieszki. Często jednak okazuje się, że wiele osób bezrefleksyjnie powtarza opinie czy informacje, które są nieprawdziwe, nieaktualne lub wyolbrzymione. Tylko jeden napotkany w Serbii policjant, zdziwiony moim pytaniem, stwierdził, że dopiero co wrócił z Kosowa i przynajmniej do Kosowskiej Mitrowicy jest spokojnie. Jeszcze tego samego dnia zmieniłam więc trasę i nie zastanawiając się zbytnio, pognałam na granicę.

Pierwszym zaskoczeniem w Kosowie okazały się auta, w większości bez tablic rejestracyjnych. Każdy byle wyklepany pojazd mógł jeździć po drogach publicznych od granicy do Kosowskiej Mitrowicy, gdyż Serbowie w tej strefie nie musieli rejestrować swoich aut. Na pierwszą noc zaprosiła mnie sympatyczna serbska rodzina w Zvečanie. Nad miasteczkiem góruje wygasły wulkan, a na jego szczycie znajdują się ruiny z XII wieku. Bezrobocie panujące w tym regionie dotknęło również moich gospodarzy — z czwórki dorosłych członków rodziny pracę miała tylko najmłodsza, dziewiętnastoletnia córka Ana. Mimo trudnej sytuacji większość Serbów, których poznałam, chętnie umilała sobie czas radosnymi śpiewami i tańcami. Zostałam zaproszona na imprezę do jednego z mitrowickich barów, gdzie przekonałam się jak Serbowie potrafią się bawić. Wraz z Aną wróciłyśmy autostopem, co było bezpieczną i częstą praktyką miejscowych w tamtej okolicy.

Następnego dnia dojechałam do Kosowskiej Mitrowicy. W polskiej bazie policyjnej trwał mecz siatkówki, a mechanik Artur podjął się serwisowania mojego roweru. Policjanci zapewnili, że obecnie sytuacja w Kosowie jest napięta, ale stabilna. Po przekroczeniu na rzece Ibar mostu, który oddziela serbską część Kosowa od części albańskiej, zaczyna się całkiem inny świat. Tu Serbowie nie byli mile widziani, a ich samochody bardzo często obrzucano kamieniami. Nieliczni Serbowie, żyjący w regionach zdominowanych przez Albańczyków, mieszkali jak w więzieniu. Serbki, które mnie gościły w pobliżu Prisztiny, Milica wraz z dorosłą córką, ze względów bezpieczeństwa podróżowały tylko na trasie dom – praca – dom. Miały szczęście, że mieszkały zaledwie kilkaset metrów od siedziby KFOR-u (Kosova Force), czyli jednostki międzynarodowych sił pokojowych NATO.

Spacerując po dużych miastach — Mitrowicy lub Prisztinie — odnosiłam wrażenie, że połowa przechodniów to mundurowi z różnych krajów. Co ciekawe, walutą obowiązującą w Kosowie jest euro. Nawet w banku nie udało mi się wymienić nadwyżki serbskich pieniędzy. Widząc moje zaskoczenie, kasjerka w stołecznym banku zmroziła mnie złowrogim spojrzeniem i warknęła: „Odejdź! My nie lubimy serbskich dinarów!".

Podążając za policjantami na rowerach, dojechałam do parku, gdzie odbywał się egzamin sprawnościowy na policjanta rowerzystę. Dopisano mnie do listy i po chwili krążyłam slalomem między pachołkami, zjeżdżałam ze schodów, podcinałam kołem uciekającego „terrorystę" i — ku największej uciesze policjantów — zwinnie podniosłam w czasie jazdy pistolet leżący na chodniku! Zdałam!

Gościna u albańskich Kosowian

Przemierzając Prisztinę, złapałam gumę. Ot, częsta awaria, jednak przechodzący w pobliżu Albańczycy byli nachalnie życzliwi i postanowili pomóc mi przy zmianie. Dziesięć osób deliberowało nad moją awarią i tak wyrywali sobie nawzajem nową dętkę, że po 30 minutach okazało się, że... założyli na obręcz starą! Ze wstydu zniknęli jak kamfora i koniec końców sama uporałam się z usterką. Kolejne dwie noce spędziłam w gościnie u Albańczyków, którzy przyjęli mnie pod swój dach jak członka rodziny.

Co prawda po przekroczeniu mostu w Mitrowicy przestałam mówić chorwacko-serbsko-słowiańskim zlepkiem językowym i dukałam po niemiecku (angielski nie był zbyt popularny), ale wciąż zdarzało mi się odruchowo odpowiadać „da, da". Niezapomniane wrażenie zrobili na mnie Albańczycy, którzy w momencie, gdy orientowali się, że jestem Słowianką, przechodzili na płynny serbski, abym mogła ich lepiej zrozumieć. Choć każdy Serb surowo przestrzegał mnie przed Albańczykami, a każdy Albańczyk przed Serbami.

Kosowianie, zarówno serbscy, jak i albańscy, okazali się dla mnie jednymi z najbardziej życzliwych i gościnnych ludzi podczas mojej bałkańskiej podróży. Było to duże zaskoczenie, biorąc pod uwagę początkowe obawy.

Dalej droga prowadziła do północnej Macedonii przez wypalone słońcem łąki. Po krótkiej wizycie w stolicy, Skopje, popedałowałam do Bułgarii. Nieoczekiwanie na mojej drodze zobaczyłam bramki płatnej autostrady. Nikt mnie jednak nie zatrzymał i pojechałam dalej tą nietypową dla rowerzystów drogą.

Trekking nad Doliną Róż

Peryferia Sofii nie robiły dobrego wrażenia — podniszczone budynki, walające się na ulicach śmieci. Dopiero przy wjeździe do centrum czuło się powiew nowoczesnego, zadbanego miasta. Przez główny plac przechodziła demonstracja. Ludzie skandowali „priroda ne beton", domagając się zatrzymania budowy kolejnego kurortu na jednej z ostatnich dzikich plaż w regionie Strandża nad Morzem Czarnym. Nie zabawiłam tam jednak długo, gdyż wkrótce szczęśliwym zrządzeniem losu znalazłam się w samochodzie pełnym górskich wędrowców, którzy zmierzali na zbocza Starej Płaniny.

Stara Płanina to łańcuch górski w środkowej Bułgarii, przypominający nasze Bieszczady. Wędrowaliśmy po nim przez trzy dni, zdobywając szczyt po szczycie, w tym najwyższy, Triglav, o wysokości 2276 m n.p.m. Kiedy wróciliśmy do Sofii, mogłam kontynuować jazdę na rowerze.

Bułgaria jest największym światowym producentem olejku różanego, wykorzystywanego głównie w przemyśle kosmetycznym. Do wyprodukowania jednego grama potrzeba aż pięciu kilogramów płatków róż. Należy je zbierać tylko w godzinach porannych, gdy w płatkach występuje największe stężenie olejku eterycznego. Dlatego jest to surowiec droższy niż złoto. By wjechać do Doliny Róż, musiałam najpierw wspiąć się na łańcuch Srednej Gory. Nieoczekiwanie na stromym podjeździe złapałam autostopa. Załadowany tir, który tak jak ja z trudem gramolił się pod górę, wesoło zatrąbił, zamrugał awaryjnymi, dając mi znak, żebym chwyciła się naczepy. Trafiła mi się winda na samą przełęcz. Na szczycie podjazdu ukazała się dolina, w której po horyzont rozciągały się krzewy róży damasceńskiej. Żałowałam, że przyjechałam miesiąc po zakończeniu zbiorów.

Przez góry do Morza Czarnego

Góry przyciągają swoją magią, zapierającymi dech w piersiach widokami i intensywnością doświadczanych w nich przeżyć, dlatego w drodze do morza, zamiast pedałować w prostej linii przez niziny, postanowiłam ostatni raz przekroczyć góry. W paśmie Starej Płaniny znajduje się słynna przełęcz Szipka z obeliskiem upamiętniającym ponad 10 000 poległych w 1877 roku w wojnie rosyjsko-tureckiej. Nieco poniżej znajduje się przepiękna cerkiew Narodzenia Pańskiego, której pięć błyszczących złoconych kopuł z daleka odcina się od gęstego lasu porastającego stok. Po drugiej stronie przełęczy leży Wielkie Tyrnowo. To jedno z najstarszych miast w kraju i dawna stolica Bułgarii. Charakterystyczna ciasna zabudowa wynika z położenia miasta na zboczach wąwozu meandrującej rzeki Jantry. Po trzech dniach pokonywania męczących pagórków dojechałam do długo wyczekiwanego celu — Morza Czarnego. Z radości od razu wskoczyłam w spienione fale!

    Podróż dziewczyny w pojedynkę ma cudowną właściwość — łatwo można zdobyć zaufanie miejscowych. Chętnie podchodzą, zagadują, oferując nocleg, rodzinny obiad czy choćby smaczny owoc. Nie ma się więc co obawiać o brak towarzystwa na samotnej wyprawie. Codziennie nadarza się wiele okazji, by nawiązać kontakt z miejscowymi, a brak wspólnego języka nie jest bynajmniej przeszkodą. A ileż to generuje zaskakujących sytuacji i fenomenalnych wspomnień!

    Do Polski wracałam lokalnymi pociągami, przekraczając granice na rowerze. Nie obyło się bez przygód — w rumuńskim pociągu oświadczył mi się pewien Rom. Wjazd do Polski też był niestandardowy, bo przez przejście samochodowe. Nie było możliwości przekroczenia granicy ani na pieszo, ani na rowerze i celnik zasugerował, żebym poszukała kierowcy, który mnie przewiezie. I znalazłam, jak się w drodze okazało… furgonetkę przemytników!

Trasa: Słowenia — Chorwacja — Bośnia i Hercegowina — Serbia — Kosowo — Macedonia — Bułgaria
Dystans: 2250 km
Czas trwania: 2 miesiące

Rowerowe rubieże północy

Kamila Kielar, www.kamilakielar.pl

Wciąż z twarzą w śniegu powoli sprawdzam: czy żebra są tylko obolałe, czy mój bezdech wynika z czegoś innego niż uderzenie, czy nogi i ręce się zginają w tych miejscach, których powinny. Odwracam głowę, wypluwam śnieg i lekko się podnoszę na rękach. Kolano będzie boleć jeszcze kilka tygodni, ale przecież nic mi nie jest. Wolno wstaję, bo wciąż czuję się ogłuszona uderzeniem w żebra i jazdą na brzuchu kilkadziesiąt metrów stromo w dół, po śniegu i lodzie. Nie ma powodu jednak narzekać i nie ma też komu narzekać. Trzeba wrócić do góry po rower i jechać dalej, do następnej nieuniknionej wywrotki.

A przecież zaledwie wczoraj była najpiękniejsza ze wszystkich nocy z całej półrocznej, zimowej wyprawy do północnej Kanady. Taka noc, która wieńczy wyjazd na najwyższy punkt na 800-kilometrowej, zamarzniętej drodze prowadzącej nad Ocean Arktyczny. Nic jednak tego nie zapowiadało. Dzień kończył się kilkunastokilometrowym podjazdem tak stromym, ośnieżonym i śliskim, że przez jego większość trzeba było rower pchać, i to z nakładkami antypoślizgowymi na nogach. Nie, żeby na Dempster Highway, jedynej otwartej w zimie kanadyjskiej drodze prowadzącej na północ, śnieg, lód, pustka, przeraźliwe wiatry, stromizny i walka z tym wszystkim były czymś zaskakującym. Nie pamiętam jednak bardziej niekończącego się podjazdu niż tamten, choć przecież to nie pierwszy taki dzień na Jukonie, gdzie przez skrajne warunki poruszam się z prędkością 2 – 3 km/h.

Na ostatnich kilku kilometrach podjazdu zaczęło zachodzić słońce. Na tych szerokościach geograficznych o tej porze roku słońce zachodzi bardzo wcześnie, drastycznie skracając czas rowerzyście na jazdę. Tak naprawdę nie jest to jednak aż taki problem: długa noc to więcej czasu na regenerację po wyczerpującym wysiłku, w końcu można też przeczytać te wszystkie książki odkładane na wieczne później oraz dobrze się rozgrzać w ciepłym śpiworze po tym, jak cały dzień nas wymrażało i przewiewało w arktycznych wiatrach. Ale tu pojawił się problem. Zachodzące słońce zaczęło się rozlewać po tundrze tak soczystym przesyconym złotem, że aż powietrze na świecie zmieniło kolor. A ja miałam dylemat: podziwiać tu i teraz, zapamiętywać w głowie i na zdjęciach czy gnać jeszcze ten kawałek do góry, bo przecież wiedziałam, że z łysego szczytu roztacza się panorama dokładnie 360 stopni, skąd złoty świat wyglądałby jeszcze bardziej zjawiskowo. Nie zdążyłam jednak na szczyt, bo pokusa robienia zdjęć była silniejsza. Do tego po obydwu stronach zachodzącego słońca pojawiły się strzeliste parheliony, które już całkowicie mnie zatrzymały w miejscu. Ale i ze szczytu, już po zachodzie słońca, gdy powietrze zmieniło kolor ze złotego na niebiesko pastelowy, widok warty był tego, żeby nie zamykać namiotu, mimo prawie 30-stopniowego mrozu. Głównie dlatego, że zaraz pojawiła się zorza.

Można więc następny i każdy kolejny dzień spędzić na wywrotce za wywrotką na 800-kilometrowej, nieutwardzanej, górzystej zaśnieżonej i zalodzonej Dempster Highway, jedynej drodze w Kanadzie, która prowadzi nad Ocean Arktyczny i nie jest zamykana na zimę.

Po Dempster jeżdżą głównie TIR-y, prywatnych samochodów praktycznie nie widać, bo i komu by się chciało jechać 800 km w jedną stronę po szutrze czy śniegu; osoby prywatne z miasteczka Inuvik, znajdującego się na końcu drogi, trasę tę zazwyczaj więc przebywają samolotami. Czasem TIR się zatrzyma, czasem nie może, bo już nie ruszy. Czasem kierowca da kanapkę i wtedy naprawdę nie potrafię odmówić, bo chęć zjedzenia czegoś, co nie jest proszkiem i czego przygotowanie nie zajmuje godziny, jest silniejsza niż dobre wychowanie. Większość spotykanych osób myśli też, że pochodzę z Quebecu, francuskojęzycznej części Kanady. Ja rozumiem, że mówię bez charakterystycznej kanadyjskiej flegmy, ale żeby od razu wyzywać mnie od Quebecersów?

Jeden z kierowców zatrzymuje się mimo podjazdu, otwiera okno i zaczyna na mnie krzyczeć. Że czy jestem normalna, że co tu robię i że jest zima, i burze śnieżne i czy mnie doszczętnie...? Próbuję coś tam niemrawo tłumaczyć, że przecież wiem, co robię i mam bardzo ciepły śpiwór. Kierowca patrzy na mnie i pyta:

— Jesteś z Quebecu?

— Nie, z Polski — odpowiadam, no bo co w końcu, kurczę blade.

— A, to w takim razie OK. — I odjechał.

Można by się pytać, co człowieka pcha, co ciągnie, każe się podnosić i nie pozwala zawrócić. Że przecież jest tyle miejsc na świecie, gdzie można łatwiej, wygodniej, spokojniej — i cieplej. Że przecież są miejsca, gdzie zamiast jedzenia liofilizatów całymi tygodniami i wiszącej groźby szkorbutu można jeść tak bardzo soczyste owoce i popijać kawkę kilka razy dziennie. Są przecież i takie miejsca, gdzie można codziennie się umyć w czymś więcej niż menażka roztopionego śniegu. Gdzie nie musisz spać w śpiworze ze swoim aparatem, wszystkimi bateriami, kindlem, a za poduszkę nie służy gaz na niedźwiedzie.

Ale przecież nie ma większej radości niż to wszystko. Nie mam najmniejszych wątpliwości, że jestem we właściwym miejscu i robię to, co robić właśnie powinnam. Że to moje miejsce, najważniejsze, że Dempster już od zawsze będzie częścią tego, kim jestem i kim się staję. Satysfakcja z tego całego wysiłku, z tych siniaków i plucia śniegiem, z najtrudniejszych kilkuset kilometrów rowerowych, jakie można sobie wyobrazić. Radość z każdego spotkania z wilkiem, każdego z dziesiątek spotkanych wilków! Błogość, która człowieka zalewa, gdy wchodzi wieczorem do śpiwora. Wzruszenie, gdy widzi dookoła siebie najpiękniejszą pustkę i góry tak zadziornie poszarpane i niezdobyte, że aż coś ściska w klatce piersiowej. Choć może to tylko poobijane żebra.

* * *

Gdy już wjechałam na górę, mieszkańcy bazy mówią, że mój rower jest jak najpopularniejszy na Kamczatce środek transportu — Kamaz z napędem na sześć kół. Bo też ma dziesięć biegów; też wyjeżdża po drogach, na których żaden inny samochód nie dałby sobie rady, takich jak ta prowadząca do bazy; ma również system wyciągarek (mnie). I tylko zawartość mojego bidonu procentowo różni się od zawartości bidonu kierowców Kamazów.

— Śnieg — mówili — śnieg będzie. — Przypominam sobie, kiedy w połowie trasy do base campu pod czynnym Wulkanem Awaczyńskim drogę przecina mi potężny jęzor lodowca. „Chyba mamy inną definicję śniegu", myślę i zsiadam z roweru. Moje tempo jednak niewiele przez to spada, bo wcześniej podjeżdżałam osakwowanym rowerem po dnie na wpół wyschniętego koryta rzeki, pełnego mułu, piachu, żwiru i kamieni. Pchanie roweru po lodowcu jest więc ciekawą odmianą.

Mgła, która do tej pory nie utrudniała specjalnie jazdy, na lodowcu osiąga swoje apogeum. Idę, pchając rower pod stromy lodowiec, wpatrując się w ślady Kamazów, bo wiem, że one jako jedyne były w stanie dojechać do bazy. Jeśli się będę ich trzymać, dotrę tam i ja. Nic innego nie widać, ślady dają więc poczucie podążania w dobrym kierunku, bo nie ma tu przecież nic innego — ani drogowskazów, ani map, ani nawet drogi. We mgle gubię skrót i nadrabiam parę lodowcowych kilometrów, ale na szczęście o tym dowiem się dopiero podczas zjazdu. Oznaką końca śniegu nie jest widoczna dalsza droga po czarnym, wulkanicznym podłożu, tylko komary, które nagle zaczynają z powrotem latać. Euforia jest chwilowa, bo trasa zaczyna brutalnie drzeć pod górę i co chwilę przecinają ją kolejne lodowce. I zupełnie nic nie wynika z tego, że są mniejsze niż ten pierwszy.

Mija mnie Kamaz. Pełen znudzonych pasażerów, bo w końcu za oknem tylko mgła i nic nie widać. Zatrzymuje się, pyta, czy wszystko OK. Wiadomo, wsio normalna, bo co mam powiedzieć? Że komarów zaczyna latać tyle, że moje nowe białe rękawiczki nasiąkają krwią? Że to nie jest, kurka, żaden śnieg, tylko regularny lodowiec? Że, do diaska, nie mam pojęcia, gdzie jestem i ile jeszcze

w poziomie i w pionie? Wsio normalna, bo chciałam wyjechać rowerem na wulkan, więc jadę. Wsio normalna, bo na żadnego niedźwiedzia na razie nie wpadłam we mgle. Kamaz jedzie dalej, ja turlam się w ślad za nim.

Skąd wiadomo, że jest się mile widzianym w bazie pod wulkanem, jak właśnie się wydarło niespełna kilometr różnicy poziomów korytem rzeki? Po tym, że zaczynają przybiegać świstaki i wesoło sprawdzają, czym jest rower. Jest ich dużo, kilkanaście, niektóre nawet próbują mi się wpinać na nogę i oponę roweru. Co tam krew, co tam podjazdy, lód, brak ludzi i mgła. Są świstaki. Świat jest piękny.

Wyjechać na wulkan to jedno. Trzeba jeszcze z niego zjechać i to okazuje się paradoksalnie zadaniem trudniejszym. Bo i mgła gęstnieje tak, że przez ileś dni mnie więzi w bazie, bez żadnej możliwości ruchu. Jedyną szansą jest superwczesny poranek, zanim jeszcze ziemia ocieplona słońcem (a może wulkanem, kto wie), zacznie parować jak wściekła. Zjeżdżam więc po tych lodowcach, po rzece, po piaskach i mułach. Obciążony rower tańczy na tym wszystkim, skacze i chwieje się na boki. Dziękuję sobie za supermocne i precyzyjne hamulce i wszystkim tym, którzy uczyli mnie MTB i downhillu. Bez tego jazda byłaby albo niemożliwa, albo stałaby się walką o przetrwanie. A przecież — mimo wszystko! — ma to sprawiać frajdę. Zjeżdżając, śpiewam więc głośno, zwłaszcza że rośnie tu dużo metrowej wysokości, bardzo gęstych krzaków, takich, które idealnie kryją niedźwiedzia. Śpiewanie ma go ostrzec o mojej obecności, bo poinformowany niedźwiedź to nieagresywny niedźwiedź. Do tego celu najlepiej nadają się szanty i przyśpiewki góralskie — mocne, konkretne, dobrze się niosą w dal i słychać je z daleka. A poza tym — uwierzcie — mój śpiew jest w stanie odstraszyć każde żyjące na tej planecie zwierzę.

Evgenij, zanim jeszcze pożegnał mnie w korycie wyschniętej rzeki, mówił, że droga na wulkan to dobra droga, nie to co ta prowadząca na północ Kamczatki, gdzie planowałam się udać w następnej kolejności. Gdy patrzyłam na rozmiękłe koryto rzeki, próbowałam zachować twarz pokerzysty. Chciałaś wjechać rowerem na wulkan, to masz, myślę sobie i odjeżdżam, zanim wpadnę na niemądry pomysł spytania Evgenija, jak w takim razie wygląda droga na północ.

* * *

Tu uczysz się szybko. Bo albo się dostosujesz, albo szybko stąd uciekniesz w łatwiejsze tereny i już nie będzie potrzeby się uczyć. Uczysz się rzeczy ważnych, bez których możesz zwyczajnie nie przeżyć, ale uczysz się również rzeczy błahych, choćby takich, że gdy już znajdziesz jakiś sklep, to w nim kupujesz. Bo następnej okazji może nie być przez kolejne kilkaset kilometrów, nawet jeśli na mapie są zaznaczone jakieś miejscowości. Nie przepuszczasz żadnej okazji, bo warunki i północ potrafią chwycić za mordę i nie puścić dalej.

Po dwudziestym kilometrze podjazdu w alaskijskich górach odwróciłam licznik do góry nogami na kierownicy, żeby go nie widzieć. Zmieniające się w groteskowo wolnym tempie cyfry na wyświetlaczu zachęcały raczej do rzucenia wszystkiego w krzaki i pójścia spać niż do dalszej jazdy. Lało okrutnie, zimnym, jesiennym alaskijskim deszczem, wyziębiającym i upartym — i tą swoją upartością przemaczał sukcesywnie wszystko, nie zważając na to, że w pewnym momencie nie było już czego przemaczać i kogo bardziej wyziębiać.

Groteskowość i absurd sytuacyjny osiągnęły swój szczyt, gdy zabrakło mi wody. Tak, w wielogodzinnej, jednostajnej, gęstej, wrednej zlewie — skończyła mi się woda w bidonie. Ale spokojnie, przecież już dojeżdżam do Fairbanks, tak myślałam, bo przecież odkąd odwróciłam licznik, jechałam kolejnych kilka godzin, musi być już niedaleko.

Myliłam się. Jak bardzo — okazało się, gdy w końcu popatrzyłam na licznik. Próbowałam się przekonać, że może się zepsuł, ale przecież kogo chciałam oszukiwać. Licznik pokazywał 40 km zrobionych od rana, a już przecież było bliżej do wieczora. Do końca zostało drugie tyle, druga czterdziestka. Bez wody, bez jedzenia, za to ciągle pod górę. Cholera.

Deszcz sprawił, że wszędzie porobiły się małe strumyczki, zsiadłam więc z roweru i napełniłam bidon. Znalazłam skitrane gdzieś kilka płatków suszonej wołowiny. Trochę lepiej, ale przecież nie dociągnę na tym.

Kilometr dalej zaczął się jednak zjazd, pierwszy tego dnia. Woda spod kół wbijała się fontanną pod powieki, wdzierała do butów i w rękawy. Nic to jednak, ważne, że było w dół. Nagle mignął mi po lewej stronie szyld „Skinny dick makes me giggle. OPEN". Skinny... co? Bez jaj, myślę, jakiś żart, i jadę dalej, w końcu jest z górki. Ale szybko sobie przypominam starą zasadę, że tutaj nie można marnować żadnej okazji, bo następna może się nie trafić. Wracam więc pod znak.

Jest jak byk: Skinny. Dick. Makes. Me. Giggle. To jeden z tych momentów, kiedy człowiek wolałby nie znać angielskiego, ale „open" mruga zbyt kusząco. Otwieram drewniane drzwi i zaglądam do środka, na wszelki wypadek wciąż zostawiając jedną stopę na zewnątrz. W środku jest i sklep, i bar, i nawet jakiś człowiek za barem. Kilka postaci siedzi też za stolikami, ale gdy lepiej się przyjrzeć, to nie są to ludzie, tylko dmuchane lale z sex shopu. Na stolikach stoją lampki w kształcie penisów, nad barem wisi tabliczka „You still here?", a zaraz obok plakat, na którym penis ma świński ogonek i nóżki oraz podpis „How women see men". Podchodzę do baru i zauważam, że na baseballówce brodatego barmana znajduje się mały penis. Mężczyzna przechwytuje moje spojrzenie i naciska specjalną pompkę, dzięki której penis się unosi. Podaje mi rękę i się przedstawia:

— Cześć, jestem Skinny Dick. Napijesz się czegoś? Zjesz? Tam masz kominek, możesz rozwiesić i wysuszyć przy ogniu ubranie, i się ogrzać, bo zdaje się, że przemokłaś. Witaj i zostań tak długo, jak chcesz. Na początek proponuję pizzę.

Pizzę! Przy kominku! Po najpodlejszym dniu rowerowym nie można marzyć o niczym innym. Wprawdzie nieśmiało tłumaczę im jeszcze ideę grzanego wina, ale zdegustowanie zawarte w pytaniu „ale że po co chcesz podgrzewać alkohol?" sprawia, że szybko się wycofuję do mojego kominka i już nie mam głupich pomysłów w komunikacji międzykulturowej.
Cały wystój miejsca jest co najmniej kontrowersyjny. W łazience są sztuczne myszy w pułapkach i plakat z prezerwatywami z całego świata. Nad ladą wisi wielki napis „Not responsible for women left overnight", w sklepie żaden z gadżetów nie różni się tematyką, choć nierzadko jest też coś o zabijaniu czy broni. Nie, nie jest to tani sex shop w środku alaskijskiego niczego. Tylko taka scenografia, maniera, koncepcja. Zwykła restauracja i sklep z pamiątkami. Dość, hm, nietypowymi, fakt. I jedni z najbardziej odjechanych i gościnnych ludzi na całej Alasce, to pewne. Dlatego — a niech to! — nie bądźcie tą garstką rowerzystów bojących się o siebie i swój rower tak bardzo, że tracą fajne okazje, żyją na wyjeździe w ciągłym stresie, wpadają w panikę na widok podchodzącego do nich mężczyzny i w efekcie mało co widzą i mało czego doświadczają. Co do Skinny'ego Dicka nie wleźliby za skarby świata.
Na wyprawach rowerowych nie traćcie więc jaj, bo stracicie znacznie więcej — i nie chodzi tu tylko o pizzę przy kominku.

* * *

Poznani na Kamczatce Rosjanie, gdy dowiadywali się, co i jak tu robię, początkowo mówili „ja w szoke". A zaraz potem niemalże wszyscy jak jeden mąż (nomen omen, bo zdarzały się i propozycje matrymonialne) stwierdzali, że gdyby mieli taką żonę, co sama jedzie na rower, na tyle czasu, na drugi koniec świata, na Kamczatkę, że gdyby mieli taką żonę, to... tę żonę... to... toby ją najzwyczajniej w świecie bili.

* * *

Rowerowo — z wiecznym imperatywem jechania na północ, więc dlatego ma za sobą przejechane (tak zwane) drogi na Alasce, Kamczatce i kanadyjskim Jukonie, zazwyczaj jesienią lub zimą. Nie stroni jednak też od Iranu, Afryki, Azji Środkowej i Europy — bo czasem trzeba. Rowerzysta ekstremalnie samotny z zacięciem do liderowania wielkim projektom podróżniczo-rowerowym, takim jak Afryka Nowaka czy Rowerowe Jamboree. Zawsze z sakwami pełnymi książek i rycin tropów zwierząt.

Osobiście: przyrodnik, specjalista od tundry i jej zwierząt oraz sztuki przetrwania, podróżnik (choć to strasznie wyświechtane słowo).
Zawodowo: dziennikarz, przewodnik, fotograf.
www.kamilakielar.pl

WALKABOUT.
Rowerem przez Canning Stock Route

Mateusz Waligóra, *www.nakrancach.pl*

Może byłoby łatwiej, gdybym nie wiedział, w co się pakuję. Niestety wiem. Już drugi raz jestem w Australii Zachodniej. Ze mną wielki karton, trochę rzeczy i dużo jedzenia.
— Że co? Canning? Na rowerze? — Kierowca autobusu, który ma mnie dowieźć do Halls Creek, jest przekonany, że stroję sobie z niego żarty.
— Masz jaja mate!* — dodał, wrzucając mój rower do luku.
— Ile płacę za rower? — zapytałem.
— Stary, masz jaja tak wielkie, że powinieneś zapłacić za dodatkowe siedzenie, a nie rower. Wskakuj do środka i o nic się nie martw!
On też wie, co mnie czeka. Może wcale nie chodzi o przerośnięte genitalia tylko o tę odrobinę szaleństwa? A może, pisząc dosadniej, o cały idiotyzm moich zamiarów?

Legendarna droga

Canning Stock Route. Droga legenda dla wszystkich Australijczyków podróżujących przez outback. Przejechanie jej samochodem terenowym uchodzi za wyczyn. Przebycie jej rowerem zdaje się przekraczać granice wyobraźni. Szlak wytyczony przez Alfreda Canninga i jego drużynę na początku XX wieku miał złamać monopol zachodniej części Kimberley na transport wołowiny drogą morską do Perth. W tym celu pośrodku australijskiego interioru wytyczono i zbudowano 51 studni, znajdujących się od siebie w odległości 1 – 2 dni pieszej wędrówki. Niestety, tam, gdzie coraz większą rolę odgrywają pieniądze, niemal proporcjonalnie traci moralność. Canning, by znaleźć źródła wody, wykorzystywał Aborygenów. Skuci

---

* *Mate* — słowo wytrych w australijskim angielskim. W tym kontekście oznacza coś w stylu „kolego".

łańcuchami i karmieni słonym mięsem prowadzili do celu jak po sznurku. Nikt nie znał tych terenów lepiej od nich. Utrwalane w „pieśniach stworzenia" mapy przekazywane z pokolenia na pokolenie okazywały się niezawodne. Bo Aborygeni potrafią sobie drogę „wyśpiewać". Przepędu bydła dokonano zaledwie kilka razy. Warunki klimatyczne okazały się mordercze. Dosłownie.

Przede mną ponad 1800 km drogi prowadzącej przez święte tereny Aborygenów, pustynie: Tanami, Wielką Pustynię Piaszczystą, Małą Pustynię Piaszczystą i Gibsona. Na całej długości szlaku znajduje się zamieszkiwana przez kilkunastu Aborygenów osada Kunawaritji. Nic więcej. Z historycznych 51 studni woda znajduje się w zaledwie w kilku. Trudności? *Corrugations* — na samą myśl o nich robi mi się słabo. W języku polskim nie ma dobrego słowa, które oddaje istotę problemu. Chodzi o „tarkę", w jaką przekształciła się droga eksploatowana przez samochody 4×4. Najłatwiej jest zwizualizować to sobie poprzez wyobrażenie rowerzysty jadącego przez niemal 2 tysiące kilometrów blachy falistej, którą kryje się dachy. Auć…! Corrugations mają na swoim koncie złamaną niejedną oś i dziesiątki samochodowych amortyzatorów. Nie mniejszym wyzwaniem są piaszczyste wydmy, sięgające swą wysokością nawet 30 metrów! Jest ich ponad… dziewięćset. Trudności można mnożyć: niewiele wody, upały sięgające 50 stopni Celsjusza, ostra jak igły trawa spinifex, która porasta wszystko wokół, łącznie z drogą. Jednak największym zmartwieniem wydaje się być dla mnie samotność i jedynie iluzoryczna szansa jakiegokolwiek ratunku, jeśli „COŚ pójdzie nie tak". Australia Zachodnia ma powierzchnię osiem razy większą niż Polska. Zamieszkiwana jest przez niecałe 2 miliony ludzi. Gdyby stanowiła oddzielne państwo, pod względem powierzchni zajmowałaby dziewiąte miejsce na świecie, pod względem zaludnienia… ostatnie. Słowem — to jedno z najbardziej odludnych miejsc na Ziemi, a sam CSR swoją izolacją i brakiem efektywnej drogi ewakuacyjnej zdaje się być prawdziwym rowerowym Everestem. Napisałem Everestem? Na tę górę weszło już ponad cztery tysiące ludzi. Gdy w ubiegłym roku podjęliśmy razem z Agnieszką próbę przejechania Canninga, na świecie żyło zaledwie 3 rowerzystów, którym udała się ta sztuka. Próbowało wielu — tylko w tym roku dziewięciu!

Bez wsparcia z zewnątrz

Jak to w ogóle możliwe, by poruszać się rowerem w takim terenie? Rozwiązaniem są coraz popularniejsze „fatbajki" wyposażone w szerokie, niskociśnieniowe opony. Te, w które zaopatrzony jest mój Surly, mają szerokość 4 cali — to dwa razy więcej niż klasyczna opona w rowerze górskim. Dodatkowo wykorzystuję jednokołową przyczepę Extrawheel — prototyp przygotowany specjalnie dla mnie, dzięki niej mogę transportować znaczne ilości wody, rozkładając

równomiernie ciężar bagażu, nie obciążając przy tym nadmiernie tylnego koła. Szlak przemierzam bez wsparcia samochodu terenowego, a to oznacza, że całość jedzenia oszacowanego na 40 dni transportuję ze sobą, wodę czerpię ze studni, a jedyną łączność ze światem zapewnia mi telefon satelitarny, który wraz z resztą elektroniki zasilany jest za pomocą panelu solarnego. Słowem — jestem (przynajmniej pozornie) samowystarczalny i jednocześnie zdany tylko na siebie. Przejazd rowerem przez Canning Stock Route wymaga perfekcyjnego przygotowania ekwipunku — moje życie zależy od jego bezawaryjności.

Kluczowa okazuje się waga — jeśli rower będzie ważył zbyt dużo — ugrzęźniesz w piachu, jeśli zabierzesz zbyt mało jedzenia — nie przejedziesz szlaku. Logistyka zdaje się przekraczać granice absurdu. Mam ze sobą jednokilogramowy namiot, ciepły puchowy śpiwór, filtr do wody, minimalną ilość odzieży i australijski garnek *billy*, dzięki któremu posiłki przygotowuję na ognisku. Jedzenie waży 24 kilogramy i składa się głównie z liofilizatów, 3 kg masła orzechowego i nutelli oraz 3,5 kg batoników muesli. Worki na wodę pozwalają mi na transport 40 litrów wody, ale szlak weryfikuje te wartości — nie jestem w stanie transportować więcej niż 30. Jeśli dorzucę 5 więcej, jazda staje się niemożliwa. Części zapasowe? Jedna dętka i kilka podstawowych narzędzi. Jeśli przydarzy mi się poważna awaria, to... to nie wiem co. Staram się odsuwać te myśli jak najdalej od siebie. Zachować choć minimalną granicę psychicznego komfortu. Jestem przygotowany najlepiej, jak potrafię. Nic więcej nie mogę zrobić.

W pułapce

Od paniki dzieli mnie już naprawdę symboliczna granica. Nie mogę jej przekroczyć. Za wszelką cenę. Mam za sobą pierwsze 550 kilometrów. Nie ruszę się jednak dalej, bo drogę w okolicy studni numer 42 odcina mi pożar buszu. Dym na horyzoncie widziałem już od kilku dni. Sytuacja wygląda naprawdę kiepsko — za plecami mam stare, wyschnięte koryto jeziora, porośnięte trawą, jeśli ogień do niego dotrze, zostanie mi jedna, góra dwie godziny. Zatrzymuję się w całkowicie spalonym terenie, który w teorii zapewnia mi bezpieczeństwo. Próbuję, zachowując pozory spokoju, oszacować swoje położenie. Mam ogień za sobą, ale co gorsza, przecina mi też dalszą drogę, prowadzącą do studni numer 41, w której znajduje się woda. To jakieś 70 kilometrów piaszczystych wydm. W bukłaku mam kilka litrów. Ogień jest naprawdę blisko — widzę go ze szczytu najbliższej wydmy. Wiatr mi jednak sprzyja, a nocne temperatury spadające do +4 stopni powinny wszystko wyciszyć. Nie jest źle!

— Hej, mate, to wygląda naprawdę kiepsko, chyba musimy ewakuować cię śmigłowcem — policjant z Halls Creek, najbliższej cywilizacji, wyprowadza mnie z błędu.

Wiem, że moje ubezpieczenie pokrywa koszty akcji ratunkowej wykorzystującej śmigłowiec, ale wolę potwierdzić to w Polsce. Niestety — mój przypadek nie kwalifikuje się jako „emergency". Niemal natychmiast podejmuję decyzję. Na chłodno, bez większych emocji — złamię sobie rękę.
— No worries mate, nie rób tego! Przylecimy po ciebie nieodpłatnie. Naszym celem jest uratować twoje życie. — Słyszę w kolejnej rozmowie z policjantem.

Czuję olbrzymią ulgę. Ale — zaraz, zaraz:
— A co z moim rowerem? — pytam.
— Nie mogę ci obiecać, że zabierzemy go razem z tobą.
— No to muszę jechać dalej!

Kolejne godziny staram się przeleżeć w cieniu, jedynie od czasu do czasu pijąc łyk wody. W nocy wstaję co półtorej godziny, by wyjść na wydmę i kontrolować sytuację. Tuż po wschodzie słońca zwijam moskitierę namiotu i z nasączoną wodą chustką zaciągniętą na ustach i nosie powoli przemierzam pogorzelisko. Widok jest naprawdę upiorny — mijam spalone fragmenty wielbłądów i innych zwierząt, których nawet nie potrafię zidentyfikować. Po kilkudziesięciu kilometrach spotykam samochód terenowy — dostaję kilka litrów wody, która pozwoli mi dotrzeć do kolejnej studni. Udało się. Jestem uratowany.

Na ironię zakrawa fakt, iż ubiegłoroczna próba zakończyła się niepowodzeniem ze względu na niespotykane o tej porze roku deszcze, które uwięziły Agę i mnie przy jednej ze studni na kilka dobrych dni. „This is Australia" — jak mawiają kierowcy.

Zniszcz granice wyobraźni!

Rower spisuje się naprawdę dobrze. Nie licząc wyrwanego wentyla i pękniętego siodła, niemal nie mam awarii. Niestety, fatalnej jakości woda trwale uszkadza filtr do wody, już do końca drogi jestem skazany na to, co znajduję w studniach — ratuję się przelewaniem wody przez wełnianą chustkę, ale to daje efekt głównie psychologiczny. Jest naprawdę gorąco — zegarek wskazuje temperaturę +49 stopni Celsjusza. W cieniu! Odczuwam olbrzymie pragnienie — w ciągu trzech dni wypijam 36 litrów wody. Mój organizm nie przyjmuje natomiast jedzenia, woli zjadać sam siebie.

Najtrudniej jest w południe, gdy rozgrzany piasek staje się tak sypki, że nie udaje mi się podjeżdżać pod wydmy. Schodzę z siodła i wpycham rower siłą całego ciała. Gdy na szczycie jednej z nich widzę setki kolejnych — po horyzont, nie wytrzymuję. Zaczynam płakać. Jak dziecko. Czuję, że nie mam siły, by pokonywać kolejne. Nie wyobrażam sobie, jak mógłbym tego dokonać — wyjście jest tylko jedno: ZNISZCZYĆ GRANICE WYOBRAŹNI. Konsekwentnie, siłą woli pokonuję kolejne kilometry i dni. Noce — tylko one przynoszą ukojenie, gdy zasypiam okryty moskitierą, otulony kołdrą z gwiazd i Drogi Mlecznej południowej półkuli.

Walkabout

Walkabout to czas, gdy młodzi Aborygeni, podążając zgodnie z pradawnymi „pieśniami stworzenia", uczą się samodzielnego życia w buszu. Czuję, że wszystko, czego nauczyłem się dotychczas w życiu — całą wiedzę o przetrwaniu, geografii, ale przede wszystkim swoim ciele i psychice — wykorzystuję właśnie teraz, w trakcie rowerowego trawersu Canning Stock Route. Czuję, że to mój walkabout. Nawiguję jedynie w trochę inny sposób — przez pustynię bezbłędnie wiedzie mnie GPS wyprodukowany przez Garmina, w meandrach psychiki prowadzi ewangelia spisana przez św. Łukasza.

Szlak na południe od studni 21 robi się nieco łatwiejszy, wydmy Małej Pustyni Piaszczystej są nieco niższe, a droga coraz częściej prowadzi przez rozległe wyschnięte słone jeziora. Pierwszy raz czuję, że ta karkołomna wyprawa może zakończyć się powodzeniem. Przez kilka kolejnych dni nie spotykam żadnego człowieka. Tylko dzikie psy dingo, wielbłądy (sprowadzone do Australii przez Canninga) oraz kilka jadowitych węży. Przyzwyczaiłem się już do samotności. Nawet gdy spotykam samochody 4×4, czuję się osamotniony. Szczęśliwie towarzyszą mi SMS-y wysyłane przez Agę. To wszystko, co mam. Nie lubię rozmawiać — najlepiej odnajduję się w ciszy. A ta pośrodku australijskiego buszu zdaje się absolutna. To w niej rodzą się pytania, których człowiek nie zadaje sobie na co dzień. Bo nie ma czasu, a może odwagi. Pozbawiony wszelkich bodźców i informacyjnego szumu zastanawiam się nad tym, czy w życiu robiłbym to samo, gdyby nie istniały pieniądze. Niestety, nie wszystkie odpowiedzi są jednoznaczne. Najtrudniejsze pytanie dotyczy tego, co właśnie robię. Czy kilkudziesięciodniowe rozstanie z żoną i nowo narodzonym dzieckiem nie jest zbyt wysoką ceną, jaką przychodzi mi płacić za swoje wybory? I czy rowerowy trawers Canning Stock Route jest tak naprawdę tego wart?

Po 29 dniach i pokonaniu 1886 kilometrów docieram do celu — niewielkiej miejscowości Wiluna. Lżejszy o ponad 16 kilogramów wagi. Czuję ulgę. Udało się — zrobiłem to. Przejechałem rowerem jedną z najtrudniejszych i najbardziej odizolowanych dróg na świecie. Przetrwałem mordercze upały, pożary buszu, piaszczyste wydmy i spotkania z jadowitymi wężami. Czy z tym bagażem doświadczeń przetrwam w cywilizacyjnym buszu? Rozpocznę nowy walkabout.

Agnieszka i Mateusz Waligóra — podróże rowerowe zamienili w pasję, a pasję w pracę.
www.nakrancach.pl

Trasy

Ja też chcę w świat... Tylko dokąd?

By wybrać się w podróż ku przygodzie, wystarczy wsiąść na rower i zacząć pedałować. Wszystko nagle zaczyna się układać. Na poprawianie przygotowań jest już trochę za późno i trzeba sobie radzić z tym, co się ma. Nagle wszystkie zmartwienia pozostają za nami. Z każdym kilometrem to, co zostawiliśmy, zaczyna mieć coraz mniejsze znaczenie, i liczy się tylko to, co przed nami.

Nieważne jest, na jakim rowerze jedziemy, nieważne nawet dokąd. Najważniejsze jest to, że siedzimy na rowerze i że wszystko się nareszcie dzieje. Wydarza się. Nikt z nas nie wie, za którym zakrętem czeka na nas przygoda. Może w Kanadzie, może w Norwegii, a może 40 km od domu.

By pomóc Wam wybrać choćby kierunek ewentualnych poszukiwań i przede wszystkim zainspirować Was, opisaliśmy kilka z kilkuset tysięcy możliwych tras. Niektóre z nich przejechaliśmy sami, a niektóre opisali specjalnie dla Was rowerzyści z wieloletnim doświadczeniem, ale też… totalne rowerowe żółtodzioby.

Zagubieni w Chinach. Mapa, drogowskaz, tylko... kto to przeczyta?

Na początek: najłatwiej jechać „wzdłuż". Czy to wzdłuż rzeki, która akurat przepływa przez nasze miasto, czy wzdłuż granicy Polski. Równie dobrze można pojechać „dookoła". Dookoła Tatr, dookoła morza czy dookoła własnej gminy. Zawsze też można wybrać sobie konkretny cel. Na przykład z domu nad morze lub znad morza do domu i wszelkie podobne warianty.

Każdy wybór będzie tak samo dobry, dopóki będzie to WASZ wybór i będziecie do niego przekonani.

* * *

Nie można jednoznacznie stwierdzić, co jest lepsze na ten pierwszy raz. Niektórzy zaczynają delikatnie i spokojnie, zwiedzając najbliższą okolicę, i powoli wydłużają wycieczki. Inni, jak na przykład Asia Mostowska, od razu ruszają w wielkie góry, ku przygodzie. Skaczą na głęboką wodę z wielką wiarą.

Każdy z nas ma trochę inny temperament i trochę inaczej oswaja się ze światem i z wyzwaniami.

To może najpierw po Polsce?

Świetny pomysł! Każdy z Was zna tutejszy język i tradycje, a to bardzo pomaga. By szukać przygody, wcale nie trzeba jechać poza horyzont, wystarczy ruszyć wzdłuż wschodniej granicy, by odwiedzić meczety i prawosławne kościoły.

Można pojechać jednym z setek szlaków tematycznych. Na przykład Szlakiem Zamków Krzyżackich, Szlakiem Architektury Drewnianej, Szlakiem Latarni Morskich czy… najbardziej ekskluzywnych hoteli. Czemu nie? Każdy pomysł jest dobry.

Półki w księgarniach pełne są wspaniałych przewodników i map. Internet… jak to internet — pełen jest wszystkiego i na pewno łatwo znajdziecie w nim nie tylko informacje o atrakcjach, ale nawet adresy noclegów.

Strony warte odwiedzenia:

- www.polskieszlaki.pl
- www.zielonewrota.pl
- www.szlaktatarski.pl
- www.szlakirowerowe.lubelskie.pl
- www.pedaluj.pl
- www.drewniana.malopolska.pl
- szlaki-rowerowe.pl
- rowerowe.swietokrzyskie.travel
- www.szlaki.mazury.pl
- rowerempomazowszu.pl

A ja chcę pojechać daleko!

Himalaje? Wielkie przełęcze i cudowne widoki? Coś łatwiejszego? Może Azja Południowo-Wschodnia? Plaże, dżungla i obiad pod palmą? Jednak musi być wyzwanie? Zawsze pozostaje Patagonia w Ameryce Południowej.

Przez indyjskie Himalaje

Można by tak godzinami przy kominku rozprawiać o pięknych miejscach i cudownych ludziach. O wyzwaniach i przygodach, ale trzeba tę książkę kiedyś skończyć pisać. Inaczej powstałby z tego nudny wielotomowy opis świata.

By to jakoś trochę ogarnąć, przygotowaliśmy dla Was kilka opisów krajów rajów dla rowerzystów. Oczywiście, znów z pomocą przyjaciół!

Jedziemy w daleki świat!

- Wzdłuż Dunaju
- Ukraina
- Bałkany
- Gruzja
- Nordkapp
- Turcja
- Kanada
- Wietnam
- Pakistan — Karakorum Highway
- Polska — Wzdłuż Wisły

Transdanubia, czyli rowerem wzdłuż Dunaju
Andrzej Kaleniewicz

Dlaczego Dunaj?

Dunaj to druga najdłuższa rzeka w Europie (po Wołdze) i jedyna większa, która płynie z zachodu na wschód. Jej oficjalne źródło znajduje się w miejscowości Donaueschingen w niemieckim Schwarzwaldzie. Tamże znajduje się ozdobna cembrowina, na której umieszczono napis, że rzeka po mniej więcej 2850 km wpływa do Morza Czarnego. W rzeczywistości, chcąc towarzyszyć Dunajowi rowerem, trzeba „nakręcić" na pewno nieco ponad 3000 km. Nagrodą będzie dotarcie do ujścia rzeki do Morza Czarnego, które jest najbardziej na świecie (sic!) kultowym miejscem dla osób pasjonujących się obserwacją ptaków.

Dunaj, z początku niepozorny ciek, niknący nawet okresowo pod powierzchnią ziemi (to zjawisko zwane po niemiecku *Donauversickerung* lub

Donauversinkung, występujące na niemieckim odcinku rzeki), stopniowo przekształca się w dużą europejską rzekę, aby zadziwić siłą na pograniczu rumuńsko-serbskim, gdzie jest ujęty w karby tzw. Żelaznej Bramy, czyli w miejscu przecięcia z łagodniejącym łukiem Karpat, i urzec szerokością w swej delcie, znajdującej się na pograniczu Rumunii i Mołdawii.

Dunaj przepływa przez 10 krajów (Niemcy, Austrię, Słowację, Węgry, Chorwację, Serbię, Bułgarię, Rumunię, Ukrainę, Mołdawię), doskonale przedstawia przekrój historyczny i etnograficzny Europy Środkowo-Wschodniej. Można śmiało założyć, iż dla rowerzysty, który chciałby dostać najlepszą z możliwych lekcji dziejów tej części świata, trasa wzdłuż Dunaju jest najlepszą opcją.

Logistyka
Mimo że Dunaj to rzeka, która na większości swego obszaru ma wyraźnie zaznaczony bieg głównego nurtu, niejednokrotnie wybór trasy może nastręczać problemów. Wynika to na przykład z dużej różnicy w ukształtowaniu terenu przeciwległych brzegów rzeki. Taka sytuacja ma chociażby miejsce na odcinku, na którym Dunaj stanowi granicę pomiędzy Serbią i Rumunią. Zdarza się na przykład, że południowy, serbski odcinek brzegu jest stosunkowo łagodny, podczas gdy północny, rumuński, jest górzysty i decyzja poruszania się po nim wiąże się z pokonywaniem zaskakująco trudnych przełęczy.

Ci, którzy nie lubią ślęczeć nad mapą i planować krok po kroku rowerowej trasy, powinni nabyć bardzo dobre przewodniki z serii wydawnictwa Esterbauer, drukowane po niemiecku i angielsku. Podzielone na cztery części, zawierają bardzo dokładne mapy sugerowanej trasy przejazdu wraz z wszystkimi dostępnymi opcjami, opisem krajoznawczym i najważniejszymi informacjami — z punktu widzenia zasobnego w gotówkę, niemieckiego rowerzysty — o noclegach.

Warto też zaopatrzyć się w turystyczny odbiornik GPS na baterie z mapą drogową (topograficzna będzie mniej przydatna), który nie tylko „policzy" kilometraż całej naszej trasy, zdejmując z nas obowiązek zbędnego, codziennego, żmudnego dodawania, ale także pomoże w orientacji w większych i mniejszych miastach, których po drodze jest całkiem sporo.

Najlepszym wyjściem — ze względu na przeważające w tym rejonie wiatry zachodnie i fakt, że rzeka, biegnąc od źródeł do ujścia, płynie, ujmując rzecz kolokwialnie, w dół — jest obranie wariantu jazdy z Donaueschingen nad Morze Czarne. Wyprawę najlepiej rozpocząć od jazdy pociągiem z rowerami do Schwarzwaldu w opcji tzw. *Wochenende ticket*. O ile polski odcinek oferuje właściwie same rozczarowania, o tyle jazda od granicy polsko-niemieckiej do Donaueschingen, mimo że wymaga wielu przesiadek, to czysta dawka nadziei na przyszłość symbiozy jakże ekologicznych kolei z jeszcze bardziej ekologiczną turystyką rowerową.

Powrót do Polski znad Morza Czarnego może być już znacznie większym wyzwaniem. Najbardziej oczywistym rozwiązaniem jest jazda koleją z licznymi przesiadkami. Jest to jednak opcja nie tylko stosunkowo droga, ale też męcząca, z uwagi głównie na niedostosowanie standardów kolejowych do potrzeb rowerzystów, w tym mentalność samych kolejarzy, dla których rowerzysta to wróg nr 1 (po tym możemy poznać, do której części Europy należy Polska). Jeśli podróżujemy w minimum cztery osoby, warto rozważyć zamówienie busa z firmy mającej siedzibę w południowej części Polski, np. z Krakowa. Lokalizacja firmy przewozowej ma duże znaczenie: po prostu Europa Południowo-Wschodnia to dla takiej firmy normalny teren działalności i specyfika jazdy po drogach Rumunii czy Ukrainy (notabene często lepszej jakości niż polskich) nie będzie żadnym zaskoczeniem. W takim przypadku podróż powrotna okaże się może nie tańsza od opcji kolejowej, ale porównywalna cenowo, a przede wszystkim o niebo bardziej komfortowa.

Dokumenty, pieniądze
Trudno jednoznacznie mówić o kwocie, jaka jest potrzebna na rowerową podróż wzdłuż Dunaju, gdyż każdy z nas ma inne potrzeby, chociażby kulinarne. Zakładając noclegi w namiocie i rozsądne ilości jedzenia, 60 – 100 zł na dzień na osobę to maksymalny koszt samej podróży na rowerze. Taryfy kolejowe itp. należy sprawdzać na bieżąco w internecie.

Po drodze czeka nas płacenie różnymi walutami: w Niemczech, Austrii i na Słowacji w euro, na Węgrzech w forintach, w Chorwacji w kunach, w Serbii w dinarach, w Rumunii w lejach... Najlepiej mieć ze sobą karty bankomatowe, ukryte przynajmniej w dwóch miejscach w sakwach, i wypłacać pieniądze z bankomatów od razu w walucie danego kraju. Uwaga! Bankomaty w Chorwacji i Serbii mogą nie obsługiwać niektórych kart, nawet jeśli są one markowane przez Visę czy MasterCard (zależy to od umowy naszego banku z bankami w tych krajach, warto sprawdzić to przed wyjazdem). Napięte stosunki pomiędzy Chorwacją a Serbią sprawiają, że obopólna wymiana waluty jest nieopłacalna, a często i niemożliwa.

Uwaga na dokumenty: kiedy powstawał ten tekst, Serbia nie była członkiem Unii Europejskiej, więc aby wjechać do tego kraju, potrzebny był paszport. Rowerzyści są jednak zazwyczaj traktowani ulgowo i załatwiani poza kolejnością, więc nie warto stać w często długim ogonku samochodów. Szeroki uśmiech i kontrolowany luz pozwolą na komfortowe przekroczenie każdej granicy.

Trasa
Trasa rowerowej peregrynacji wzdłuż Dunaju jest stosunkowo łatwa, zwłaszcza gdy wybierzemy wariant z zachodu na wschód. Nie oznacza to jednak, że można ją bezproblemowo pokonać składakiem bez przerzutek. Podjazdy,

zwłaszcza te w Chorwacji, Serbii, Bułgarii czy Rumunii, mogą dać popalić nawet doświadczonym „sakwiarzom". Zwłaszcza tym mającym w zwyczaju wozić przesadną liczbę sakw z odzieżą i żywnością, które mogłyby wystarczyć na podróż dookoła świata.

Prawdą jest jednak to, że odcinek z Donaueschingen do Bratysławy o długości ponad 1000 km to „rowerowy raj dla rodzin z dziećmi i emerytów". Bezproblemowa, gładka, zazwyczaj asfaltowa droga rowerowa, bezpiecznie oddzielona od ruchu samochodowego i oferująca wszelkie możliwe udogodnienia — począwszy od miejsc odpoczynku, poprzez miejsca naprawy rowerów i ogródki piwne specjalnie przystosowane dla cyklistów (sic!), na bogatej ofercie noclegowej skończywszy — może być zarówno błogosławieństwem, jak i przekleństwem rowerowego podróżnika. Jeśli chodzi o ten drugi wariant, mam tu na myśli tłumy wszelkiej maści zwolenników nie tylko jazdy na rowerze, ale także innych form spędzania wolnego czasu na świeżym powietrzu: nordic walkingu czy też rolek — przez które to tłumy trzeba niejednokrotnie dosłownie przebijać się z rowerem obciążonym sakwami.

Bratysława stanowi wyraźną granicę kulturową. Kończy się bezkolizyjna droga rowerowa, liczba turystów i udogodnień dla nich gwałtownie spada. Zdarzają się odcinki gruntowe, ale nadal łatwo przejezdne na rowerach obciążonych sakwami. Rowerzysta — zwłaszcza ten śpiący w namiocie, a takich jest tu najwięcej — coraz częściej zdany jest na własną pomysłowość, zwłaszcza w kwestii noclegu i orientacji w terenie. À propos oznakowania rowerowego szlaku wzdłuż Dunaju: wszechobecne w Niemczech, Austrii i na Słowacji, z rzadka pojawia się na Węgrzech i w Chorwacji, aby zupełnie zaniknąć w Serbii i w Bułgarii. Rumunia, jako nowy kraj Unii Europejskiej, najwyraźniej otrzymała stosowne dofinansowanie, które przekłada się na coraz gęstszą sieć tabliczek kierunkowych i tablic informacyjnych dla rowerzystów. Oczywiście, zapomnijcie o jednolitym oznakowaniu szlaku naddunajskiego na całej jego długości: w zasadzie każdy kraj ma swoje nazwy i własną symbolikę. Najpopularniejszą nazwą jest niemiecka Donauradweg, na Słowacji to Dunajska Cesta, w Chorwacji Dunav Ruta itd.

Trzymając się wytycznych przewodnika Esterbauera, nie mamy jednak powodu, aby obawiać się samotności na szlaku. Nawet na 2000 km, które dzielą słowacką Bratysławę od rumuńsko-mołdawskiej delty Dunaju przekonamy się, że wielu rowerzystów podąża tą drogą w jedną lub w drugą stronę, i są to często przedstawiciele stosunkowo egzotycznych dla nas krajów: USA, Kanady, Japonii czy chociażby Rosji i Ukrainy. O Niemcach czy Holendrach nie warto nawet wspominać — ich jest wszędzie wielu ;-).

Rozmiar tego tekstu nie daje możliwości dokładnej analizy wszystkich ciekawostek, jakie oferują 3000 km naddunajskiej jazdy na rowerze. Od tego są przewodniki i internet. Subiektywne wrażenie autora tego opisu jest takie, iż początkowa nuda, która dominowała na niemiecko-austriackim odcinku szlaku, wyposażonym we wszystkie możliwe udogodnienia dla turystów, stopniowo ustępuje fascynacji historią tzw. „Europy B" na Słowacji, na Węgrzech i w Chorwacji, aby przejść w totalny zachwyt krajobrazami i gościnnością mieszkańców Serbii, Bułgarii i Rumunii. Jest to specyficzne doświadczenie, które zmienia sposób patrzenia na geopolitykę naszego kraju i jego historię — jakże często chcemy je przypisać kontaktom z Zachodem, zapominając o nie mniej ważnych związkach z krajami basenu Morza Czarnego.

Wikt i opierunek
Im dalej jedziemy na wschód, tym bardziej spada poziom usług, a ceny... rosną! Zwłaszcza w odniesieniu do tych, którzy podróżują z własnym namiotem, a takich wśród rowerzystów jest najwięcej. Nie jest to bynajmniej pomyłka piszącego ten tekst. W Niemczech i Austrii ceny czystych, wygodnych i bezpiecznych kempingów oscylują zazwyczaj około 5 euro za osobę (w cenie: ciepły prysznic, kuchnia, możliwość legalnej przepierki: czegóż więcej potrzeba rowerzyście w trasie?), na Słowacji i na Węgrzech znacznie rzadsze kempingi często za wygórowaną cenę oferują zimną wodę, głośne, zwykle podpite towarzystwo, wszechobecny brud i chociaż lekką obawę o rower. W Chorwacji, Serbii i Rumunii kempingów często nie ma w ogóle, co stanowi duże pole do popisu dla miejscowej ludności, której na pewno nie brakuje gościnności. Chyba że mamy potrzebę sypiania w hotelach, co może (choć nie zawsze musi) być rujnujące dla naszych kieszeni. Z jedzeniem nie ma problemu od Schwarzwaldu do Morza Czarnego: od Niemiec do granicy węgiersko-chorwackiej warto zaopatrywać się w supermarketach i przygotowywać posiłki we własnym zakresie, od Chorwacji począwszy, poprzez Serbię, Rumunię, na Mołdawii skończywszy — warto stołować się w przydrożnych knajpkach, nie tylko ze względu na niskie ceny, ale przede wszystkim na możliwość zapoznania się z miejscową, bogatą kuchnią. Tak więc każdy rozsądny rowerzysta, podążając z biegiem Dunaju, powinien stopniowo rezygnować z usług typowo turystycznych na rzecz „bratania" się z miejscowymi, co samo w sobie stanowi wyzwanie i przygodę. Polecam z własnego doświadczenia.

Czego się obawiać?
Trasa wzdłuż Dunaju należy do wyjątkowo bezpiecznych i w zasadzie powinniśmy skupić się na przyjemności płynącej ze spędzania wolnego czasu w sposób, jaki kochamy. Warto jednak zachować pewien poziom czujności i ograniczonego zaufania do otoczenia. O ile w krajach zachodniej Europy najczęściej można bez obaw pozostawić rower z sakwami przypięty do stojaka rowerowego i „na

lekko" wybrać się na zwiedzanie miasta bądź zakupy, o tyle im dalej na wschód, tym bardziej trzeba „z tymi sprawami" uważać. Na Słowacji i na Węgrzech kłopot mogą sprawiać nie tylko kieszonkowcy, ale także podpici i „rozrywkowi" sąsiedzi na kempingu. Tereny naddunajskie w Chorwacji i Serbii są ciężko doświadczone konfliktami wojennymi lat 90. XX w. i nie warto tam wdawać się w dyskusje polityczne, zwłaszcza w towarzystwie młodych i krewkich mieszkańców, którzy często uważają, iż wzajemne porachunki nie są jeszcze wyrównane. Rumunia i Bułgaria to krainy sielskie i spokojne (co nie znaczy zawsze: czyste), wzmożoną czujność należy jedynie zachować w towarzystwie Cyganów. Liczne są także legendy o hordach bezpańskich psów atakujących bezbronnych rowerzystów. Prawda jest taka, iż najlepiej sypiać na licznych terenach bezludnych, na przykład na rozległych polach kukurydzy. Znaczne oddalenie od siedzib ludzkich zagwarantuje nam święty spokój i brak zagrożenia ze strony Cyganów i psów.

Wracając do psów — warto mieć przy sobie gaz w żelu (byle nie zwykły, pieprzowy w aerozolu, który jest nieskuteczny podczas jazdy na rowerze) albo drążek od namiotu czy po prostu długą pompkę. Inna sprawa, że wychudzone psy rumuńskie rzadko mają ochotę ścigać się z coraz sprawniejszymi i szybszymi (przerzutki!) rowerami. Unikajmy także podróżowania nocą.

Z uwagi na konieczność poruszania się drogami (czyli obok samochodów), począwszy od Bratysławy, warto mieć sprawne oświetlenie przednie i tylne oraz kamizelki odblaskowe i kaski (na głowach, nie na bagażnikach!). Na odcinku zwanym „Żelazną Bramą" (Serbia/Rumunia) czeka nas kilkanaście niezbyt długich, ale nieoświetlonych tuneli, tam światła i kamizelki odblaskowe powinny być obowiązkowe.

* * *

Andrzej Kaleniewicz (ur. 1973, Wałcz) — publicysta krajoznawczy, autor wielu przewodników turystycznych, głównie dla rowerzystów. Współpracownik miesięcznika „Rowertour". Prywatnie miłośnik dalekich wypraw górskich i rowerowych oraz zapalony fotograf.

Ukraina — rowerem do sąsiadów
Michał Piec
www.michalpiec.pl

Ukraina to z całą pewnością ciekawy kraj, który warto odwiedzić rowerem. Różnorodne krajobrazy, kobiety nieprzeciętnej urody, ogromna otwartość zwykłych ludzi i niskie ceny rekompensują ubytki w infrastrukturze drogowej. Wjeżdżając z Polski do Ukrainy, musimy mieć ze sobą ważny paszport. Jeśli na przejściu granicznym odbywa się osobno ruch samochodowy, a osobno pieszy, należy udać się za ciągiem pieszym. Zazwyczaj kolejki do przekroczenia granicy są spore i trzeba uzbroić się w cierpliwość albo w kij do torowania sobie drogi przez zbitą masę ludzi obładowanych tobołami. Znakomitą większość przekraczających granicę stanowią „mrówki". Może się zdarzyć, że zostaniemy wyłowieni z tłumu przez pogranicznika i przeprowadzeni do kontroli bez kolejki. Obywateli RP przy wjeździe na terytorium Ukrainy nie obowiązuje wiza. Od niedawna również nie jest konieczne wypełnianie tzw. „karteczki imigracyjnej", która podbijana była podczas odprawy i musiała zostać okazana przy wyjeździe z kraju.

Podróżowanie na dwóch kółkach po Ukrainie nie jest łatwe przede wszystkim ze względu na słabą infrastrukturę drogową i w zasadzie brak infrastruktury rowerowej. Co za tym idzie: mogą być problemy ze znalezieniem na trasie sklepu rowerowego, bo te znajdują się tylko w dużych miastach. Główne drogi pełne są dziur i wybojów, z kolei boczne są najczęściej w jeszcze gorszym stanie. Między wioskami mogą biec drogi bez nawierzchni asfaltowej, przede wszystkim szutrowe. Z tego względu jeśli jedziemy w większej grupie, lepiej jest zachować większe odstępy, nawet kosztem zmniejszenia aerodynamiki. W miastach z kolei uciążliwa może być kostka brukowa albo wysoko wystające szyny tramwajowe. Warto pamiętać również o tym, że kratki ściekowe miewają szerokie i ustawione wzdłuż drogi dziury, przez co można do nich wpaść kołem. Ponadto w warunkach deszczowych napotkaną kałużę lepiej ominąć, bo nie wiadomo, jak jest głęboka. Nie należy przesadnie ufać słupkom oznaczającym kilometry przy drogach, bo kilometry często są podane mylnie. Jeżdżąc po drogach, musimy pamiętać o niewysokiej kulturze drogowej Ukraińców. Warto pomyśleć o kasku nie z obowiązku, ale z rozsądku. Zagrożenie stanowić mogą także bezpańskie psy, które często bandami wałęsają się po ulicach. Zdarza się, że atakują rowerzystów, próbując podgryzać ich kostki czy rowery. W sporadycznych przypadkach może się zdarzyć, że rowerzysta zostanie zatrzymany przez policję i pod różnymi pretekstami zobligowany do zapłaty łapówki, zazwyczaj kilku dolarów. Jak wszędzie, należy uważać na wymianę waluty poza kantorem czy bankiem. W centrach miast pośród tłumu musimy wykazać szczególną ostrożność ze względu na kieszonkowców. W zachodniej Ukrainie niemiło odbierany jest język rosyjski. Z kolei jeśli pojedziemy bardziej na wschód, źle może być postrzegane mówienie po polsku.

Ukraina: tu drogi przypominają polskie. © Michał Piec

Ukraina jest bardzo zróżnicowana krajobrazowo. Są tu Karpaty, krajobraz śródziemnomorski w rejonie Odessy, egzotyczny Krym (do niedawna w granicach Ukrainy), nazywany kiedyś „riwierą ZSRR". Bezkresne stepy na wschodzie, a nawet Czarnobylska Zona. Mimo to dominują stepy, ogromne pola pszenicy i lasy. Taki płaski krajobraz z perspektywy siodełka może być zaletą, ponieważ łatwiej jest pokonywać większe odległości. Jednak niezmienny pejzaż na przestrzeni kilkuset kilometrów może okazać się monotonny. Co więcej, otwarte przestrzenie nie dają osłony przed wiatrem, który może utrudniać bądź ułatwiać jazdę. We wschodniej części Ukrainy bywa, że przez ponad 100 km droga jest prosta jak strzała i nie ma żadnego zakrętu i ani jednej wioski, które mogą być rozrzucone w odległości kilkunastu kilometrów od głównej szosy. Z tego też powodu szczególnie w upalne dni warto rozsądnie zabezpieczyć odpowiednie zapasy wody. Klimat jest podobny do naszego, jedynie lata bywają bardziej upalne, a zimy sroższe.

Hoteli na Ukrainie jest mało i ich standard jest bardzo niski. Za to ceny czasem są przystępne. Noclegów najlepiej szukać na prywatnych kwaterach. W większych miastach mieszkańcy często oferują noclegi turystom sami, zaczepiając ich na dworcach kolejowych. Również w wioskach warto pytać o nocleg u ludzi, w tym o możliwość rozbicia namiotu (palatki) na posesji. Ukraińcy to naród bardzo przyjazny i otwarty, więc często oprócz noclegu jest również szansa na otrzymanie poczęstunku złożonego z miejscowych przysmaków i bliższe poznanie miejscowych zwyczajów. Jest mnóstwo pustych miejsc, gdzie można na dziko rozbić namiot. Pola namiotowe i campingi są niebywałą rzadkością. W całej zachodniej części Ukrainy, a także w większych miastach na wschodzie nie ma problemu ze znalezieniem czynnych katolickich świątyń.

Jedzenie na Ukrainie jest znacznie tańsze niż w Polsce. Wyjątek stanowią produkty mięsne i nabiał. Bardzo popularny jest tu kwas chlebowy. Do przysmaków kuchni ukraińskiej należy barszcz podawany w chlebie. Na uwagę zasługują również bliny, czyli charakterystyczne pierogi z mięsem. W małych sklepach należy uważać na przeterminowane produkty. Może się również zdarzyć, że reszta zostanie nam wydana np. w cukierkach. Zarówno papierosy, jak i alkohol są na Ukrainie zdecydowanie tańsze. W kontaktach z Ukraińcami należy jednak pamiętać o umiarze w ilości spożywanego alkoholu.

Podsumowując: Ukraina jest krajem niezwykle zróżnicowanym. Dla turystów, którzy preferują kontakt z naturą, świetnym celem będą dzikie, odludne Karpaty. Dla miłośników historii dobrym pomysłem na pewno będzie zwiedzenie Lwowa, Kijowa czy Chocimia. Każdy znajdzie tu coś dla siebie.

Ukraina w pigułce
Karolina i Aleksander Klaja,
www.inka-olo.pl

Język — Ukraińcy mówią po rosyjsku albo mieszanką rosyjsko-ukraińską; języki te są do tego stopnia spokrewnione z naszym, że znając (a nawet nie) kilka słówek, można się porozumieć. Warto nauczyć się cyrylicy, wszelkie znaki i napisy będą łatwiejsze do odczytania.

Jedzenie — chleb jest dobry i tani. W wiejskich sklepach trudno dostać owoce i warzywa — po prostu wszyscy mają swoje. Gdy zostaniemy zaproszeni do domu, możemy liczyć na pyszne domowe jedzenie. Od ulicznych sprzedawców można dostać dobre i tanie pomidory, melony i arbuzy.

Picie — w sklepach (przynajmniej poza miastami) niedostępna jest niegazowana woda mineralna, po prostu każdy ma swoją studnię i taki produkt jest zbędny. Tak że całą trasę tankowaliśmy u miejscowych w studniach — woda z nich jest zimna, czysta i dobra. Przy okazji można dostać torbę jabłek. Polecamy także mało znany u nas, a doskonale gaszący pragnienie kwas chlebowy. Warto próbować różnych marek, bo każda smakuje trochę inaczej. Najlepszy, na jaki trafiliśmy, sprzedawany był z beczkowozu w Korosteniu.

Kąpiel, pranie — na Ukrainie nie ma zbyt wielu jezior, jest za to dużo rzek i kanałów (nie takich ściekowych, tylko tych regulujących poziom wód gruntowych), a na nich są często różnego rodzaju tamy i zapory, szczególnie w miastach i miasteczkach. Także miejsc do względnie bezpiecznej kąpieli nie brakuje.

Drogi — mapę Ukrainy najlepiej kupić na miejscu, na stacji benzynowej można dostać to samo co w Polsce, ale taniej. Drogi są gorszej jakości i słabo oznakowane, jednak zdecydowanie odradzamy duże drogi krajowe i „wojewódzkie" — z nich nie można zobaczyć Ukrainy. Mapy co prawda nie

Przejażdżka na naszym tandemie z Wanią. © Karolina Klaja

zawsze dobrze oddają rzeczywistość, ale dzięki temu pojawiają się okazje, by nawiązać kontakt z miejscowymi i zobaczyć ciekawe okolice.

Ruch samochodowy — historie o szalonych kierowcach możemy schować między bajki. Na wsiach ruch jest mały (popularniejsze są konne bryczki), a kierowcy zawsze zachowywali od nas należyty odstęp. Gorzej jest w miastach, jednak i w nich nie mieliśmy żadnej niebezpiecznej sytuacji.

Na co uważać — hordy dzikich psów w Kijowie. Władze obiecały zająć się nimi przy okazji Mistrzostw Europy Euro 2012. Potencjalnie duże ilości alkoholu do spożycia, jeśli zostaniemy zaproszeni do domu. Dużą popularnością cieszą się wychodki, na normalną toaletę można liczyć w miastach i zwykle na stacjach benzynowych.

Łapówki — podobno nagminnie wymuszane, jednak rowerowi turyści raczej rzadko stają przed koniecznością ich dawania. My musieliśmy „zapłacić" za pieczątkę na granicy (10 hrywien).

Granica — niektórzy twierdzą, że jest trudna do przekroczenia. My w obydwie strony byliśmy odprawieni od ręki, poza kolejką, po ominięciu długiej kolumny samochodów. Tak że nie zajmowało to więcej niż 30 - 40 minut. Po stronie ukraińskiej obowiązywał następujący system:

- szlaban 1. — dostaliśmy karteczkę, na której celnicy napisali, że jedzie dwójka rowerzystów;
- podjechaliśmy z tym do budki, gdzie dostaliśmy pieczątki do paszportów i na karteczkę (tutaj nawet dwie);
- dojechaliśmy do szlabanu 2. — tam oddaliśmy karteczkę i pokazaliśmy podstemplowany paszport i… byliśmy na Ukrainie.

Bałkany — otwarte drzwi i serca byłej Jugosławii
Rafał Czyżewski

Bałkany, ciągle dość powszechnie nazywane „byłą Jugosławią", kuszą ciepłym klimatem, przejrzystymi wodami Adriatyku, lokalną kuchnią, a przede wszystkim różnorodnością. Bogactwo religijno-kulturowe tego rejonu jest zarówno jego głównym atutem, jak i — co pokazały jeszcze niezbyt odległe wydarzenia z końca XX wieku — jego przekleństwem i zmorą. Na szczęście dla wszystkich szukających nieco innego oblicza Europy Półwysep Bałkański od niemal dwudziestu lat emanuje spokojem, a konflikty zbrojne odchodzą w niepamięć. Wraz z końcem wojny w kraje bałkańskie wstąpiło nowe życie, a stolice (Belgrad, Skopje, Tirana czy nawet Prisztina) w porównaniu z pozostałymi miastami bliżej nam znanej zachodniej Europy nie mają najmniejszych powodów do wstydu, zachowując przy tym swoją wyjątkowość oraz klimat. Obszar ten, pomimo rosnącej popularności, jest ciągle na turystycznym uboczu, zupełnie niesłusznie, każdy bowiem, kto się tam znajdzie, chce jak najprędzej powrócić w te strony.

Co więcej, żeby spędzić urlop na Półwyspie Bałkańskim, nie potrzeba wielkich pieniędzy ani szmatu czasu na dojazd. Jako że strefa euro nie sięga jeszcze tak daleko, ceny są przystępne i zbliżone do tych w Polsce. Prężnie rozwijająca się turystyka z pewnością zaspokoi wymagania bardziej kapryśnych oraz spragnionych luksusu. Jak widać, każdy znajdzie coś dla siebie. A to wszystko tuż za granicą Węgier. Serbia, czyli jedno z największych państw regionu, oddalona jest o nieco ponad 500 km od Polski (Nowy Sącz – Subotica według Google Maps). Dalej w zależności od wybranego kierunku mamy już Kosowo, Macedonię, Albanię, Czarnogórę, Bośnię i Hercegowinę oraz Grecję, Bułgarię czy Chorwację, które to czasem są zaliczane do Bałkanów.

Bałkany to też ludzie. Życzliwi, przyjaźni, ciekawscy i jakby bardziej uśmiechnięci czy otwarci na świat. Świat widziany z siodełka przesuwa się wolniej, krajobrazy zostawiają mocniejszy zarys w pamięci, a ludzie są dosłownie na wyciągnięcie ręki. Czy to zaproszenie na mocną turecką kawę, czy słodki owoc granatu, poratowanie zimną wodą, czy zaproszenie na kolację — każdą relację z tamtejszymi ludźmi wspominam miło i z lekkim uśmiechem na ustach. Niektórzy mawiają, że na „Zachodzie" tego nie uświadczysz.

Z kulinarnego punktu widzenia kraje bałkańskie to kraina obfitości z delikatną nutą egzotyki. Wzdłuż dróg stoją stragany zapełnione owocami zebranymi z pobliskich pól. Arbuzy, melony czy rosnące gdzie tylko popadnie krzewy granatu, za przysłowiowe grosze. Na drugie śniadanie czy lekką przekąskę świetnie nadaje się burek, czyli rodzaj placka z przeróżnymi typami nadzienia; popija się go ajranem, odpowiednikiem naszego jogurtu czy kefiru, lecz nieco bardziej słonego. Na kolację należałoby spróbować tutejszej baraniny, a jeśli ktoś gustuje w mocniejszych

Do Indii wcale nie musi być daleko. © Robb Maciąg

trunkach, mocna, domowej produkcji śliwowica umili mu bądź spotęguje trudy całodziennej podróży. Jakby tego było mało, mamy jeszcze do spróbowania dolmę, czyli liście winogron nadziewane mięsem z ryżem. Taki odpowiednik naszych gołąbków. Wegetarianie zaś upodobają sobie wszelkiego rodzaju sposoby przyrządzania bakłażana albo nadziewaną paprykę. Jeśli ktoś jeszcze nie ma dość, uwieńczeniem posiłku będzie bardzo słodka i mocno uzależniająca bakława.

Jak już napisano wcześniej, nie musimy się martwić o to, że na Bałkanach jest niebezpiecznie. Niestety, rowerzyści, jak to najczęściej bywa, postrzegani są jako przeszkody na drodze i trzeba to mieć na uwadze. Wybierając główniejsze drogi, mamy pod kołami lepszy asfalt, jednak trzeba się liczyć z większym natężeniem ruchu i związanymi z tym utrudnieniami (oczywista oczywistość?). Trzeba o tym pamiętać zwłaszcza w górach, kiedy podczas długich i męczących podjazdów ciągnący się za nami sznur pojazdów może nie być już do nas tak przyjacielsko nastawiony. A Bałkany to teren mocno górzysty.

I jeszcze jedna ważna sprawa: wybierając się w miesiącach letnich (lipiec i sierpień), musimy uwzględnić temperatury rzędu 40°C. O ile przy leżeniu na plaży nie można prosić o lepszą aurę, to podczas jazdy rowerem obładowanym sakwami upał może nieco dać się we znaki.

Długa linia brzegowa, tysiące malutkich wysp, całkiem pokaźne góry pocięte kanionami i dolinami, a miejscami schodzące prosto do morza — to jedne z mnóstwa atrakcji oferowanych miłośnikom dwóch kółek. Setki albańskich bunkrów, dziesiątki mijanych osiołków oraz tysiące zakrętów w niezapomnianych krajobrazach sprawiają, że o Bałkanach nie jest łatwo zapomnieć. Otwarte przestrzenie oraz stosunkowo niska gęstość zaludnienia sprzyjają biwakowaniu na dziko, a przyjaźni mieszkańcy chętnie przyjmują rowerzystów pod swoje dachy i opiekę. Najlepiej spakować sakwy i doświadczyć tego wszystkiego samemu.

W krainie północnego słońca, czyli kultowa podróż na północny kraniec Europy — Nordkapp
Michał Sitarz
www.outland.pl

Droga nr 17 jest przez wielu uważana za jedną z najpiękniejszych na świecie. Na przestrzeni pierwszych kilkudziesięciu kilometrów sceneria zmienia się niebywale często. Połacie lasów iglastych oraz liściastych, fiordy, góry i pagóry jak w naszych Pieninach. Różnorodność iście zadziwiająca, krajobrazy tasują się jak w kalejdoskopie, od Alaski, przez Podhale, aż po Warmię i Mazury. Droga niemal całkowicie pusta, bo prawie wszystkie auta wybierają norweską autostradę E6. Olśniewające widoki i płaska droga sprawiają, że kilometry szybko uciekają. A wokoło piękna lazurowa woda i majestatyczne górskie szczyty. Widoki tak niesamowite, że aż trudno się nie złapać na myśleniu, czy podczas tej podróży zobaczymy jeszcze coś tak pięknego.

Niespodziankom nie ma końca. Czy to muzea w miastach, czy ponadkilometrowej długości wiszący most Helgeland przerzucony nad Leirfjordem, będący jedną z najdłuższych tego typu konstrukcji na świecie.

W oddali widać charakterystyczne kształty archipelagu Træna i wyspy Lovund. Można by tak siedzieć, patrzeć i patrzeć na tę bajkową scenerię, zachwycać się w nieskończoność, bo takich widoków w życiu jednego człowieka zdarza się najwyżej kilka.

Przeprawa do Jektvik to rejs marzenie (jeżeli pogoda nie zadecyduje inaczej): mocno grzejące słońce, leżaki, przyjemna bryza od morza. W takich oto okolicznościach przyrody przekraczamy koło podbiegunowe. „Jesteście w Arktyce" — przypomina nam komunikat kapitana oraz metalowy globus widoczny z pokładu statku.

Końcówka drogi nr 17 to jeszcze więcej podjazdów. Jednak ten górski odcinek otwiera niezapomniane widoki. Jak zahipnotyzowani będziecie wpatrywać się w potężne szczyty i skalne iglice pasma Børvasstindan. Bardzo szybko jednak góry zostają za nami i oto docieramy do miejsca występowania kolejnego arcyciekawego fenomenu: cieśniny Saltstraumen, gdzie można zaobserwować efekty najsilniejszego pływu na świecie. Co sześć godzin blisko 400 mln m sześc. morskiej wody przepływa z prędkością 40 km/h przez szeroką na 150 m cieśninę. Kulminacją tego spektaklu są potężne wiry o średnicy dochodzącej do 15 m. Do Bodø jeszcze około 30 km, magia baśniowego wybrzeża nagle zanika. Okolica coraz bardziej ucywilizowana, remonty dróg, zwiększone natężenie ruchu, takie niezbyt ciekawe podmiejskie klimaty.

Lofoty! Po kilku kilometrach jazdy wyłania się widok na Reine. Ta przepięknie położona wioska uznawana jest za jedno z najbardziej fotogenicznych miejsc

Norwegii. Potężne skały wznoszą się majestatycznie ponad zatoką. Czerwone „rorbu", domki rybackie na palach, wspaniale komponują się z otoczeniem. Na dalszym odcinku droga jest wąska i kręta. Kolor wody i jej niesamowitą przejrzystość trudno jest opisać. Macie niemałe szanse, aby zobaczyć symbol Lofotów — dorsze suszące się na charakterystycznych drewnianych rusztowaniach. Spotykacie też zapewne rowerzystów z niemal wszystkich zakątków globu. Chociaż Lofoty położone są w kręgu koła podbiegunowego, wpływ ciepłego Prądu Zatokowego (Golfstrom) przekłada się na znacznie łagodniejszy klimat oraz wyższe temperatury wody i powietrza niż typowe dla obszarów położonych w podobnej szerokości geograficznej. To największa tego typu anomalia termiczna na świecie (wynosi nawet kilkanaście stopni Celsjusza!).

Prom Fiskebøl — Melbu zabiera nas na kolejny archipelag, często określany mianem niedocenionego, niesłusznie zepchniętego na margines zainteresowania przez Lofoty. Czas na Vesterålen. Droga wzdłuż zachodniego, a następnie północnego wybrzeża wyspy Hadseløya oferuje prawdziwie sielskie krajobrazy. Po lewej stronie bezkresne morze, po prawej zielone kwieciste łąki, drzewa, tereny uprawne i pastwiska. W największym miasteczku na wyspie, Stokmarknes, miło spędzamy czas na nabrzeżu. Stąd przejeżdżamy na kolejną wyspę archipelagu — Langøyę, skąd po niezbyt długim kręceniu przez kolejny most wjeżdżamy na Hinnøyę — największą wyspę Norwegii (nie licząc Svalbardu). Droga będzie w zasadzie pusta i będziecie przemierzać rozległą równinę otoczoną przez strzeliste góry.

Niestety, droga nr 17 kończy się i trzeba wjechać na E6, gdzie jest mało ciekawie. Dużo aut, brak pobocza, ogólnie rzecz ujmując: wątpliwa atrakcja dla rowerzysty. „Jeśli tak ma wyglądać nasza dalsza droga na północ, to zastanówmy się, czy jest po co jechać na Nordkapp". Głowa do góry, wkrótce ujrzycie znacznie korzystniejszy obraz norweskiej autostrady. Po kilkunastu kilometrach dojdziecie do wniosku, że pustą E6 jedzie się o niebo lepiej. W Heia możecie zobaczyć sporo namiotów Saamów (znanych także jako Saami lub Sámi). Zepchnięci przez ludy skandynawskie i ugrofińskie, głównie na północne terytoria Laponii, Saamowie żyją przeważnie z hodowli, myślistwa, rybołówstwa oraz sprzedaży wyrobów rękodzielniczych, głównie wykonanych ze skór, kości i poroży reniferów.

Teraz przygotujcie się na serię podjazdów i zjazdów, pedałowanie na rozległych pustynnych niemal płaskowyżach. Surowe scenerie, skały i trawa, pochmurna pustka. Zjazd i już jesteście nad fiordem Porsangen. Stąd do Nordkapp pozostało już tylko 130 km! Ruch jest niewielki, głównie będą Was mijać autobusy wypełnione turystami ze wszystkich zakątków globu. Wzdłuż drogi przechadzają się liczne stada reniferów. Nordkapp-tunnelen łączy kontynentalną Norwegię z wyspą Magerøya, na jej północnym krańcu znajduje się cel naszej podróży — Przylądek Północny. Tunel ma 6875 m długości i schodzi na głębokość 212 m pod poziom morza. Oświetlenie zainstalowane, ubiory stosownie dobrane, z dużą prędkością zanurzamy się w oparach gęstej mgły, pędzimy w dół i siłą rozpędu pokonujemy pierwszych kilkaset metrów podjazdu. Na dnie panuje chłód, przestrzeń wypełnia huk wentylatorów.

Z Honningsvåg, które reklamuje się jako „najbardziej na północ położone miasto na świecie" (podobnie robi Barrow na Alasce i Longyearbyen na Spitsbergenie), już tylko nieco ponad 30 km, jednak jak się okaże, wyjątkowo trudnego terenu. Ten etap wiodący do „mekki rowerzystów" jest naprawdę wymagający, długie i strome podjazdy, wyjątkowo surowy krajobraz. W zabudowaniach Nordkapphallen (North Cape Hall) macie duże szanse spotkać sakwiarzy z najprzeróżniejszych miejsc naszej planety.

Przed wyruszeniem w drogę powrotną wpiszcie się do księgi pamiątkowej zarezerwowanej dla rowerzystów.

© *Michał Sitarz i Ola Nikitin*

Trasa Trondheim – Nordkapp w pigułce

Trasa: Trondheim – droga nr 17 – Bodø – Moskenes – Andenes – Finnsness – Alta – Nordkapp. Odległości: Trondheim – Bodø 839 km, Bodø – Nordkapp 1100 km.

Popularnym wariantem trasy jest start w Kirkenes, wizyta na Nordkappie i stamtąd powrót na południe Norwegii.

Dla kogo: trasa Trondheim – Bodø naprawdę nie jest trudna! Są tu może trzy większe podjazdy. Absolutnie nie ma jednak tak wymagających etapów jak w południowych rejonach Norwegii. Na dalszej trasie również nie napotkacie na jakieś specjalnie wymagające odcinki (z wyjątkiem ostatnich kilometrów przed Nordkapp).

Insekty: Trondheim – Bodø: na tym etapie podróży dokuczliwe mogą być meszki. Zaobserwowaliśmy, że aby zminimalizować ataki tych małych krwiopijców, najlepiej rozbić obozowisko jeszcze w promieniach słońca (jeśli to oczywiście możliwe). Koniecznie należy zaopatrzyć się w repelenty. Skuteczne okazało się kadzidło (sprzedawane w formie zielonej spirali). W cieniu meszek jest znacznie więcej. Komary nie stanowiły problemu, ale moskitierę zawsze warto mieć pod ręką. Należy wziąć poprawkę na to, iż zjawisko może występować w różnym nasileniu, w zależności od okresu, w którym podróżujemy. Na wyspach nie zaobserwowaliśmy meszek ani komarów.

„Midnight Sun" („północne słońce", „słońce północy"): im dalej na północ od koła podbiegunowego (66°33''), tym dłuższy jest okres, kiedy słońce w lecie pozostaje nieprzerwanie nad horyzontem (dzień polarny). Jasność przez całą dobę sprawia, że nie musimy spieszyć się z poszukiwaniem miejsca na nocleg, co jest dużym ułatwieniem. Niemniej jednak „białe noce" mogą się okazać uciążliwe. Rozświetlone wnętrze namiotu uprzykrza sen, dlatego polecamy stosowanie ciemnej przepaski na oczy.

Ruch na drogach: w przeważającej części niewielki, gdyż droga nr 17 jest alternatywnym szlakiem na północ wobec znacznie szybszej drogi E6. Częste połączenia promowe sprawiają, że średnio raz na godzinę będzie nas mijać sznur aut, który najlepiej jest przepuścić. Na drogach zdecydowanie królują campery.

Zakupy: Rema 1000 (tanie pieczywo), ICA (tanie produkty Euroshopper), Joker, Coop i Coop Mega, Rimi. Warto robić większe zapasy, gdyż następny sklep z artykułami spożywczymi może być za ponad 100 km.

Woda: ani razu nie kupowaliśmy wody, zawsze piliśmy kranową.

Bezpieczeństwo: w każdym momencie czuliśmy się całkowicie bezpiecznie.

Pogoda: bardzo często zmienia się jak w kalejdoskopie, można doświadczyć wszystkich kaprysów klimatu. Dlatego jadąc do Norwegii, musimy być przygotowani zarówno na kilkudniową jazdę w deszczu, jak również koniecznie należy zabrać kremy z wysokim filtrem na wypadek piekącego słońca. O kaprysach pogody niech świadczy nasza obserwacja z 2007 roku: poprawa pogody wieczorami (bezchmurne niebo) NIGDY nie przełożyła się na dobrą pogodę rano — wieczorne promienie słońca były jednoznaczne z tym, że o świcie będzie lało.

Noclegi: zawsze nocowaliśmy „na dziko" — uroczych miejsc nie brakuje, ze znalezieniem miejsca na biwak nie powinno być problemów (gorzej może być z wbiciem śledzi namiotowych).

Oświetlenie: jazda przez liczne norweskie tunele bez oświetlenia to bardzo zły pomysł. Poza tunelami oświetlenie będzie raczej zbędne (o ile wybieramy się w okresie czerwiec – sierpień). Po długim okresie „białych nocy" bardzo dziwne uczucie przynosi zetknięcie ze światłem elektrycznym i zapadającym zmrokiem.

Promy: bilety na promy kupuje się od „mobilnego" kasjera, który sam podejdzie do nas. Rowerzyści i piesi zawsze wchodzą na prom w pierwszej kolejności.

Turcja — gdzie stacja benzynowa jest oazą

Turcja to pomost pomiędzy Europą i Azją. To tu leży Troja, to tu kwitło imperium bizantyjskie, to tu miejskim promem w Stambule można przepłynąć z Europy do Azji. Odwiedzić wspaniałe meczety, jeszcze wspanialsze bazary.

Turcja od lat słynie wśród rowerzystów nie tylko z przepięknych widoków, dobrego jedzenia i długich podjazdów, ale przede wszystkim ze swej gościnności. Jeżeli chcecie pojechać do miejsca na wskroś egzotycznego, ale wcale nie na drugi koniec świata, to może warto wybrać się do Turcji.

Zajeżdżasz na stację benzynową po wodę i może jeszcze do toalety. W swej ciągłej naiwności myślisz sobie: „Raz, dwa i już mnie nie ma". Tymczasem chłopak z obsługi już pyta, skąd jesteś, i przynosi tacę, a na niej dzbanek gorącego czaju. Trzeba zostać na moment i pogadać. Zjeść słodycze, które nagle, w jakiś magiczny sposób, znikąd pojawiają się na stoliku. Czasem tym magikiem jest drugi chłopak z obsługi, czasem przygodny kierowca, który właśnie zatankował paliwo i chce się z nami czymś podzielić. Czasem trudno to wszystko ogarnąć. Tyle sympatii, o którą nigdy nie prosiłeś. Czasem trudno się do tego przyzwyczaić i przyjąć to z szacunkiem, a jednocześnie „tak po prostu", jak najnormalniejszy międzyludzki gest.

Robb Maciąg, *Tysiąc szklanek herbaty*

Jak się dostać?
Poza oczywistym rozwiązaniem dojazdu do Turcji rowerem istnieją jeszcze szybsze sposoby. Na przykład samolotem z Warszawy czy Berlina.

Do konkretnego miejsca w Turcji łatwo się dostać autobusem. Nigdy nie mieliśmy problemu, by rowery schować do bagażnika. Po Turcji jeżdżą zachodnie autobusy i rowery zawsze mieściły się na stojąco. Nigdy też nie musieliśmy dopłacać za rowery.

Pogoda — kiedy jechać
Turcja wydaje się gorącym, śródziemnomorskim krajem. Latem jest bardzo gorąco. Upały w południowej Turcji zaczynają się już w maju, a w sierpniu mogą być naprawdę dokuczliwe. Jesień może być wietrzna i nagle… chłodna. Z kolei zima we wschodniej Turcji jest długa, wietrzna i mroźna. Nawet w Istambule zdarza się, że pada śnieg, a temperatury spadają poniżej zera.

Jedzenie
Czy tureckie jedzenie trzeba reklamować? Kto nie chciałby pobuszować po restauracjach i knajpkach serwujących prawdziwe kebaby, prawdziwą bakławę z czarną kawą po… turecku?

Najłatwiej stołować się w przydrożnych barach dla kierowców, a w miastach roi się od restauracji i niewielkich budek z *balik ekmek* (dosłownie: bułka z rybą) i kebabami. Dobrym i sytym posiłkiem jest *kumpir* (pieczony wielki ziemniak z upchanymi do środka warzywami i mięsem) i *guzleme* (placek przypominający naleśnik z warzywnym nadzieniem), *pide* (placek z zapieczonym białym serem), a na deser wszelkie słodkości — chałwa, suszone owoce, orzeszki i bakława.

Wodę zawsze łatwo kupić, jeżeli nie w sklepach, to na stacjach benzynowych i w meczetach. Muzułmanie przed modlitwą muszą się umyć i dlatego w każdym meczecie musi być co najmniej jeden kran z wodą.

Na co uważać
Niestety, w Turcji trzeba uważać na psy. O ile w zachodniej i środkowej części kraju nie są problemem, o tyle im bardziej na wschód, tym jest ich więcej. Są to psy pasterskie, które z jakiegoś powodu uwielbiają ścigać się z rowerzystami. Niestety, miejscowi bardzo często uznają to za świetną zabawę i rzadko przywołują psy do siebie. Raczej wolą patrzeć, kto wygra.

Najlepszym sposobem jest się zatrzymać. Większość psów traci zainteresowanie, gdy tylko widzą, że z wyścigu nic nie będzie. Podniesiony z drogi kamień często utwierdza je w tym przekonaniu. Psów nie należy się bać — należy po prostu o tym pamiętać i umieć się zachować.

Drugą rzeczą, na którą należy uważać, są nieoświetlone tunele. Co innego, gdy tunel jest krótki i prosty, a co innego, gdy lekko zakręca — nie widać zupełnie, dokąd się jedzie.

Ostatnią rzeczą będzie upał. Turcja to dość wietrzny kraj i bardzo często wydaje się, że jest chłodniej niż w rzeczywistości. Krótko mówiąc — bardzo łatwo o poparzenie słoneczne.

Ludzie
Turcy to jedni z najbardziej gościnnych ludzi na świecie. Wśród rowerzystów wciąż toczy się „cicha walka", czy to Turcy, czy może Syryjczycy lub Irańczycy są najbardziej pomocnymi i gościnnymi ludźmi :-).

Turcy czasem dziwią się „dlaczego rowerem", skoro są bardzo wygodne i szybkie autobusy, ale nieraz postawią obiad, nakarmią w domu i przenocują. Są bardzo życzliwi. Jeżeli tylko pozwolicie, zaproszą Was do domu, a może nawet na wesele lub inną rodzinną imprezę.

Ceny
Ceny porównywalne są do tych, jakie mamy w Polsce.

Nocleg w przydrożnym meczecie

Noclegi
Hotele — jest ich dużo i w różnym standardzie. Typowa cena to 20 lir za łóżko.

Namiot — im bardziej na wschód, tym łatwiej rozbić namiot. Łatwiej o puste przestrzenie i łąki.

Stacje benzynowe — wśród rowerzystów niemal legendarne, prawdziwe oazy. Typowa wizyta na stacji benzynowej zaczyna się od herbaty, a często kończy się na noclegu. Na większych stacjach są łazienki dla kierowców ciężarówek i obsługa bardzo chętnie pozwala korzystać z prysznica także rowerzystom. Można nawet skorzystać z noclegu w stacyjnym meczecie, byle poczekać do ostatniej modlitwy i wstać przed pierwszą.

Restrykcje
We wschodniej Turcji zamieszkanej głównie przez Kurdów zdarza się, że wojsko zatrzymuje rowerzystów na punktach kontrolnych na nocleg, gdy uzna, że na dojazd do następnego jest już za późno. Najczęściej wojskowi odradzają rozbijanie namiotu „gdzie popadnie" ze względu na miny i ruchy tureckich wojsk i kurdyjskiej partyzantki.

Przykładowe trasy
- Wybrzeżem Morza Czarnego — palmy i ciepłe morze.
- Kapadocja — niezapomniane krajobrazy.
- Wschodnia Turcja, Kurdystan — jezioro Wan, góry i wielkie przestrzenie.

Gruzja — nie tylko Kaukaz
Michał Sitarz
www.outland.pl

Gdy ruszycie z lotniska, tylko przez chwilę będzie spokojnie. Dlatego sądzę, że najlepszym rozwiązaniem będzie skorzystanie z autobusu i odjechanie kilkunastu kilometrów poza gwarne Tbilisi. No chyba że ktoś lubi jazdę w spalinach, pośród kompletnie nieprzewidywalnych kierowców. Dodajmy do tego lawirowanie pomiędzy wielkimi otwartymi studzienkami, do których można wpaść z całym rowerem, upał i różne ostre przedmioty na poboczu. Niezła gratka dla prawdziwych twardzieli. Pamiętajcie: na czas wizyty w Gruzji musicie koniecznie nabrać dystansu do wszelkich trudności i oduczyć się spoglądania na zegarek. Dajcie się ponieść nurtowi zdarzeń, odrzućcie typowo zachodnioeuropejską mentalność żądną podążania zgodnie z wcześniej ustalonym planem. Dopiero wówczas docenicie ten kraj. Zadawanie pytań o sensowność pewnych rozwiązań jest tutaj często... bez sensu.

Gruzja to kilkanaście regionów, każdy jest wyraźnie inny, każdy ma swój wyraźnie zarysowany odrębny charakter. Jadąc na północny wschód od Tbilisi, natrafimy na kilka przełęczy dochodzących do 1600 m n.p.m., takich jak Gombori. Nawierzchnia w całej Gruzji jest bardzo zmienna, od gładkiego asfaltu począwszy, poprzez mocno wybrakowany, na piaskowo-żwirowej drodze skończywszy. Jednak w ostatnim czasie dużo dróg w znaczący sposób się poprawiło, co jednych może cieszyć, innych już niekoniecznie. Na swej trasie ujrzycie wiele postradzieckich pamiątek, pomników, cmentarzysk, ciekawych malowideł i kolaży motywów gruzińsko-radzieckich. Większość będzie w zaawansowanym stadium rozsypki. Gdy będziecie chcieli uzupełnić zapasy prowiantu i akurat w pobliżu nie zauważycie żadnego sklepu, niekoniecznie musi to oznaczać, że jesteście skazani na śmierć głodową. Sklepiki często są nieoznakowane i mieszczą się w wiejskich chałupach. Radzę dokładnie sprawdzać, co się kupuje, przeterminowane produkty to tutaj norma.

Jadąc przez Kachetię, na pewno zakosztujecie wyśmienitego wina i soczystych arbuzów. Niestety, niska wysokość n.p.m. przekłada się na wysoką temperaturę, nawet późnym wieczorem wszystko bywa rozgrzane niczym w hutniczym piecu. Liczba sprzedawców warzyw i owoców jest na kachetyjskiej równinie doprawdy oszałamiająca. Auta wyładowane arbuzami, melonami, pomidorami, ogórkami. Wołgi, łady, wszelakie pojazdy nowsze i starsze, zdecydowanie bardziej te starsze, wszystkie pękające w szwach. Zapewne warto odwiedzić Tsinandali, piwnice do składowania wina, ponoć drugie co do wielkości na świecie.

Gruzja to piękne krajobrazy, egzotyczne klimaty, ale nade wszystko ludzie. Codzienne, zaskakujące spotkania nadały nowy wymiar naszym podróżom. To właśnie te spotkania i biesiady, na które będziecie co rusz zapraszani, najdłużej pozostaną w Waszej pamięci. Przygotujcie się na pytania: dlaczego rower, a nie samochód? Czy macie dzieci, ile macie dzieci? Czy jesteście wierzący? Nie da się uniknąć rozmowy na tematy polityczne. Nawet jeśli nie kochacie PiS-u, być może łza Wam się w oku zakręci, a już na pewno wzruszycie się trochę, gdy zetkniecie się z uwielbieniem i ogromnym szacunkiem, jakim darzony jest tutaj prezydent Kaczyński. Spodoba Wam się wszechobecne niemal uznanie dla Polaków, chyba największe na świecie — głównie jako dla pionierów, bojowników o tożsamość i niepodległość. Przykład narodu polskiego daje Gruzinom nadzieję, a my na rowerach, zmagając się z wysokimi górami Kaukazu, jesteśmy dla nich prawdziwymi „gierojami" (to słowo często pada pod naszym adresem). Spotykamy wielu Gruzinów, którzy mają polskie korzenie lub którzy stacjonowali w Polsce, np. w Legnicy, a jeśli nawet stacjonowali w Niemczech, to przez Polskę przejeżdżali pociągiem. Co może być uderzające, Gruzini mają dużą wiedzę o geografii Polski, znają nazwy polskich miast, gór i wielu innych rzeczy, o których znajomość byśmy ich nie podejrzewali.

W okolicach Zhinvali rozpoczynamy przygodę z Drogą Wojenną, która przez kilkadziesiąt kilometrów wiedzie łagodnie wzdłuż rzeki, dnem ogromnej doliny. Trzeba przyznać, że byliśmy nie najlepiej nastawieni do tego odcinka, jak zresztą do tych wszystkich znanych atrakcji będących celem rzesz turystów. Obawialiśmy się dużego ruchu, a tu, proszę, droga niemal pusta. Od pewnego miejsca rozpoczynają się serpentyny wykute w skale, jednak profil podjazdu jest bardzo łagodny i po obszernych pochylniach pedałuje się bez specjalnego wysiłku. Sceneria robi się coraz bardziej dramatyczna — bujna zieleń, a w tle ośnieżone szczyty górskie.

Jeśli postanowicie wynająć jakiś nocleg w Kazbegi (obecnie Stepantsminda), koniecznie upewnijcie się, że nie ma problemu z bieżącą wodą. Zresztą na terenie całej Gruzji można spodziewać się okresowych przerw w dostawie H_2O. Jeśli ktoś powie, że woda będzie wieczorem, być może wcale jej nie będzie, być może nawet nie ma jej już od blisko miesiąca. I znowu wychodzi na to, że nie ma lepszego hotelu niż nasz poczciwy namiot. Słynny klasztor Cminda Sameba górujący nad miastem, a w tle ośnieżony Kazbek — czy może być coś piękniejszego? Jak najbardziej, to miejsce jak dla mnie pozbawione jest klimatu, stanowczo zbyt wielu tu turystów, którzy — o zgrozo — wjeżdżają na wzgórze samochodami!

Okolice jeziora Tsalka są bardzo biedne, zapuszczone wioski i miasteczka, wszystko to robi nieco przygnębiające wrażenie. Z kolei rejon jeziora Paravani bardzo mi się podobał, rozległe puste przestrzenie, a wszystko na wysokości

Gruziński offroad.
© *Michał Sitarz i Ola Nikitin*

ponad 2000 m n.p.m. Południe Gruzji, a więc obszary niedaleko granicy z Armenią, to tereny zamieszkane przez mniejszość, a czasami pewnie i większość ormiańską. Z Akhalkalaki wdrapujemy się na przełęcz Tskhratskharo (2454 m n.p.m.). Z góry roztacza się kapitalny widok na północ. Uważajcie jednak, aby nie zostać zaskoczeni przez zmienną pogodę — my na dole mieliśmy piękne słońce, na przełęczy mgłę i bardzo mocny wiatr, o rozwścieczonych psach pasterskich nawet nie wspominam. Teraz zjazd do znanego kurortu Bakuriani po kamienistych serpentynach. Jednak na dalszym odcinku do Borjomi przez ponad 20 km będziecie się już kładli po idealnie wyprofilowanych asfaltowych zakrętach. Będąc w Borjomi, nie zapomnijcie skosztować słynnych wód mineralnych!

W całej Gruzji bardzo często możemy usłyszeć, jak to w Sowietskim Sajuzie wszystko się pięknie układało, do Borjomi przyjeżdżali artyści i intelektualiści, w narciarskich kurortach trenowały kadry olimpijskie. W niemal każdej rozmowie o życiu i Gruzji słowo „rańsze", czyli „dawniej", wymawiane jest z trudną do ukrycia tęsknotą, której często towarzyszą łzy i łamiący się głos. W Armenii nie trzeba tego od ludzi wyciągać. Teraz jest bieda, w ZSRR było super. Kropka. Gruzini są mniej wylewni w wychwalaniu czasów radzieckich, głównie z powodu napiętych relacji pomiędzy oboma krajami.

Zapewne wspominając komuś, że wybieracie się do Swanetii, usłyszycie, że trudno, że na rowerze nie da rady itd. Jednakże trudność terenów czy dróg dla większości ludzi wynika z faktu, że poruszają się oni po takich obszarach wolniej niż po drogach gładkich i ubitych. Podstawową zasadą, która z pewnością ułatwi nam życie, jest unikanie założeń, że danego dnia należy pokonać odcinek z punktu A do punktu B. Nie warto zanadto wybiegać w przyszłość, spieszyć się, bo niewiele to da. Na pewnych odcinkach jedzie się lub idzie wolniej niż na innych. Ot, cała filozofia.

Zachodnia Gruzja jest urzekająca. Regiony Megrelia, Guria, Adżaria, subtropikalny klimat, cudowna zieleń we wszelkich odcieniach, wilgoć. Dużo pięknych willi, pięknych niegdyś, dzisiaj jedynie prowokujących do stwierdzenia: „Ależ kiedyś tutaj było bogato i dostojnie". Przepyszne orzechy, cudowna górska osada Bakhmaro położona na granicy nieba i ziemi, średniowieczne kamienne mosty na rzece Adjaristskali. No i Batumi, o które będą Was pytać wszyscy. „Czy jedziecie do Batumi?", a raczej: „Jedziecie oczywiście do Batumi, prawda?".

Naprawdę warto odwiedzić trzy skalne osady. Vardzia w pobliżu granicy z Armenią, Uplisiche niedaleko Gori oraz klasztory Davit Gareja na granicy z Azerbejdżanem. Każde z tych miejsc ma swój niepowtarzalny klimat i charakter, każde jest unikatowe. W pobliżu klasztorów Davit Garej uważajcie na węże, a także na żołnierzy. Gdy nawet usłyszycie szczęk broni i ujrzycie kałacha wymierzonego prosto w Was, nie panikujcie, oni prawdopodobnie nie zamierzają do Was strzelać.

Pisząc o Gruzji, musimy wspomnieć, że to kraj, w którym ludzie nie są ograniczani przepisami, nie wszystko jest doprecyzowane stosownymi paragrafami. A jak wiemy, nadmiar przepisów doprowadził w wielu krajach do zaniku spontaniczności, kreatywności i improwizacji. Gruziński przykład pokazuje, że narastający z roku na rok gąszcz (unijnych) przepisów żyje poniekąd własnym życiem, nowe przepisy rodzą kolejne i wydają się służyć tylko samym sobie. W tym wszystkim człowiek traktowany jest jak jakieś nieodpowiedzialne dziecko. Szczęście, które odnajdujemy w Gruzji, pozwala nam dostrzec jak na dłoni, że nasz świat zdominowany przez irracjonalizm racjonalizmu stopniowo zabija nas, naszą skłonność do podejmowania ryzyka, a także tak potrzebną we wszelkich innowacjach nutkę szaleństwa.

Jedźcie do Gruzji, ten kraj i jego mieszkańcy potrzebują Was niczym wody. A może to Wy potrzebujecie Gruzji bardziej niż ona Was, może to właśnie gdzieś tam zdołacie odnaleźć zagubioną kiedyś radość życia?

Gruzja w pigułce

Bezpieczeństwo: w żadnym momencie nie czuliśmy się zagrożeni. Wręcz przeciwnie: wiedzieliśmy, że w razie potrzeby nikt nie odmówi nam pomocy. No, może w kilku momentach poczuliśmy lekki dreszczyk, np. gdy na całkowitych pustkowiach w pobliżu granicy z Azerbejdżanem mieliśmy do czynienia z uzbrojonymi w broń palną osobnikami.

Części rowerowe: jak się okazuje, nawet w Tbilisi kupno mocnego koła było nie lada wyzwaniem. Koniec końców trafiliśmy do Kwiczy, speca, który naprawi każdy rower; ma dużo używanych części. Jego warsztat mieści się na starym stadionie (stary Velo Trek). Gdyby ktoś znalazł się w tarapatach w Tbilisi, telefon do Kwiczy: (+32) 599 100 459 — szczerze polecam.

Nawigacja: polecam dobre mapy GPS „Geolandu", www.geoland.ge.

Przelot: dobre ceny oferuje LOT, Air Baltic. W przypadku LOT-u opłata za jeden rower w jedną stronę to około 50 euro (płatne w walucie lokalnej). Najbezpieczniej rower zapakować w karton, ale nasze jednoślady z powrotem leciały zawinięte w brezent i nic im się nie stało.

Wizy: obywatele RP nie potrzebują wiz do Gruzji.

Woda: w zdecydowanej większości przypadków czerpaliśmy ją z przydrożnych ujęć i źródełek.

Zwierzęta: krowy są tu chyba święte, bo wałęsają się dosłownie wszędzie, śpią lub stoją na środku drogi, zupełnie nie reagując na jakiekolwiek bodźce (samochody, rowerzystów, krzyki, gwizdy itd.). Auto przejeżdża 80 km/h w odległości 20 cm, a krowa nawet głowy nie odwróci. Psy — bardzo przydatny okazał się ultradźwiękowy odstraszacz, skuteczny w około 80%

przypadków. Trzeba uważać szczególnie w pobliżu bacówek, domostw pasterskich. Gdzieniegdzie (np. w David Gareja) trzeba uważać na jadowite węże.

Insekty: komary występują w nadspodziewanie wielu miejscach, najczęściej wieczorem.

Zdrowie: warto zaszczepić się przeciwko żółtaczce i wściekliźnie. Ponoć na terenach nizinnych sporadycznie odnotowuje się przypadki malarii.

Kanada pachnąca przestrzenią
Staszek Majcherkiewicz,
www.majchers.com

Czy Kanada pachnie żywicą? — tego nie wiem, ale z całą pewnością pachnie... przestrzenią. Oraz świeżością i takim samym powietrzem — jedno z miast na trasie, o której poniżej, Calgary, zostało uznane przez magazyn „Forbes" w 2011 za miasto o najczystszym powietrzu na świecie!
Polecana trasa to przekrój Kanady — dosłownie i w przenośni. Geograficznie, demograficznie, ba!, nawet politycznie! Zobaczycie bowiem oba największe oceany, przewspaniałe rzeki, majestatyczne i urzekające góry, bezkresne prerie, niezliczone jeziora o krystalicznej wodzie (Kanada ma ich najwięcej na świecie), nieprzebrane lasy, ale i... urok dawnej Europy odciśnięty w kieszonkowych prowincjach atlantyckich.
Zdecydowanie najpopularniejszą trasą rowerową w Kanadzie jest podróż od oceanu do oceanu. Od jednego końca Trans Canada Highway (drogi oznaczonej numerem 1 w Kanadzie) — autostrady transkanadyjskiej i „mili zero" w Wiktorii, w prowincji British Columbia, do jej drugiego końca i kolejnej „mili zero" w mieście St. John's, w prowincji Newfoundland. Corocznie tę trasę, liczącą około 6500 km, przemierzają setki rowerzystów rozmaitej maści z całego świata. Trasa wiedzie głównie wyżej wymienioną szosą — autostradą. W kilku jednakże rejonach wstęp na nią oraz na niektóre mosty jest niedozwolony — rejon centrum Vancouveru, częściowo Ottawy oraz sporadycznie w kilku innych miejscach — więc należy wybrać drogi lokalne. Są też, o dziwo, odcinki autostradowe, gdzie odpowiednie znaki wręcz „zachęcają" rowerzystów do jazdy — na przykład odcinek autostrady Coquihalla w Górach Skalistych (oznaczony jako szosa nr 5). Warto sprawdzać więc znaki drogowe lub popytać mieszkańców. Wielu podróżujących „wzbogaca" sobie trasę, dodając wizytę w prowincji Prince Edward Island (ojczyźnie Ani z Zielonego Wzgórza) oraz przejazd przez rejon Toronto czy południowej części prowincji Ontario. W zależności od wariantu konsekwencją tej decyzji jest doliczenie kilkuset, a nawet kilku tysięcy kilometrów.
Podróż główną trasą trwa około czterdziestu paru dni.
Przytłaczająca większość wiatrów w Kanadzie wieje z zachodu na wschód (oczywiście zawsze nie wtedy, gdy my sami jesteśmy na trasie). Logiczną konsekwencją jest więc rozpoczęcie podróży z Wiktorii (lub z Vancouveru). Niedogodnością tego wariantu jest jednak to, że po przebyciu ledwo około 200 km wkraczamy w rozległe Kordyliery, a w nich majestatyczne Góry Skaliste. Spotyka się jednak śmiałków, którzy zaczęli podróż na wschodzie.
Osoby mieszkające w Kanadzie mogą spróbować rozpocząć podróż w którymś z miast środkowej Kanady, w tzw. prowincjach preriowych, i udać się

na wschód, skąd można przelecieć samolotem do Wiktorii, by kontynuować przejazd rowerem ponownie na wschód, do punktu startowego. W ten sposób oszczędza się na przelotach oraz „atakuje się" góry z mięśniami doświadczonymi kilkoma tysiącami relatywnie płaskiej Kanady wschodniej.

Większość trasy to świetnie utrzymana szosa z szerokimi i bezpiecznymi poboczami (w niektórych miejscach nawet około dwu-, trzymetrowej szerokości). Prym wiedzie tu prowincja Alberta. W tzw. atlantyckich prowincjach szosy są już zdecydowanie węższe i takież są niestety pobocza. Ponieważ jednak w tamtych prowincjach popularność roweru jest zdecydowanie większa niż na zachodzie, częściej spotyka się też specjalne ścieżki rowerowe.

Rozmaite mapy — miast, regionów czy prowincji — są powszechnie dostępne za darmo lub za niewielką opłatą w punktach informacji mieszczących się zwykle u wjazdów do miast.

W kilku miejscach musimy skorzystać z przepraw promowych. Opłata jest niewielka.

Trasa

Mimo ogromu Kanady i bezkresnych jej przestrzeni trasa wiedzie zawsze poprzez rozmaitej wielkości miasta, miasteczka czy miejscowości. W zasadzie nie ma odcinka dłuższego niż kilkanaście kilometrów, by nie natknąć się na mieścinę czy osadę ze sklepem lub motelem.

Z grubsza trasa wiedzie przez następujące miasta: Wiktoria – Vancouver – Kamloops – Revelstoke – Calgary – Medicine Hat – Moose Jaw – Regina – Winnipeg – Kenora – Thunder Bay – Nipigon – North Bay – Ottawa – Montreal – Quebec (miasto) – Riviere-du-Loup – Fredericton – Moncton – Truro – North Sidney – St. John's.

Uwaga 1: Transkanadyjska „jedynka" w kilku miejscach z niezrozumiałych powodów zmienia numerację na lokalną (np. w Ontario). W innych zmienia się z numeru 1 na numer 2 (w prowincji New Brunswick). My nie przejmujemy się tym jednak, gdyż mapy zawsze podają przy numeracji charakterystyczny symbol: biały listek klonowy na zielonym tle — znak „jedynki".

Uwaga 2: Między Nipigon a North Bay można wybrać szosę nr 11 (wśród lasów i dziczy, dość płaską) lub szosę nr 17 wiodącą wzdłuż gigantycznych jezior Lake Superior i Lake Huron, malowniczą, acz dość górzystą.

Uwaga 3: Pomiędzy Ottawą a miastem Quebec mamy wiele wariantów do wyboru. W tym rejonie nie wolno rowerzystom korzystać z autostrady.

Uwaga 4: Chcąc zboczyć z trasy i odwiedzić kieszonkową, acz przeuroczą prowincję Prince Edward Island, bądźmy przygotowani, że nie będziemy mogli pedałować po jednym z najdłuższych na świecie mostów łączących tę prowincję na wyspie z lądem. Musimy skorzystać ze specjalnych autobusów, które zabiorą i nasz rower.

Majestatyczne widoki i... wiatr w plecy. Czego trzeba więcej?

Noclegi

W większości większych miast na trasie są hostele, a wszędzie mnóstwo moteli czy hoteli, niestety droższych niż w USA. Sakwiarze będą się cieszyć niezliczonymi kempingami. Wiele *Provincial Parks* (parków należących do prowincji) ma na swym terenie miejsca namiotowe bez obsługi (pieniądze zbiera rano strażnik leśny), aczkolwiek z bardzo okrojoną infrastrukturą (zwykle tylko ubikacje + woda). Praktykowane jest rozstawianie namiotu na przydrożnych miejscach odpoczynkowych (ang. *rest area*), choć zwykle znaki tego zakazują. Wszędzie zaś bez przeszkód można rozbijać namiot w lasach czy na innym przydatnym terenie. Oficjalnie tylko na jedną noc i oczywiście na własne ryzyko. Gdy teren jest wyraźnie prywatny — wypada zapytać o zgodę.

Kanada, choć bogata we florę i faunę, nie ma stworzeń, które miałyby nas, ludzi, w swym menu. Dlatego można spokojnie spać w namiocie w głuszy Gór Skalistych i nie obawiać się ani misiów grizli, ani misiów czarnych czy kojotów lub nawet kuguarów, choć te są zdecydowanie niebezpieczne. Oczywiście należy zachować podstawowe środki bezpieczeństwa czy zasady biwakowania w dziczy (żywność zawsze o kilkanaście metrów od namiotu na sznurku na drzewie). Nigdy nie miałem żadnych przygód z tą grupą zwierząt, a jedynymi stworami, które mnie doprowadzały do szewskiej pasji, były komary (w Ontario wielkie jak słoń!) oraz czarne muszki (natrętne jak teściowa po weselu).

Biwakującym w dziczy polecam zwykły, sprawdzony zdrowy rozsądek. A bardziej bojaźliwym — zakup środka w aerozolu przeciw niedźwiedziom. Tak na wszelki wypadek.

Żywność

Wszędzie wzdłuż trasy rozwinięta jest świetna sieć punktów handlowych — czy to stacji benzynowych ze sklepikami, gdzie można uzupełnić zapasy, czy też restauracji typu *fast food*, gdzie można niedrogo uzupełnić kalorie, czy wreszcie centrów handlowych w mijanych miastach i miasteczkach. W wielu miejscach, szczególnie w rejonach rolniczych, spotkać można przy drogach stragany z warzywami czy owocami. Czasami nie ma nawet nikogo przy nich i tylko napis prosi, aby należność za kilogram jabłek czy brzoskwiń wrzucić do słoika obok.

Woda jest wszędzie łatwo dostępna. W sklepach jest jej pełno, a w restauracjach nigdy nie odmówią napełnienia butelki zimną porcją. Oczywiście nie trzeba dodawać, że woda z kranu jest zdrowa i czysta. Tam, gdzie z jakichś powodów tak nie jest, zawsze jest alternatywne źródło.

Picie wody ze strumyków, rzek czy jezior, jakkolwiek niezbyt polecane, nie jest niebezpieczne. Gdzież, u licha, na świecie można mieć bardziej czystą wodę niż z bystrego strumienia w sercu Gór Skalistych?! Nieraz piłem niefiltrowaną wodę z takich źródeł i mam się jak dotąd świetnie.

Polonusi

W większych ośrodkach miejskich Kanady działają dość silne i prężne organizacje polonijne. Większość dużych miast ma Domy Polskie, szkoły polskie, a nawet własne kościoły polskie. Nie wspominając o rozmaitego rodzaju punktach handlowych czy organizacjach typu harcerstwo, organizacje kombatanckie, chóry czy zespoły taneczne lub folklorystyczne. Łatwo je odnaleźć w razie potrzeby pod jakże wymownym „Polish...".

(Staszek przejechał tę trasę z okazji swoich 50. urodzin).

Wietnam — widoki jak z pocztówek
Elżbieta Grądziel „Grążel",
www.samanaramie.blogspot.com

Wierzę w magię dat i przełomowe momenty w życiu, robię postanowienia noworoczne, stosuję diety od przyszłego tygodnia, a od poniedziałku na pewno przestanę spóźniać się do pracy...

Na takiej fali zdecydowałam się na trzydzieste urodziny spełnić jedno z moich marzeń wiecznie odkładanych na przyszły „nigdy nienastępujący" rok. Kupiłam sobie w prezencie bilet lotniczy, rower, przewodnik i... parę miesięcy później poleciałam do Wietnamu. Sama.

Założeniem był rowerowy wyjazd w pojedynkę, w następnej kolejności odpowiedziałam sobie na kilka pytań związanych z miejscem, w którym chciałabym się znaleźć... Miało być egzotycznie (żeby świat tam wyglądał i pachniał inaczej), miało być tanio (żeby portfel był w stanie zmierzyć się z wyzwaniem), to musiało być miejsce przyjazne dla rowerów i, przede wszystkim, musiało być bezpiecznie (żeby mocno roztrzepana, mocno początkująca podróżniczka miała szansę z takiej wyprawy powrócić cała i zdrowa).

Fazę przygotowań rozpoczęłam na dwa miesiące przed wyjazdem, jako że nie jestem królową organizacji — w końcu i tak wszystko załatwiałam na ostatnią chwilę. Określiłam sprawy, które absolutnie muszę załatwić — paszport, wiza, szczepienia, medykamenty (na marginesie: największym wydatkiem okazał się lek przeciwmalaryczny — zupełnie nieprzydatny o tej porze roku, bo w marcu w Wietnamie komara nie uświadczysz) i *last but not least* — rower. Dwa dni przed wyjazdem podjechałam do serwisu rowerowego, poprosiłam o przegląd i kilka wskazówek co do serwisowania rowerów w trakcie podróży. Kiedy chłopcy dowiedzieli się, co chcę uczynić, złapali się za głowę. Kiedy zdali sobie sprawę z poziomu mojej rowerowej wiedzy — zbledli. Skończyło się na tym, że spędziłam u nich dwa dni, rozkręcając i skręcając swoje dwa kółka. Przygotowali mnie doskonale. Zakupiłam u nich wszystko, co do naprawienia roweru jest konieczne. Poczułam się superprofesjonalnie... Tym większe było moje zdziwienie, kiedy w Sajgonie okazało się, że zapomniałam pompki...

Jako początkujący szczypior zdecydowałam się na najbardziej komercyjną trasę Hanoi – Sajgon. Planowałam ją pokonać w trzy tygodnie (o święta naiwności!). Plany legły w gruzach właściwie tuż po przylocie — ocknęłam się na chodniku z wielkim pudłem, w którym (miałam nadzieję) znajdował się rower. Hałas i tłok przekraczał wszystko, czego doświadczyłam do tej pory. Ulicą przemykały jeden przy drugim kolorowe skutery, a na nich rodzina z trójką dzieci, chłopak przewożący klatki z ptakami, kobieta z niemowlęciem... i (mój prywatny numer jeden) dwóch chłopców wiozących lodówkę w regularnych, domowych rozmiarach... Imponujące. Kiedy już pozbierałam szczękę z chodnika i otarłam z policzków łzy przerażenia, zadałam sobie podstawowe pytanie: „Co teraz??". Wróciłam na lotnisko i kupiłam na następny dzień bilet do Sajgonu. Potem było już łatwo... wydostać się z miasta i po mapie do góry 1719 km do Hanoi. Nie udało mi się przejechać całej trasy. Szkoda mi było czasu na pęd. Zamiast „zaliczonych" kilometrów zapisałam w pamięci zachwyty, zapachy, smaki, a przede wszystkim spotkania, które sprawiają, że świat się zmienia... w każdym razie mój się zmienił.

Wietnam jest idealny do podróżowania na rowerze. Droga doskonała, pobocze dla rowerów szerokie (i nikt poza Tobą z niego nie korzysta), a widoki jak z pocztówek. Bajka. Patrzę w lewo — pola ryżowe o zieleni tak soczystej, że polski wiosenny szczypiorek się nie umywa. Na horyzoncie zamglone góry. Patrzę w prawo — 200 m dalej zielonkawo błękitne morze, a na nim rybackie statki konsekwentnie pomalowane w niebiesko-czerwone barwy... Jedziesz tak, zachwycasz się: „Ach, jak pięknie... ach... ach, jak bolą nogi... o rany... i ręce... matko, jak gorąco... i czy ten pieroński wiatr musi zawsze wiać mi w twarz??!!!". I tak świeża i rześka księżniczka, która wskoczyła rankiem na rower, zamienia się w cuchnącego ogra... No tak, nie ma co się oszukiwać, że na trasie nie ma kryzysów. Całe szczęście można je sobie tam wynagrodzić i zaleczyć sutą kolacją. Radości podniebienia wynagradzają trud, a pisząc „radości", mam na myśli przeżycie, które wywołuje coś więcej niż tylko pomruk i mlaskanie z zadowolenia.

Jedzenie... Zgodnie z tym, co pisał Robb w swojej (zdaje się, pierwszej) książce [Robb Maciąg, Rowerem przez Chiny, Wietnam i Kambodżę, Zysk i S-ka, Poznań 2009 — *przyp. red.*], podstawą wyżywienia jest tu zupa pho. Pochłonęłam tego hektolitry. Zatrzymywałam się po kilka razy dziennie na pho-postój. I wierzcie mi — za każdym razem to była zupełnie inna zupa. W każdej podrzędnej knajpce (a im bardziej podrzędna, tym zupa smaczniejsza) znajdziecie kilkadziesiąt rodzajów pho. Różnica oczywiście dotyczy dodatków. Polecam. Całe szczęście w Warszawie jest już kilka miejsc, gdzie można spróbować takiej prawdziwej, choć w Wietnamie ta zupa smakuje o wiele lepiej. Ponadto właściwie o każdej porze dnia i nocy można dostać ryż. Ryż z... dla mnie w większości przypadków z „nie wiadomo czym" o absolutnie doskonałym smaku. Z egzotyki odważyłam się po raz pierwszy (i, jak się okazało, ostatni — ble!) w życiu spróbować żabich udek i gołębia. A z ciekawostek: w każdym większym mieście można zafundować sobie jedno- lub nawet kilkudniowy kurs gotowania — amatorzy kucharzenia mawiają, że warto.

Warto dodać, że wyżej wymienione przeze mnie dania zostały wybrane drogą losowania, bo menu (jeżeli takowe istnieje) jest na ogół po wietnamsku. Jak się okazało: to właściwie jedyna dostępna tutaj mowa, pomijając

Ania w chińskiej dżungli. Za tą górką leży Wietnam. Aaale tu pięęęknie!

ponadkulturowy język gestów. Wietnamczycy nawet jeżeli mówią po angielsku, to wietnamsko-angielski jest zjawiskiem zupełnie nieprawdopodobnym. Miałam szansę przekonać się o tym pierwszego wieczoru w Hanoi, kiedy w centrum miasta zamówiłam kawę. Kelner w odpowiedzi na moją prośbę zadał pytanie, które brzmiało w przybliżeniu: „Hos yn kos?". Odpowiedziałam, że nie mówię po wietnamsku, na co on, odrobinę zniecierpliwiony, dalej swoje: „Hos yn kos?" — w wolnym tłumaczeniu to miało znaczyć „Hot or cold?". Prawda, że łatwe?

Kiedy wyjedzie się z miasta, problem angielskiego zanika. Wraz z jego znajomością. Niepodzielnie rządzi tu język wietnamski. Całe szczęście znacznie wzrasta poziom otwarcia, ciekawości, serdeczności. Kiedy w środku zapomnianej przez Boga wsi na końcu wszystkiego spadłam z roweru z powodu troczka od sakwy, który złośliwie wkręcił się w łańcuch, z okolicy zbiegły się kobiety, które pozbierały mnie i rower. Napoiły i posłały dalej, machając na do widzenia. A wcześniej zachwycały się tym, że jestem taka „wielka" i taka „biała". Zachwyt nad europejską urodą zdarza się tu często, co bywa dosyć zabawne w sytuacji, kiedy Ty jesteś zdyszana, z twarzą czerwoną, fryzurą „podczapkową" i w zakurzonych ciuchach, więc ostatnie, co chciałabyś zobaczyć, to siebie w lustrze.

Z turystycznych miejsc wrażenie zrobił na mnie Sajgon — nie przepadam za wielkomiejskim klimatem, ale spędziłam w mieście Ho Chi Minha trzy dni (co prawda główną przyczyną było poszukiwanie pompki) i nie żałuję. To tętniące życiem miasto, w którym dzielnice wielkiego biznesu sąsiadują ze slumsami. Fajnie jest tam po prostu pobyć, powdychać wietnamski klimat... i niestety spaliny. Ciekawostka dla rowerzystów: w Sajgonie są dystrykty, w których zabroniona jest jazda na rowerze. Ha! Zaskoczeni? Ja byłam.

Fajnie spędziłam czas w Hoi An — jest tam drogo i turystycznie, ale bez wątpienia miasto ma swój urok. Moim zdaniem warto przejechać się choćby na jednodniową wycieczkę do Ninh Binh — niezapomniane widoki. Poza tym w Wietnamie najpiękniejsze jest „wszystko, co pomiędzy"...

To tylko garść z worka wrażeń, jakie mi zostały po tym wyjeździe. Nie chciałabym uderzać w banał, więc w podsumowaniu napiszę tylko, że było bombowo i że chcę jeszcze. Właściwie więcej, niż chcę... Właśnie kupuję bilet do Chin.

Subiektywny poradnik — o czym warto pamiętać
1. Odezwa do dziewcząt — nieważne, jaki macie rower, ważne jest siodełko! Szerokie, miękkie i wygodne! I nigdy, ale to przenigdy nie zapominajcie założyć „gaci z pieluchą". Konsekwencje zapominalstwa są bardzo bolesne.
2. Trasa Hanoi – Sajgon (bądź odwrotnie) jest tak przyjazna pod względem bazy hotelowej (i mam tu na myśli raczej tanie miejsca), że właściwie każdy nocleg można spędzić w hotelu. Minus jest taki, że podróżując w pojedynkę, często płacimy za pokój dwuosobowy albo (nie wiedzieć czemu) za jednoosobowy, za to... podwójną stawkę.
3. Uwaga dla osób, które po raz pierwszy wybierają się samotnie albo po raz pierwszy na rowerze, albo po raz pierwszy do Azji... uwaga dla wszystkich „pierwszych razów": polecam przedwyjazdowe rozmowy z przyjaciółmi, znajomymi, nieznajomymi — wszystkimi, którzy mogą mieć większą wiedzę o rowerach niż my bądź jakiekolwiek doświadczenie. Dla mnie te przygotowania okazały się zbawienne. Myślę, że w rzeczywistości uratowały moją roztrzepaną osobę przed zagładą. Dzięki tym ludziom również czas przed wyjazdem okazał się dla mnie bardziej wartościowy.
4. Przechodzenie przez ulicę w Wietnamie: niby nic, a jednak w tamtych warunkach to mrożące krew w żyłach doświadczenie i przynajmniej przez pierwszych kilka dni pobytu chciałabyś urodzić się po tej docelowej stronie. Sprawa jednak okazuje się bardzo prosta: nie przejmując się światłami i masą pojazdów, idziesz. Nie zatrzymując się, równym tempem — idziesz, a samochody mijają Cię z przodu i z tyłu. I wiecie co? — to się sprawdza. Wygląda to tak, jakby przepisy drogowe nie istniały. A jednak wypadki nie zdarzają się często.

5. Budżet — w Lonlejce jest informacja o tym, że można tam przeżyć za przysłowiowe 10 dolarów, i to prawda. Rezygnując z hoteli, pewnie można taniej. Zasada jest jedna: im dalej od miasta, tym wyższe ceny. A Hanoi bije wszelkie rekordy.
6. W kwestii budżetu zabawny jest przelicznik walut. W ekspresowym tempie zostajesz w Wietnamie milionerem. Za to za wodę płacisz około 20 000... całe szczęście — dongów.
7. Jak dojechać: od kilku lat bilety lotnicze bardzo potaniały. Zdaje się, że bezpośredni lot (co przez wzgląd na rower nie pozostaje bez znaczenia) można wyszukać już za jakieś 1500 zł.
8. W Hanoi trafiłam do małej księgarni zwanej Bookworm (44 Chau Long) — okazało się, że chłopak, który tam pracuje, podróżuje na rowerze. Na razie po Wietnamie, ale marzenia ma duże. W związku z tym, że dobry rower to towar deficytowy, można tam pod koniec podróży sprzedać własny.

Karakorum Highway – droga do nieba

Wyobraźcie sobie 1300 km asfaltu, 20 lat pracy, śmierć niemal tysiąca robotników, widoki na Himalaje, Pamir i Karakorum. Wyobraźcie sobie widok na Nanga Parbat i Rakaposhi, ultrakolorowe ciężarówki i wjazd na Kunjerab Pass (4877 m n.p.m.). Wyobraźcie sobie… Karakorum Highway!

Karakorum Highway (dalej: KKH), znaną po chińskiej stronie jako Friendship Highway, zbudowały rządy Pakistanu i Chin. Autostradę ukończono w 1986 roku, po 20 latach prac. W trakcie budowy zginęło 810 Pakistańczyków i 82 Chińczyków.

KKH pokrywa się z jedną z odnóg historycznego Jedwabnego Szlaku. Droga powstała z potrzeby połączenia Pakistanu z Chinami oraz… sprawniejszego przerzutu wojsk na tereny graniczące z Indiami.

Oficjalnie KKH zaczyna się w Hasan Abdal, a kończy w Kaszgarze. Wyjeżdżając z Islamabadu, jedziemy przez mniej więcej 80 km w stronę Peszawaru, by zjechać w prawo i zacząć piąć się powoli w górę do Abbottabadu i dalej do Mansera, by wreszcie wjechać w góry.

Zielone, zielone i jeszcze raz zielone. Strome, pełne przyjaznych ludzi i pierwszych przełęczy. Wąską drogą, wyciętą w stoku, wydartą przyrodzie. I tak aż do Thankot. Miejsca spotkania z Indusem.

Po wjechaniu do Beszamu świat znów się zmienia. Góry coraz bardziej skaliste, a policja coraz bardziej nerwowa. Wieść gminna niesie, że Kohistańczycy za punkt honoru postawili sobie zawstydzanie rządu pakistańskiego. Dzieci i młodzi uwielbiają rzucać kamieniami, a starsi strzelać czasem do policjantów. To właśnie za sprawą tej złej sławy, przesadzonych historii oraz plotek wielu rowerzystów decyduje się przejechać część trasy autobusem, czasem aż do Gilgitu lub choćby do Chilas. Inni znów decydują się na przyjaznego towarzysza drogi — policjanta na motorze. Krętą i malowniczą drogą, wzdłuż Indusu.

Jeżeli wybrałeś autobus z Beszamu, zajedziesz szybciej i bezpieczniej. Widok Nanga Parbat mignie szybko przed oczami.

Jeśli masz mniej szczęścia (większość autobusów wyjeżdża późnym wieczorem), nie zobaczysz gór w ogóle. Ani miejsca, w którym Indus łączy się z rzeką Gilgit, rozdzielając od siebie Himalaje, Pamir i Karakorum.

W drodze do Gilgitu warto zjechać w bok do Skardu. Co prawda to „w bok" to około 100 km, ale można stąd wybrać się na lodowiec Baltoro, popatrzeć na K2 i kilka innych ośmiotysięczników. Jeżeli zależy Wam na kolejnej wielkiej górze, możecie się zatrzymać wcześniej przy Rajkot Bridge, zostawić rower za średnio drobną opłatę w Shangri-La Resort i iść na dwu-, trzydniowy treking do Fairy Meadows, skąd rozciąga się przepiękny widok na Nanga Parbat.

© Stephen Lord

Droga z Gilgitu do Kunjerab Pass (jeżeli przyjechałeś autobusem) należy do najpiękniejszych odcinków KKH. Po obu stronach drogi piętrzą się góry tak potężne i spektakularne, jak chyba nigdzie na świecie. Droga niemal ociera się o Rakaposhi (7788 m n.p.m.) i Passu Cones. Krajobraz robi się niemal jałowy i tylko gdzieniegdzie odrobina wody wybucha życiem. Zielonym. Nie widziałeś jeszcze nigdy prawdziwego lodowca? Nic prostszego. W okolicach Passo 50-kilometrowy jęzor lodowca Batura niemal dotyka drogi.

Czas zabrać się do prawdziwej roboty! Wjechać na Kunjerab Pass. Niestety, od kiedy Chińczycy przesunęli swój punkt graniczny do Taxkorgan (100 km wewnątrz kraju), przejechać rowerem mogą tylko ci, których stać na wynajęcie eskorty, czyli przewodnika z rządowej agencji turystycznej. Łatwiej i taniej jest wrócić do Sostu (!) i załadować się do autobusu za 25 dolarów. Niestety. Pakistańczycy chyba lubią patrzeć, jak rowerzyści pedałują pod górkę, a po dwóch, trzech dniach wracają.

Chińska strona to inna historia. Droga nareszcie wygląda jak prawdziwy „highway", czyli autostrada, jest trzy razy szersza od pakistańskiej, tyle że nikt z miejscowych nie mówi tu po angielsku. Szybciej dogadasz się po… turecku. Ujgurowie i Kirgizi całkiem dobrze radzą sobie w tym języku. Witamy w nowym świecie. Nic nie jest takie samo jak po tamtej stronie Kunjerab Pass, może tylko gościnność pozostaje ta sama.

Droga z wąskiej zamienia się więc w piękną, asfaltową autostradę. Przed nami wielkie przestrzenie i około 230 km do Kaszgaru. W dali widać potężne szczyty Muztagh Ata (7500 m n.p.m.) i Kon-gur (7719 m n.p.m.) i w żaden sposób nie można określić, ile kilometrów pustej przestrzeni dzieli nas od nich. Potężne masywy odgradzają na chwilę od Chin, otwierając widoki na Tadżykistan. Pojawiają się pierwsze jurty, pierwsze dwugarbne wielbłądy. Nowe smaki, nowe kolory, nowe wyzwania. Jeszcze tylko nocleg nad jeziorem Karakul. Płaskie przestrzenie. Gwiaździste niebo. Zimno, pusto, spokojnie, cudownie!

Przed podróżą warto dobrze przygotować rower (zresztą jak zawsze) i zadbać o dobre opony. Rower nie musi być z wysokiej półki, podobnie jak Twoja kondycja nie musi być kondycją atlety. I pamiętaj, rowerzysta na pakistańskiej drodze jest na samym dole... łańcucha pokarmowego — tutaj większy ma zawsze rację! Jeżeli ktoś za plecami trąbi jak szalony — nie oglądaj się, tylko zjedź z drogi. Może to niesprawiedliwe, ale zawsze bezpieczne. Nie musisz się martwić, że zabraknie Ci jedzenia czy wody. Jeżeli woda Ci się skończyła przed dotarciem do kolejnej wioski, możesz liczyć na kierowców. Zawsze chętnie pomogą, a w zamian poproszą o zrobienie im zdjęcia.

Nie bój się!

Pakistan ma kilka miejsc, w które lepiej się nie wybierać, ale o to, abyś się tam nie znalazł, zadba policja. Po prostu rowerzystów tam nie wpuszczają. Uwierz w dobrych ludzi, których wszędzie jest pełno. W krajach muzułmańskich podróżujący jest pod specjalną opieką — nie tylko Koran wymaga, by się nim zająć, ale i zwykła ludzka życzliwość, z którą spotkasz się niemal na każdym kroku. Jeżeli zdarzyło Ci się wcześniej podróżować po Egipcie czy Tunezji — zapomnij, czego nauczyłeś się od miejscowych. Tam, gdzie nie ma pieniędzy, nie ma i ewentualnej chciwości.

Z dobrych wiadomości — w odróżnieniu od psów tybetańskich lub na przykład polskich, psy pakistańskie są przede wszystkim wystraszone, a więc niegroźne. Jeżeli dzieci będą rzucać kamieniami, to chociaż brzmi to groźnie, będą rzucały raczej „za Wami" niż „w Was" dla zwrócenia na siebie uwagi. Bardziej niebezpieczne mogą być deszcze, kiedy kamienie osuwają się na drogę. Uważaj, gdzie rozbijasz namiot, zwłaszcza gdy pada. Przygotuj się na pewne problemy z żołądkiem — im szybciej uporasz się z biegunką, tym szybciej zaczniesz zbierać siły przed wjazdem na Kunjerab. A Twoja nieznajomość chińskiego doda tylko pikanterii opowieściom o zabawnych nieporozumieniach i próbach komunikacji. Powodzenia!

Trasa Karakorum Highway – Hasan Abdal – Kaszgar

Długość: 1300 km.

Ile czasu: trzy tygodnie, na przejazd warto zdecydować się pomiędzy czerwcem a październikiem.

Różnica wysokości pomiędzy Islamabadem z Kunjerab: 4100 m, pomiędzy **Kunjerab a Kaszgarem**: 3100 m... w dół.

Noclegi: w miasteczkach w namiocie lub (i) jako goście mieszkańców.

Budżet: 40 zł dziennie.

Wyżywienie: z jedzeniem i wodą nie ma problemów, po drodze w każdej niemal wsi można dostać miskę ryżu „z wkładką".

Na koniec: warto zabrać dużo łatek i własną pompkę oraz ciepłe ubrania.

Rowerem z królową polskich rzek

*Szymon Michalski,
www.tourdeswiat.wordpress.com*

Ambitnym, początkującym „sakwiarzom" proponuję zacząć eksplorowanie świata od Polski. Jedną z łatwiejszych tras długodystansowych jest szlak wzdłuż Wisły. Największa rzeka w naszym kraju jest przez rodaków zapomniana i niedoceniana, dlatego też miejscami jest dzika i warta odkrycia.

Należy wspomnieć o tym, że Wisła jest najdłuższą rzeką płynącą w obrębie jednego państwa na terenie Europy (nie licząc Rosji) oraz jest ósmą z najdłuższych rzek tego kontynentu. Jest najdłuższą rzeką zasilającą morze Bałtyckie. Przepływa przez osiem województw i ma 1047 km długości.

Trasa nie jest wymagająca technicznie i kondycyjnie, niezależnie od tego, w którym kierunku jedziemy — czy nad morze, czy w góry, do źródła. Prawie na całej długości, poza paroma wyjątkami, trasa jest raczej płaska z niewielkimi podjazdami. Wysiłek rekompensują widoki na dolinę Wisły.

Trasa
Od kilku lat mówi się o Wiślanej Trasie Rowerowej (WTR) jako rowerowej autostradzie Polski. Obecnie na kilku odcinkach trasy przewidziane są udogodnienia dla rowerzystów, takie jak: oznaczenia szlaku czy specjalnie wybudowane asfaltowe drogi dla rowerów (Kujawsko-Pomorskie, Śląskie). Jednak brak wyspecjalizowanej infrastruktury nie powinien odstraszać, bo wzdłuż Wisły można spokojnie znaleźć drogi o niewielkim natężeniu ruchu samochodowego. Wzdłuż Wisły wiedzie duża liczba szlaków turystycznych PTTK i są to często szlaki rowerowe. Jednak jakość oznakowania i dróg, którymi są poprowadzone, pozostawia wiele do życzenia (zwłaszcza w okolicach Torunia) — betonowe płyty, piach po oski, krzaki oraz znikające oznakowanie nie ułatwiają jazdy rowerem. Dlatego raczej polecam trzymanie się własnej wyznaczonej trasy, na której sami będziemy sterować naszą przygodą. Gdy za kilka lat powstanie cała WTR, na pewno warto będzie się nią przejechać.

Dojazd
Chcąc przejechać rowerem wzdłuż całej Wisły od źródła do ujścia (lub pod prąd), zrobimy około 1100 km. Trasę możemy podzielić sobie na odcinki od miasta do miasta, gdzie dociera transport publiczny. PKP powoli staje się coraz bardziej przyjazne rowerzystom. Dzięki temu nie musimy robić całej trasy naraz; możemy przejechać ją na dwa, trzy podejścia. Jak już się komuś spodoba ta trasa, to przecież można w drugą stronę pojechać, ale tym razem

drugim brzegiem. Atrakcją może być też „skakanie" z brzegu na brzeg przy wykorzystaniu do tego napotkanych mostów i przepraw promowych. Takie zmienianie brzegów pomaga też w wyborze mniej ruchliwych i bardziej widokowych dróg oraz w zwiedzaniu ciekawych, interesujących miejsc rozsianych po obu stronach rzeki. Gdy startujemy lub kończymy w Gdańsku (lub u ujścia, na Wyspie Sobieszewskiej), nie ma problemu ze złapaniem pociągu w Polskę. Podobnie sprawa ma się w Wiśle — tam też pociągi kursują. Zawsze można podjechać rowerem do Bielska-Białej i tam łapać pociąg.

Noclegi

Jeśli chodzi o bazę noclegową dla wygodnickich, to warto dzienne odcinki planować od miasta do miasta, gdzie na pewno znajdzie się dach nad głową. Większe miasta posiadają pola namiotowe, bursy, schroniska, hostele i hotele, więc jest w czym wybierać. Ceny są zróżnicowane — od kilkunastu do kilkuset zł za noc. Przyzwoity nocleg możemy znieść za przysłowiowe 10 euro. Jeśli jednak ktoś preferuje wozić ze sobą własny, przenośny dom, to nie znajdzie zbyt wielu pól namiotowych ani agroturystyk (chyba że przy bardziej turystycznych miejscowościach, jak Kazimierz czy Kraków). Będzie musiał trochę zaimprowizować i poszukać miejsca na namiot, a jest gdzie się rozbić.

Jedzenie

Wyżywienie na trasie nie stanowi problemu. Specyfika polskiej wsi jest taka, że w każdej wiosce znajdzie się ktoś przedsiębiorczy i otworzy sklep. W dużych miastach o pożywienie łatwo, ale nie zawsze znajdziemy jakiś bar czy restaurację w małych, kilkutysięcznych miasteczkach. Tam rynek gastronomiczny ogranicza się do sklepu spożywczego lub słabej pizzerii. Warto, jadąc wzdłuż Wisły, próbować regionalnych specjałów, bo są naprawdę dobre.

Atrakcje

Czytając relacje z wielomiesięcznych wypraw po świecie, często zapominamy o tym, że nasz kraj jest bogaty w atrakcje przyrodnicze i antropologiczne. Na trasie wzdłuż Wisły napotykamy duże miasta z bogatą historią, takie jak: Gdańsk, Grudziądz, Bydgoszcz, Toruń, Płock, Warszawa, Kazimierz, Sandomierz, Kraków, Oświęcim. Na zwiedzanie każdego z tych miast można poświęcić parę dni. W małych miasteczkach często są jakieś ciekawostki turystyczne, nieraz pomijane w przewodnikach, takie jak: kościoły, starówki, zamki i pałace, stare budowle oraz miejsca pamięci. Wsie i małe miejscowości często urzekają swoim położeniem i krajobrazami. Nie brak tam też małych kościółków, przydrożnych kapliczek i starego drewnianego budownictwa.

Poza atrakcjami typowo turystycznymi na brzegach Wisły znajdziemy wiele rezerwatów przyrody z punktami widokowymi, gdzie możemy podziwiać naturę i odpocząć od trudów zwiedzania miast. Do bardziej znanych miejsc należą: rezerwat „Mewia Łacha", gdzie można spotkać foki, rezerwat „Biała Góra", gdzie Nogat oddziela się od Wisły, Kampinoski Park Narodowy, Krajobrazowy Park Kazimierski, Puszcza Niepołomicka, Krajobrazowy Park Bielańsko-Tyniecki, Rudnicki Park Krajobrazowy, Krajobrazowy Park Beskidu Śląskiego.

Jak widać, nad Wisłą każdy znajdzie coś dla siebie.

Uważam, że trzeba przynajmniej raz w życiu przejechać rowerem wzdłuż Wisły, bo jest naprawdę ładną i jeszcze dziką rzeką, którą powinno się poznać. Wybierając się na szlak, nie trzeba specjalnie gimnastykować się z dojazdem. Kultura napotkanych ludzi jest nam dobrze znana, ale za to będziemy mogli poznać różnice pomiędzy regionami Polski. Nie nadwerężymy również domowego budżetu. Jeśli ktoś czasem zsiada z siodełka, to jako wisienkę na torcie może potraktować przeznaczenie jednego dnia na zdobycie Baraniej Góry i odnalezienie źródeł Wisły.

Sprzęt

SIODEŁKO – PRZEDE WSZYSTKIM WYGODNE

SAKWY – POJEMNE I NIEPRZEMAKALNE

PRZERZUTKI – PROSTE I WYTRZYMAŁE

KOŁA – WIĘCEJ SZPRYCH TO MOCNIEJSZE (ALE CIĘŻSZE) KOŁO

BUTELKI – BY NIE UMRZEĆ Z PRAGNIENIA

RAMA – W DOBRYM ROZMIARZE

KIEROWNICA – TEŻ MUSI BYĆ WYGODNA

ROGI – BY DAĆ ODETCHNĄĆ DŁONIOM

OPONY – MOCNE JEŚLI NIE CHCESZ ŁAPAĆ GUM I MARNOWAĆ CZASU

Rower mój to jest to... Kocham go!

Przeczytaliście opowiadania ludzi, którzy ruszyli w świat. Ludzi, którzy planowali swe podróże przez lata, i takich, którzy ruszyli w drogę spontanicznie. Ludzi, którzy pojechali na rowerach budowanych przez lata, oraz tych, którzy podróżowali na zupełnie przypadkowych — prosto ze sklepu. Jadących w pojedynkę, w grupie, w parze lub z własnym synem. Ktoś walczył z wiatrem, a ktoś inny z jego brakiem. Jednemu z tych ludzi nawet nie za bardzo się chciało jechać.

Zebraliśmy te wszystkie opowiadania, by pokazać Wam, że na rowerze może pojechać każdy i niemal w każdej chwili. Czy to na daleki Madagaskar, czy też wzdłuż swojskiej Odry. Pokazaliśmy Wam kilka tras, które według nas są warte przejechania. Są sprawdzone, pełne przygód i pięknych widoków. Trasy te wybraliśmy spośród setek tysięcy innych, by udowodnić Wam, jak łatwo ruszyć w drogę i jak łatwo każda droga może stać się „Waszą trasą".

Teraz czas na coś praktycznego. Żebyście nie musieli popełniać błędów popełnionych przez innych ani błąkać się po omacku, nie wiedząc, od czego zacząć. Opowiemy Wam teraz, jak znaleźć rower swoich marzeń.

Nie powiemy Wam, że nasze rowery „są najlepsze", bo takie „najlepsze" w ogóle nie istnieją. Każdy rower ma jakieś zalety i każdy może mieć jakieś wady.

Na naszych rowerach przejechaliśmy niemal 30 000 km. Sprawdziły się bez zarzutu, choć sami je złożyliśmy. Bardzo szczęśliwie, jeśli wziąć pod uwagę fakt, że gdy to robiliśmy, nawet nie wiedzieliśmy, że są koła 32- i 36-szprychowe!

Rama

Gdzie się kryje dusza roweru? Dlaczego pomimo lat, zmieniania części w rowerze, kół, siodełek i całej reszty wciąż twierdzimy, że nasz rower nazywa się tak i tak i ma tyle i tyle lat? Choć z oryginału pozostała jedynie rama?

Rama, a dokładnie jej kształt (geometria), decyduje o sposobie naszej jazdy. Oczywiście, może to działać i w drugą stronę — to pod nasz styl jazdy dobieramy ramę, ale fakt pozostaje faktem: styl jazdy i rama mają ze sobą bezpośredni związek.

Nie będziemy Was tu zanudzać matematyką, kątami ustawienia poszczególnych elementów ramy. Podejdziemy do tego czysto praktycznie.

Po pierwsze, rama powinna być odpowiedniego rozmiaru.

Wysokość ciała (cm)	Wysokość kroku (cm)	Rozmiar ramy (cale)	Rozmiar ramy (cm)	Rozmiar ramy (oznaczenie literowe)
148 – 150	68	15	40	S
155	72	16	40	S
157	74	16	42	S
161	76	17	44	M
165	78	17	44	M
167	80	18	46	M
171	82	18	46	M
175	84	18	46	M
177	86	18	48	M
181	88	18 – 19	48	M-L
185	90	18 – 19	50	M-L
187	92	19 – 20	50	L
191	94	20	52	L
195	96	21	52	XL
197	98	21	54	XL

Aby określić **minimalny rozmiar ramy**, trzeba stanąć boso przy ścianie i zmierzyć odległość pomiędzy podłożem a kroczem. Wynik pomiaru pomnożyć przez **0,57** w przypadku roweru górskiego, przez **0,63** dla trekingowego i przez **0,66** dla roweru szosowego. Otrzymany wynik w centymetrach w przypadku rowerów górskich i trekingowych należy zamienić na cale, ponieważ rozmiary ram tych rowerów najczęściej są podawane właśnie w calach (1 cal = 2,54 cm).

Po drugie, bardzo ważna jest jej geometria. Musicie wiedzieć, w jakiej pozycji jeździ się Wam najwygodniej. Najprostszy chyba podział to ten na ramy „wyścigowe", „spacerowe" i „pośrodku".

Na ramach robionych specjalnie do rowerów wyprawowych zawsze jest więcej miejsca na butelki. Tutaj pod termosem zmieściła się jeszcze butelka z benzyną do prymusa, która nie zahacza o przednie koło

Wyścigowe to te, na których jeździ się maksymalnie pochylonym, jak na rowerach kolarskich (szosowych). Na takich rowerach jeździ się dużo szybciej, choćby z racji opływowej pozycji, jaką przyjmujemy w czasie jazdy. Rowery budowane na takich ramach mają nawet kierownice kolarskie, czyli tzw. baranki. Mają większe koła i węższe opony.

Spacerowe to te, na których siedzi się bardziej wyprostowanym. Popularnie nazywa się je rowerami trekingowymi i najczęściej właśnie takie sprzedaje się jako „gotowce" w sklepach rowerowych. Odległość pomiędzy siodełkiem a kierownicą jest mniejsza niż w rowerach wyścigowych. Mają różne rozmiary kół i szerokości opon. Bardzo często mają amortyzator w przednim widelcu.

Pośrodku to rowery górskie i XC przystosowane do wycieczek rowerowych. Czasem do roweru górskiego, używanego do codziennych przejażdżek, wystarczy przymocować bagażniki i można ruszać w trasę. Mają na ogół koła o rozmiarze 26 cali i wystarczająco dużo miejsca na grube opony. Na takim rowerze nie siedzi się tak płasko jak na wyścigowym ani nie jest się tak bardzo wyprostowanym jak na spacerowym, a właśnie gdzieś pośrodku.

Stal czy aluminium?

Jest to jedna z najstarszych i czasem bardzo burzliwych dyskusji rowerowych. Wszelkie fora rowerowe huczą co jakiś czas od wymiany zdań, ale istnieją pewne ogólne prawdy.

Najłatwiej jest powiedzieć, że ramę stalową zawsze można pospawać, a aluminiowej już nie. Sprawa ta jest istotna raczej dla osób, które podróżują daleko i po krajach, gdzie ewentualne spawanie aluminium jest raczej niemożliwe.

Dlatego właśnie niemal wszystkie rowery, na jakich podróżują turyści po Azji czy Afryce, to właśnie rowery na stalowych ramach. Takie rowery są oczywiście cięższe niż aluminiowe, ale większość z nas woli ciągnąć kilka kilogramów więcej za cenę spokoju.

A w jaki sposób może dojść do pęknięcia ramy? Nie ma się czego bać, bo mówimy tu o sytuacjach bardzo rzadkich i raczej „ekstremalnych", takich jak wypadek albo… stoczenie się roweru wraz z bagażem z kilkudziesięciu metrów wprost do rzeki, co przydarzyło się jednemu z naszych kolegów w Pakistanie. Rama najzwyczajniej pękła, a miejscowi wieśniacy mu ją również najzwyczajniej pospawali. Przejechał na niej jeszcze ponad 10 000 km.

Rama stalowa dużo udźwignie. Czasem nawet za… dużo. Na zdjęciu rower po wizycie na bazarze w Turkmenistanie. Przed nami noc na pustyni

Jedynym problemem ramy stalowej jest jej dostępność. W Polsce niemal niemożliwe jest kupienie gotowego roweru wyprawowego zbudowanego na ramie stalowej. Taki rower trzeba już samemu złożyć lub komuś to zlecić, a ramy... poszukać na Allegro. Będzie stara i używana, ale my właśnie na takich przejechaliśmy już niemal 30 000 km i nic nie zapowiada, by nie dały rady na kolejnych 30 000.

Nowe ramy stalowe cro-mo (chromo-molibdenowe) można bez większego problemu kupić na niemieckim eBayu. Za kilkanaście dodatkowych euro można zamówić preferowany kolor i wysyłkę do Polski.

Jeśli się jeździ po Polsce czy Europie, nie ma się za bardzo czym przejmować i śmiało można jeździć na ramach aluminiowych. Prawdopodobieństwo uszkodzenia takiej konstrukcji jest tu niewielkie. Wystarczy trzymać się asfaltu i wszystko będzie dobrze.

Najczęstszym mankamentem ram jest łamanie się haka, do którego montuje się przerzutki. Jeżeli kupicie nowy rower na aluminiowej ramie, sprawdźcie, czy hak jest wymienny i przed wyruszeniem w trasę weźcie choć jeden zapasowy. W czasie jazdy leśną drogą wiele się może wydarzyć.

Bambusowa rama

Dorota Chojnowska
www.alepieknyswiat.pl

Bambusowa rama ma wiele zalet. Przede wszystkim, jeśli własnoręcznie zrobiona jest jak dziecko, żona, kochanek lub też kochanka — bo wypieszczona podczas żmudnej pracy w warsztacie. W trasie poznałam jej kolejny atut — łączy ludzi. Podczas przejażdżki po Iranie ludzie chętnie do mnie podchodzili, zagadywali, bo temat sam cisnął się na język — czy to jest bambus? Naprawdę? A potem przechodziliśmy już płynnie na standardowe tematy, czyli o życiu. Zazwyczaj o ty rozmawialiśmy już w domach podczas wspólnego posiłku. Bo rower bambusowy otwierał serca a zaraz potem wszelkie drzwi. Jednak życie nie zawsze jest idealne. W ekstremalnych sytuacjach moja rama przyciągała takie tłumy gapiów, że nie mogłam przemieścić się nawet o centymetr do przodu. W ekstremalnych przypadkach paparazzi zajeżdżali mi drogę podczas jazdy pod górkę, zmuszali do zatrzymania się i pozowania do zdjęcia, po czym sobie jechali, a ja musiałam wsiąść z powrotem na rower i podjeżdżać z zerowego biegu... Jeśli chodzi o techniczne właściwości bambusowego roweru, to o ile ma dobry osprzęt, sprawdzi się na każdej trasie.

Bagażnik

Bagażnik to jest to, co różni zwykły rower od podróżnego. Choć są tacy, którzy na wycieczki jeżdżą z plecakami, to na długich wyprawach takie bagaże się raczej nie sprawdzają. Są niewygodne, zmieniają środek ciężkości na rowerze, no i poci się człowiek jak szalony pod tym. Co innego, gdy ktoś jedzie w góry: zabiera tylko malutki plecak i szaleje po kniejach. Wtedy to właśnie sakwy się nie sprawdzają, bo zwyczajnie... zahaczają o krzaki. Tak czy inaczej jest to książka dla sakwiarzy, więc skupmy się na bagażnikach.

Na rynku można znaleźć kilkunastu producentów bagażników. Ze względu na materiał, z jakiego są wykonane, bagażniki dzielą się na aluminiowe i stalowe (choć zdarzają się i tytanowe). Przy zakupie bagażnika ważny jest nie tylko materiał, z jakiego jest zrobiony (aluminium, stal czy może tytan), ale również to, iloma śrubami można go przymocować do roweru. Zgodnie z zasadą: im mniej śrub, tym lepiej — zatem bardziej ufałbym bagażnikowi, który można przymocować na cztery śruby, niż takiemu, który ma tych śrub aż 10. Ale życie jest życiem i różnice w cenie mają znaczenie, więc pewnie większość z Was i tak za pierwszym razem wybierze tańszy bagażnik.

Na ogół bagażniki typu „uniwersalny" mają więcej śrub, by można je było lepiej dopasować do różnych wymiarów roweru. Mogą to być bagażniki bardzo dobrze wykonane i bardzo mocne, ale jak dla nas liczba śrub i, co za tym idzie, słabych punktów stawia je w rzędzie z napisem „drugi wybór". Jeżeli nie macie zamiaru z takimi bagażnikami eksperymentować, chcecie przykręcić je „raz na zawsze" — to będą bardzo dobrą alternatywą dla droższych bagażników.

Pamiętajcie, że liczba łączeń wcale nie dyskwalifikuje bagażnika. Znamy rowerzystów, którzy latami jeździli właśnie z takimi bagażnikami, i to bez najmniejszych problemów.

Dobry bagażnik dużo wytrzyma

Co się psuje w bagażnikach:

- Pękają spawy.
- Pękają pałąki mocujące bagażnik pod siodełkiem do ramy.
- Gubią się śrubki (dlatego warto w nowo zamocowanych bagażnikach sprawdzać spawy i dokręcać co dwa – trzy dni, aż przestaną się luzować).

Co zrobić, gdy kupiliście starą ramę, sami składacie swojego wyprawowego rumaka i okazuje się, że… w Waszej ramie nie ma dziurek pod śruby?
Dobrym i sprawdzonym sposobem dla każdego, kto nie ma smykałki do dorabiania wymyślnych adapterów, jest zakup obejm do mocowania rur do ściany. W sklepie metalowym wystarczy zapytać o „obejmę z okładziną". Trzeba zamocować ją w miejscach, w których rowerowa rama „powinna" mieć dziurki do mocowania bagażnika. Oczywiście musicie kupić jak najmniejszą obejmę. Najlepiej do sklepu… pojedźcie rowerem i od razu przymierzcie.

Bagażnik przedni, czyli lowrider
Ktoś zapyta: „A po co mi przedni bagażnik? Mam przecież duże tylne sakwy". To prawda, niektórzy producenci proponują nawet komplet sakw o pojemności 60 l i wydawałoby się, że wszystko się w nie zmieści.

Gdybyśmy umieścili cały nasz bagaż wyłącznie na tylnym kole, cały ciężar osiadłby właśnie na nim. Powoduje to nie tylko podskakiwanie przedniego koła (zwłaszcza w trudnym terenie i pod górkę), ale i może przynieść ze sobą szybsze zniszczenie tylnego koła. Opon, piasty i oczywiście bagażnika.

Gdy zamontujemy przedni bagażnik duża część naszego bagażu odciąży tył roweru. Co prawda sterowanie stanie się trochę trudniejsze, ale dociśnięte

Zamiast bagażników można również zastosować przyczepkę. © Piotr Waksmundzki

przednie koło w momencie, gdy droga wlecze się wertepami, tylko pomaga. Dodatkowo: co cztery sakwy to nie dwie. Nie chodzi tu nawet o ich całkowitą pojemność, ile o dostępność do naszych rzeczy. Łatwo podzielić sobie cztery sakwy, nawet niewielkie, na cztery „szuflady" i w jednej trzymać to, co najczęściej zakładamy (kurtkę itp.), w drugiej jedzenie itd.

Mój widelec nie ma dziurek! Ratunku!

Każdy, kto kupił sobie nowy rower, prawie na pewno będzie miał zamocowany amortyzator. I tu pojawia się problem z mocowaniem bagażnika. Po prostu: amortyzatory nie mają dziurek i nie ma gdzie wkręcić śrub mocujących bagażnik do roweru.

Najłatwiej byłoby zakręcić na golenie amortyzatora adaptery, ale bardzo często amortyzatory są za grube. Co wtedy?

Bagażniki firm Crosso i Sport Arsenal mocowane są na specjalne obejmy — grube pręty, które obejmują goleń amortyzatora. Choć wydaje się to tanie, wygodne i przede wszystkim mocne rozwiązanie, niektórzy rowerzyści zwracają uwagę, że mocno zakręcona obejma wpływa ujemnie na pracę amortyzatora — za bardzo go ściska.

Dodatkowo: Crosso zawiesza cały bagażnik na specjalnych blaszkach przykręconych do piwotów hamulców.

Mocowanie bagażnika do piwotów.
© Michał Dudkowski

Mocowanie obejmą do goleni widelca.
© Michał Dudkowski

Jeszcze innym rozwiązaniem będzie zakup specjalnego bagażnika. Takie bagażniki, jak Tubus Swing czy Author ACR-30, są wymyślone specjalnie dla rowerów z przednim amortyzatorem. Są mocowane nie na goleniach, ale na piwotach.

W takich bagażnikach w oczy rzuca się wysoko zawieszony bagaż, który przenosi do góry środek ciężkości. Plusem tego rozwiązania jest odciążenie

W widelcach „sztywnych", czyli bez amortyzatora, wystarczy zamocować dobry adapter i dokręcić do niego bagażnik

konstrukcji amortyzatora (amortyzator działa o wiele lepiej z takimi bagażnikami niż z bagażnikiem montowanym na goleniach), a wadą jest... właśnie podniesienie środka ciężkości i „szarpanie" kierownicy. O ile w lowriderach bagaż przyjemnie dociska rower do drogi, o tyle bagażniki wymienione wyżej powodują podskakiwanie przedniego koła.

Siodełko

Obok kształtu (geometrii) ramy to najbardziej osobista, niemal intymna część roweru i jego wybór nie jest wcale łatwy. To właśnie na siodełku spoczywa cały nasz ciężar i w podróży rowerowej wcale nie nogi trzeba mieć silne, ale... pośladki, by to wszystko utrzymać przez kilka godzin.

Każdy z rowerzystów ma swoje ulubione siodełko. Jedni bardzo lubią miękkie, żelowe, ale one nie najlepiej sprawdzają się w bardzo gorącym klimacie. Za bardzo przylegają do ciała i mogą powodować odparzenia. Inni jeżdżą na kolarskich, twardych i wąskich. Czasem z odrobiną żelu, który przynosi ulgę kościom, jak na przykład sprawdzony Specialized Avatar Gel.

Bardzo dobrze jest mieć siodełko „ze szparą". Dzięki temu mamy lepszą wentylację i mniejszy nacisk na pęcherz. Trzeba pamiętać, że dla kobiet lepiej sprawdzają się siodełka szersze i krótsze. Niekiedy ucisk na pęcherz może powodować nie tylko niewygodę, ale nawet częstszą potrzebę chodzenia do toalety. Nie musi to być oznaką przeziębionego pęcherza — czasem wystarczy inaczej ustawić siodełko lub zmienić je na inne.

Jeszcze inni wręcz uwielbiają siodełka skórzane. Takie siodełka — początkowo twarde i sztywne, z czasem formują się dokładnie do kształtu naszych pośladków i są przez to bardzo wygodne i... bardzo osobiste. Ich minusem jest czas i liczba kilometrów, które trzeba przyjechać, by siodełko nabrało naszych kształtów. (Wyjątkiem jest Selle An-Atomica, której nie trzeba „łamać". Dzięki opatentowanemu wycięciu jest bardzo elastyczna).

Siodełka skórzane wymagają pielęgnacji. Oczywiście każdy producent takiego siodełka powie Wam, że do pielęgnacji trzeba wyłącznie używać oleju produkowanego przez nich, ale nie jest to prawda. W warunkach polowych bardzo dobrze sprawdza się na przykład oliwa z oliwek.

Siodełko warto co jakiś czas nasmarować, by nie traciło swej elastyczności. Mowa tu przede wszystkim o wyjazdach do gorących krajów i na długo. Przy wyjazdach poniżej miesiąca pewnie nawet nie warto zaprzątać sobie tym głowy.

Najlepszym sposobem pielęgnacji jest zdjąć siodełko razem ze sztycą — nigdy samo siodełko (raz dobrze ustawionego lepiej nie ruszać!) — odwrócić je do góry nogami i obficie posmarować WEWNĘTRZNĄ stronę siodełka. Gdy oliwa wsiąknie, trzeba je dobrze wytrzeć i liczyć się z tym, że przez pierwsze dwa – trzy dni będzie nam brudzić spodnie.

Sposobem domowym i dużo efektywniejszym jest, jak twierdzą stare wygi, zrobić z folii aluminiowej miseczkę w kształcie siodełka. Następnie trzeba zanurzyć siodło w litrze oleju wlanego do tejże „miski" i potrzymać siodło w oleju przez pół godziny. Potem trzeba wyjąć siodełko i dokładnie wytrzeć. Można je nawet lekko zmyć szmatką z płynem do naczyń. Oczywiście siodełko warto co jakiś czas po prostu pastować. Za cały ten wysiłek będziecie mieć siodełko jedno z najlepszych, a przynajmniej — jedno z najwygodniejszych.

Jakkolwiek jest, polecamy szczególnie model B-17 firmy Brooks, który przypadł do gustu wielu rowerzystom.

Więc jakie wybrać siodełko? Plastikowe są lżejsze, nie nasiąkają wodą, są dużo tańsze i „gotowe do użycia" od razu. Skórzane są za to... dużo wygodniejsze.

Prawda jest taka, że zanim znajdziecie wygodne siodełko dla siebie, pewnie wypróbujecie co najmniej kilka rodzajów. Jakiekolwiek będzie Wasze siodełko, ma być WYGODNE. I tylko to się liczy.

Koła

Gdy montowaliśmy nasze pierwsze rowery, nawet nie wiedzieliśmy, że koła różnią się liczbą szprych. Kupiliśmy dwa komplety kół, na które akurat było nas stać, i... pojechaliśmy na nich w świat w błogiej nieświadomości, że według „zasad podróży rowerowych" mieliśmy „złe i niedobre" koła — z 32 szprychami.

Po prostu: takie koła nie mają prawa przetrwać długiej wyprawy. Na nasze szczęście nasze koła nie wiedziały o tym i dojechały.

A teraz na poważnie.

Koła w rowerach wycieczkowych różnią się wielkością — 26 lub 28 cali — i liczbą szprych — najczęściej to 32 lub 36 szprych. Zajmijmy się najpierw wielkością.

Rowery górskie MTB są najczęściej wyekwipowane w koła 26-calowe. Przez to, że są mniejsze, powinny pomagać w czasie jazdy w trudnym terenie. Rower jest niższy, koła mają mniejszy obwód itd. Dla nas jednak najważniejsza będzie masowość ich produkcji i popularność. Jeśli jedziemy „w daleki świat", łatwiej nam będzie kupić opony do takich właśnie kół i planując cel naszej podróży, powinniśmy o tym pamiętać. Koła o wielkości 28 cali (tzw. 700 ccm) to koła mocowane bardzo często w rowerach szosowych i trekingowych. Są szybsze i na takich łatwiej pokonać nawet 180 km dziennie po dobrym asfalcie.

Oczywiście świat jest pełen rowerzystów, którzy tylko śmieją się z takich klasyfikacji, i na kołach 28 cali z założonymi wąskimi oponami przejeżdżają bezdroża Azji i Afryki.

Szprychy

Wydaje się, że koła 36-szprychowe są bardziej pożądane. Wszelkie nierówności drogi, wertepy i dziury maltretują koło nie z 32, a z 36 szprychami i dzięki temu koło jest mocniejsze.

Przy okazji takie koło więcej waży, więc znów trzeba się zastanowić, czego nam bardziej potrzeba. Prędkości, lżejszej wagi czy wytrzymałości koła.

Szprychy powinny być oczywiście stalowe.

Obręcze

Powinny być kapslowane. Nawet jeżeli nie wiecie, co to znaczy „kapslowane", podobnie jak nie wie tego wielu zwyczajnych ludzi, nie martwcie się — mechanik ze sklepu rowerowego, w którym zamówisz koła, będzie wiedział, o co Wam chodzi, i to wystarczy. Jeżeli nie będzie wiedział — zmieńcie sklep rowerowy.

Widelec sztywny czy z amortyzatorem?

Dla nas najlepszą odpowiedzią jest praktyka i miejsce wyjazdu.

Spośród dziesiątków turystów rowerowych spotkanych w Azji czy Afryce tylko dwoje z nich miało rowery z przednim amortyzatorem. Wszyscy inni jechali na sztywnych. Nawet firmy, które produkują rowery wyprawowe, kosztujące po kilka tysięcy euro, produkują je w wersji „sztywnej" bez amortyzatorów.

Amortyzator waży te swoje 2 kg i... może się popsuć. W ten sposób znów wracamy do zasady: proste rzeczy to proste usterki i proste naprawy. To samo dotyczy amortyzatora, hamulców czy przerzutek.

Pamiętajcie, że posiadanie przedniego amortyzatora oczywiście w niczym nie przeszkadza. Jako że większość z Was będzie pewnie jeździła na rowerach górskich czy XC, przystosowanych do wożenia sakw, i tak będziecie mieli zamontowany amortyzator. Jedyne, co radzimy, to zastanowić się, czy taki amortyzator to dobry pomysł na dalekie wyprawy do krajów, w których trudno będzie go ewentualnie naprawić.

Jechanie na wyprawę z amortyzatorem ma sens wtedy, gdy będziecie jeździć po trudnym terenie.

Kierownica

Koniecznie musi mieć kilka punktów podparcia dla rąk (w ostateczności mogą być rogi). W zależności od tego, co dla kogo jest wygodne, może być to tak samo kolarski „baranek", jak i prosta kierownica czy popularny wśród Holendrów „motyl". W doborze kierownicy jedynym kryterium jest subiektywnie odczuwana WYGODA.

Pedały

Przy rozsądnej wadze bagażu na pewno najlepsze i najefektywniejsze będą SPD (pedały wpinane w podeszwę buta), jednak gdy bagaż jest ciężki, warto pomyśleć o dobrych, nieślizgających się na deszczu platformach. Niektórzy wciąż stosują noski. Optymalnym rozwiązaniem na pewno są pedały dwustronne z jednej strony system SPD, z drugiej platforma. Trzeba pamiętać, że buty do jazdy powinny mieć twardą i sztywną podeszwę.

Przygoda rowerowa uczy improwizacji. Rower za 6000 zł i pedał prosto od laotańskiego stolarza. © Jens Hoffman

Bardzo dobre hamulce to konieczność

W tej dziedzinie wybór jest duży (cantilevery, V-breaki, hydrauliczne, tarczowe). Montowanie hydraulicznych hamulców wydaje się dość ryzykowne przy wyjazdach do krajów, w których nie kupimy zapasowych części. Przy przetarciu wężyka z olejem hamulce w ogóle nie będą działały.

Najlepiej by było dobierać hamulce według przytoczonej już wyżej zasady: prosta konstrukcja = proste awarie = proste naprawy.

Najważniejsze jest, by hamulce były sprawne i dobrze wyregulowane.

Pewnego dnia, w Indiach, zauważyłem, że pękł mi metalowy odciągacz jednego z hamulców. Zwykły pręt, a jednak nie do naprawienia i nie do kupienia. Na pewno nie do kupienia w Indiach. Szybko wyciągnąłem ze śpiwora gumę zaciągającą śpiwór wokół głowy i zrobiłem z niej „odciągacz". Hamulec działał jak należy, a guma wytrzymała całą drogę do domu. Coś około 5000 km.

Przerzutki

Coraz więcej nowych rowerów ma zamontowaną oryginalnie kasetę 9-rzędową. Na pewno jest to wygoda mieć jedno przełożenie więcej, ale sprawa trochę się komplikuje przy dalekich wyjazdach.

Choć czasem trudno w to uwierzyć, w wielu krajach rowery są naprawdę produktem niszowym i kupienie części do naszego bicykla jest niemożliwe. Wystarczy pojechać do Indii, by znalezienie klocków hamulcowych okazało się niemożliwością, a co dopiero mówić o zapasowej kasecie czy łańcuchu. Tym bardziej: o produktach nowoczesnych.

Kasety 8-rzędowe wciąż łatwiej jest kupić poza Europą. Są grubsze i choćby przez to bardziej wytrzymałe. Podobnie jest z łańcuchami do nich. Podróż rowerem to nie wyścig — przerzutek nie używa się tak często, jak w maratonach, i nie muszą być ani najlżejsze, ani najnowocześniejsze.

Proste rzeczy sprawdzają się w większości warunków. Niestraszne im ani błoto, ani piach. Sami mamy przerzutki Alivio kupione za… 60 zł i wciąż wiernie nam służą.

Jednym z najnowszych wynalazków w dziale przerzutek jest piasta Rohloff SPEEDHUB 14. Jest to niemiecki (a jakże) wynalazek, który pomimo swej ceny (około 1000 euro) znajduje coraz więcej zwolenników. W piaście umieszczono 14 przełożeń, które według producentów powinny wystarczyć każdemu rowerowemu podróżnikowi.

Z tyłu znajduje się jedno koło zębate, które po zużyciu (starciu zębów do tego stopnia, że są zaostrzone i ślizga się po nich łańcuch) wystarczy przełożyć, by przejechać jeszcze kilka tysięcy kilometrów.

Rohloff tak bardzo wierzy w legendarną już jakość swojego produktu, że zapewnia, iż w przypadku awarii z ich winy dostarczy nową piastę, gdziekolwiek będziemy na świecie.

Tak skomplikowane urządzenie ma jednak swoje wady. Po pierwsze: waga. Rohloff SPEEDHUB to prawie 2 kg żywej wagi. Po drugie: obowiązek zmieniania oleju co 5000 km i to oczywiście na olej producenta. Po trzecie: inny system mocowania do ramy — rama musi być dostosowana do piasty. Po czwarte: cena i skomplikowana konstrukcja.

W trakcie naszej podróży po Chinach mieliśmy tę przyjemność, że podróżowaliśmy z dwójką Niemców, którzy używali piasty Rohloffa. Gdy pewnego razu (Tybet, ujemne temperatury i ciągłe przeziębienie) postanowiliśmy zapakować rowery do autobusu, nasi znajomi o nic innego się nie martwili jak o swoje tylne koła. Gdyby któreś zaginęło, ich rowery byłyby do niczego. Nie dałoby się wstawić do nich nowego koła i zwykłej przerzutki.

Opony

W długiej podróży okazuje się, że każda część jest ważna i awaria większości z nich może nam uprzykrzyć podróż. Ale niewiele części w rowerze ma tak duże znaczenie jak opony.

Jeszcze do niedawna wśród rowerzystów królowały opony niemieckiej (znowu!) firmy Schwalbe i to model Marathon XR. Opony, na których przejechaliśmy wszystkie nasze zagraniczne podróże, licząc „gumy" na palcach jednej ręki.

Rośnie toto i tylko czyha na nasze opony!

Z jakiegoś powodu producent tych opon postanowił je ulepszyć, nadać im nową nazwę i dodać nowy, szybszy bieżnik (ceną za wytrzymałość XR było nie tylko 120 zł za sztukę, ale i wolniejsze toczenie się opony), i tak powstała opona o nazwie Supreme.

Nie był to najlepszy model i wśród rowerzystów pojawiały się co i rusz marzycielskie plotki o rezurekcji modelu XR. W tym roku (2012) opony Marathon XR wracają na rynek, ochrzczone nową nazwą: Mondial.

To tyle jeśli chodzi o opony niemal niezniszczalne. Czas powrócić na ziemię. Rynek pełen jest opon o różnych szerokościach, o szybszych lub wolniejszych bieżnikach oraz o różnych sposobach zabezpieczania ich przed przebiciem. W dzisiejszych czasach wszystkie opony są podobne do siebie jakościowo i tak naprawdę trzeba przetestować kilka z nich i wybrać swoją. Tu rzecz się ma jak w przypadku wielu innych rzeczy w rowerze — subiektywne odczucie jest najważniejsze.

Tak samo dobre będą Continental Travel Contact, Kenda Kwick Bitumen, jak i każda inna marka, której po prostu ufacie.

Przy wyborze opon zwróćcie uwagę na ich rozmiar (26 czy 28 cali), szerokość (1,6, 1,75 czy 2,1 — szersze są wolniejsze, ale lepsze na piachu), bieżnik (gładkie na dobry asfalt lub z głębokim bieżnikiem na żwir i szuter?) i wszelkie zabezpieczenia przed dziurami.

A po co nam dobre, mocne opony? Żeby nie marnować czasu na łatanie dętek! Czas mamy spędzać, zwiedzając świat, a nie siedząc na poboczu drogi i zajmując się klejeniem łatek.

Guma!

Zdarza się każdemu. Nawet tym, którzy używają opon z najwyższej półki i z najwyższą ceną. Co prawda nam udało się przejechać 10 000 km po Jedwabnym Szlaku bez gumy, ale drugi raz już pewnie się nam nie uda.

Jest kilka rodzajów gum i kapciów. Mogą być powolne (powietrze ucieka powoli) i jeżeli nie chce nam się zatrzymywać i ich naprawiać, a dopompowanie wystarczy na kilkanaście minut, warto jechać dalej. Mogą być nagłe, gdy wystrzeli nam wentyl lub nawet opona. W tym drugim, bardzo rzadkim przypadku trudno zrobić coś innego, niż się poważnie zmartwić. Dobrze, gdy mamy ze sobą zapasową oponę, ale najczęściej jej NIE mamy i czeka nas podróż do najbliższego sklepu rowerowego.

Zawsze warto mieć ze sobą nie tylko łatki do naprawy opon, ale i zapasową dętkę. Można wtedy szybko wymienić zepsutą na nową, a dziurą zająć się na spokojnie wieczorem.

A co zrobić, gdy wystrzelił nam zawór lub rozerwało nam starą dętkę, a my musimy jechać dalej? Słyszałem kiedyś o rowerzyście, który pustą oponę wypełnił liśćmi i plastikowymi woreczkami i przejechał tak 150 km do najbliższego miasta.

Przy łataniu dętki należy ZAWSZE i BEZWZGLĘDNIE przeczyścić papierem ściernym lub innym zdzierakiem miejsce, na które mamy nakleić łatkę. Inaczej cała nasza praca pójdzie na marne i łatka najzwyczajniej odejdzie. Często używałem łatek samoprzylepnych i bardzo je polecam, choć nie są najtańsze. Żeby móc dobrze wyczyścić dętkę i dobrze nakleić łatkę, dobrze jeśli dętka w naprawianym miejscu jest płaska i lekko naciągnięta. Można do tego wykorzystać pompkę, obwijając wokół niej dętkę jak opaskę.

Zapasowej dętki się nie ma, to się siedzi i łata. W słońcu, deszczu, na mrozie

Przy nakładaniu opony warto też przetrzeć jej brzegi mydłem. Powinna się równo ułożyć na obręczy, gdy będziemy pompować koło, a najbliższa kałuża wypłucze resztki mydła.

Sakwy

Sakwy, tak jak bagażniki, odróżniają nasz rower od „zwykłego roweru". Ich wybór jest o tyle ważny, że to właśnie w nich będziemy wozić wszystkie mniej lub bardziej potrzebne drobiazgi.

Z sakwami jest jak z twardym dyskiem: im są większe, tym szybciej się zapełniają i warto o tym pamiętać, by później nie usiąść na poboczu drogi, nie zakląć i nie zapytać samego siebie: po cholerę to wszystko wiozę ze sobą.

Dobre sakwy są jak przyjaciel — zawsze można na nich polegać, a że każdy rozumie przyjaźń trochę inaczej, każdy inaczej dobierze sobie sakwy.

Najważniejsza w sakwach jest ich prostota. Wśród rowerzystów królują sakwy wykonane z odmian elastycznego PCV rolowane na górze i zapinane na klamrę. W takich sakwach niemal nie ma co się popsuć. Takie sakwy są sakwami na długie i ciężkie wyjazdy. Są proste w ewentualnej naprawie — wystarczy je pokleić, jeżeli się rozedrą, choć o takie rozdarcie jest bardzo trudno. Sami jeździmy z takimi sakwami od lat i wciąż są w dobrym stanie.

Czasem za duże sakwy to za dużo rzeczy

To które sakwy są najpopularniejsze na Jedwabnym Szlaku?

Wszelkie dodatkowe paski pomagają przytroczyć do sakw butelki z wodą, suszące się pranie, worek ze śmieciami z porannego kempingu czy nawet sandały.

Duża część rowerzystów lubi sakwy zamykane na klapy i w dodatku z różnymi kieszeniami. Wygoda posiadania kieszeni jest z czasem „niwelowana" puszczaniem wody przez zamki, które mogą się rozejść. Dla każdego to, co lubi.

Na pierwsze wyjazdy nie ma większego sensu kupować sakw, których komplet kosztuje 100 euro. Na początek wystarczą sakwy nawet z marketu, których brak wodoodporności też można łatwo pokonać.

Po pierwsze, można je przykryć pokrowcem. Choćby od plecaka, jeżeli taki się ma. Po drugie, można zapakować wszystko do kilku plastikowych woreczków. Sakwy niech sobie mokną, a nasze rzeczy i tak pozostaną suche. Woreczków powinno być kilka zamiast jednego dużego, ale o tym, jak spakować sakwy, będzie trochę dalej.

Zwykłe sakwy, a na nich pokrowiec z dużego plecaka.
© Michał Dudkowski

Sam pomysł z workami (czy to plastikowymi, czy tzw. dry-bagami) jest dobrym sposobem nie tylko na zwykłe tanie sakwy, ale i na te drogie, które z czasem lekko się niszczą, a żal nam pieniędzy na nowe. Jeżeli sakwa ma 20 l pojemności, warto kupić ze cztery worki po 5 l i śmiało zapakować do nich wszystkie ubrania i drobiazgi. Te małe worki pomogą nam nie tylko utrzymać porządek w sakwach, ale i zaoszczędzić kilkaset złotych.

Rodzaje i modele sakw w Polsce

Testy przeprowadzili: Arek Łojek (*www.rower.fan.pl*) i Jurek Szczęsny (*www.roweremdoprzodu.za.pl*).

Sakwy firm Ortlieb i MSX po zapakowaniu stoją w pionie, co niestety nie udaje się sakwom firmy Crosso (Crosso Expert). W modelach od 2007 roku Ortlieb zaczął montować wewnętrzne kieszenie do niektórych modeli sakw. Nie jest to prawdziwa kieszeń, a raczej pionowa wkładka, która mieści kartki A4, np. mapy, i ma małą zamykaną kieszonkę na różnego rodzaju drobiazgi.

Zaletami sakw całkowicie wykonanych z PCV jest szybki sposób ich mycia. Wsadzamy sakwę pod prysznic i już po kilku minutach sakwa jest sucha.

Pojemność Ortlieba (w większości tylnych sakw) wynosi 40 l. MSX to 55 l. Crosso od 46 l do aż 60 l w zależności od modelu. Oczywiście mówimy o parze sakw. W przypadku sakw Ortlieba: jeżeli zabieramy sporo bagażu, średnia pojemność zmusi nas z pewnością do zakupu worka na tylny bagażnik albo przedniego kompletu. W mniejszych sakwach łatwiej jest utrzymać porządek i znaleźć drobiazgi, co przy 60 l pojemności (Crosso Expert) może być problemem. Sakwy MSX SL55 mają klapę. Po małym

Od góry
Sakwy MSX
Sakwy Ortlieb (z zamocowanym RackPackiem)
Sakwy Crosso (cordurowe, z zamocowanym worem transportowym)

Rower „na kloszarda".
Nieważne, z czego jest
ta torba — ważne, że to torba!

zrolowaniu pod tą klapą powinno się jeszcze coś zmieścić, np. kurtka, sandały, butelka wody itp. Niestety, producent nie pomyślał o dłuższych paskach do zamknięcia klapy i niczego nie da się pod nie schować. W środku znajduje się mała kieszonka na zamek, mocowana na rzep.

Materiał
Jednym z wyznaczników jakości i trwałości sakw jest materiał zewnętrzny. Najczęściej będziemy mieli do czynienia z pochodnymi PCV albo pochodnymi cordury. Co jest lepsze? Tutaj już odpowiedź nie jest taka łatwa. Sakwy muszą być bardzo odporne na przetarcia.

Cordura
Z sakwami zrobionymi z cordury przejechałem około 8000 km. Po tym dystansie w zasadzie nie widać zużycia tego materiału. Dodam, że rower często opierałem o murki, kładłem go na asfalcie. Przeżył też dwa upadki. Jedynym minusem cordury jest to, że lubi się ubrudzić. Zdarza się jej też wyblaknąć od słońca. Tylko solidnie podgumowana cordura zapewnia stuprocentową wodoodporność. Należy zwrócić też uwagę na podklejone szwy.

PCV
Największą zaletą sakw zrobionych z tego materiału jest niższa cena i łatwość utrzymania w czystości. PCV wydaje się łatwiejsze do naprawy.

System nośny
Ortlieb
Występują dwie odmiany: QL-1 i QL-2. Jakiś czas temu QL-1 został zmieniony i w zasadzie niczym się nie różni od QL-2. Zaletą QL-2 jest możliwość ustawienia sakw pod kątem, co może być potrzebne w przypadku podróżników obdarzonych wyjątkowo dużą stopą.

To tyle z technicznego przynudzania. Teraz praktyka. Sakwy na dole zahaczamy o pionowy wspornik bagażnika, a górne haki zaczepiamy o poziomą rurkę. Przy podnoszeniu sakw (za taśmę) otwierają się blokady, które pozwalają nam na zdjęcie sakw z górnej rurki. Podczas jazdy nie ma możliwości wypadnięcia sakw, gdyż blokady są zamknięte.

Sakw tych można dzięki tulejkom redukcyjnym (są w zestawie) używać z rurkami bagażników o średnicach 8 mm, 10 mm i 16 mm.

Plastik użyty do systemu nośnego jest bardzo wytrzymały. W razie uszkodzenia istnieje możliwość zakupu poszczególnych części systemu nośnego i samodzielnej ich wymiany (mocowane są na imbusy).

Crosso
W sakwach Crosso system nośny składa się z haka zaczepianego w dolnej części bagażnika, który jest zamocowany na elastycznej taśmie (regulowana). Po zaczepieniu haka naciągamy taśmę i zahaczamy górne mocowanie na poziomych, górnych rurkach bagażnika. Jeżeli nie mamy mocowania w dolnej części bagażnika to bez problemu kupimy specjalne „oczko" do zahaczenia produkowane przez Crosso. Haki w sakwach są przewidziane na jeden rozmiar — 10 mm. Bez obaw, jest to prawie standard w większości bagażników. Niestety, metalowe haki mają tendencję do szybkiego niszczenia taśmy zabezpieczającej bagażnik. Mam tu na myśli taśmę izolacyjną, którą zabezpieczam bagażnik w miejscach, gdzie się styka z hakami sakw.

Jakiś czas temu Crosso wprowadziło nowy system mocowania sakw do bagażnika. System nośny niemieckiego producenta, firmy Rixen&Kaul, zrobiony jest z wytrzymałego tworzywa sztucznego. Ma regulowany rozstaw haków oraz regulowany kąt pochylenia sakwy, dzięki tej możliwości ustawisz sakwy tak, aby nie zahaczać o nie piętami w czasie pedałowania. Haczyki zamykane są na kluczyk i można je odkręcić, co bardzo pomaga przy transporcie w pociągu czy samolocie.

MSX
Prostsze niż w Crosso, a odrobinę trudniejsze niż w Ortliebie. W Crosso służąca do naciągu guma czasami przeszkadza: a to długość nie taka, a to plącze się, gdy jest wypięta itp. W Ortliebie rączka, którą się przenosi sakwy, jednocześnie uwalnia lub mocuje wieszaki (uchwyty, haki — jak kto woli) na bagażnik. Jest to zdecydowanie najprostsze i skuteczne rozwiązanie. MSX zrobił to jeszcze inaczej. Na dole jest charakterystyczna „wajcha" jak w Ortliebie. Na górze

są dwa osobno odpinane haki. Na sprężynę. Klik, jeden hak, klik, drugi hak i mamy sakwę w ręku lub też odwrotnie — na bagażniku. Tak jak w Ortliebie można regulować ich rozstaw. Sakwy są bardzo sztywne, nie ma problemu z mocowaniem do bagażnika i ze zdjęciem.

Do Ortlieba możemy dokupić RackPacka, specjalny worek montowany prostopadle do osi roweru. Przypina się go do sakw klamrami, bez użycia ekspanderów. Niestety, ten sposób mocowania utrudnia dostęp do tylnych sakw, co jest istotne, jeżeli nie korzystamy z przednich. Bardziej zwiększa to opór powietrza niż zwykły worek montowany wzdłuż osi roweru. Plusem jest łatwiejszy dostęp do RackPacka, bo otwiera się on na większej powierzchni (wzdłuż, jest zamykany przez rolowanie) niż zwykły worek.

Worek produkcji Crosso (lub innej firmy produkującej worki nieprzemakalne) wydaje się ciekawszym i tańszym rozwiązaniem. W worku lub RackPacku większość z nas wozi namiot z karimatą, więc łatwy i szybki dostęp nie ma większego znaczenia, bo i tak wyciągamy zawartość raz dziennie.

Niektórzy twierdzą, że kupowanie czarnych sakw jest błędem. Ponoć gwarantują one „usmażenie" zawartości bagażu przy dużym słońcu i nie są dobrze widoczne na drodze. Żółte mogą z kolei przyciągać owady (w teorii).

Ta krótka prezentacja trzech modeli sakw nie ma w żaden sposób sugerować Wam wyboru konkretnego producenta. Chcieliśmy jedynie pokazać trzy różne rodzaje podejścia do tego samego produktu — jego materiału, sposobu mocowania, sposobu zamykania i ceny.

Sakwy kupione w supermarkecie będą prawdopodobnie pochodną któregoś z trzech przedstawionych modeli i mogą się jedynie różnić jakością wykonania, trwałością i oczywiście ceną. Zanim pokochacie przygodę rowerową, mogą się okazać najlepszym wyborem. Rynek w Polsce jest bardzo prężny i w każdej chwili może się na nim pojawić nowy producent z nowymi modelami. Jednak zasada konstrukcji kolejnych sakw nie będzie odbiegała od przedstawionych.

Jak spakować sakwy?

Z pakowaniem jest tak: im większe posiadamy sakwy, tym więcej w nich miejsca. Im więcej miejsca, tym więcej do nich pakujemy. Zawsze znajdziemy coś, co być może nam się przyda, a na pewno wypełni „dziurę" w sakwie.

Teraz tylko pytanie: jak to wszystko sensownie zapakować?

1. Warto wykorzystać każdą sakwę do czegoś innego. W jednej może być kuchnia, w drugiej sypialnia, a w innej garderoba połączona z miniwarsztatem rowerowym.
2. Dobrze jest rozłożyć najcięższe rzeczy w każdej z sakw po wewnętrznej ich stronie oraz równomiernie. Unikniemy uczucia nierównowagi.

3. Przydatne okażą się woreczki w różnych kolorach lub uszyte z różnych materiałów. Zwolnimy się w ten sposób z codziennej łamigłówki i unikniemy pytania: gdzie jest woreczek z bielizną? Gdzie są ciepłe skarpety, elektronika itp. Sami zobaczycie, jak szybko człowiek jest w stanie nauczyć się własnego systemu.
4. Awaryjne rzeczy warto mieć pod ręką np. w jednej z przednich sakw. Często zdarza się, że w najmniej oczekiwanym momencie potrzebujemy czegoś tu i teraz. Choćby kurtki, bo właśnie zaczęło lać. Nie chcecie, by była w ostatniej z przeszukiwanych sakw i w dodatku na samym dnie.
5. Torba na kierownicy bardzo często używana jest jako bagaż podręczny — dosłownie i w przenośni. Dobrze jest trzymać w niej dokumenty, aparat, portfel, krem UV, okulary przeciwsłoneczne, czołówkę. Podczas przerwy na obiad zabieramy ją ze sobą do restauracyjki bądź sklepu, a na noc koniecznie do namiotu.

Sprytne pakowanie zaoszczędzi nam w podróży wiele cennego czasu. Zwłaszcza wieczorem, gdy padamy z nóg.

Jakieś dwa tygodnie przed wyjazdem warto wszystkie nasze rzeczy ułożyć sobie na kupki, odpowiednio do tego, jak chcemy spakować rzeczy do sakw. Najlepiej zrobić to gdzieś w przedpokoju, by często móc spoglądać na rzeczy. A spoglądać należy nie tyle z uwielbieniem, co przede wszystkim krytycznie.

Wmówcie sobie, choćby na siłę, że te kupki są za duże. Czy na pewno potrzebujecie aż tylu skarpetek? A może mniejszy notatnik? Dwa polary na trzytygodniową wycieczkę? To działa! Sami zobaczycie!

Tę śrubkę miałem gdzieś tutaj...

Torba na kierownicę

Obyście nigdy nie musieli opowiadać swoim znajomym: "Szybko z niej zrezygnowałem, choć w zasadzie to ona zrezygnowała ze mnie i szybko się rozleciała".

O ile sakwy są podobne do siebie konstrukcyjnie, różnią się tylko jakością wykonania, rodzajem tkaniny oraz sposobem ich mocowania, o tyle w torbach na kierownicę to właśnie system mocowania jest najważniejszą sprawą i to on decyduje, które torby należą do tych dobrych, a które nie.

Nasze pierwsze torby były dość tanie i system mocowania dość szybko połamał się na pierwszych bezdrożach. Nasze drugie torby dostaliśmy w prezencie i choć miały wytrzymałe mocowania, to dno toreb już takie nie było. Nasze trzecie torby kosztowały około 300 zł, są z nami do dziś i nie wygląda na to, by się coś miało w tym zmienić.

Koniec końców, po różnych eksperymentach, kupiliśmy torby firmy Ortlieb z bardzo mocnym systemem mocującym, ale i w dość "mocnej" cenie.

Na dobrą torbę wyglądają te produkowane przez firmy MSX oraz Sport Arsenal, które przy okazji są dużo tańsze od rzeczy Ortlieba. Torba firmy Sport Arsenal jest wodoszczelna, zamykana na rolowanie (jak sakwy), do tego jest klapa, mapnik na rzepy. Jest dość sztywna, ale nie aż tak jak produkty Ortlieba. Najsłabszą jej stroną jest mocowanie, które może sprawić problemy przy wypinaniu bardzo obciążonej torby. Mocną stroną jest pojemność i wodoszczelność. W komplecie jest zestaw przegródek, które pomagają utrzymać względny porządek.

Jak trudno jest zrobić dobrą, mocną torbę na kierownicę, łatwo stwierdzić, jeśli się spojrzy choćby na polskich producentów sakw — ani Crosso, ani Cumulus przez lata bycia na rynku nigdy (do marca 2012 roku) nie mieli takich toreb w swojej ofercie.

By mimo wszystko odciążyć system nośny, dokonaliśmy małego usprawnienia. Pod torbą przeciągnęliśmy dość luźną taśmę, którą wkręciliśmy z jednej strony w śruby dokręcające kierownicę do mostka, a z drugiej strony w przedni bagażnik. Nasz system sprawdził się bardzo dobrze i na azjatyckich bezdrożach naszym torbom nic się nie stało. Mogliśmy tak umocować taśmę tylko dzięki temu, że nasze przednie bagażniki były wykonane z jednego kawałka rurki. W przypadku dokręcanego pałąka łączącego obie strony (części) bagażnika nie udałoby nam się to

Gdy w pierwszych torbach połamały nam się haczyki utrzymujące torbę na miejscu, przykręciliśmy do toreb krótkie paski, a te znów przykręciliśmy do... rogów kierownicy. Dzięki temu torby wisiały na rogach i udało nam się przejechać kolejne 10 000 km bez problemu.

Morał z tego jest taki, że gdy się bardzo chce, to każda torba da ostatecznie radę. Czasem tylko warto wydać trochę więcej pieniędzy i się nie denerwować, że trzeba będzie improwizować w obcym kraju.

Rower ze sklepu czy składany samodzielnie?

Na pierwszą wycieczkę? Gdy sami jeszcze dokładnie nie wiecie, jaki styl jazdy pasuje Wam bardziej?

Za pierwszym razem najlepiej jest pojechać na rowerze, który akurat macie. Zakładając oczywiście, że JAKIŚ rower już posiadacie.

Pojechać na czymkolwiek i... obserwować. Czy jest Wam wygodnie, czy jedzie się Wam dostatecznie szybko, czy macie wygodne siodełko itd. No i najważniejsze — czy podoba Wam się podróżowanie na rowerze! Bo od tego wszystko się zaczyna.

Jeżeli nie macie jeszcze roweru, to można pojechać nawet na... pożyczonym! Dlaczego nie? Zasada pozostaje ta sama: SŁUCHAĆ WŁASNEGO CIAŁA.

W trakcie pierwszego wyjazdu zaczniecie powoli odkrywać drobne szczegóły i na ich podstawie z czasem znajdziecie idealny dla siebie rower. Idealne siodełko, idealną geometrię ramy, idealną wielkość kół i całą resztę. Nie ma najmniejszej potrzeby wydawać kilku tysięcy złotych na nowy rower tylko po to, by się przekonać, że jest niewygodny albo — co gorsza — że przygoda rowerowa to nie Wasza para kaloszy.

Ideałem byłoby złożyć rower samodzielnie. Wtedy na pewno będzie dokładnie taki, jaki lubicie. Jeżeli nie macie nic przeciwko lekko używanym częściom rowerowym, nic nie stoi na przeszkodzie, by powoli kolekcjonować wszystkie elementy roweru, na przykład pytając wśród znajomych czy kupując na Allegro. Oczywiście koła czy kasetę i łańcuch trzeba będzie kupić nowe, ale hamulce czy manetki i przerzutki już niekoniecznie.

Jak wspominaliśmy we fragmencie o ramach — jeżeli będziecie budować rower na stalowej ramie, czekają Was żmudne poszukiwania na Allegro lub kupowanie nowej na niemieckim eBayu (około 100 euro + 20 za malowanie na Wasz ulubiony kolor + około 20 za przesyłkę do Polski). Składanie roweru wymaga trochę cierpliwości i zamiłowania do majsterkowania. Nam udało się złożyć nasze pierwsze rowery tak dobrze, że… jeździmy na nich do dzisiaj! A skoro udało się nam, bez większej wiedzy i żadnego doświadczenia, to niejednemu z Was uda się jeszcze lepiej.

A wtedy Wasz rower będzie dokładnie taki, jaki powinien być. Satysfakcja… gwarantowana. Podziw na twarzach szwajcarskich i niemieckich turystów jeżdżących na rowerach za 3000 euro — bezcenny!

Pamiętacie takie powiedzenie, że kanapka zawsze spada masłem na dół? Albo że jeśli coś się może popsuć, to na pewno się popsuje? To teraz wyobraźcie sobie, że to drugie odnosi się do Waszego roweru, a Wy akurat jesteście na jakimś pustkowiu.

Skompletowaliście cały sprzęt, wydaliście na wszystko tyle a tyle pieniędzy i nagle, w najmniej odpowiednim momencie (bo to zawsze się dzieje w najmniej odpowiednim momencie), Wasz rower się popsuł. I znikąd pomocy.

Nowy, prosto ze sklepu za jedyne 120 zł. Nie sądzę, że producenci wiedzieli, co będę z nim robił. Plecaki zamiast sakw, koszyk zamiast torby na kierownicę + torba jako pokrowiec przeciwdeszczowy. Namiot i śpiwór przymocowane gumami bezpośrednio do widelca + ograniczniki ze sklejki. Sześć miesięcy podróży. 7000 km

Samodzielne złożenie roweru ma jeszcze jedną zaletę — nauczysz się, co jest czym w rowerze, jak to złożyć, poprawić i... naprawić.

Narzędzia

Wszystko zależy od tego, czy będziecie podróżować daleko od miast i ewentualnych sklepów rowerowych. Na kilkudniową wycieczkę dookoła Polski zabieranie zapasowego łańcucha czy opony nie ma większego sensu, na wycieczkę na Syberię może to być całkiem dobry pomysł.

Nie będzie źle, jeżeli zabierzecie:

- łatki, imbusy, zapasową dętkę;
- tzw. multitool, czyli kombinerki z dodatkami;
- linkę hamulcową i linkę do przerzutki;
- klocki hamulcowe;
- kilka szprych;
- klucz do zdejmowania kasety — potrzebny, by wymienić pękniętą szprychę w tylnym kole;
- kilka zapasowych śrubek;
- zipy — plastikowe zaciski; klej do naprawy namiotu;
- mocną taśmę klejącą;
- igłę i nitkę.

Jeżeli nie macie pod ręką WD40, zawsze może być... OK40!

Jak powiedział kiedyś nasz kolega:

Jeżeli coś się NIE rusza, a powinno — użyj WD40.
Jeżeli coś się rusza, a NIE powinno — użyj dobrej taśmy.

Pamiętajcie: nauczcie się naprawiać rower, ZANIM wybierzecie się w drogę. Zaoszczędzicie sobie nerwów, łez (?) i zmartwień.

Na koniec

Pamiętajcie: jeżeli nie możecie od razu pozwolić sobie na zakup tych wszystkich rzeczy, nie przejmujcie się i pod żadnym pozorem nie rezygnujcie z podróży. Taka niedoskonała w Waszych oczach wyprawa ma również swój urok. To człowiek jedzie, nie rower.

W trasie

Sprawdzajcie co jakiś czas:
- Szprychy — czy nie są za luźne.
- Wszystkie śrubki — czy żadna się nie poluzowała.
- Klocki hamulcowe — czy nie są wytarte.
- Obręcze — czy nie są już wytarte lub popękane.

W gorących krajach można owinąć butelki ręcznikiem lub szmatką. Zmoczona zapobiega szybkiemu grzaniu się wody w butelkach

- Czy nie macie luzów na piastach i wkładzie suportu (to ta część, do której przymocowane są pedały).
- Czy kaseta nie jest zużyta — jeżeli zęby kół zębatych są już zaostrzone, trzeba ją wymienić. Razem z łańcuchem.
- Opony — czy się nie przetarły lub czy nie sparciały.

Przesmarujcie:
- Linki hamulcowe i te od przerzutek — będzie łatwiej je naciągać, hamować i zmieniać przerzutki.
- Łańcuch — ale bez zalewania go olejem. Kilka kropel w różnych miejscach w zupełności wystarczy.

W dni odpoczynku należy czyścić:
- łańcuch, cały rower.

Parkowanie roweru

Przednie koło obciążonego roweru bardzo lubi „uciekać", gdy próbujemy zaparkować rower. Obciążenie go przednimi sakwami pomaga tylko odrobinę, zdarza się nieraz, że rower zakręci się wokół nóżki i... wywróci.

Są na to proste sposoby — kupić specjalną nóżkę do przedniego bagażnika lub (lżejsze i tańsze) wozić ze sobą kawałek grubej gumy czy pasek z rzepem. Guma (bądź pasek) powinna być tak krótka, by można ją było naciągnąć na zaciśniętą klamkę przedniego hamulca i chwyt na kierownicy. To prosty trik, a zapobiegnie odjeżdżaniu roweru przy podmuchach wiatru lub na nierównym terenie.

Ruch drogowy
Marek „Transatlantyk" Piluch

Czasy są takie, że nie uciekniemy przed problemem. Nawet jeżeli zamierzamy jeździć tylko po parkach, lasach i bezdrożach, to trzeba tam jakoś dojechać. Najczęściej jakąś drogą, gdzie ma prawo pojawić się samochód. Jesteśmy jednak ludźmi XXI wieku — większość z nas ma prawo jazdy, a pozostali z internetu lub książek muszą poznać podstawowe znaki drogowe i zasady poruszania się po drogach. Bez tego nie wolno wyjeżdżać z własnego podwórka, choć kodeks drogowy nie nakłada na osoby pełnoletnie jeżdżące na rowerze obowiązku posiadania żadnego dokumentu potwierdzającego znajomość zasad ruchu drogowego. Koniecznie też należy mieć rower dostosowany do ruchu drogowego. Oświetlenie to podstawa. Zawsze może się zdarzyć coś takiego, że krótka w zamyśle przejażdżka przeciągnie się do zmroku i wtedy trzeba włączyć światła. W sklepach rowerowych są dostępne różne lampki rowerowe. Polecam raczej te na baterie. Dzisiejsze „żarówki" są bardzo energooszczędne. Jeżeli używamy oświetlenia tylko od czasu do czasu, baterie wystarczają na długie tygodnie.

Elementy odblaskowe na ubraniu i rowerze znacznie zwiększają możliwość zauważenia rowerzysty przez kierowcę. Sam jeżdżąc nawet w biały dzień, używam kolorowych, jaskrawych ubrań.

Oto podstawowe zasady, do których się stosuję, jadąc drogą publiczną:

- Należy jechać „wyraźnie", czyli w czytelny dla kierowców sposób. Jadący drogą kierowca ma wiedzieć, czego się może spodziewać. Wszelkie niepewne i zmienne zachowania mogą zmylić kierowcę.
- Trzeba jeździć zdecydowanie i bez kompleksów. Rower jest pełnoprawnym uczestnikiem ruchu drogowego.
- Ostrożność i przewidywanie — samochody są szybsze i cięższe, musimy dbać o własną skórę.

Rowery dobrze obładowane:
Mateusz Waligóra
Michał Dudkowski
Kamila Kielar
Robb Maciąg
Robb Maciąg
Kajtostany
Małgorzata Mokrzan
Ania Maciąg

Rower mój to jest to... Kocham go!

219 Rower mój to jest to... Kocham go!

Rowerowe kempingowanie

Namiot

Jeżeli będziesz potrzebować namiotu, warto się dobrze zastanowić, jaki ma on być. Jeżeli będzie to długi wyjazd, warto zastanowić się bardzo dobrze. W końcu będzie to Twój dom przez dłuższy czas. Zabierzesz ze sobą za ciasny, za słaby, za ciężki — i będziesz przeklinać.

Jeżeli zależy Ci bardziej na codziennym komforcie niż wadze, zabierz ze sobą taki namiot, w którym zmieściłaby się o jedna osoba więcej, niż liczy Wasza grupa. Jedziesz sam? Zabierz „dwójkę". Dzięki temu zyskasz dużo miejsca na bagaż, na wiercenie się na prawo i lewo i nie zapomnij, że... możesz mieć gości. W drodze nigdy nie wiadomo, co się może wydarzyć i kogo się spotka.

Jedziecie we dwoje? Zabierzcie „trójkę". Zamiast się ciasno gnieździć, dobrze jest mieć trochę dodatkowej przestrzeni na sakwy. Może się przydać nawet, by położyć sakwy... między Wami, gdy już nie będziecie mogli na siebie patrzeć. Choćby na chwilę.

Ciężki, ale duży.
Duży, ale ciężki.
Co ważniejsze?

Pamiętajcie, że zaletą każdego małego namiotu jest jego mała waga, ale w deszczowe dni, gdy nie możecie jechać dalej (burza, wichura i inne „prawdziwe" przeszkody pogodowe), warto by było spędzić trochę czasu na siedząco. Tymczasem większość namiotów „jedynek" to naprawdę niewielkie tuneliki i nie pozostaje Wam w nich nic innego, jak… uciąć sobie kolejną drzemkę i przeczekać. W końcu i tak już będziecie leżeć.

Jaki ten namiot?

Z własnego doświadczenia znamy tylko trzy rodzaje namiotów, ale powinno to wystarczyć, by pomóc Wam znaleźć „ten idealny dla siebie".

Jednomasztowa dwójka

Taki jednomasztowy namiot służył Robbowi w jego podróży po Chinach. Był mały, lekki, ale dość wysoki, by w nim nawet usiąść, dość szeroki, by cały bagaż zmieścił się obok karimaty i w niczym nie przeszkadzał. Zwinięty nie zajmował za dużo miejsca.

Jego jedyną wadą (oprócz superlekkiej, czyli supercienkiej podłogi, która nie sprawdzała się na wilgotnej ziemi, ale i na to znalazł się sposób: aluminiowy koc ratunkowy rozkładany pod karimatą i bagażem) był właśnie system jednomasztowy. Po prostu namiot zawsze musiał być usztywniany wbitymi szpilkami i nie dało się go rozbić na przykład na betonie.

Do czasu, gdy nie było innego wyjścia.

Okazało się, że dobrze rozłożony bagaż (w każdym rogu jedna torba) utrzymał namiot. Na szczęście tej nocy ani nie padało, ani nie wiało.

Pod koniec lat dziewięćdziesiątych trudno było w Polsce o lżejszy namiot

Tunel

Wygodny, duży, ciężki, ale mocny. Wszystko wykonane było z mocnych, grubych materiałów. Namiot co prawda ważył około 4 kg, ale dzieliliśmy go we dwoje i komfort (bardzo dużo miejsca i nieprzemakalność) wart był każdego grama.

Wspaniale trzymał się na silnych wiatrach, a obszerny przedsionek nie tylko robił nocą za składzik sakw, ale w deszczową pogodę pełnił funkcję naszej kuchni.

Jego jedyną wadą była… „szczelność", która w irańskich upałach nie należała do przyjemnych. Sypialnia była podwieszana pod tropik i nie można jej było użyć jako wolno stojącej moskitiery. Do czasu, gdy zaczęliśmy rozbijać namiot w lasku. Wtedy za pomocą kilku sznurków (tych samych, które usztywniały tropik) rozciągaliśmy sypialnię między drzewami.

Dom z widokiem na Tybet

Duży przedsionek to jest to!

No i można schować się przed słońcem

Igloo

Namioty typu igloo mogą stać bez problemu na betonie. Nie potrzeba śledzi, by je usztywnić, i ma to swoje wielkie plusy. Nie tylko można je postawić niemal na każdym podłożu, ale można je także rozłożyć bez potrzeby zakładania tropiku. Taki namiot dobrze służy jako moskitiera. Nie tylko w otwartym terenie, ale i na przykład w starym, opuszczonym hotelu... z powybijanymi oknami

Igloo jako wolno stojąca moskitiera

Rowerowe kempingowanie

A może… Quechua 2 sekundy?

W tym miejscu wypada wspomnieć o dość popularnych wśród turystów namiotach „gotowych w 2 sekundy". Są one bardzo wygodne przy rozbijaniu. Zamiast rozkładać namiot przez kilka minut, naciągać te wszystkie linki i wbijać te wszystkie śledzie, wystarczy go tylko wyjąć z pokrowca i… już! Warto jeszcze tylko przybić go śledziami do podłoża i można się wprowadzać. Rozkładanie namiotu w reklamowane dwie sekundy możliwe jest dzięki konstrukcji — stelaż jest zrobiony z elastycznych włókien, które rozprężają się po wyjęciu namiotu z worka.

Problem jedynie w tym, że taki namiot po złożeniu przypomina… szeroki talerz. Rowerzyści często narzekają, że nie ma go jak wygodnie i estetycznie (!) przymocować do sakw. Jego gabaryty przeszkadzają po prostu przy przewożeniu go na rowerze.

Oczywiście nie oznacza to, że nie można na to przymknąć oka i nie próbować wybrać się na kilkudniową wędrówkę właśnie z takim „talerzem".

Na koniec

Superlekkie namioty, często z angielską naklejką „ultralight" mają swoje zalety i… jeszcze więcej wad.

Ich główną zaletą jest waga. Nasza dwójka z przedsionkiem waży niecałe 3 kg, ale ta niewielka waga ma swoją cenę (nie tylko tę na metce). Ultralekkie materiały szybko tracą swą wodoszczelność w trakcie długiej podróży. Codzienne zwijanie i rozwijanie namiotu nie służy silikonowej powłoce tropiku, która zwyczajnie się wyciera i z czasem namiot zaczyna przeciekać, na przykład na szwach.

Na piaszczystym podłożu zawsze przyda się kawałek ceraty

Podłoga jest wykonana z lekkiego materiału, który nie jest wodoszczelny. Codziennie rano budziliśmy się z wilgotną lub nawet mokrą podłogą. Co prawda była to tylko woda „wyciśnięta" ciężarem naszych ciał, czyli pod karimatami, i nie było to jakimś prawdziwym problemem, dopóki nie zrobiło się mroźno lub deszczowo.

Wśród polskich rowerzystów dobrą sławą cieszą się namioty firm Hannah, Fjord Nansen, Quechua itp. Wielu chwali sobie także proste namioty z marketów.

Czym kierować się przy wyborze namiotu? Ważne są: wielkość (lepiej o drobinę za duży niż za ciasny); waga; wytrzymałość (wodoszczelność i stabilność na wietrze); czas trwania podróży.

Palnik

Jakkolwiek patrzeć, to albo się ma dużo pieniędzy i mały bagaż, albo się ma mało pieniędzy i... duży bagaż. Targa się ze sobą nie tylko swój hotel w postaci dobrego namiotu, ale jeszcze... kuchnię: jakąś metalową miskę, jakieś sztućce, jakiś kubek, no i coś, na czym można ugotować to nasze codzienne małe co nieco.

Dobrać maszynkę do gotowania jest bardzo prosto. Wystarczy odpowiedzieć sobie na jedno, bardzo podstawowe pytanie — dokąd jedziemy?

Indie:
„A w tych butelkach to co pan wozi? Tlen, tak?"

Jeżeli jest to Europa lub nawet Turcja, zabieramy ze sobą jakąkolwiek maszynkę gazową „na puszki". Obowiązkowo musi to być maszynka z nakręcanym palnikiem. Przecież nie chcemy trzymać w sakwach palnika z przekłutą puszką gazu przymocowaną na tak długo, aż skończy nam się gaz. Lepiej kupić coś droższego i za to móc odkręcać puszkę po każdym gotowaniu.

Jeżeli jedziemy do kraju, w którym nie ma sklepów turystycznych (puszek nie możemy zabrać do samolotu!), zabieramy ze sobą prymus — maszynkę na benzynę lub inne paliwa płynne (naftę, spirytus itp.). Benzynę kupimy wszędzie (?), a na jednym litrze paliwa uda nam się zagotować nawet do 30 l wrzątku.

Warto przed wyjazdem nauczyć się rozpalać prymus (trzeba najpierw upuścić trochę benzyny na palnik i podpalić, by płomień podgrzał paliwo i powstał gaz), czyścić go i regulować płomień. Regulacja płomienia jest „wadą" prymusów. Większość z nich działa na zasadzie płomień — brak płomienia, ale po jakimś czasie można się nauczyć ustawiać garnek tak, by dało się podgrzać sos bez przypalania. Drugą „wadą" prymusów jest zapach benzyny, która zawsze lekko ulewa się po palniku przy jego odkręcaniu. Na szczęście dwa dobre woreczki foliowe załatwią sprawę. Grunt, by nie trzymać palnika razem z ważnymi ubraniami itp. Butlę z benzyną można łatwo wozić pod ramą. Wasz rower prawie na pewno nie będzie miał dziurek, by przymocować do niego koszyk na butelkę, ale od czego są metalowe zaciski? Kupicie je w każdym sklepie z częściami samochodowymi.

Uwaga na koniec: pamiętajcie — tanie prymusy nie najlepiej radzą sobie z tanim paliwem. Kiedyś, w bazie pod Kazbegiem w Gruzji, zdarzyło mi się gotować dla kilku turystów na moim prymusie, bo ich odmówiły posłuszeństwa, choć wszyscy kupowaliśmy „chrzczoną" benzynę z tej samej beczki.

Herbata z czajnika, espresso do śniadania. Niektórzy nie dbają o ilość bagażu. Podróżować stylowo też trzeba umieć!

Filtr do wody

Ktoś powie: „A po co mi filtr do wody? Drogie to, wozić trzeba, suszyć, chronić przed mrozem, no i... wodę można sobie kupić w każdym sklepie".

Dopóki podróżujemy po krajach, w których dostęp do czystej wody nie jest problemem (sklepy, studnie itp.) i mamy w miarę stały dostęp do wody, oczywiście posiadanie filtra wydaje się nie do końca potrzebne. Nie będziemy się tu rozpisywać, że butelkowana woda również kosztuje (podobnie jak filtr), a przy okazji każdy z nas pozostawia po sobie kilka pustych, plastikowych butelek, ale i o tym warto pamiętać. Jeżeli nie mamy dostępu do czystej wody, mamy dwa wyjścia, by taką wodę zdobyć. Pierwszym, tańszym, są tabletki odkażające wodę lub zwykła jodyna.

Krople i tabletki wygrywają z filtrem swoją ceną i prostotą użytkowania. Wystarczy wrzucić kilka do butelki i odczekać około 30 minut, aż chemia zrobi swoje. Oczywiście tabletki nie oczyszczą ewentualnych zabrudzeń mechanicznych, np. drobiny mułu czy wszelkich „paprochów" pływających w wodzie. No i całą tę chemię trzeba wypić.

Niektóre firmy produkujące tabletki odkażające wodę produkują przy okazji tabletki oczyszczające wodę ze smaku tabletek odkażających wodę. Smacznego!

W podróży jak w życiu — można się do wszystkiego przyzwyczaić. Nawet do smaku jodyny, ale największą wadą tabletek i kropli wcale nie jest ich smak, lecz... czas. Tak jak wspomnieliśmy wcześniej — zawsze trzeba odczekać około 30 minut, by chemia zrobiła swoje.

Skupmy się teraz na filtrze. W naszych podróżach stosowaliśmy do tej pory pięć różnych filtrów. Zmienialiśmy je z różnych powodów i nie wyobrażamy sobie, jak można wyjechać w podróż bez filtra. W wyścigu na czas wygrywa bezapelacyjnie filtr. Oczyszczanie wody odbywa się mechanicznie i chwilę po przepompowaniu wody przez wkład (czy to ceramiczny, czy papierowo- -węglowy) woda nadaje się do picia. W dodatku: nic w niej nie pływa!

Filtr też nie jest doskonałym rozwiązaniem. Nie zabija „wszelkich zarazków", choć jeszcze kilka lat temu firmy produkujące filtry twierdziły coś innego. Trzeba go co jakiś czas czyścić, suszyć i chronić przed zamarzaniem (zamarznięte resztki wody zniszczą ceramiczny wkład).

W naszych podróżach stosowaliśmy filtry typu *pocket*, czyli kieszonkowe, filtry z wkładem papierowo-węglowym i filtry ceramiczne. Od jakiegoś czasu używamy MSR WaterWorks przypominający miniaturowy model pompy zamocowanej do studni. Każdy z nich ma swoje wady i zalety.

Katadyn Pocket był niewielki i lekki (mieści się w kieszeni), ale połamał nam się w rękach. Może nie powinniśmy naciskać pompki całym ciężarem ciała?

Filtrowanie to również okazja do przerwy

Filtr papierowo-węglowy był bardzo dobrym filtrem na górskie wycieczki, ale za mało wydajnym na długie podróże.

Dlaczego wybraliśmy MSR WaterWorks? W naszym przypadku to bardzo proste — filtr ma taki sam gwint jak worki na wodę MSR i amerykańskie butelki Nalgene, których używamy. Filtrując wodę, można go bezpośrednio nakręcić na worki czy butelki i czysta woda jest jeszcze lepiej chroniona.

Nie polecimy Wam żadnego z nich. Każdy musi sobie znaleźć własny filtr, zgodny z tym, do czego jest mu potrzebny. Przy zakupie warto sprawdzić, na ile litrów wystarczy wkład i jak duży jest filtr. Bardzo często wkład sprzedawany z filtrem jest słabszy (mniej litrów wody) niż wkłady kupowane luzem.

Dobry wkład ceramiczny wystarcza na 20 000 l czystej wody.

Jak dbać o filtr?

- Trzeba go co jakiś czas czyścić, a już na pewno zawsze wtedy, gdy filtrowanie idzie nam ciężko. Oznacza to, że brud zatyka wkład i woda nie może przedostać się do niego. To zanieczyszczanie następuje stale, a w przypadku zanieczyszczonej wody dość szybko.
- Trzeba go suszyć. Jeżeli tego nie będziemy robić, wkład nam zatęchnie lub nawet zapleśnieje. W drugim przypadku wkład jest do wymiany. Jeżeli tylko zatęchnie, można spróbować go reanimować, gotując wkład przez pół godziny we wrzątku.
- Trzeba go chronić przed zamarznięciem. Jeżeli resztki wody ukryte we wkładzie zamarzną, lód prawie na pewno zniszczy wkład.

Apteczka

Pomyśleliście, jakie narzędzia zabrać ze sobą do naprawy roweru w trasie? To teraz czas pomyśleć o tym, co zabrać ze sobą, gdyby przypadkiem coś złego przytrafiło się Wam.

O wypadek nie jest trudno. W końcu poruszamy się drogami i choć każdy stara się, by na naszej trasie było jak najwięcej małych, niepozornych dróg, to i na takich może nas spotkać coś niemiłego.

Nie tylko ruch drogowy może być zagrożeniem, ale i brudna woda, upał, zwykłe przeziębienie czy przelatujący akurat przez drogę rój pszczół. Możemy najzwyczajniej wjechać w niepozorną kałużę kryjącą naprawdę głęboką dziurą i... wywrotka gotowa. Kolana obtarte — trzeba przemyć i może nawet zabandażować.

Najłatwiej by było kupić gotową apteczkę rowerową. Od jakiegoś już czasu można takie znaleźć w aptekach, a nawet w dobrych sklepach rowerowych.

Co powinno się w niej znaleźć? Na pewno plastry, woda utleniona, bandaże, leki przeciwbiegunkowe, wapno, leki przeciwbólowe, sudocrem lub puder i rękawiczki.

Nie warto wozić ze sobą wielkich zapasów. W większości miejsc na świecie łatwo dokupimy brakujące leki i plastry.

Można oczywiście skorzystać z lokalnej medycyny.
Tylko jak się po chińsku dowiedzieć, co się leczy skorupą żółwia?

Zanim wyruszysz

Sześć najważniejszych pytań

Zanim cokolwiek kupisz.
Zanim cokolwiek zaplanujesz.
Zanim cokolwiek zadecydujesz.
Odpowiedz sobie na kilka podstawowych pytań:
— Dokąd chcesz pojechać?
— Po co?
— Z kim?
— Na jak długo?
— Kiedy (pora roku itp.)?
— Ile masz pieniędzy?

Dodatkowo, gdy już zaczniesz kompletować sprzęt, zastanów się, czy umiesz go naprawić lub czy jego naprawa będzie droga, trudna, możliwa w trasie.

Dobry plan nie jest zły

Jest takie rowerowe powiedzenie: nie jedź myślami szybciej niż rowerem. Często, o czym wspominaliśmy w tej książce, dobry plan może być wrogiem przygody. Wszystko trzeba dobrze wypośrodkować w zależności od własnych potrzeb, marzeń i celów.

Planowanie oczywiście zależy od charakteru podróży. Co innego, gdy ma się dużo czasu, a co innego, gdy wyjeżdża się na szybkie wakacje i żal nam każdego dnia. Co innego, gdy komuś zależy na zwykłej rowerowej wędrówce, a co innego, gdy ktoś chce na przykład zaliczyć jak najwięcej alpejskich przełęczy.

Nasza złota zasada jest bardzo prosta: im krótsza podróż (wycieczka), tym więcej planowania, i odwrotnie. Mając dużo czasu, dysponujesz nim aż pod dostatkiem na wszelkie poprawki, objazdy, nagłe odkrycia miejsc wartych odwiedzenia. Masz więcej luzu i więcej wolności. Nigdzie się nie spieszysz, bo nie musisz.

W naszej podróży do Indii czy Jedwabnym Szlakiem mieliśmy jedynie zaznaczone kilka ważnych miejsc, które „musieliśmy" odwiedzić. Wszystko inne zmieniało się wraz z czasem, naszą ochotą i… radami ludzi, których akurat spotkaliśmy po drodze. Połowa miejsc odwiedzonych w Indiach właśnie w ten sposób znalazła się na naszej mapie — to Hindusi nam o nich powiedzieli.

Kiedy wybieracie się na dwu-, trzytygodniowy urlop, kwestia planowania wygląda trochę inaczej. Wiadomo — ma się jakieś terminy i trzeba się w nich zmieścić. To, czy trzeba zobaczyć wszystkie zamki nad Loarą, czy też nie, jest już sprawą osobistego podejścia, ale gdy już jednak „trzeba", to i należy wszystko dobrze zaplanować. Noclegi, kilometry i całą resztę.

Bez względu na długość podróży istnieją rzeczy, o które zawsze należy zadbać.

Lekarz

Zanim wyjedziesz, odwiedź dentystę (!) i lekarza ogólnego. Miej pewność, że żaden ząb nie zaskoczy Cię w trakcie zwiedzania Stambułu czy podjazdów w Alpach.

Wizy

Sprawdź jeszcze, zanim wyrobisz wizy, jak długo są ważne i od którego momentu. Niektóre są ważne od momentu wjazdu do kraju. Inne od dnia ich wystawienia.

Ubezpieczenie

Dowiedz się dokładnie, czy wykupione ubezpieczenie obejmuje podróż rowerową i w jakich krajach. Dowiedz się, co zapewnia Ci to ubezpieczenie w sytuacji na przykład wypadku. Sprawdź, czy ubezpieczenie ma ograniczenia co do maksymalnej wysokości nad poziomem morza, do jakiej obowiązuje. Większość zwykłych ubezpieczeń traktuje przebywanie powyżej 3000 m n.p.m. jako uprawianie sportów ekstremalnych i często uwzględnienie takich opcji kosztuje dodatkowe pieniądze. W takiej sytuacji nawet spacer po La Paz, stolicy Boliwii (miasto leży powyżej 3600 m n.p.m.), to „wspinaczka" i nawet skręcenie tam kostki może nie być objęte ubezpieczeniem.

Pieniądze

Wożenie gotówki jest czasem koniecznością. W niektórych krajach (np. Iran) nie można korzystać z zachodnich kart płatniczych ani bankomatowych. Liczy się tylko gotówka. Podobnie jest w krajach leżących „z dala od zachodniej cywilizacji".

Karta płatnicza wydaje się bardzo dobrym rozwiązaniem w krajach, w których sieć bankomatów jest dobrze rozwinięta. Mimo to zawsze sprawdź, ile będzie Cię kosztowało wybranie pieniędzy z bankomatu i jakie masz dzienne limity. Sprawdź, czy w kraju, do którego jedziesz, łatwiej jest korzystać z kart Visa czy Mastercard.

Jeżeli wozisz ze sobą gotówkę, pomyśl, gdzie ją dobrze schować. Nigdy nie woź wszystkiego w jednym miejscu. Pokrywaj pieniądze w kilku miejscach i nie ufaj za bardzo wszelkim pasom biodrowym noszonym pod spodniami. W wielu turystycznych krajach (np. Tajlandia i Indie) wszyscy doskonale wiedzą, że turyści właśnie w takich pasach chowają pieniądze.

Czasem warto ukryć pieniądze w samym rowerze. Wjeżdżając do Uzbekistanu, musieliśmy zadeklarować ilość wwożonych pieniędzy i wykazać wszystkie kwity z banków o ich wymianie. Jechaliśmy przy okazji do Tadżykistanu i w Uzbekistanie musieliśmy „zaopatrzyć się" w dolary. Wszystkie „nadliczbowe" schowaliśmy w kierownicy. Wystarczyło zdjąć chwyty, upchać banknoty zabezpieczone plastikowym woreczkiem i z powrotem zatkać kierownicę. Na szczęście nikt nie sprawdzał dokładnie rowerów, a i o sumę wywożonych dolarów też się nikt nie pytał.

Rodzina

Przygotujcie ich na to, że wyjeżdżacie. Pamiętajcie, że będą się o Was martwić. Opowiedzcie im, dokąd jedziecie, pokażcie zdjęcia i trasę. Możecie nawet zrobić im mapkę — niech wiedzą, gdzie jesteście. Niech to „zobaczą".

Dobrym rozwiązaniem jest SPOT Satellite GPS Messanger. SPOT to niewielkie urządzenie, dzięki któremu (i dzięki technologii GPS) można wysłać wiadomość z każdego zakątka Ziemi. Wezwać pomoc lub upewnić rodzinę i przyjaciół, że jesteśmy cali i zdrowi. Możemy im wysłać nasze dokładne położenie GPS, a nawet link do Google Maps, by mogli dokładnie zobaczyć, skąd wysłaliśmy wiadomość. Urządzenie działa na baterie i pozwala wysłać do 700 wiadomości bez potrzeby wymieniania zasilania.

Samotnie czy w tłoku?

Mało co zmienia charakter podróży tak bardzo, jak liczba uczestników wyprawy. Zupełnie, ale to zupełnie inaczej jedzie się samemu, a inaczej w większej grupie. Ludzie na trasie inaczej traktują samotnego rowerzystę lub samotną rowerzystkę, a inaczej na przykład... szóstkę podróżujących.

Samotnie?

Jeżeli macie ochotę na podróż „tylko dla siebie", to najlepiej wybrać się samemu. Po pierwsze: z nikim nie trzeba niczego ustalać, o nic pytać i niczego dogadywać. Można wtedy łatwo bić wszelkie rekordy, często i łatwo zmieniać trasę lub po prostu można nic nie robić bez potrzeby pytania innych o zdanie. Po drugie: łatwiej spotkać pomocnych ludzi. Łatwiej o zaproszenie do domu lub choćby na herbatę. Samotny rowerzysta często wzbudza „litość".

Jedynym minusem samotnego podróżowania są sytuacje, w których macie poważne problemy. Wtedy też musicie przez wszystko przejść sami i nie ma kogo zapytać o radę czy o pomoc. Gdy się już jednak pokona te wszelkie trudy i przeciwności, rośnie się w siłę jeszcze bardziej.

Samemu — bo czasem nie ma z kim.
Dlaczego by nie pojechać samemu?

Oczywiście, że za pierwszym razem niemal każdy się trochę boi, ale tak naprawdę nie ma czego. Podróż rowerowa jest bardzo prosta. Wystarczy wsiąść na rower, zacząć pedałować i... już. Właśnie się zaczęło, a kiedy i jak się skończy, to się dopiero okaże. Nie warto wybiegać za daleko naprzód. Nie warto być myślami dalej niż rowerem.

Rower powinien być szybszy od nas i od naszych myśli, a nie odwrotnie.

Na mapie ta droga była duża i szeroka.
Teraz samemu trzeba sobie z tym radzić

We dwoje

Podróż we dwoje może być największą przygodą życia, ale może być też... końcem niejednego związku. Non stop we dwoje, zmęczenie, w obcym kraju. Podróż we dwoje może i często bywa próbą. Nagle, bez ostrzeżenia, spędza się ze sobą kilka tygodni w obcym kraju.

To jest oczywiście czarny scenariusz, bo szczęśliwych, radosnych par rowerowych jest mimo wszystko o wiele więcej niż tych zmęczonych sobą. Podróż razem może być — tak jak pisaliśmy wcześniej — czymś wspaniałym i utrwalającym związek. Niejedna para zdecydowała się na rowerową podróż poślubną, a niektórzy, na przykład my, w trakcie rowerowej podróży postanowili się pobrać.

Gdy się jest we dwoje, można zawsze na kogoś liczyć, można przeżywać wspólnie wspaniałe zachody słońca i razem przeczekiwać gwałtowne burze w ukryciu w namiocie. Na szczęście jazda na dwóch rowerach pozwala jechać razem, ale niekoniecznie obok siebie i zawsze można zrobić sobie przerwę od siebie.

W krajach, które odwiedziliśmy, to Ania była łącznikiem między nami a lokalnymi rodzinami. W Iranie, Syrii czy Pakistanie to kobiety zagadywały Anię i zapraszały nas do domu. Gdybym jechał sam, pewnie nie udałoby mi się aż tak głęboko wejść do ich domów. Obcemu mężczyźnie często nie wolno tego robić, więc Ania była naszym ambasadorem. To Ania przynosiła historie zza drzwi, których mnie nie wolno było przekroczyć.

Tandemem (po kraju kiwi)
Agnieszka i Jacek Stanisławscy,
www.dookolaswiata.org

— Kończymy z jazdą autobusami. Mam już dosyć po Ameryce Południowej. Coś trzeba zmienić... Może rower?

— Chyba żartujesz?! Od pół roku jesteśmy w podróży, a ja nawet nie pamiętam, kiedy ostatni raz siedziałam na rowerze. Wiesz, że szlag mnie trafi, będziesz mnie zostawiać w tyle!

Po krótkiej chwili.

— No dobrze. Rower może być, ale nie dwa osobne — zgadzam się na tandem :).

— Ale ja nigdy nie jeździłem na takim!

— Ja tylko raz. W czasie Dnia Chłopaka w liceum :). Było super.

— Hmm... Dojedziemy do Rotorua i zobaczymy, czy są tam jakieś sklepy rowerowe.

Tak zaczęła się nasza wspólna rowerowa przygoda po Nowej Zelandii. Dojechaliśmy autobusem do Rotorua na Wyspie Północnej i, jak się okazało, trafiliśmy do mekki rowerowej. Na każdym kroku były wystawione rowery na sprzedaż, nowe, używane, do wypożyczenia — wszystko, czego zapragniesz.

Zaczęliśmy od poszukiwań tandemu i zbyt wiele się nie nachodziliśmy — już pierwszego dnia znaleźliśmy Złotą Strzałę Raleigha. Po okazyjnej cenie, ponieważ została zwrócona do sklepu po tym, gdy się komuś nie spodobał prezent urodzinowy (sic!). Takiej szansy nie mogliśmy przegapić, i wystarczył jeden wieczór na podjęcie decyzji, by po dwóch dniach przemierzyć na tandemie pierwsze kilometry.

Nie wiedzieliśmy, na co powinniśmy zwrócić uwagę podczas wyboru tandemu, ponieważ sam pomysł mocno nas zaskoczył, a poza tym nigdy wcześniej nie jeździliśmy na wielodniowe wycieczki rowerowe. Raczej mieliśmy je w planach, ale jak wiadomo, czasem od planu do realizacji prowadzi długa droga.

Co zastaliśmy w naszym rowerze? Tak naprawdę nie za wiele. Na początku myśleliśmy, że ma wszystko, co jest potrzebne, ale już po pierwszych dniach doszliśmy do wniosku, że „czegoś" mu brakuje. Przede wszystkim nie zdawaliśmy sobie sprawy, że będziemy aż tak ciężcy razem z bagażami. Mimo że większość rzeczy zostawiliśmy w hostelu, dzięki czemu mogliśmy się spakować do czterech sakw i jednego wodoodpornego worka, i tak byliśmy zbyt dużym obciążeniem dla naszej Strzały.

Pierwsze dni jazdy były mieszanką radości i zgrzytów. Skoro jechałam z tyłu, wychodziłam z założenia, że czasem mogę delikatnie zdjąć nogi z pedałów i dać Jackowi w całości spożytkować energię na podjazdy na wzgórza, których zdecydowanie Nowej Zelandii nie brakuje. Niestety, jeśli ktokolwiek chciałby robić to samo co ja, od razu mówię — nie ma szans. Wystarczyło, że trochę podniosłam nogę, a już słyszałam: „Ale, tył, pedałujemy!". To jest jedna rzecz, którą odradzam. Jednak żeby nie pozostawiać Was bez słowa otuchy i propozycji rozwiązań na podjazdach, przekazuję: im gorzej śpiewasz, tym szybciej wsiadaj na tandem! Ja tak zrobiłam i to naprawdę skutkuje! Siedzisz z tyłu, przed Tobą góra, której końca nie widać, plecy, które zasłaniają cel, do którego dążysz, licznik wskazuje coraz mniejszą prędkość... Jedyne, co możesz zrobić, to sprowokować partnera, by nadał szybsze tempo :). Zaczynasz śpiewać najróżniejsze polskie przeboje i po chwili sam poczujesz efekt — będziecie szybciej jechać! Jeśli zaczniesz się zastanawiać, czy osoba z przodu chce od Ciebie uciec, to odpowiedź jest prosta: tak, właśnie tak jest. Jednak skutki są tak wyraźnie widoczne, że polecam wszystkim to dodatkowe doładowanie.

Na tandemie przygodom nie ma końca. Jedzie się we dwoje, co niektórych może drażnić, bo nie ma chwili wytchnienia, ale trzeba pamiętać, że ten pierwszy jest zawsze plecami do Ciebie, co możemy uznać za małe pocieszenie. Problemy mogą się pojawić w doborze roweru. Tandem sprawdza się najlepiej na asfalcie i innych twardych podłożach, więc jeśli nieodpowiednio przewidzimy teren, po którym będziemy jeździć, a dodatkowo najważniejsze elementy roweru nie będą dostatecznie wytrzymałe, mogą się pojawić takie sytuacje, jakie nas spotkały.

Kiedy już w śpiewającym (piejącym) tempie wjechaliśmy na któreś z kolei wzgórze, zobaczyliśmy, że zrobiła się nam ósemka w tylnym kole. Nie były to pojedyncze przypadki, więc doszliśmy do wniosku, że najprawdopodobniej to wina zbyt dużego obciążenia i ewentualnie nierównego zapakowania sakw. Wymiana dętek czy naprawa kół w tandemie niczym nie różni się od robienia tego w zwykłym rowerze. Za to innym elementem wyposażenia, na który trzeba zwrócić uwagę, są hamulce. Ważący ponad 220 kg rower z pasażerami pędzący z górki to, jakkolwiek patrzeć, minitorpeda, która w którymś momencie powinna się zatrzymać. Standardowe hamulce w tym absolutnie nie pomagają. W naszym tandemie mieliśmy hamulce typu V-breake (z klockami niezbyt wysokiej jakości), ale kupując rower, nawet nie pomyśleliśmy o tym, że felgi będą się nagrzewać do takiego stopnia, że będą nam pękać dętki. A jednak! Cała radość ze zjazdu musiała być przerywana co jakiś czas na postój, by ostudzić nasze dwa kółka. Odczekawszy chwilę, ruszaliśmy dalej.

Opisałam najważniejsze z mojego punktu widzenia kwestie związane z jazdą na tandemie. Nie ma tego dużo, bo moim zdaniem taka jazda nie różni się w sposób znaczący od jazdy w pojedynkę. Tak samo może się przebić dętka, zetrzeć hamulec, wygiąć koło, zepsuć piasta itp., itd. Najważniejsza jest jednak radość ze wspólnej jazdy.

Na tandemie przejechaliśmy wspólnie kilkaset kilometrów. Były kilkudziesięciokilometrowe podjazdy, takiej samej długości odcinki płaskie i na koniec zjazdy. Wszystkie pokonaliśmy wspólnie, raz w lepszych, raz w gorszych humorach. Przez większość czasu cieszyliśmy się, że możemy swobodnie rozmawiać, nie krzycząc do siebie z odległości kilku metrów. Oczywiście, były momenty kryzysowe, bo aż sama sobie się dziwię, ile można widzieć w tylnym kole: ósemka, rozszywająca się opona, pęknięta dętka, a kończąc na zwieńczeniu wszystkiego, czyli ramie, która wiła się, tworząc płynne esy-floresy. Jednak przygoda z tandemem w roli głównej dała nam obojgu niesamowitą frajdę i niezapomniane wrażenia!

Z mojej (tylnej) perspektywy: jeśli miałabym ponownie wybierać tandem czy dwa osobne rowery, odpowiedź jest tylko jedna — TANDEM!

Przygoda z tandemem w roli głównej

Tymczasem na tandemie

Olo z www.inka-olo.pl
(Tandemem przez Azję)

Razem z żoną przemierzyłem na tandemie trasę z Polski do Singapuru, liczącą ponad 22 000 km. Nasz rower nie był jakąś specjalną wyprawową maszyną, wręcz przeciwnie. Jechaliśmy na wiekowym polskim tandemie Romet Duet, wyglądającym jak popularny składak Wigry, tyle że w wersji dwuosobowej.

Cóż mogę powiedzieć o jeździe tandemem, po spędzeniu w podwójnym siodełku ponad roku? Jak w praktyce wygląda podróż na wspólnym rowerze? Z czym muszą zmagać się śmiałkowie wybierając taki środek transportu? Co musi wytrzymać sam rower? Jakie daje możliwości, a jakie ma ograniczenia? Czy plusy dodatnie przewyższają plusy ujemne? Postaram się nieco przybliżyć temat i podać kilka uwag dotyczących nie tylko naszego konkretnego modelu (Romet Duet), ale tandemów w ogóle.

„Czy na tandemie musieliście się jakoś zgrać?" „Ile wam to zajęło?" To jedne z najczęstszych pytań, jakie słyszymy od osób, które nigdy nie miały styczności z tego typu rowerem. Co tu dużo mówić, wielkiego zgrywania się nie było, wystarczy 10 minut i każdy załapie o co chodzi. W gruncie rzeczy to zwykły rower, też naciska się na pedały, tylko ta kierownica z tyłu się nie skręca i tyle. No i frajda z jazdy jakby większa. Kolejnymi często pojawiającymi się pytaniami są: „kto siedzi z przodu?" i „czy się zamieniacie?". W naszym przypadku to ja siedziałem z przodu i w czasie podróży się nie zamienialiśmy. Znaczy się, zamieniliśmy się raz i rower zaczął jechać wężykiem. Jednak do utrzymania obładowanego tandemu na małych kołach (20") potrzeba dużej siły. Prawdopodobnie duże koła znacznie ułatwiają sprawę, bo widzieliśmy zdjęcia podróżujących par, gdzie to właśnie dziewczyna siedziała z przodu. Ułatwieniem dla kierującego jest też przeniesienie bagażu z przedniego koła na przyczepkę.

Jednak podstawowym pytaniem, które powinny sobie zadać osoby zastanawiające się nad tandemem, to: czy wytrzymamy ze sobą na wspólnym rowerze? W sytuacjach kryzysowych nie ma możliwości rozdzielenia się i pomilczenia sobie w samotności. Ale też nie ma możliwości, żeby się przypadkowo zgubić. Jest za to ciągły kontakt i możliwość rozmowy i ten szczególny rodzaj wspólnego doświadczania jazdy na rowerze. Spotkaliśmy się

z określeniem, że tandem to „divorce machine" (z ang. „maszyna rozwodowa"). Niektórzy twierdzą, że nie wytrzymaliby ze sobą nawet 5 minut na jednym rowerze, z kolei innym to nie przeszkadza i cieszą się z doznań, jakie daje pokonywanie kilometrów wspólnymi siłami.

Właściwie to cała różnica polega na tej osobie jadącej z tyłu, której początkowo może być trudno złapać równowagę (statyczna kierownica), a później musi przywyknąć do oglądania pleców kierowcy* albo częstego rozglądania się na boki. Ma to też swoje dobre strony, bo nie trzeba wypatrywać dziur w drodze, czy innych przeszkód, można bardziej poświęcić się podziwianiu krajobrazu, wypatrywaniu sklepu spożywczego, czy nawet robieniu zdjęć i filmów albo obieraniu mandarynek. Możliwości jest naprawdę wiele. Z drugiej strony nie ma się wpływu na tor jazdy i dobrze jest wierzyć kierującemu, że wie co robi.

---

* rozwiązaniem tego problemu jest półpoziomy tandem Hase Pino, w którym „pasażer" ma poziome miejsce z przodu, a „kierowca" umiejscowiony jest z tyłu w klasycznej pozycji. Tylko ta cena, od 4100 €. *www.hasebikes.com*

Miejsce z przodu dużo bardziej przypomina klasyczny rower, mamy do dyspozycji normalną kierownicę, tylko to tylne koło jest jakoś tak daleko i trzeba brać na to poprawkę przy wszelkich manewrach. Tym bardziej że za plecami mamy drugą kierownicę, a na niej palce bliskiej nam osoby i dobrze byłoby nimi o nic przypadkiem nie zahaczyć. Na osobie kierującej spoczywa też utrzymanie równowagi całego układu, w końcu to ona ma ruchomą kierownicę, a osoba z tyłu niestety sprowadzona jest do roli bezwładnego bagażu. Bywa tak, szczególnie w miejscach wymagających dużej precyzji w kierowaniu, że lepiej żeby pasażer zamknął oczy i siedział nieruchomo, bo wychylenie się w inną stronę niż kierujący może doprowadzić do wjechania w dziurę/wywrotki/zderzenia z przeszkodą. Ma to też znaczenie w chłodniejsze dni, temu z tyłu jest po prostu zimniej (pracuje głównie nogami, a ten z przodu angażuje jeszcze ręce do kierowania i tułów do utrzymania równowagi).

Wybierając tandem trzeba przywyknąć do tego, że będzie zwracał uwagę mijanych ludzi. Nie jest to takie trudne, bo na ich twarzach niemal zawsze będzie gościł uśmiech i komentarz „ale fajny rower!". Tym bardziej że dla wielu osób będzie to pierwszy tandem, jaki ujrzą w życiu, a dla niektórych widok roweru dla dwojga będzie pewnego rodzaju rewolucją — w niektórych krajach tandemy w ogóle nie są znane, tym bardziej, że nie pojawiają się zbyt często w filmach, czy książkach. Istnieje spora grupa ludzi, która nawet nie zdaje sobie sprawy, że może istnieć coś takiego jak dwumiejscowy rower! Ta inność zdecydowanie pomaga przełamywać lody i ułatwia, czy też motywuje napotkanych ludzi do nawiązania z tandemowcami kontaktu, by móc bez skrępowania popatrzeć na to dziwadło, którym przyjechali. Skąd, dokąd? Sami taki zrobiliście? (pytają dorośli) Można się przejechać? (pytają dzieci) Ile taki kosztuje? (pytają i dorośli i dzieci — nasz na szczęście niedużo) A może w czymś pomóc? Podejrzewam, że to właśnie rower wielokrotnie uratował nas od potencjalnie groźnych sytuacji, czy też prowokował szczęśliwe zbiegi okoliczności. Na przykład w jednej z ukraińskich wiosek, gdzie podchmielony kwiat młodzieży szedł całą szerokością drogi, rozstąpił się na nasz widok z zabawnym okrzykiem „A to szto za komedia?!". Czy innym razem, gdy gdzieś w głębokiej Syberii z auta wysiadła zgraja chłopaków o wytatuowanych torsach. Po prostu chcieli sobie z nami zrobić sesję fotograficzną, a na pożegnanie dali jeszcze pieska z kiwającą głową, chyba na znak przyjaźni i uznania. Z kolei w Singapurze, gdy zmęczeni po bezowocnych poszukiwaniach nowej piasty wracaliśmy do domu, nasz rower przykuł uwagę jednego z mijających nas cyklistów. Okazał się on być pracownikiem lokalnego oddziału Shimano i po paru słowach zaoferował nam nową piastę prosto z fabryki.

O czym należy pamiętać, rozważając zakup tandemu, to jego gabaryt. Nasz Duet dzięki 20-calowym kołom mieści się w klatkach schodowych „na styk", a w razie czego i tak można go rozłożyć na dwie części, więc nie mamy problemu z jego przechowywaniem, czy przewożeniem (wchodzi nawet do samochodu pokroju Forda Fiesty). Z drugiej strony na małych kołach jeździ się raczej wolno, no i nie jest to rower dla osób o wzroście powyżej 170 – 175 cm. Wszyscy ci, którzy chcą się przemieszczać szybko albo są wyżsi, a nie dysponują garażem/wiatą do przechowywania rowerów, mogą się borykać z pewnymi trudnościami. Z kolei przy turystycznych wyjazdach doskwierać może ograniczone miejsce na bagaż, w końcu jest go tyle, co na jednym rowerze, a jedzie się przecież we dwoje. Nam to wystarczyło na ponad roczną podróż, więc nie jest aż tak źle. Jednak jakby komu brakowało miejsca albo chciał nieco ulżyć ramie i kołom, zawsze można podłączyć przyczepkę. Świetnie sprawdza się tu zasada, że im więcej ma się miejsca, tym więcej zbędnego ekwipunku się ze sobą zabierze. A że na tandemie tego miejsca jest mniej, to ma się pewność, że bierze się rzeczy naprawdę niezbędne.

I tu dochodzimy do kluczowego zagadnienia, które należy mieć na uwadze, czyli masie jakiej muszą sprostać podzespoły tandemu. Nawet przy jeździe bez bagażu, dwie osoby średniego pokroju z rowerem potrafią ważyć 150 kg, czyli tyle co samotny obładowany sakwiarz, a gdy dodamy do tego jeszcze bagaże, to o 200 kg nietrudno. W naszym tandemie dość szybko pękła przednia część ramy i to przy jeździe „na lekko"! Na szczęście jest wykonana ze stali, więc nie było problemu z dospawaniem odpowiedniego wzmocnienia. Po tym pęknięciu przestaliśmy jednak jej ufać, a szczególnie oryginalnym widełkom wykonanym przecież z tego samego materiału. Dlatego zamienione zostały na aluminiowy widelec amortyzowany, żeby przy okazji zredukować siłę uderzeń przyjmowanych przez główkę ramy. Sam amortyzator nie jest jakiś specjalny, zwykły RST Capa przeznaczony raczej do dziecięcych rowerków, niż dwustukilowych tandemów. Konieczne było parę przeróbek, jak przedłużenie rury sterowej, czy dodanie drugiej sprężyny, bo przy jednej był na tyle miękki, że od razu uginał się do końca i nie spełniał swojego zadania.

Po przejechaniu ponad 22 000 km nie było z nim żadnych problemów, nie pojawiły się żadne luzy, nic się nie wygięło, nic nie pękło, i to przy rurze sterowej o średnicy 1".

Oprócz ramy kluczowym elementem są oczywiście koła, które powinny być możliwie wytrzymałe. Oryginalne stalowe obręcze w naszym rowerze dość szybko zaczęły się wyginać na wszystkie strony, a szprychy pękać. Wymiana tych elementów na współczesne aluminiowe obręcze i szprychy DT wyeliminowała ten problem. Ważne tylko, zresztą tak samo jak przy normalnym rowerze, by nowe koła „rozjeździć" na lekko, a dopiero potem wybierać się na dłuższe wycieczki z ciężkim bagażem.

Jak można się spodziewać, na tandemie dużo szybciej zużywają się opony, a szczególnie ta w tylnym kole. W rozmiarach 26 – 28" można przebierać do woli, jednak wśród gum 20" wybór jest dużo skromniejszy i poza Schwalbe Marathon ciężko znaleźć coś sensownego. Ale jak to mówią, na bezrybiu i rak ryba, więc w czasie azjatyckiej podróży korzystaliśmy z tego co było dostępne, czyli zazwyczaj z taniej chińszczyzny — trafiały się opony nawet po 2 zł/sztukę! Na takich też można jechać, tylko trzeba je częściej zmieniać, przykładowo Schwalbe Marathon Plus wytrzymywała około 5000 km, a najtańsze „chińczyki" 800 – 2500 km (mowa o kole tylnym). Za to tylko w Schwalbe i Michelinie zdarzyło się tak, że pękł bok opony, i to na tyle by wylazła dętka i rozdarła się w sposób nie do zaklejenia — duży minus dla tych znanych firm. Dobrze za to spisały się opony Geax, Chao-Yang i CST (nic się nie zdetonowało, a i dętek nie trzeba było łatać zbyt często).

Skoro była już wspominana duża masa, to trzeba też pamiętać, że z tą masą i siłą dwóch ludzi będzie miał do czynienia napęd, czyli łańcuch i zębatki z przerzutkami. Charakterystyka roweru — wąski tylny trójkąt i małe koła, wymagała zastosowania piasty planetarnej (tzw. „przerzutek w piaście"). W sumie nie było to takie złe rozwiązanie, po pierwsze: jedna zębatka powoduje, że tylne koło zaplecione jest symetrycznie, podobnie jak przednie, i szprychy są obciążone równomiernie. Po drugie: napęd jednorzędowy jest dużo trwalszy — całą trasę przez Azję przejechał praktycznie jeden zestaw zębatek i łańcuchów (liczba mnoga, bo w tandemie są dwa łańcuchy). Po powrocie nadal wszystko nadawało się do jazdy. Po trzecie: w przypadku awarii wcale nie jest tak, że nic nie można z takimi przerzutkami zrobić. Sam w czasie wyprawy wymieniałem środek piasty w warunkach polowych bodaj trzykrotnie.

A jak wygląda hamowanie na tandemie? Na płaskim nie ma problemów. W naszym rowerze (może dlatego, że nie da się na nim porządnie rozpędzić) w zupełności wystarczyło torpedo — czyli „hamulec w pedałach". Ciekawie zaczyna się robić dopiero na zjazdach, szczególnie takich wielokilometrowych w górach. Gdzieś czytałem, że hamulce na obręcz (czyli np. popularne V-brake, czy cantilever) w tandemach rozgrzewają ją na tyle, że pękają dętki. Jakoś nie miałem ochoty tego sprawdzać na własnej (i przede wszystkim małżonki!) skórze, dlatego z przodu został zamontowany hamulec tarczowy, będący ostatecznie naszą główną zwalniającą siłą, bo torpedo na zjazdach rozgrzewało się do takich temperatur, że smar wewnątrz piasty zaczynał skwierczeć. Postanowiliśmy więc je oszczędzać. Dlatego też jeśli ktoś chce jeździć tandemem tylko na krótkie wycieczki wkoło domu, to nie ma co się przejmować rodzajem hamulców. Jeśli jednak ktoś rozważa dalekie eskapady przez góry, zdecydowanie polecam hamulce mocowane „centralnie": tarczowe, ewentualnie bębnowe/rolkowe. I niech będą to hamulce dobre, bo nasze były za słabe i zjazdy nie należały do przyjemności (podobnie podjazdy, trzy przerzutki do tandemu to jednak trochę mało, może by tak z pięć albo osiem?).

Nie ma co ukrywać, tandem jest nieco bardziej wymagający od normalnego roweru, w końcu musi wytrzymać niemal dwukrotnie większe obciążenie i ewentualne napięcia pojawiające się między rowerzystami. Jednak uśmiechy mijanych ludzi i przemierzanie świata wspólnymi siłami są niewątpliwie tego warte.

We troje

Trzech kolegów czy też trzy koleżanki to zupełnie inna podróż niż jazda typu para i jeden (jedna). Ten ostatni wariant to nie jest najlepszy pomysł. Można próbować oszukiwać się, że w takiej grupie i tak wszyscy są równi, a życie i tak pokaże, że para jest mimo wszystko silniejsza. Przeczytajcie jeszcze raz akapit o problemach, jakie para może mieć w podróży, i wyobraźcie sobie, że jesteście „tym trzecim". Na pewno chcecie tego próbować?

Raz podróżowaliśmy z naszym bardzo dobrym kolegą. Po kilku tygodniach stwierdził, że kiedy patrzył na nas jako parę, bardziej do niego docierało, że jedzie sam. Okazało się, że pomimo naszych starań „czuł się bardziej samotny, niż gdyby jechał zupełnie sam".

W większej grupie

W większej grupie niemal zawsze chodzi o grupę jako taką. Wszyscy się mniej lub bardziej znają, jadą razem na rowerach, a mimo różnic w stylu i jazdy, i celu wciąż dobrze się bawią.

Ceną za to są dłuższe postoje, dłuższe szukanie noclegów, dłuższe rozmowy o tym, co chce się robić następnego dnia. Wiadomo — im więcej ludzi, tym więcej opinii. Jedynym rozwiązaniem jest wybór „kierownika ekspedycji" i zrzucenie na niego lub na nią ciężaru podejmowania decyzji oraz… ciężaru niezadowolenia innych.

W grupie zawsze ktoś pocieszy

Problemy logistyczne dużej grupy
Czesław i Gosia
www.na-azymut.pl

Wiele razy słyszeliśmy, że nasza grupa jest wyjątkowa pod względem stabilności tak licznego składu w czasie różnych rowerowych podróży i stopnia wewnętrznej integracji. Wyjaśnijmy zatem, na czym polega ten fenomen. Nie chodzi tylko o to, że znamy się od dawna i jeździmy razem na wyprawy, ale na tych wyprawach zawsze działamy kolektywnie. Wozimy ze sobą wielki namiot „imprezowy", w którym, w zależności od potrzeb, może się zmieścić oprócz sześciu osób jeszcze sześć rowerów albo przestronna kuchnia z jadalnią, gdzie wygodnie można posiedzieć przy ursusie i popatrzeć, jak paruje gotujący się w wielkim garze makaron. Wielki gar to kolejny nieodłączny element naszych podróży — wożony zwykle na sakwach któregoś z nas, wystający spomiędzy suszącego się prania, upodabnia naszą grupę do cygańskiego taboru. Dzięki wspólnemu gotowaniu wystarczy nam wozić dwie kuchenki, a zapasowe puszki z gazem rozdzielamy pomiędzy członków ekipy. Właśnie odpowiedni podział bagaży pozwala nam oprócz 8-kilogramowego namiotu i gara zabierać inne rzeczy, bardziej lub mniej praktyczne, ale bez których wyprawa nie miałaby takiego kolorytu — takie jak zeszyt i zestaw kredek Ani. Wspólnie też gospodarujemy pieniędzmi. Niezastąpiony skarbnik Tomstein trzyma w osobnym portfelu „wspólną kasę", na którą regularnie się składamy i którą przeznaczamy na zakup jedzenia, co znacznie ułatwia rozliczanie się, zwłaszcza kiedy podczas podróży używamy kilku walut. Oczywiście kolektywizacja przynosi też pewne niedogodności. Dyskusje przy sklepach: „Czy tym razem kupić arbuza, czy trzy litry lodów, czy tutaj, czy w następnej wsi, a może i tu, i tam?" albo postoje przed noclegiem, kiedy musimy napełnić kilkanaście butelek wodą ze studni, znacznie ograniczają tempo jazdy. Jednak dla nas właśnie radość tych chwil jest ważna, więc tak ustalamy trasę, aby była wykonalna przy naszym stylu jazdy, choćbyśmy mieli przejeżdżać tylko 60 km dziennie. Jeśli jemy i kupujemy razem, to razem też jedziemy. Nie dzielimy się, nikogo nie zostawiamy z tyłu. Na RuBuTu jedyny moment, kiedy się rozdzieliliśmy, nastąpił, kiedy pewnego wieczoru zorientowaliśmy się, że zostawiliśmy na poprzednim noclegu dwa zapięcia rowerowe, całkiem cenne, a na pewno jeszcze na wyprawie przydatne. Wysłaliśmy po nie dwuosobową ekipę ratunkową. Kiedy po wielu perypetiach, jeździe skrótami przez pastwiska itp. udało im się odnaleźć zapięcie i powrócić do reszty grupy, ta czekała w Fogaraszu ze stertą przepysznych naleśników przygotowywanych przez Natalię i Anię. Do powrotu ekipy nikt nie ważył się ruszyć naleśników.

Gdy nadchodziła pora noclegu, tzn. zaczynało się ściemniać, rozpoczynał się codzienny „obrzęd" poszukiwania właściwego miejsca na rozbicie naszego ogromnego, niebiesko-pomarańczowego, sześcioosobowego namiotu. Pogodzenie właściwego miejsca do noclegu z chęcią biwakowania było nie lada wyzwaniem przy tak licznej grupie. A znalezienie fragmentu ziemi, który umożliwiłby schowanie się w środku pustkowia lub na szczycie gór, graniczyło z cudem. Początkowo dużą wagę przywiązywaliśmy do rozbicia się z dala od ludzkiego wzroku, ale z czasem, gdy nasz namiot imprezowy był zbyt głośny i niemożliwy do ukrycia, przestawaliśmy się tym przejmować. Byliśmy skazani na wieczny „show" nie do ukrycia. Nieświadomie rozbijaliśmy się na szlaku, gdzie cygańskie wozy udawały się w kierunku wysypiska śmieci, będącego zaraz za wzniesieniem, albo w najbardziej niebezpiecznych miejscach, np. na szczycie góry podczas wielkiej burzy.

Panie pilocie — rower w samolocie!

Czasem zdarza się tak, że trzeba zapakować rower do samolotu. Zaplanowaliśmy sobie rowerowy urlop w Turcji albo na Korsyce i trzeba się tam dostać szybko i łatwo.

I tu zaczynają się „schody". Niektóre linie lotnicze nie są za bardzo przyjazne rowerzystom i traktują rower jako zwykły bagaż. Łatwo wtedy policzyć, że z limitu kilogramów niewiele nam zostanie na ubrania i wszystko inne, więc albo decydujemy się płacić za nadbagaż (nawet 8 euro za kg), albo dziękujemy takim liniom za współpracę i szukamy dalej.

Niektóre lotniska, jak na przykład w Auckland i w Christchurch w Nowej Zelandii czy Portland w USA mają nawet *bicycle assembly area*, czyli specjalne strefy, w których można skręcić swój rower po wyjęciu go z pudła! W takiej strefie: wiesza się rower na specjalnym uchwycie wystającym ze ściany i można bez problemu znów przymocować kierownicę, koła i pedały.

Auckland. © Kuba Postrzygacz

Większość „tanich linii lotniczych" ma w swojej ofercie możliwość zabrania ze sobą sprzętu turystycznego (roweru, deski surfingowej) za specjalną dopłatą. W 2010 roku kosztowało to 25 – 40 euro. Niektóre duże linie transportowały rowery za darmo (Korean Air, British Airways) w ramach różnych akcji promocyjnych.

Chęć zabrania roweru należy zgłosić wcześniej. Najbezpieczniej zrobić to w trakcie zakupu biletu. Dowiedzieć się dokładnie, ile może ważyć i jakich może (musi) być rozmiarów. Od jakiegoś czasu niektóre linie (np. Air France) pilnują rozmiaru kartonu. Tłumaczą to wielkością luku bagażowego.

Rower należy zapakować w specjalną torbę lub karton. O ile torba wygląda lepiej (?), o tyle ma trzy zasadnicze wady. Po pierwsze, trzeba ją kupić, po drugie, nie zmieści się do niej nic poza rowerem, i po trzecie, trzeba ją mieć gdzie zostawić na czas naszej podróży lub wozić ze sobą przez najbliższe tygodnie.

Karton natomiast jest albo za darmo, albo za niewielką opłatą, można do niego zapakować kilka drobiazgów (na przykład ciężki namiot), no i można go po przylocie śmiało wyrzucić.

Linie lotnicze mają na rowery pewne limity wagi (około 30 kg w zależności od linii) i warto to wykorzystać, uszczuplając kilogramy w naszym głównym bagażu. Nam notorycznie zdarzało się upychać do kartonu namiot, narzędzia rowerowe, a czasem nawet śpiwory.

Warto znaleźć karton dużo większy od naszego roweru. Można nawet rozciąć dwa kartony i zrobić z nich jeden, a wszystko po to, by jak najmniej rozkręcać rower. W normalnych warunkach trzeba zdjąć kierownicę, pedały, siodełko ze sztycą i co najmniej przednie koło i przedni bagażnik. Sklejając dwa kartony w jeden, możemy taki pakunek dokładnie dopasować do długości roweru z założonymi kołami. Po przylocie o wiele szybciej skręcimy rower i nareszcie ruszymy w naszą wymarzoną podróż.

Niektóre linie lotnicze przyjmują rowery bez kartonów i toreb. Można taki rower oddać w całości lub owinięty szczelnie folią i ... modlić się, że nic mu się nie stanie, gdy panowie bagażowi będą go wrzucać na wózek, z wózka na taśmociąg i z taśmociągu do luku bagażowego, i... z powrotem.

Linie lotnicze wymagają, by mieć ze sobą tylko jedną sztukę bagażu rejestrowanego. Najprościej kupić dużą „ruską" torbę w kratę i zapakować do niej sakwy.

255 Panie pilocie — rower w samolocie!

Pociąg

Gdy nasz pociąg to stary EZT (elektryczny, bez przedziałów „tramwaj"), nie będzie problemu z przewiezieniem roweru. Na końcu każdego wagonu znajduje się „Przedział dla osób z większym bagażem". Rower można przewozić w każdym z tych pociągów.

Gdy pociąg składa się z wagonów z przedziałami, nie ma natomiast specjalnego wagonu do przewożenia rowerów, musimy sobie radzić inaczej. Jeszcze do niedawna można było wozić rowery na końcu składu pociągu, przypinając je do ostatnich drzwi.

EZT i jego „Przedział dla osób z większym bagażem". © Arek Łojek

Chiny. Obrzeża pustyni Taklamakan. Cztery rowery po wyjęciu z autobusowego bagażnika. To nie tylko cztery ramy i osiem kół, ale i... szesnaście sakw, cztery torby na kierownice i cztery worki!

Warto zapytać kierownika pociągu, czy gdzieś na trasie nie będą przyczepiane kolejne wagony, by nie stało się tak, że po jakimś czasie nasz rower stoi w środku składu pociągu.

W pociągach, w których nie wolno przewozić roweru (np. nocnych lub międzynarodowych), dobrym pomysłem jest złożenie roweru. Na dobrą sprawę wystarczy zdjąć koła i owinąć całość w plandekę. W ostateczności może to być nawet tropik namiotu. Ważne jest, by rower niczego nie pobrudził ani o nic (o nikogo) nie zahaczył jakimś wystającym elementem. Tak spakowany rower możemy zgodnie z regulaminem PKP przewozić jako bagaż. Na półce czy pod siedzeniem. W ostateczności nawet na korytarzu.

A ile to kosztuje?

Rowerowanie okazuje się całkiem tanią formą turystyki. Po pierwsze, odpadają koszty transportu, a po drugie — noclegów. Nie ma nic piękniejszego od rowerowej wędrówki bocznymi drogami zakończonej noclegiem w namiocie na „najpiękniejszej łące świata".

Jedynym wydatkiem pozostaje jedzenie, ale to chyba nic nowego — w końcu siedząc przed telewizorem, też trzeba coś jeść, więc to żaden DODATKOWY wydatek.

Największym wydatkiem zawsze jest wizyta w mieście. Trzeba iść spać do hotelu, trzeba zjeść w knajpce, no i miasto jest pełne pokus. Księgarń, sklepów z pamiątkami itp.

W naszych podróżach staramy się utrzymać za 50 zł dziennie. Na nas dwoje. Jeżeli są to Indie czy Azja Południowo-Wschodnia to są to dość „wygodne" pieniądze. Wystarczy na hotelik i jedzenie. Jeżeli jest to Europa, to gotujemy sami i sypiamy w namiocie lub „po ludziach". W Chinach czy Turcji „oszczędzamy" na hotel, śpiąc trzy – cztery noce w namiocie, by potem wyszorować się w gorącej wodzie, zrobić pranie i zwyczajnie wypocząć w czystej, hotelowej pościeli.

Nie oszczędzając na niczym, ale trzymając swoje żądze na wodzy, w czasie podróży do Indii czy po Jedwabnym Szlaku udawało nam się wydawać 2000 zł miesięcznie.

Ktoś nam kiedyś powiedział, że to taniej, niż mieszkać w Polsce.

A jak to zrobić tanio:
- Kup tani rower, a resztę przeznacz na podróż.
- Naucz się gotować.
- Improwizuj.
- Śpij w namiocie lub korzystaj z *WarmShowers.org* (noclegi u innych rowerzystów) lub couchsurfingu (noclegi u ludzi, którzy chętnie udostępnią łóżko lub kawałek podłogi).

Z takimi kibicami wszystko musi się udać

11 oryginalnych sposobów na zdobycie pieniędzy na podróż

Anita Demianowicz
www.banita.travel.pl

Skąd wziąć pieniądze na wyjazd? To pytanie bumerang. „Nie stać mnie, nie mam bogatych rodziców, sponsora, zarabiam za mało" itd. — to z kolei najczęstsze wymówki, jakie można usłyszeć, gdy ktoś twierdzi, że „też by chciał podróżować, ale…". Wielu wydaje się, że ci, którzy podróżują i mają na to pieniądze, na pewno zdobyli je w jakiś niecywilizowany, nieuczciwy sposób lub mają po prostu szczęście i z pewnością bogatych rodziców, ale na pewno nie zapracowali na nie. Rozczaruję Was. W większości przypadków ciężko na nie zapracowali, choć niektórzy niewątpliwie zdobyli je w oryginalny sposób. Nic nie stoi jednak na przeszkodzie, by pójść ich śladem.

Znajdź sponsorów

Wielu osobom, które chciałyby podróżować, wydaje się, że ci, którzy to robią, dostają pieniądze od sponsorów. Niestety, to nie jest wcale takie proste. Sponsorzy, jeśli się znajdą, to najchętniej wesprą sprzętem, ale już pieniędzy tak chętnie nie przekażą. Chyba że w planach jest nietuzinkowy wyczyn — wtedy nieco łatwiej jest przekonać potencjalnego sponsora do przekazania gotówki. Wymaga to jednak dużego zaangażowania ze strony pomysłodawcy i przede wszystkim czasu.

Adam Szostek (*longandroll.blogspot.com*) miał nietuzinkowy pomysł — pojechać do Hongkongu na longboardzie.

— To była ciężka praca. Prawie dwa lata pukania od drzwi do drzwi, prezentacje, pisanie maili, spotkania, rozmowy. Myślę, że około czterystu firm dostało nasz projekt. Odezwało się może dwadzieścia — opowiada.

Finalnie projektem zainteresowała się marka Cropp. Projekt dostał nazwę „Cropp'n'Roll. Na longu do Hongkongu". Od firmy ekipa otrzymała ubrania i wsparcie finansowe, które umożliwiło pokonanie trasy. Oczywiście w zamian członkowie wyprawy musieli wykonać niecodzienne zadania podsyłane przez fanów marki i dokumentować ich przebieg. Poza tym otrzymali sprzęt od innego sponsora i ubezpieczenie. Dzięki temu mogli zrealizować swój pomysł. Droga nie była łatwa, ale warta zachodu.

Wyjedź na wolontariat

Brak oryginalnego pomysłu na projekt nie przekreśla marzeń o odbyciu podróży życia. Można spróbować wyjechać na wolontariat zagraniczny. W ten sposób zyskuje się możliwość poznania znacznie lepiej konkretnego kraju, niż gdyby tylko wyjeżdżało się do niego na wycieczkę. Wolontariat pozwala poznać lepiej kulturę, zwyczaje, ludzi żyjących na miejscu i przy tym zrobić coś naprawdę dobrego, nie ponosząc praktycznie żadnych kosztów. Martyna Skura, autorka bloga *lifein20kg.com*, połączyła dwie pasje: podróżowanie i pomaganie innym, i wyjechała na swój pierwszy wolontariat do Gruzji, gdzie pracowała w lokalnej kobiecej organizacji i zajmowała się aktywizacją młodych kobiet.

— Miałam opłacony bilet, ubezpieczenie, zakwaterowanie. Oprócz tego zapewnione wyżywienie, transport lokalny. Dostawałam też kieszonkowe i pieniądze na dodatkowe materiały potrzebne do realizacji projektu. Nie musiałam się właściwie o nic martwić — wspomina Martyna.

Decydując się na tę opcję, trzeba pamiętać, że taka podróż wiąże się z obowiązkami i odpowiedzialnością. Satysfakcja jednak z takiego wyjazdu i zebrane doświadczenia są jednak nie do przecenienia.

Jeśli nie na wolontariat, to może do pracy?

Marzenia o znacznie dokładniejszym eksplorowaniu jakiegoś miejsca nie ograniczają się jedynie do wolontariatu. Można spróbować wyjechać do pracy, tak jak zrobił Piotr Horzela (prowadzi stronę *www.phontour.pl*). Pracował w sklepie turystycznym, w którym kompletowano specjalistyczny sprzęt dla Zakładu Biologii Antarktyki. Okazało się, że poszukiwani są ludzie do pracy w Polskiej Stacji Antarktycznej. Nie miał wykształcenia kierunkowego (jest leśnikiem), a mimo to przez rok pracował na lodowcach i przez kolejne pół zajmował się obserwowaniem pingwinów. Po powrocie z Antarktyki zupełnie przypadkiem dowiedział się o możliwości pracy w Sudanie — dla polskich inwestorów otwierał tam firmę produkującą elementy betonowe. Aby zdobyć taką pracę, trzeba mieć trochę szczęścia, ale jak się okazuje, nie jest to niemożliwe. Piotr miał szansę naprawdę dobrze poznać odwiedzone miejsca i kraje oraz posmakować nieco innego rodzaju podróży. Dziś podczas licznych prezentacji, które robi, dzieli się zdobytą w trakcie tych podróży wiedzą.

Ogłoszenia o pracy na lodowcach czy przy obserwacji pingwinów nie znajdzie się na każdym kroku, ale pracę na stanowisku rezydenta można zdobyć już nieco łatwiej. Ewa Serwicka (*www.dalekoniedaleko.pl*) rezydentem jest od pięciu lat, a już mieszkała pięć miesięcy w Bułgarii, dziesięć miesięcy na Lanzarote, dwa miesiące na wyspie Kos, pięć miesięcy na Korfu i w kilku innych miejscach. Najdłużej, bo dwa lata, przyszło jej mieszkać w Kenii. Praca jest trudna i wymagająca, ale i satysfakcjonująca, ponieważ pozwala lepiej poznać odwiedzane kraje. W dodatku, jak opowiada Ewa:

— Pracodawca zapewnia zakwaterowanie (w pokoju hotelowym lub w niewielkiej kawalerce — w zależności od kraju), często samochód, telefon służbowy i wyżywienie w większości obsługiwanych hoteli, a także opłaca przeloty do i z kraju, w którym się pracuje. Często na początku sezonu organizowane jest również szkolenie, które obejmuje między innymi udział w wycieczkach oferowanych potem turystom, w czasie których można trochę pozwiedzać i zdobyć sporo wiedzy od lokalnych przewodników.

Sprzedaj niepotrzebne rzeczy

Lubimy otaczać się wieloma rzeczami. Często okazuje się, że w znacznej mierze rzeczami, które tak naprawdę są zbędne, które kupiliśmy ze względu na promocję, a nie faktyczną potrzebę, lub które znaleźliśmy np. na strychu czy w piwnicy i kurzą się od dłuższego czasu. Pamiętam wyjazd rowerami na Litwę. Wybraliśmy się w trójkę: ja, mój mąż i kolega Piotr, który pieniądze na podróż (poza tym, że normalnie pracuje na etacie) zarobił, wyprzedając zabawki z dzieciństwa. Znalazł je po latach na strychu. Obok nich różne inne ciekawe rzeczy, które wydawałoby się, że nie są nikomu potrzebne, lecz znaleźli się dla nich nabywcy. Wyprzedaż zawartości strychu przyniosła mu zarobek w wysokości pięciu tysięcy złotych.

Niemal każdy jest w stanie znaleźć u siebie w domu, w piwnicy czy na strychu zupełnie już nieprzydatne mu rzeczy. Można spróbować się ich pozbyć, sprzedając je na jednym z wielu portali (*wiewiorka.pl, olx.pl, allegro.pl*). Zajęcie to jest dość pracochłonne i wymaga cierpliwości od sprzedającego, ale może przynieść realny zysk, a przy tym pomóc nieco oczyścić przestrzeń wokół siebie.

Zdobądź grant

Marzena i Krzysiek Wystrachowie (*www.wystraszeni.pl*) są arborystami, czyli zajmują się drzewami. Kochają łazić po nich i sprawdzać, co dzieje się w ich koronach, i łączą tę pasję z drugą, którą jest podróżowanie. Początkowo wspinanie po drzewach traktowali rekreacyjnie, potem jednak przyszedł czas na zrobienie „czegoś większego". Powstał projekt „W koronach drzew", którego głównym założeniem była wspinaczka drzewna w znacznie się od siebie różniących częściach parku Madidi w Boliwii. Dzięki temu mogli poznać różnorodność Amazonii. Częścią projektu była też współpraca z naukowcami.

Małżeństwu udało się wygrać piątą edycję Memoriału im. Piotra Morawskiego i zdobyć grant na realizację projektu. Nie było to oczywiście łatwe zadanie.

— Wcześniej próbowaliśmy raz zebrać pieniądze na „Polak Potrafi", co zakończyło się klęską — wspomina Krzysiek, a Marzena dodaje:
— No i sam przebieg całego starania się o grant był długi. Poświęciliśmy na to mnóstwo czasu. Trzeba było zrobić dokładne wyliczenia finansowe, opracować trasę, znaleźć zespół itd. Formularz nie był prosty. Potem było zgłoszenie i głosowanie SMS-ami, które wyłaniało dwadzieścia projektów. Następnie z tej dwudziestki jury wybierało trzech finalistów. No i ta trójka musiała jechać do Warszawy i w finale w dziesięć minut pokazać swój projekt w formie prezentacji, po czym komisja głosowała i tak wybierany był zwycięzca.

Marzena i Krzysiek napracowali się, ale za to potem mogli cieszyć się sukcesem. Więc jeśli ma się ciekawy pomysł, warto spróbować poszukać grantów, które pasowałyby do projektu, i spróbować o niego zawalczyć.

Wyjedź na wymianę

Z tej opcji mogą skorzystać niestety jedynie studenci. Michał Ilczuk mówi, że pieniądze dla studentów leżą praktycznie na ulicy, tylko trzeba się po nie schylić, a wie, o czym mówi, ponieważ w ramach umów bilateralnych, jakie zawiera uniwersytet, na którym studiował, studenci mogą wyjeżdżać między innymi do Chin, Meksyku, Argentyny, Korei, Rosji i wielu innych krajów. Michał wybrał Koreę, bo chciał, żeby było daleko i zupełnie inaczej niż dotychczas, chciał poznać zupełnie odmienną kulturę. Poszczęściło mu się, bo mimo niezbyt wysokiej średniej — 3,9, w porywach do 4,0 — dostał się z braku innych chętnych na wyjazd do Korei.

— Mogło to wynikać z tego, że na wymiany bilateralne uczelnia nie przyznaje stypendiów, więc koszt takiego wyjazdu trzeba pokryć samemu — mówi Michał, który jednak postanowił poszukać innej możliwości zdobycia finansowania wymiany. I znalazł po stronie koreańskiej stypendium ASEM DUO w wysokości czterech tysięcy euro. Ponieważ był jedynym studentem ze swojej uczelni, który starał się o to stypendium, bez problemów je dostał.

— Szesnaście tysięcy złotych starczyło mi nie tylko na pół roku całkiem niezłego życia w Korei, ale też na prawie dwumiesięczną podróż po Azji Południowo-Wschodniej już po skończonym semestrze. Michał udowodnił, że wystarczą tylko chęci, by sięgnąć po to, czego się chce.

Skorzystaj z crowdfundingu

Dlaczego miałby ktoś płacić za czyjeś wakacje? Mało jest dobrych powodów ku temu. I jak się okazuje, mało komu udaje się zdobyć pieniądze na podróż w ten sposób. Marzena z Krzyśkiem też próbowali i nie udało się, mimo że mieli nietuzinkowy pomysł. Ale są tacy, którym się udało. Co zadecydowało o ich sukcesie? Przede wszystkim wygrane projekty miały konkretny cel i "namacalne" efekty. Tak było w przypadku projektu "Nanga Dream", czyli pierwszego zimowego wejścia na Nanga Parbat (*polakpotrafi.pl/projekt/nanga-dream*).

W ten sposób udało się też zdobyć pieniądze Łukaszowi Superganowi (*www.lukaszsupergan.com*). Z tym tylko, że Łukasz nie zbierał pieniędzy na sam wyjazd (wizę, transport i podróż opłacał we własnym zakresie), ale na potrzebny mu sprzęt. Jego projekt miał przynieść konkretny efekt. Jak sam mówi:
— Ciężko jest sfinansować przez crowdfunding zwykły wyjazd, który nie ma jakiegoś namacalnego celu, a sporo jest takich na „Polak Potrafi".

Łukaszowi się jednak udało. Po skończonej podróży rozliczył się też bardzo rzetelnie z całego projektu na swojej stronie internetowej. Jak w każdym innym przypadku, zdobycie pieniędzy w ten sposób nie jest łatwe, ale warto próbować, wcześniej jednak porządnie się do tego przygotowując.

Sprzedaj lub wynajmij mieszkanie

W podróży spotkałam bardzo wiele osób, które mówiły, że sprzedały swoje mieszkanie i ruszyły za te pieniądze przed siebie. Wiem, że nie każdy potrafiłby to zrobić. Zazwyczaj wolimy mieć gdzieś z tyłu głowy taką myśl, że fajnie mieć miejsce, do którego zawsze można wrócić. Ale można własne mieszkanie na czas podróży na przykład wynająć, a pieniądze z wynajmu przeznaczyć na życie w podróży. Tak zrobiła Ewa Świderska (*www.ewcyna.com*). Ewa była w tej komfortowej sytuacji, że dostała jedno mieszkanie po cioci, które potem sprzedała, spłaciła dzięki temu kredyt zaciągnięty na swoje mieszkanie i zyskała również fundusze na podróż, co starczyło jej na trzy lata życia, w tym życia w podróży. Dwa lata temu wynajęła swoje nieduże mieszkanie i z tego żyje, choć podkreśla, że obecnie nie starcza jej to na pokrycie kosztów, co nie przeszkadza jej dalej jechać przed siebie, bo jak mówi: „Jadę dalej, bo chyba nie potrafię i nie chcę inaczej. W podróży też chcę znaleźć jakąś pracę". Ewa podróżuje niskobudżetowo — jedzie przez świat rowerem, śpi zwykle na dziko w namiocie, udowadniając, że nie ma rzeczy niemożliwych.

Zainwestuj

Marysia Maciocha (*www.mytravelaffairs.com*) od kilku lat podróżuje i co najciekawsze, nie pracuje. Zdążyła się już jednak napracować w wielkiej korporacji finansowej, dzięki czemu udało jej się sporo zaoszczędzić. Pracowała tyle, że nie miała kiedy wydawać zarobionych pieniędzy, zwłaszcza że firma opłacała jej mieszkanie. Po dwóch latach zrezygnowała z pracy i zaczęła podróżować, ale i jednocześnie zastanawiać się, co zrobić z zaoszczędzonymi pieniędzmi, by nie wydać wszystkiego na życie i podróże, lecz żeby starczyły jej one na dłużej. Pieniądze ulokowała jako inwestor w dwóch firmach, które co roku wypłacają jej dywidendy. Marysia podkreśla, że nie ma na utrzymaniu mieszkania, samochodu, nie płaci za kablówkę, internet i że to, co dostaje, to nie są kokosy, ale starcza jej na życie w podróży. Czy w jej przypadku to była kwestia szczęścia? Marysia mówi, że połączenie i sprzyjającego jej w życiu szczęścia, i odrobiny rozumu, z czym trudno się nie zgodzić. A na pewno warto się na jej przykładzie wzorować.

Wygraj w konkursie

Dość trudny i często pracochłonny sposób (w moim przypadku przynajmniej tak było), a czasem będący łutem szczęścia (gdy bierze się udział w konkursie SMS-owym lub innym i to nas losują jako zwycięzcę). Pięć razy udało mi się wyjechać w podróż dzięki wygranej. Zdobyłam bilety do USA w dwie strony, wycieczkę na Maderę i Azory, do Japonii, a razem z mężem w jednym z programów telewizyjnych wygraliśmy wycieczkę do Egiptu. Najlepszą jednak nagrodą była nie wycieczka, lecz pieniądze, które zdobyłam w konkursie organizowanym kiedyś przez jedną ze stacji telewizyjnych, w którym trzeba było opisać swoją pasję. Zajęłam wówczas pierwsze miejsce i otrzymałam nagrodę w postaci dziesięciu tysięcy złotych, które przeznaczyłam na wyjazd do Ameryki Środkowej (była to moja druga podróż w ten rejon świata). W każdym przypadku była to ciężka praca, ale też i pewnie trochę szczęścia, ponieważ udało mi się trafić w gusta jury.

Zarób i odłóż

To najbanalniejszy ze znanych sposobów, ale i jednocześnie najskuteczniejszy. Sprawdziłam na własnym przykładzie. „Ja nie mam z czego odłożyć, bo ledwo wiążę koniec z końcem", usłyszałam nie raz. „Odkładać na fanaberie, widzimisię mogą ci, którzy dużo zarabiają", powiedział mi ktoś inny kiedyś z wyrzutem, gdy jeszcze pracowałam na etacie i dobrze zarabiając, miałam z czego odkładać. Te tłumaczenia to są jednak tylko wymówki. Swoje pierwsze zaoszczędzone pieniądze na pierwszą podróż z moim wówczas jeszcze chłopakiem (dziś mężem) zaoszczędziłam, zarabiając mocno poniżej średniej krajowej. Jakim cudem?

Wykazałam się niebywałymi umiejętnościami matematycznymi. Wspólnie podliczyliśmy, że każde z nas codziennie wypala niemal paczkę papierosów. Szybka kalkulacja (paczka papierosów kosztowała wówczas ok. 5 zł) — i wyszło, że jeśli rzucimy palenie oboje i zaczniemy codziennie wrzucać do skarbonki po pięć złotych, to wspólnie w ciągu roku uzbieramy ponad 3500 zł. I tak zrobiliśmy. Pojechaliśmy wtedy na pierwsze wspólne wakacje do Szwecji i Danii. I było super. Dziś nawet nie chcę liczyć, ile można zaoszczędzić, rzucając palenie. A co jeśli nie palisz? Może zrezygnuj z czegoś innego? Cotygodniowa impreza w modnym klubie? Kawa z papierowego kubka z popularnym logo na mieście? Przykłady można mnożyć. No i podstawowa zasada: wydawać mniej, niż się zarabia (pomaga w tym prowadzenie budżetu domowego i spisywanie wydatków). Prawie zawsze da się zaoszczędzić.

Jak widać, sposobów na to, żeby zdobyć pieniądze na podróż, jest wiele. Nie opisałam tu wszystkich. Przykładami poszczególnych osób, które realizują swoje marzenia o podróżowaniu, chciałam pokazać, że tak naprawdę ogranicza nas tylko wyobraźnia.

Dusigrosze na wakacjach, czyli rzecz o budżetowym podróżowaniu

Antek Myśliborski
www.mysliborski.com

W przekonaniu wielu osób podróże, zwłaszcza egzotyczne, są niesamowicie drogie i trzeba być niezmiernie bogatym człowiekiem, by sobie na nie pozwolić. Gdy w pracy oznajmiłem, że zamierzam wyjechać na tak długi czas do Afryki, dostrzegłem pewną podejrzliwość w oczach moich współpracowników — zapewne przez ich głowy przebiegła myśl: „Ile on, do cholery, zarabia? Muszę iść do szefa po podwyżkę".
 Łatwo to zrozumieć, gdy przeglądnie się katalogi biur podróży — nawet kilkudniowa wycieczka po egzotycznym kraju kosztuje niesamowitą forsę. Tymczasem gdy pojedzie się na własną rękę, jeździ się lokalnym transportem, śpi się w małych hotelikach przeznaczonych głównie dla miejscowych i je się w przydrożnych jadłodajniach, można taki wyjazd zorganizować za relatywnie niewielkie pieniądze, ułamek kwoty, jaką by kosztował zorganizowany wyjazd.

Tak zawsze jeździłem, jeszcze za czasów studenckich, tak odbywa się moja obecna wyprawa. Nieraz warunki są ciężkie, hotele często są mało komfortowe, o transporcie już nieraz pisałem. Ale te wszystkie mankamenty stają się nieistotne w zderzeniu z faktem, że tu jestem, że widzę to wszystko, co widzę, przeżywam te wszystkie przygody.

Wiele osób jeździ w ten sposób — wszyscy ci, którzy nie czekając, aż się dorobią na stare lata, ze stosunkowo niedużą kasą w kieszeni, nie zważając na niewygody, ruszają w drogę. I to jest superpozytywne zjawisko.

Ale droga nie jest wolna od pułapek. Szalenie łatwo przegiąć, stracić z oczu właściwy cel tej zabawy, jakim jest możliwość dotarcia do danego miejsca, przeżycia przygody, poznania ciekawych ludzi, fajnego spędzenia czasu — przy ograniczonych środkach — a skupić się na celu zupełnie nieistotnym i w gruncie rzeczy nieracjonalnym, tj. wydaniu jak najmniejszej ilości pieniędzy. Za wszelką cenę.

Nieracjonalnym, bo przecież najłatwiej jest go osiągnąć, w ogóle nie wyjeżdżając. A tu ten nasz podróżnik wyjeżdża i zaczyna się zachowywać tak, jakby chciał zminimalizować skutki swojej pochopnej decyzji. Dotyka go swoista choroba, nazwijmy ją roboczo „syndromem chorobliwej oszczędności" lub w skrócie SChO. Dla ułatwienia dalszych rozważań podróżnika nią dotkniętego będę nazywał „chorobliwie oszczędnym podróżnikiem" — lub ChOP.

Opiszę więc, ku przestrodze, pokrótce różne symptomy tej straszliwej choroby.

Pierwszym stadium SChO jest wybieranie zawsze najtańszej opcji — niezależnie od tego, jak podły jest hotel, ile w pokoju gnieździ się pluskiew, karaluchów, szczurów i innego paskudztwa, jak bardzo niedobrze się robi po wejściu do ubikacji, ChOP zawsze wybierze najtańszy hotel w mieście. Nawet jeśli drzwi w drzwi sąsiaduje z nim przytulny i czyściutki pensjonacik, jeśli jest droższy choć o dolara — odpada z marszu. Czynnikiem pozwalającym ocenić, czy mamy już do czynienia ze SChO, czy ze zwykłą praktyką budżetowego podróżowania, jest niezwracanie uwagi na bezwzględną cenę — jeśli przy wyborze liczy się tylko fakt, że dany hotel jest najtańszy, a nie to, czy jego cena mieści się w jakimś założonym budżecie, to jest to sygnał alarmowy.

Podobna sytuacja dotyczy jedzenia — jeśli ktoś je na ulicznym stoisku, bo mu tam jedzenie smakuje, to wszystko w porządku. Ale jeśli ktoś przez cały wyjazd żywi się falafelami, których nie znosi (ewentualnie: których ma dość), a nie pójdzie do nieco droższej, ale wciąż taniej knajpki na doskonały obiad, to już ma powód do namysłu.

Warunkiem koniecznym, by uznać dane zachowanie za skutek SChO, jest to, że wybrana opcja wcale ChOP-owi nie sprawia przyjemności, a lepsza — ale droższa — istnieje i mieści się w zasięgu jego możliwości finansowych. Drugim stadium SChO jest negacja. W celu zaoszczędzenia pieniędzy ChOP rezygnuje z różnych rzeczy. Przyjedzie do Agry, ale Tadż Mahal obejrzy przez płot. Nie pójdzie na piwo wieczorem, mimo iż jest szalenie gorąco i przydałoby się przepłukać gardło. Nie przejedzie się na słoniu, bo za drogo. Znów charakterystyczny jest fakt, że na to wszystko obiektywnie ChOP ma pieniądze i ochotę, zwycięża po prostu chęć zaoszczędzenia.

Trzecim, już poważnym stadium, jest agresja i egzaltacja. Oszczędzanie zaprząta głowę ChOP-a w tym stopniu, że trudno jest mu myśleć o czymkolwiek innym. Robi się agresywny: każdy tubylec w jego oczach staje się potencjalnym naciągaczem i oszustem, zawarcie każdej transakcji, wynajęcie pokoju w hotelu czy taksówki — walką o uzyskanie korzystnej ceny, grą o sumie zerowej, w której musi być wygrany i przegrany; każdy żebrak — niezależnie w jak nędznej sytuacji — zamachowcem na jego pieniądze. ChOP w tej fazie z pogardą patrzy na innych turystów, frajerów, którzy zapłacili za coś więcej niż on. W każdych negocjacjach minimum, o które walczy, jest ceną dla miejscowych, ale satysfakcję przynosi dopiero cena niższa. W tej fazie choroby ChOP nie powstrzyma się od stosowania brudnych sztuczek — wślizgnie się do muzeum bez biletu, posłuży się sfałszowaną legitymacją studencką w pociągu, rzuci taksówkarzowi mniejszą kwotę niż umówiona i oddali się szybkim krokiem czy — w skrajnym przypadku — umknie cichcem z hotelu bez zapłacenia. Oczywiście zawsze znajdzie sobie wytłumaczenie — rząd jest drański, bilet za drogi, taksiarz żądał za dużo, hotel nie był wart swojej ceny.

Jeśli ChOP pisze relację ze swojego wyjazdu w internecie, łatwo rozpoznać trawiącą go chorobę. Większość bloga zajmuje bowiem opis toczonych przez ChOP-a bojów — udanych i nieudanych negocjacji, prób oszustwa z jednej i z drugiej strony, wypisy wszystkich możliwych cen. Jeśli za coś ChOP zmuszony był zapłacić (przynajmniej w jego mniemaniu) niesprawiedliwą cenę, nawet jeśli chodziło o przepłacenie 20 groszy za herbatę, lament z tego tytułu zajmie przynajmniej pół strony.

SChO to straszna choroba. W zaawansowanym stadium może całkowicie zabić przyjemność podróżowania, uniemożliwia spojrzenie na otaczającą rzeczywistość przez jakikolwiek inny pryzmat niż wydawanych pieniędzy.

Strzeżcie się więc, bracia i siostry, nie dajcie się jej złapać! Bo szalenie łatwo wpaść w jej sidła. I jest okrutnie zaraźliwa!

W drodze

Gdzie ja dzisiaj będę spać?

Namiot

Namiot może być naszym ukochanym domem podczas rowerowej włóczęgi. Dzięki niemu możemy na jedną noc zamieszkać w lesie, na łące, na pustyni czy w górach. Przy drodze, u kogoś w ogrodzie, przy kościele, meczecie, na stacji benzynowej. Dobrze ukryci przed światem lub na tłocznym polu kempingowym. Namiot oznacza oszczędność pieniędzy. Jego rozbicie niewiele kosztuje lub jest całkowicie za darmo.

Zalety spania na dziko:
1. Możecie rozbić namiot w każdej chwili, kiedy zajdzie taka potrzeba.
2. Jeżeli rozbijacie się na dziko, oszczędzacie pieniądze, które potem możecie przeznaczyć na miłą przerwę w przyjemnym hotelu.
3. Kontakt z naturą to coś, co zapamiętacie na zawsze. Rozgwieżdżone niebo da Wam ukojenie po ciężkim pełnym kilometrów dniu. Z kolei rześkie wczesne poranki dają niezły zastrzyk energii na kolejny dzień.

Zawsze będą tacy rowerzyści, dla których spanie na dziko to bardzo naturalna rzecz. Zasną choćby w polu kukurydzy czy w samym śpiworze pod gołym niebem na środku łąki. Będą też tacy, którzy podejdą do tego z wielką ostrożnością i nieufnością.

Są kraje, np. Wielka Brytania, gdzie dziki kemping jest zabroniony, więc sprawdźcie, jak wygląda to w kraju, do którego jedziecie. Zawsze może się tak zdarzyć, że ktoś poprosi nas o przeniesienie się na pole namiotowe.

Jak znaleźć dobre miejsce? Na co zwrócić szczególną uwagę?
- Rozbijcie namiot tam, gdzie czujecie, że będziecie bezpieczni. Pamiętajcie, żeby poszukać miejsca godzinę lub dwie przed zmierzchem.
- Spróbujcie zjechać z drogi niezauważeni.

Październikowe przymrozki w Serbii

- Wybierajcie miejsca poza zasięgiem wzroku ciekawskich dzieci lub dorosłych. Unikniecie niespodziewanych gości i nocnych pogawędek.
- Będziecie mniej widoczni, jeśli Wasz namiot będzie miał kolor wtapiający się w tło: niebieski, zielony, brązowy itp.
- Doskonałym miejscem na namiot będzie las, grupa drzew, pagórek, za którym można się schować, sad lub opuszczone zabudowania.
- Jeżeli ktoś przyjdzie z wizytą (choćby pasterz z gromadką kóz czy owiec), na pewno ucieszy się, jeśli go czymś poczęstujecie.
- Bądźcie świadomymi ekologii rowerzystami. Zabierzcie ze sobą śmieci.

„Na gospodarza"

Jednak nie każdy z Was chce wozić ze sobą namiot. Są też takie dni, że mamy dosyć ciągłego składania go i rozkładania, szukania odpowiedniego miejsca. Dlatego dobrze jest dać się zaprosić do domu. W światku rowerowym mówi się na to „spanie na gospodarza".

Gospodarz nakarmi, napoi, pozwoli dobrze się umyć, czasem nawet wyprać swoje rzeczy. Dzięki niemu zobaczymy, jak mieszkają ludzie w danym kraju, jak wygląda jego dom, poznamy jego bliską rodzinę, często nawet daleką, wuja i ciotkę z dziećmi. To on zabierze nas na przejażdżkę po wsi i okolicy. To on zapyta, czy wszystko w porządku i czy czegoś nam potrzeba. Dzięki rozmówkom lub używając mowy ciała, przegadamy całe wieczory przy miejscowym jedzeniu i trunkach (uważajcie na trunki w Azji Środkowej, jest ich całkiem sporo i można się w nich... zagubić!).

Czasami dla takiego gospodarza jesteśmy oczami na świat. To my podróżujemy, mamy na to czas i pieniądze — on z reguły nie. Dlatego masa pytań nie powinna nas szczególnie dziwić.

Jak wiadomo, dobrze jest się za taką gościnę w jakiś sposób odwdzięczyć. Jest na to kilka sprawdzonych sposobów:

- Jeśli zostajemy dłużej niż na jedną noc, ugotujmy coś „naszego". Dobra polska zupa ogórkowa jest przetestowanym pomysłem.
- Zróbmy rodzinne zdjęcie. Wywołajmy je w następnym mieście i wyślijmy pocztą.
- Zabierzmy ze sobą maleńki album ze zdjęciami naszych rodzin, domu, miejscowości, w której mieszkamy. Jeśli będziemy poza Polską, na pewno każdy chętnie zobaczy, jak wygląda „nasz świat".

Z wizytą w kurdyjskim domu

Hotel

W niskobudżetowej podróży do hotelu nie zawitacie zbyt często, ale kiedy już postanowicie wydać pieniądze na luksus miękkiego łóżka, warto to wykorzystać na coś więcej. Przede wszystkim będzie to porządne mycie się i pranie, drobne naprawy roweru, wypoczęcie i możliwość wyspania się w łóżku, a nie na karimacie. Bardzo często wykorzystuje się okazję noclegu w hotelu, żeby zamknąć za sobą drzwi i uciec na chwilę od otaczających nas ludzi, zgiełku wokoło.

Nie jest trudno znaleźć hotel. W Europie drogę wskażą Wam wszelkie tablice reklamowe, a w krajach azjatyckich znajdziecie go tuż obok dworca autobusowego lub stacji kolejowej.

Słowo „hotel" funkcjonuje niemal na całym świecie. Są jednak takie kraje, jak np. Chiny, Iran lub Syria, gdzie niełatwo będzie rozpoznać, który z szyldów oznacza hotel (np. po chińsku hotel to „liu-guaan"). Dlatego dobrze jest zapisać sobie na kartce to słowo w danym języku i po prostu pokazać komuś z przechodniów.

Wybierając hotel, sprawdźcie, czy są wolne pokoje na parterze lub pierwszym piętrze, zwłaszcza jeśli nie ma windy.

Czy mogę zabrać ze sobą do pokoju rower?

Jeżeli jest to tani hotelik, o niskim standardzie, nikt raczej nie będzie miał nic przeciwko temu, żebyśmy zabrali ze sobą do pokoju rower. Z kolei w drogim,

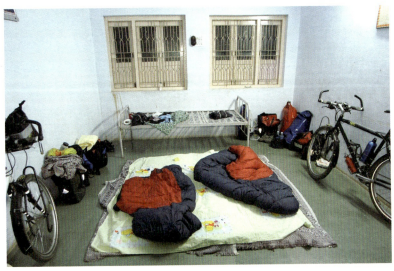

W hoteliku z za wąskim łóżkiem czasem wygodniej jest spać na podłodze

dobrym hotelu ktoś może Was poprosić, by zaparkować rower w pomieszczeniu gospodarczym bądź garażu, bo rower jest brudny.

Dla samotnych rowerzystów dobrym wyborem będą hostele, a w nich dormitoria, które są chyba najtańszą opcją. Prawie zawsze do dyspozycji będzie kuchnia i wspólny pokój, idealny do wieczornych pogaduch z innymi turystami.

Zanim podejmiecie decyzję o wynajęciu pokoju, zawsze go najpierw obejrzyjcie. Pokój z choćby ciasnym, ale własnym balkonem będzie idealny, żeby coś sobie ugotować, wywiesić pranie itp. Czasami można skorzystać z dachu hotelu. Zwłaszcza w ciepłych krajach.

Inne miejsca

Stacje benzynowe, postoje dla kierowców ciężarówek?

Kto by pomyślał, że są takie kraje na świecie, w których to właśnie rowerzyści będą najczęściej pożądanymi gośćmi na stacjach benzynowych. Mowa tutaj przede wszystkim o Turcji. Rowerzysta jest tam zawsze witany z wielkim uśmiechem na twarzy. Do dyspozycji dostaje kawałek trawnika lub mały pokój. Prawie zawsze zostanie poczęstowany herbatą, a czasami nawet nakarmiony. W dodatku na stacjach paliw bardzo często jest prysznic dla kierowców.

Jedynym minusem jest fakt, że wciąż jesteśmy tuż obok drogi i może być głośno. Jeśli decydujemy się na nocleg w takich miejscach, niech będą one z dala od miast.

Parki miejskie, boiska?

Tutaj będziemy widoczni, wystawieni na uwagę z każdej strony. Jeżeli nam to nie przeszkadza, to na pewno przed rozbiciem namiotu warto by było zapytać właściciela lub zarządcy terenu o zgodę. Po co w środku nocy ma się okazać, że musimy się przenieść w inne miejsce lub szukać hotelu.

Dookoła śmieci i kamienie. To może by tak rozbić namiot na ciężarówce?

Częste mycie wydłuża życie

Na rowerze chwila nieuwagi, jeśli chodzi o higienę, i mogą pojawić się kłopoty. Wszelkie podrażnienia skóry powstałe przez wielogodzinne siedzenie na rowerze — to spotkało prawie każdego rowerowego wędrowca. Do tego wzmożony wysiłek fizyczny i pot powodują, że nasze ciało czasem odwdzięczy nam się w formie np. potówek.

Każdy, kto większość rowerowych nocy spędza w namiocie, a nie w hoteliku czy w pokoju z łazienką, wie, jakim wyzwaniem jest dobrze o siebie zadbać.

Zatem: w jaki sposób skorzystać z naszej łazienki na otwartym powietrzu?

- Strumienie, rzeczki, gorące źródełka — raj dla zmęczonych i brudnych rowerzystów. Ochłodzi się człowiek lub wygrzeje, wymoczy. Ponadto w takich miejscach możemy nie tylko wykąpać się niczym bogowie, ale także przeprać bieliznę. Warto pamiętać, by nie zanieczyszczać wody mydłem — **nabierz wody do butelek i umyj się w trawie lub na piasku**.
- Worki transportowe na wodę — zawieszamy je na drzewie lub na jakimkolwiek haczyku i kąpiemy się na całego.
- Butelka PET — szybko można się nauczyć, jak „wykąpać się" w 1,5 l wody. O dziwo, człowiek tak umyty czuje się naprawdę czysty! Wystarczy zrobić w nakrętce kilka dziurek i mamy niemal prawdziwy prysznic, a woda nie ucieka nam za szybko.
- Mały ręczniczek lub gąbka — gdy mamy mało wody, wystarczy je zmoczyć, namydlić, wyszorować się i znów za pomocą ściereczki wytrzeć. Czasem wystarczy w ten sposób zadbać choćby o najważniejsze miejsca. Zawsze to coś!

W każdym z takich worków zmieści się nawet 6 l wody

- Mokre chusteczki — tzw. mycie strategiczne, czyli najważniejsze miejsca. Chusteczki nie są tanie i nie zawsze uda się je kupić. Po takiej kąpieli pozostają niestety śmieci.
- Czasami w ciągu dnia może się zdarzyć tak, że akurat przejeżdżamy obok łaźni — „hammamu" (gdy jesteśmy na przykład w Turcji).
- Wśród rowerzystów stacje benzynowe, w szczególności tureckie, słyną z tego, że można tam skorzystać z prysznica. Nie zdziwicie się, jeżeli takie szorowanie skończy się zaproszeniem na pyszny turecki ćaj.

Gdzie tu jest jakaś restauracja?

Zawsze miej jakieś przekąski w sakwach. Ciastka, batony, suszone owoce. Cokolwiek. Zawsze jedz, zanim będziesz wygłodniały. Zawsze pij, zanim będziesz spragniony.

W trakcie wycieczek i długich podróży wszystkich zaskakuje to, ile jedzą i piją. Nic dziwnego. W końcu świeże powietrze i wysiłek robią swoje.

Je się wszystko, byle było tego dużo. Czasem nie musi nawet być pyszne, byle było pożywne. Najwięcej zjada się mimo wszystko makaronu i… czekolady. Masło czekoladowe jest chyba najlepszym przyjacielem rowerzysty, choć niejeden dietetyk i dentysta miałby inne zdanie. Fakt faktem — w naszym domu nigdy nie mamy ani batonów, ani masła czekoladowego, a w podróży pochłaniamy je hurtowo, często popijając… kolą.

Nie zawsze jest tak dobrze

Czy cola o nazwie „Sport" jest zdrowsza od zwykłej?

Kto nie chce zajadać tylko makaronowych zupek, liofilizatów, wszelkich kanapek lub przydrożnych zapiekanek i kebabów, będzie się musiał nauczyć gotować. Najlepiej makarony i ryż.

Czasem wystarczy paczka makaronu, słoiczek pesto i jakieś świeże warzywo, na przykład pomidor czy choćby cebula i można to śmiało nazwać wartościową i energetyzującą kolacją.

Gotowanie, wiadomo, wymaga też czasu i wszyscy ci, którym zależy na kilometrach, będą stronili od gotowania z oczywistych powodów. Zawsze im się spieszy.

O ile przez kilka dni można zajadać tylko substytuty prawdziwych obiadów i kolacji, o tyle po kilku dniach niejeden rozmyśla o swoich ulubionych daniach, zajadając kolejną kanapkę z pasztetem.

Są jednak dobre dla wszystkich sposoby na szybsze gotowanie:

1. Makaron. Najlepiej kupić jak najcieńszy. Nie wszystko wygląda z nim apetycznie, ale gotuje się najszybciej. W dodatku można go wcale nie gotować! Wystarczy wrzucić na wrzącą wodę, poczekać, aż woda znów się zagotuje i zestawić z kuchenki na bok. Gdy my zajmiemy się podgrzewaniem sosu, makaron rozmięknie i będzie gotowy.

2. Ryż. Gotuje się długo, a na dużych wysokościach nigdy się nie dogotowuje, ale jest bardzo dobrym i pełnowartościowym posiłkiem. Nawet sam ryż z masłem jest fantastycznym daniem.

   Czasem warto kupić sobie ryż w przydrożnej restauracji. W Azji jest to chyba najlepszy sposób.

   Innym sposobem, by nie gotować go bardzo długo, jest namoczenie ryżu. Wystarczy do plastikowej butelki PET wsypać ryż i zalać go wodą, a potem przyczepić do sakw. Czas i słońce (podgrzeje wodę) zrobią swoje.

3. Soczewica. Podobnie jak ryż — wymaga czasu i podobnie jak ryż — można ją namoczyć w butelce.

Na hotelowym parapecie też można coś ugotować

4. Mleko — by podgrzać mleko w zwykłym garnku, wystarczy wstawić karton z mlekiem do gotującej się wody i chwilę odczekać.
5. Jajka — czasem warto ugotować kilka rano przy okazji pakowania namiotu i mieć gotowe na szybkie drugie śniadanie.
6. Herbata — jeśli masz termos, zagotuj wodę wieczorem, rano wrzucasz herbatkę, a gotujesz np. owsiankę.
7. Kuskus — wystarczy zalać go wodą i w kilka minut jest gotowy.

Szybkie, sprawdzone posiłki

Oczywiście, że można przejechać kilkutygodniową wycieczkę zajadając jedynie gotowe dania. Kupować słoiki, puszki, torebki, ale przecież tak nie można spędzić przygody życia. Zamiast mruczeć pod nosem, że „można, można" lepiej pomyślcie jaka to frajda zajadać coś przepysznego pod koniec dnia. Coś co pachnie tak samo pięknie jak otaczający nas las.

Mamy dla Was kilka przepisów na sprawdzone śniadanie i obiadokolację.

Śniadanie

Owsianka Rower Power
Będziecie potrzebowali płatki owsiane, miód lub cukier, mleko, migdały, rodzynki i masło orzechowe.

Należy ugotować płatki na mleku (lub wodzie) w proporcji 2-1 czyli 2 szklanki mleka/ wody na 1 szklankę płatków na niewielkim ogniu. Po ugotowaniu, dorzucacie rodzynki, migdały, banany i dużą łyżkę masła orzechowego. Trzeba to wszystko wymieszać, zjeść popijając świeżo zaparzoną kawą i gwarantuję wam, że przez kilka godzin nie pomyślicie o głodzie, a rower będzie sprawiał wrażenie jakby sam jechał.

Racuchy
Kto powiedział, że na wyprawie rowerowej nie można zrobić racuchów? Zwłaszcza takich jedzonych w sielankowym spokoju, przed namiotem, nad jeziorem, w samym środku wakacji.

Będziecie potrzebowali: opakowanie jogurtu naturalnego, łyżeczkę sody i łyżeczkę proszku do pieczenia, kilka łyżek mąki oraz dwóch jajek i czegoś słodkiego — na przykład dżemu lub bananów.

Jogurt mieszamy z pięcioma łyżkami mąki i resztą składników. Smażymy na oleju, na niewielkim ogniu i patrzymy jak pięknie rosną. Układamy po kilka na talerzy przekładając raz bananem a raz dżemem robiąc z nich torcik. Jemy powoli, wrzucamy kilka zdjęć na facebooka by znajomych szlag trafił, pakujemy namiot i resztę sprzętu i ruszamy w drogę.

Tościk z jajkiem
Niby nic, a bardzo łatwe do zrobienia. Zwłaszcza jeśli wczorajszy chleb jest tak naprawdę przedwczorajszy. Będziecie potrzebowali kilka kromek chleba, masło, jajko i przyprawy. Jajko rozbijamy w garnku (na przykład widelcem, chyba, że ktoś tak jak ja wozi ze sobą malutką trzepaczkę), dodajemy przyprawy i wrzucamy do tego chleb by nasiąkł. W drugim garnku rozgrzewamy masło na niewielkim ogniu by go nie spalić. Chleb przewracamy w jajku na drugą stronę i smażymy na maśle. Pamiętajcie, żeby chleb kłaść dokładnie na środku garnka. Przecież nie chcecie by tościk przeciążył garnek i wylądował w trawie.

Obiadokolacja

Najłatwiejsza kolacja zmęczonego rowerzysty
Co może być łatwiejszego niż penne z pesto i pomidorami? Chyba tylko penne z pesto i pomidorami zrobione przez mamę.

Będziecie potrzebowali paczkę penne czyli makaronu-rurek, słoiczek bazyliowego pesto i kilka pomidorów.

Gotujemy dużo posolonej wody, wrzucamy do niej penne, czekamy aż woda ponownie się zagotuje, gotujemy makaron przez 3 – 4 minuty na małym ogniu,

Owsianka! Już piąty raz w tym tygodniu!

Podsmażona cebula i papryka.
Czas na pomidory czy bakłażana?

wyłączamy gaz, przykrywamy makaron i czekamy kilka minut aż zmięknie. Możemy oczywiście gotować go dalej, ale warto nauczyć się (jeszcze w domu) jak przygotować makaron trzymając go we wrzątku. W międzyczasie kroimy pomidory na małe kawałki. Odcedzamy makaron, dodajemy pesto, mieszamy by ładnie oblepiło makaron i na końcu wrzucamy pokrojone pomidory. Możemy dodać trochę pestek słonecznika.

Wykładamy na talerze, otwieramy piwo, które chłodziło się w rzeczce lub jeziorze, zajadamy ze smakiem wspominając piękno jazdy na rowerze.

Makaron parówkowy

Niektórzy rowerzyści twierdzą, że to podstawa wyprawowej diety, ale ja dowiedziałem się o tym smakołyku od Kajtostanów. Opisują go tak:

Będziecie potrzebowali paczkę makaronu (rzecz jasna, takiego który gotuje się najkrócej), przecier pomidorowy bądź świeże pomidory, parówki (najczęściej kupowaliśmy paczki 6 lub 8 sztuk), przyprawy i trochę oliwy.

Gotujemy makaron z odrobiną oliwy w takiej ilości osolonej wody, by nie trzeba było odcedzać (wszystko „na oko"). Pod koniec gotowania, gdy pozostało niewiele wody, dodajemy przecież pomidorowy oraz pokrojone wcześniej parówki. Doprawiamy do smaku i napełniamy brzuchy. Potrawa bardzo smakuje dzieciakom, choć mam świadomość, że nie jest to najzdrowsze jedzenie. Przygotowywanie posiłku jest na tyle proste, że można włączyć w nie również dzieciaki, które później chętniej jedzą coś co same przygotowały.

Makaron z parmezanem i pestkami dyni

Będziecie potrzebowali makaron penne lub fusilli czyli rurki lub świderki, cebulę, ser parmezan, małą śmietankę 30%, przyprawy, pestki dyni i/lub słonecznika. Gotujemy makaron, dodajemy do niego podsmażoną cebulę i zalewamy wszystko śmietanką ciągle mieszając. Następnie dodajemy starty parmezan lub inny, twardy ser (w pewnym szwedzkim sklepie meblowym można kupić na prawdę niewielką tarkę do sera) i znów mieszamy, aż zrobi nam się piękny sos. Wykładamy na talerze, posypujemy słonecznikiem i pestkami dyni. Możemy dodać drobno pokrojone pomidory. Najlepiej suszone.

Makaron testowany na Rowerowym Rajdzie Dookoła Polski

W 2014 roku, zrobiliśmy stację żywienia kolegów w okolicach Kowar w trakcie RRDP i oto co ugotowaliśmy.

Będziecie potrzebowali makaron, puszkę pokrojonych pomidorów, czerwoną soczewicę, przyprawy i garść włoskich orzechów. Gdy makaron dochodzi do miękkości w garnku, gotujecie czerwoną soczewicę w stosunku 2-1 czyli 2 porcje wody i 1 porcja soczewicy. Gdy soczewica będzie już ugotowana, dodajecie do niej puszkę pomidorów robiąc gęsty sos. Na suchym garnku prażycie, jak najdrobniej pokrojone włoskie orzechy, które dodajecie do sosu. Zalewacie tym wszystkim makaron, a po pół godzinie przejeżdżacie kolejne 180 km. Sprawdzone — działa.

Niezbędnik rowerowego kucharza, czyli odrobina luksusu:
- przyprawy: sól, pieprz, chili, cynamon, mieszanka ziół (do makaronu z oliwą i czosnkiem);
- sos sojowy (do sałatek);
- kostki rosołowe, nasza baza do zup;
- mleko w proszku, lekkie i wydajne, baza do owsianki;
- oliwa do sałatek i makaronów;
- miód, taka większa odrobina luksusu, ale jak miło po ciężkim dniu napić się z nim dobrej herbaty;
- herbata i kawa.

Ale najważniejsze w naszych sakwach są przegryzki. O nich nie powinniśmy zapominać!

Suszone owoce, orzechy, czekoladowe batoniki, herbatniki pełne cukru zawsze powinny gościć w naszej torbie na kierownicę, bo to właśnie dzięki nim mamy siłę i energię, by podjechać pod kolejną przełęcz lub dojechać do sklepu, lokalnej knajpki na obiad albo kolację!

A jak zagrzać mleko bez przypalania garnka? Można nawet grzałką!

A kto to wszystko pozmywa?

Wyobraźmy sobie, że przypaliliśmy ryż lub inne wyśmienite kempingowe danie, a nasz zestaw kuchenny nie ma warstwy teflonu, ilość wody jest ograniczona, jest ciemno i nie mamy ochoty na półgodzinne zmywanie. Co robimy? Zalewamy wszystko wodą na noc. Rankiem zmywanie będzie łatwe i przyjemne.

Jeśli mamy do dyspozycji żwir lub piasek, posłuży nam jako druciak przy szorowaniu garnków.

Lekko tłuste bądź mokre garnki wystarczy powycierać papierem toaletowym i umyć je następnego dnia przy okazji znalezienia kranu z bieżącą wodą.

Jeśli mamy pod dostatkiem wody, warto zdecydować się na szybkie zmywanie przed pójściem spać. Choćby po to, żeby nie zaczynać kolejnego dnia naszej przygody od zmywania garów. Lepiej, oczywiście, myć wszystko na bieżąco, brudne garnki w sakwie pozostawią po sobie niezapomniany zapach. Zwłaszcza w pięknych i gorących krajach.

Dokąd na zakupy?

Na krótsze wycieczki wyjeżdżamy z domu na ogół dobrze zaopatrzeni. Jednak na długie, egzotyczne i dalekie wyjazdy nie da się zabrać wszystkiego i trzeba czasem coś „upolować". Oczywiście, jeżeli ktoś nie ma do tego smykałki, zawsze może się wybrać na bazar i do lokalnego sklepiku.

Bazary świetnie nadają się do kupowania przypraw. To tutaj znajdziemy cynamon, kardamon, chili, suszone owoce daktyli, moreli, orzechy. To tutaj możemy kupić świeżutkie warzywa.

Korzystajmy z lokalnych „gotowców"

W małych sklepach w zależności od kraju dostaniemy: ryż, makaron, kaszę gryczaną, kuskus, owsiankę albo płatki ryżowe w zamian. Oliwę i wszelakie lokalne specjały w puszkach.

Łatwo, szybko i tanio najemy się w różnych przydrożnych restauracyjkach. W Chinach czy Indiach w ogóle nie opłaca się gotować samemu. Na ulicy jest po prostu taniej i wygodniej.

Możemy zjeść na miejscu lub (zwłaszcza wieczorem) zabrać jedzenie na wynos. Wtedy gotowanie kolacji mamy z głowy! W takim przypadku bardzo dobrze jest mieć swoje plastikowe wielorazowe zamykane pudełko.

Warto nauczyć się nazw kilku dań w języku kraju, w którym przebywamy, albo wziąć ze sobą rozmówki. Czasami zdarza się, że karta dań ma formę albumu fotograficznego (Chiny) i warto zrobić sobie kilka zdjęć, by móc je później pokazywać.

W Chinach nie ma problemu, by wejść do restauracyjnej kuchni i pokazać palcem, na co się ma ochotę.

Wegetarianin w podróży (w bardzo dużym skrócie)

Bardzo często podczas naszych podróży spotykaliśmy ludzi, którzy stronili od posiłków z mięsem. Podczas wspólnych rozmów często okazywało się, że nie robili tego dlatego, że chcieli zostać wegetarianami. Po prostu bali się jeść mięso, skoro nie wiedzieli, w jaki sposób było ono przyrządzane, jak długo wisiało w sklepiku na otwartym powietrzu albo czy jest po prostu zdrowe. Robili to dla własnego zdrowia. Wszystko byłoby w porządku, gdyby nie zmienili stylu życia „od razu" i potrafili wzbogacić swoją dietę w proteiny. Jeśli tak nie jest, szybko się chudnie i słabnie. Trochę to trwa, zanim ciało przestawi się na nowe menu.

Kawałek ceraty zrobi ze zwykłych pustaków prawdziwy stół

Bycie *wege* w podróży nie jest łatwe dla osób, które żyją tak na co dzień. Zwłaszcza w krajach muzułmańskich. Na każdym rogu znajdziemy kebab albo szaszłyk czy ryż z baraniną. Trudno jest natomiast znaleźć po prostu ugotowany ryż lub grillowane warzywa. Trzeba gotować samemu.

Trudne są także Chiny. Dla niemal każdego Chińczyka skwarki, smalec czy też mięso mielone to nie mięso. Pokazanie zdania w rozmówkach, że nie jecie mięsa, nie wystarczy. Najlepiej pokazać, że nie je się tłuszczu zwierzęcego, bo się jest na to uczulonym. W 99% powinno zadziałać.

Za to w Indiach… można poczuć się jak w raju. Karta dań to trzy i pół strony propozycji stricte wegetariańskich.

Codzienny rytuał — wyjąć wszystko, co można zjeść, i ugotować z tego coś innego niż wczoraj

Nie ma wody na pustyni

Pij dużo! Pij często! Tak powinno brzmieć motto każdego rowerzysty.
Rowerzysta w podróży nie pogardzi niczym. Nieważne, czy to „coś do picia" jest zimne, czy gorące. Może to być słodki turecki ćaj albo syryjska maleńka kawa z kardamonem, słodka miętówka w Maroku czy lokalna cola turka, indyjskie 1 Up, pakistańska new muslim cola albo po prostu future cola w Chinach. Może to być gęsty zimny shake z melonów w Iranie. Czasami wystarczy ogromny uzbecki arbuz, by dobrze ugasić pragnienie.

Każdy ma swój rytm picia. Niektórzy zatrzymują się co kilkanaście minut na kilka łyków wody. Inni napiją się w trakcie jazdy z wożonego na plecach camelbaga lub prosto z butelki.

Pamiętajcie, że bardzo łatwo jest zapomnieć o piciu. Zwłaszcza w dni przerwy, gdy żyjemy trochę innym rytmem, niż rowerując.

Gdzie szukać wody?

Poza oczywistymi miejscami, takimi jak sklepy czy restauracje, najprościej będzie zapytać kogoś z miejscowych. Nawet nie znając języka, gdy pokażecie butelkę, każdy zrozumie, o co Wam chodzi. Pokaże Wam, gdzie jest ogólnodostępny kran, lub zabierze Was do swojego domu i uzupełni butelki.

Jeżeli nie będzie kogo zapytać, zawsze rozglądajcie się za:
- stacjami benzynowymi lub postojami dla kierowców ciężarówek;
- kościołami, meczetami i innymi świątyniami;
- publicznymi studniami i pompami; strumykami i rzeczkami; zanim napełnicie butelki, warto rozejrzeć się, czy w pobliżu nie wypasają się zwierzęta bądź czy nie ma po nich śladów; jeśli coś takiego zauważycie, wodę trzeba najpierw przefiltrować; bez filtrowania pijmy tylko wtedy, gdy mamy pewność, że woda jest czysta, bezpieczna dla naszego żołądka.

Na pustyniach pomocni będą kierowcy. Często wystarczy tylko pomachać do nich butelką, a zatrzymają się i obdarzą zimną wodą z przenośnej lodówki i kawałkami lodu.

Ile wozić wody ze sobą?

Oczywiście jak najwięcej. Jednak nie przesadzajmy. Jeżeli wiemy, że na naszej drodze co chwilę przejeżdżamy przez miasto lub wieś, wieźmy tylko tyle, ile naprawdę potrzebujemy.

Jeżeli nie macie informacji o tym, co Was czeka po drodze, zawsze zabierajcie ze sobą solidny zapas wody. Zwłaszcza w krajach pustynnych, miejscach niezamieszkanych.

Późnym popołudniem zadbajmy o wodę na wieczór. Nie ma chyba gorszej chwili niż ta, gdy w trakcie kolacji okazuje się, że przez nasze gapiostwo brakuje nam wody potrzebnej do ugotowania jedzenia. Lepiej jest wieźć kilka litrów wody za dużo, niż niemile się rozczarować i iść spać nie tylko brudnym, ale przede wszystkim głodnym.

Na wieczór wystarczą nam trzy – cztery dodatkowe litry wody na osobę. Będzie to wystarczająca ilość, żeby ugotować posiłek, umyć się, używając butelki, i ewentualnie pozmywać. Korzystnie będzie dla nas, jeśli wodę „na jutro" zostawimy nietkniętą. Po co zaczynać dzień od szukania wody?

Każdy muzułmanin musi umyć się przed modlitwą.
Szukajcie meczetu, tam zawsze znajdziecie wodę

Worki 6-litrowe i mały 4-litrowy. Różne firmy mają swoje patenty wieszania, ale zasada pozostaje ta sama — puste worki zajmują niewiele miejsca

W czym wozić dodatkową wodę?

Przydatne będą worki transportowe. Na rynku dostępne są worki firm: MSR, Ortlieb, Camelbag i wciąż pojawiają się inne. Główną zaletą worków jest to, że po spakowaniu nie zajmują miejsca w bagażu. Ponadto każdy z nich zakończony jest końcówką-korkiem, z regulacją lub bez, dzięki czemu mamy nie tylko prysznic o niskim ciśnieniu, ale także kranik z bieżącą wodą.

Takie worki możemy zastąpić butelkami PET. Są lekkie, ale już nie takie małe.

Jak wozić dodatkową wodę na rowerze?

- Worki transportowe najczęściej mocujemy na bagażniku albo pojedynczo rozkładamy na tylnych sakwach.
- Butelki plastikowe — rozkładamy na każdej z czterech sakw.

Im lepiej rozłożymy ciężar wody, tym lepiej zachowamy środek ciężkości w naszym rowerze.

Wygodniej będzie, jeśli zaopatrzycie się w kilka mniejszych, np. 2-, 4-litrowych worków czy butelek niż w jeden (jedną) 10-litrowy (10-litrową).

2 l wody w butelkach na ramie, 6 l w worku i jeszcze 1 l w butelce PET. Powinno wystarczyć na kilka godzin piaszczystego pustkowia

Pokaz mody

Z pomocą Stephena Lorda

Każda podróż będzie wymagała innych ubrań. Szybka podróż dookoła Francji ciepłym latem czy daleka podróż do Australii to zupełnie inny dobór ubrań. Nie tylko ze względu na odległość i pogodę, ale i kraje, przez które przyjdzie nam jechać.

W czasie krótkich wypadów, gdy szybkość ma duże znaczenie, kolarskie ubrania wydają się najlepszym wyborem, natomiast przy wielotygodniowych czy nawet wielomiesięcznych podróżach niejeden nudzi się ciągle tą samą koszulką i obcisłymi spodenkami. Z czasem większość rowerzystów w takich sytuacjach jeździ „w czymkolwiek" lub w ubraniach kupionych w trakcie podróży.

Spodenki

Każdy kolarz uwielbia je z trzech oczywistych powodów. Po pierwsze, za „pieluchę", na której się wygodnie siedzi, po drugie, za ich opływowe kształty i „śliskość", z jaką przesuwają się po siodełku. Jednak są sytuacje i miejsca, w których nie wypada chodzić w obcisłych „lajkrach", chwaląc się męską anatomią. W takich miejscach (nie tylko w muzułmańskich krajach, ale i w różnych „spokojnych wsiach") rowerzyści stosują luźne szorty zakładane na kolarskie spodenki.

Zasada trzech warstw, czyli „ubrany na cebulę"

Warstwy uważane są nie tylko przez rowerzystów, ale przez wszystkich aktywnych ludzi za najlepszy sposób regulowania temperatury. Najgorsze, co możesz zrobić, to włożyć grubą ciepłą kurtkę na cienką koszulkę i… się spocić. Gwarantujemy, że zmarzniesz w ciągu kilku następnych chwil i znienawidzisz jazdę na rowerze moment później.

Ubieranie się na cebulę daje możliwość bardzo dobrej regulacji ciepła przez zdejmowanie lub nakładanie kolejnych warstw. Wszystko sprowadza się do trzech podstawowych warstw:

- **Bielizna termoaktywna** odpowiada za odprowadzanie potu. To wszelkie koszulki: od syntetyków po wełnę merino i zwykłe bawełniane T-shirty. Każdy lubi coś innego i każdemu co innego sprawia przyjemność. Jednym syntetyki śmierdzą po dwóch – trzech dniach, innym znów nie. Jedni uwielbiają swoją kultową koszulkę z logo ukochanego zespołu, inni twierdzą, że bawełna to „pomyłka". Jedni nie zamieniliby swojej koszulki z wełny merino za nic na świecie, a inni twierdzą, że jest za droga i długo schnie, gdy jest przepocona. Trzeba wybrać samemu, a jest z czego. Na rynku pojawia się coraz więcej technicznych koszulek. Już nie tylko firmy sportowe oferują wciąż nowsze modele i tkaniny, ale nawet firmy czysto bieliźniane.
- **Bluzy**, czyli to wszystko, co zatrzymuje ciepło. Od polarów po swetry i flanelowe koszule.
- **Kurtki i spodnie**, czyli nasz przeciwdeszczowy i przeciwwiatrowy pancerz.

Materiały dalekie od „profesjonalnych", ale ubiór jak najbardziej „na cebulę". Indyjskie Himalaje. Przełęcz Nakeela (4730 m n.p.m.)

Pomimo wszelkich reklam nie oszukujmy się, że istnieje coś takiego jak idealna kurtka czy spodnie. Pomimo coraz to lepszych oddychających membran każda przeciwdeszczowa kurtka i tak prowadzi do tego, że się spocimy. Różnica polega głównie na tym, że zamiast zimnym deszczem pokryci jesteśmy lekką warstwą ciepłego potu oraz jesteśmy odgrodzeni od wiatru i wciąż... jest nam ciepło.

Różne kurtki bardzo dobrze sprawdzają się w chłodniejsze dni w górach. Nic tak dobrze nie chroni nas na zjeździe, gdy wyczerpani podjazdem, spoceni założymy wiatroodporną kurtkę i rzucimy się w dół. Gdy nie musimy za bardzo pedałować, nawet najtańszy płaszcz foliowy za 3 zł kupiony w kiosku uratuje nam zdrowie.

Syntetyczne czy naturalne?

Od kilkunastu lat toczy się wojna pomiędzy chemicznymi tkaninami a starą dobrą wełną, lnem i bawełną.

Jeśli chodzi o nasze zdanie: nie umiemy sobie wyobrazić kilku tygodni w drodze tylko w syntetycznych ubraniach. Jedyną ich przewagą jest szybsze schnięcie, ale za cenę zapachu — dwa, trzy dni i najzwyczajniej śmierdzą. By temu zaradzić, trzeba je codziennie prać lub wieźć ze sobą drugie ubranie na zmianę. Ewentualnie... nie przejmować się zapachem przez kilka dni, co w samotnej podróży nie stanowi raczej problemu. Sytuacja się zmienia, gdy jedzie się w grupie, ale to już zupełnie inna historia.

Inaczej jest na krótkim wypadzie, na którym liczy się prędkość. Ciasne koszulki pomagają, a najnowsze syntetyki przeplatane są srebrną nicią, która według producentów ma pomagać w kwestiach związanych z zapachem.

Od jakiegoś już czasu naturalnie tkaniny powoli powracają do świata sportu rekreacyjnego i wyczynowego. Wełna merino popularna jest głównie w bieliźnie narciarskiej i chyba ma tu całkiem dobrą markę. W świecie rowerowym opinie są jednak podzielone.

Za wełną przemawia jej „naturalność" i, co za tym idzie, przyjemność w dotyku i antyalergiczność. Skóra, choć spocona, dobrze w takich ubraniach oddycha, nie pojawiają się uczulenia ani potówki. Wadą wełny jest długie schnięcie. Okazuje się, że wełniana bielizna może przez to wychładzać organizm.

Pomimo to lepiej jest, w naszej opinii, wozić ze sobą dwie koszulki z wełny czy też bawełny i co jakiś czas je zmieniać, by przeschły, niż dwa syntetyczne komplety.

Własną receptę na komfort trzeba jednak znaleźć samemu metodą prób i błędów.

Nic nie marznie tak, jak stopy i dłonie.

Ile to razy zdarzało mi się jechać pod wysoką przełęcz, gdy oblany potem i dyszący z wysiłku przeklinałem zmarznięte stopy i zdrętwiałe dłonie. Padał drobny śnieg i mimo wewnętrznego gorąca nie mogłem mocno hamować, bo nie do końca czułem palce u rąk. Rękawiczki okazały się za cienkie i za mało „wiatroodporne". Na szczęście miałem kilka woreczków foliowych i założyłem je NA rękawiczki, a na to wszystko... skarpety. Powoli robiło się ciepło i wtedy całe marznięcie przeniosło się na stopy.

Z relacji innych rowerzystów wiem, że bardzo dobrze sprawdzają się tzw. *overshoes* z neoprenu lub innych syntetycznych pianek.

Marek „Transatlantyk" Piluch

Można się ubrać na bardzo wiele sposobów. Nie muszą to być jakieś ekstraspecjalistyczne ciuchy. Ma być bezpiecznie, wygodnie, elegancko. W takiej właśnie kolejności, nie inaczej.

— Buty — dobrze jest, gdy mają grube i sztywne zelówki. Najlepiej, jeżeli są wiązane lub zapinane i dobrze trzymają się nogi. Jazda w klapkach to kuszenie losu, można sobie zrobić krzywdę. W lecie popularne są sandały, zimą coś ciepłego — to chyba oczywiste.

Osoby bardziej obyte z rowerem, zaawansowane w technice pedałowania mogą pomyśleć o specjalistycznych butach rowerowych. Pozwalają one sczepić but z pedałem. Oczywiście wymaga to też specjalistycznych pedałów. System SPD opracowany przez firmę Shimano jest najpopularniejszy z wielu takich rozwiązań. Pamiętajmy jednak, że buty takie utrudniają lub wręcz uniemożliwiają normalne chodzenie.

— Spodnie — mają zapewnić odpowiednią temperaturę, latem chronić przed nadmiarem słońca.

Zależnie od temperatury długie lub krótkie. Z krótkimi nie należy przesadzać. Chodzi o kolana, które podczas jazdy rowerem są bardzo narażone na wiatr i wychłodzenie, co w przyszłości może zaowocować chonodromalacją — przykrą chorobą kolan. Ciepło oraz odpowiednia pozycja (ustawienie siodełka, kierownicy) na rowerze pozwalają zapobiec tej chorobie. Spodnie powinny być wygodne i miękkie, nieutrudniające pedałowania. Lepszy jest dres niż np. dżinsy, które szczególnie po namoknięciu (deszcz) bywają bardzo sztywne. Typowo rowerowe spodnie najczęściej wyposażone są we wkładkę w kroku, tak zwanego „pampersa" lub „pieluchę". To bardzo przydatne rozwiązanie, pomaga przetrwać dłuższe jazdy bez otarć i odgniotów na pośladkach. Temat jest troszkę wstydliwy, ale dokucza to większości rowerzystów. Pomaga tu właśnie pampers w spodniach, dobre siodełko i… lata praktyki.

— Koszulka — doświadczenie podpowiada, że lepsza będzie syntetyczna niż bawełniana.
Taka koszulka łatwiej się pierze i szybciej schnie, co jest ważne na kilkudniowych wyjazdach, bo wtedy pranie zaczyna być już problemem. Są na wyjazdach ciekawsze rzeczy do zrobienia.

— Kurtki, ciepłe ubrania — dość popularne powiedzenie głosi, że nie ma złej pory roku do jazdy rowerem, są tylko źle ubrani rowerzyści. Nie wszystkim to polecam, ale wielu rowerzystów jeździ przez cały rok, bez względu na pogodę.

— Co na głowę? Moim zdaniem zdecydowanie kask. Jeżeli jeździmy po twardych nawierzchniach, uczestniczymy w ruchu drogowym, kask zmniejsza możliwość urazu w razie wypadku lub wywrotki. Produkowane dziś kaski zapewniają pewną przewiewność, z drugiej strony chronią przed niewielkim chłodem. Wcale nie są takie znowu niewygodne. Sprawdzam to za każdym razem, jadąc rowerem.

W Iranie prawo wymaga chustki na głowie, długich rękawów i tuniki. Jednak rowerzystki traktowane są ulgowo. Zwłaszcza na pustkowiu

W poszukiwaniu pralki

Wiadomo, że człowiek w podróży brudzi się, nie wiedząc nawet, kiedy i gdzie.

Kurz, pył i siódme poty. Błoto i deszcz, plamy po jedzeniu lub gotowaniu po ciemku — to tylko nieliczne z całych setek sytuacji, kiedy o zachowanie czystości nie jest łatwo. Nie mamy pod ręką ani starszej siostry, ani pralki, która to za nas wypierze.

Więc jak to zrobić?

Przede wszystkim obowiązuje pranie ręczne. Przy okazji noclegu w hotelu możemy szybko nadrobić nasze zaległości w praniu.

Gdy umywalka okaże się za mała lub nie mamy do niej korka (można wozić swój!), zawsze pozostaje nam hotelowy prysznic albo... nasze SAKWY! W końcu są wodoodporne i żadnej wody się nie boją. Tak jak i nie wpuszczają jej z zewnątrz, tak samo nie zrobią tego w drugą stronę. Wystarczy wsypać proszek, nalać wody, wrzucić ubrania, szczelnie zamknąć sakwę i nasza pralka ręczna

Cały rower może „robić za sznurek"

jest gotowa! Trzepiemy ją na prawo i lewo w górę i w dół dobre kilka minut i gotowe. Ubranie czyste, pachnące, a przy okazji nasza sakwa pozbyła się kurzu.

Wszystko suszymy w hotelowym pokoju lub na dachu. Warto wozić ze sobą kawałek sznurka lub wykorzystać linki od naciągania namiotu. Podczas jazdy możemy rozwiesić małe rzeczy na sakwach.

Niestety, ręcznie nigdy nie wypierzemy ubrań dokładnie. Podczas długich podróży przyjemnie jest oddać nasze brudy w ręce — czy też w pralki — profesjonalistów. Mowa tu o tzw. laundry service, czyli pralniach publicznych. Takie pralnie popularne są np. w Indiach i Chinach. Jeżeli nie znajdują się w turystycznych hotelach, to ceny są znośne nawet dla rowerzysty.

Przyjaciele z podróży

Czy tu mieszkają ludożercy?

Ku przestrodze

Michał Sałaban
www.north-south.info/pl

„Gdzie jest twoja duża torba?" — pytanie Kasi było pierwszą rzeczą tego poranka. „Po mojej stronie" — wymamrotałem. „Nie ma jej!" — brzmiała odpowiedź, która momentalnie mnie obudziła.

Rzeczywiście, nie było jej. Co gorsza, brakowało też torby na kierownicę, a więc aparatu i GPS-a. Wyskoczyłem z namiotu i rozejrzałem się wokół. Natychmiast spostrzegłem dużą czerwoną torbę na stole pod wiatą. Była tam, z całą zawartością w środku, ale mniejsza, ważniejsza torba — przepadła.

Szybko podsumowałem: aparat z dwoma obiektywami i wszystkimi kartami pamięci, GPS, dziennik podróży, portfel, który schowałem tam z obawy przed deszczem, a do tego sama torba, mapnik i odtwarzacz mp3. Brakowało też moich przeciwdeszczowych spodni, które zostawiłem na wierzchu bagażu. W przeliczeniu na pieniądze ta torba stanowiła około połowy wartości mojego wyposażenia. Wartości sentymentalnej skradzionego dziennika nie można ocenić, ale na szczęście większość ważnych myśli i wspomnień została przeniesiona na bloga. Zdjęcia są również zapisane na twardym dysku, z wyjątkiem kilku z ostatnich dwóch dni, których nie zdążyłem skopiować. Portfel zawierał tylko hrywny, które wymieniłem po przekroczeniu granicy.

Nie skradziono niczego istotnego dla kontynuowania podróży. Rower jest, paszport, karty i inne dokumenty również. Największy cios spada na blog, który — pozbawiony zdjęć — straci sporo na wartości.

Analiza tego, co się stało, zajęła nam parę godzin. Oczywiście nie można cofnąć faktów, ale można pomóc innym w zabezpieczaniu ich dóbr.

Moim pierwszym, największym i najgłupszym błędem było to, że pozostawiłem cenną torbę poza sypialnią. Chowałem ją do środka, kiedy jechałem sam, ale potem zacząłem trzymać wszystkie bagaże pod tropikiem. Namiot jest dwuosobowy, co oznacza, że oferuje przestrzeń dokładnie dla dwóch osób. Każdy bagaż wewnątrz jest przyczyną niewygód, ale tym razem komfort okazał się wyjątkowo kosztowny. Wygląda też, że moje zasady bezpieczeństwa osłabły z powodu długiej i bezproblemowej podróży aż do tego miejsca. Mimo że torba była zasłonięta innymi, złodziej wyciągnął obie torby spod krawędzi tropika, nie otwierając zamków, które moglibyśmy usłyszeć. Nisko ścięta trawa na pewno ułatwiła mu zadanie.

Drugi błąd: wybraliśmy najbardziej oczywiste miejsce do biwakowania, zaraz po tym, jak przeparadowaliśmy przez całą długość wioski. Był już wieczór, więc nie mogliśmy zajechać daleko. Jeśli ktoś planował nas okraść, znalezienie nas było banalnie proste.

Rozbiliśmy się też blisko górskiej rzeki, która dawała ciągły szum w tle, dzięki któremu złodziej mógł być bardziej zuchwały. Ponadto torba znaleziona pod dachem sugeruje, że zostaliśmy okradnięci podczas deszczu. Hałas kropel spadających na namiot pozwoliłby nawet — odważnemu złodziejowi — otworzyć i sypialnię, nie budząc nas.

Załamani i smutni, pojechaliśmy w dalszą drogę. Było niemal niemożliwością uśmiechać się do ludzi, nawet do dzieci, które machały do nas i pozdrawiały nas po drodze. Paranoja sprawiała, że we wszystkich wiejskich chłopakach widzieliśmy współwinnych.

W Użoku natrafiliśmy na człowieka w mundurze. Postanowiłem spróbować i spytałem go, czy jest z policji. Nie był, ale wraz z kilkoma osobami rozpoczął próby dodzwonienia się. (Najwyraźniej zasięg komórek jest tu nikły, bo pięć osób próbowało choćby wybrać numer przez kilka minut). Gdy w końcu im się udało, funkcjonariusz w cywilu pojawił się w około kwadrans, po prostu przychodząc znikąd. Świetny wynik jak na małą wioskę.

Policjant był bardzo miły i bystry. Podzieliliśmy się z nim wszystkimi faktami i domysłami. Przyznawszy, że złodziejstwo jest tu dość powszechne, powiedział, że w ostatnich latach zdarzyły się nawet napady z bronią w ręku, ale sprawcy zostali schwytani, a dobra wróciły do prawowitych właścicieli. Świetnie! Wymieniliśmy się numerami i miałem zadzwonić do niego za jakiś czas, by spytać o wieści. Oczywiście nie wierzyłem w powodzenie, ale nie wolno się poddawać.

Gdybyśmy za każdym razem, gdy ktoś nas pyta: „Czy tam jest bezpiecznie?", brali od niego 10 zł, pewnie wystarczyłoby nam pieniędzy na jeszcze kilka lat podróżowania.

Tak. Świat jest bezpieczny i przyjazny. Choć ekrany telewizorów mówią nam co innego. Wystarczy wyjść z domu, do ludzi i do świata, by wróciła do nas wiara, że świat jest przyjaznym miejscem, a za rogiem czeka raczej ktoś uśmiechnięty niż ten z nożem czy siekierą.

Oczywiście nikt nie może obiecać, że nikt nas nie okradnie ani nie pobije. Jedziemy w końcu drogą, po której jeżdżą samochody i motocykle i już sam ten fakt może oznaczać, że nie jesteśmy do końca bezpieczni. Ważniejsze jest jednak to, że świat TAM niewiele różni się od świata TUTAJ. W Polsce przecież też są złodzieje i pijani kierowcy.

W tym samym momencie gdzieś w świecie podróżują ludzie tacy sami jak Wy. Wielu z nich jedzie właśnie na rowerze i większość z nich rozpływa się w „ochach" i „achach", opisując swoje przygody. Oddają się obcym ludziom pod opiekę, śpią w ich domach, jedzą wspólnie obiad i piją z nimi kolejną herbatę. Właśnie w tym momencie ktoś wyciąga do nich rękę i dzieli się z nimi chlebem. Pyta, czy czegoś im potrzeba, czy może im jakoś pomóc.

Właśnie w tym momencie.

Chcecie tego posmakować?

To czas w drogę!

Skoro nie mogłem mieć osobiście zdjęcia z tą wspaniałą uzbecką rodziną, zastąpił mnie... mój rower

Iran. Wszyscy życzyli nam przyjemnej podróży

303 Czy tu mieszkają ludożercy?

Indie, Indie

Turcja
Tadżykistan

Mongolia. © Piotr Waksmundzki
Iran

Podręcznik zimowej przygody rowerowej

Jakub Rybicki
www.jakubrybicki.pl

Nazywam się Kuba i jestem zimowym jeźdźcem rowerowym. „Jeździec rowerowy" brzmi moim zdaniem dużo ładniej i godniej niż „rowerzysta" lub nie daj Boże „cyklista" (czający się gdzieś w krzakach razem z „Żydem" i „masonem"). Jeżdżę wszędzie i zawsze, niezależnie od warunków pogodowych. Ludzie patrzą się na mnie jak na wariata, gdy lawiruję w styczniowym śniegu i błocie w mieście Poznań. Inna sprawa, że śnieg to zjawisko spotykane w naszym kraju coraz rzadziej, dlatego i okazji do podziwowania się takiemu wariatowi coraz mniej. Tymczasem jazda rowerem w zimie nie różni się specjalnie od jazdy w lecie — trzeba tylko odpowiednio się ubrać i mieć nieco więcej zaciętości, przydadzą się też zimowe opony. Co jednak, gdy chcemy wyruszyć w prawdziwą zimową podróż (którą z racji „ekstremalnej" pory roku będziemy mogli tytułować szumnie „ekspedycją")?

Nie odkryję Ameryki, zdradzając, że kluczem do sukcesu jest odpowiedni ubiór.

Mam wrażenie, że nieliczni rowerzyści pojawiający się zimową porą na polskich ulicach wyjeżdżają na co najmniej maratony kolarskie. Profesjonalni od stóp do głów. Obcisłe getry, bielizna termiczna i oczywiście koszulka kolarska na wierzch. Twarz skryta pod kominiarką, a nierzadko i maską neoprenową (którą ja zakładam, gdy temperatura spada poniżej -20, -30 stopni). Nie ma w tym oczywiście nic złego, wręcz przeciwnie — to rzeczywiście ubiór, w którym będziemy się czuć komfortowo, gdy temperatura oscyluje w okolicach 0 stopni. Rzecz w tym, że nie jest to konieczne. Obawiam się, że konieczność przebierania się w te wszystkie świecące fatałaszki może być świetną wymówką, by nie wsiąść na rower. Uwierz mi, Drogi Czytelniku, że do pracy, szkoły, sklepu dojedziesz bez problemu w zwykłych dżinsach i kurtce, nie dostając od razu zapalenia płuc. Jeśli rower ma dobre błotniki, to nie pochlapiesz też sobie normalnych ciuchów, więc błagam, nie szukaj tu wymówek.

Inna sprawa, jeśli udajemy się na kilkugodzinną lub kilkudniową wycieczkę w tereny nieco bardziej dzikie niż park miejski. Ubieramy się — tak jak uczyła mama — „na cebulkę", czyli warstwowo. Mało tego — wszystkie warstwy muszą ze sobą współpracować, bo na niewiele się zda bielizna termiczna, gdy para wodna będzie się zatrzymywać na zwykłej kurtce. W zimowym podróżowaniu (nie mówię tu o wyczynowym uprawianiu sportu) chodzi przede wszystkim o to, żeby się nie spocić. Każdy ciuch ma określone parametry odprowadzania wilgoci i jeśli je przekroczymy, zrobimy się mokrzy, co samo w sobie nie jest jeszcze takie straszne. Problemy zaczynają się, gdy staniemy. Wystarczy chwila i mokra odzież zrobi się lodowata, a my zaczniemy trząść się z zimna. To sprawdzony przepis na przeziębienie lub zapalenie płuc. Innymi słowy — nie pedałujcie za szybko.

Pierwszą warstwą jest bielizna termiczna. Polecam drogą, lecz niezrównaną wełnę z merynosów (merino), która ma niewiarygodne wręcz właściwości. Przede wszystkim jest bardzo ciepła (ważne, by kupić taką, która będzie dość ściśle przylegała do ciała), doskonale przepuszcza parę wodną, a co być może najważniejsze, nie śmierdzi. Dość powiedzieć, że przez trzy tygodnie jazdy po Bajkale nie czuliśmy ani razu potrzeby zmiany bielizny.

Kolejna warstwa (środkowa) to polar, coraz częściej zamieniany na kurtkę z primaloftu lub puchu. Wszystkie trzy typy odzieży mają dobre właściwości termoizolacyjne, różnią się wagą, objętością i... ceną. Najtańszy, najprostszy i najcięższy jest oczywiście stary, dobry polar. Dużo bardziej profesjonalnie będziemy wyglądać w kurtce z ultralekkiego primaloftu lub puchu, które przy mniejszej objętości będą znacznie cieplejsze. Decyzję, czy Twoim priorytetem jest waga, czy cena, musisz podjąć sam, biorąc pod uwagę nawierzchnię, po jakiej przyjdzie Ci jechać. Uchylę rąbka tajemnicy: jeżeli chcemy zboczyć z utartego szlaku, możemy spodziewać się głębszego śniegu, w którym ciężki rower prowadzi się fatalnie (lub trzeba go pchać). W takim przypadku im lżej, tym lepiej. Dlatego właśnie na Bajkał zabrałem polar.

Wreszcie, warstwa zewnętrzna. To Twoja bariera przed złym światem, pierwsza linia obrony, niczym Polska za czasów Sobieskiego — przedmurze chrześcijaństwa. W trudnych warunkach od dobrej kurtki może zależeć życie i na tym elemencie nie warto oszczędzać. A dobre kurtki z gore-teksu (tzw. *hard shell*) są niestety naprawdę drogie. Według mnie to jedyne sensowne rozwiązanie. Na temperatury poniżej –20 należy mieć też kurtkę puchową, dzięki której możemy gwizdać sobie na najstraszliwsze mrozy (dobrze, jeśli kurtka jest długa i sięga poniżej pośladków, wtedy mamy pewność, że nie będzie nas w czasie jazdy podwiewać). Dodam, że Wicher zlekceważył sobie moją radę o gore-teksie i jechał wyłącznie w puchówce. Nie narzekał szczególnie na to rozwiązanie.

Spodnie — rower ma to do siebie, że nogi rozgrzewają się szybko i trwale, dlatego nie ma potrzeby kupowania spodni puchowych. Nam wystarczyły getry z merynosów i dobre gore-teksowe spodnie (bez dodatkowego ocieplenia). Dobrze, jeśli są to ogrodniczki — nie będzie nas podwiewało. Jeszcze lepiej, gdy będą miały sprytne rozwiązanie ułatwiające sprawne załatwianie ciężkiej potrzeby. Moje niestety takiego nie mają. Dobrym pomysłem są dodatkowe ocieplacze na kolana.

Buty — polecam ciepłe obuwie myśliwskie (które potrafi być zaskakująco tanie). Po Bajkale jeździliśmy w zwykłych zimowych trekach, co nie było najlepszym rozwiązaniem. Już po kilku godzinach wykształcił mi się odruch stałego ruszania palcami u nóg. Na szczęście wróciłem z kompletem palców, bez jakichkolwiek odmrożeń. Pamiętajmy, że nawet najlepsze buty nie sprawdzą się, jeśli nie dobierzemy do nich odpowiednich skarpetek. Najlepiej oczywiście sprawdzają się grube, z wełny merino, z niewielkimi domieszkami innych materiałów.

Głowa — przez głowę ucieka ponoć najwięcej ciepła, dlatego warto zadbać o odpowiednie okrycie, pamiętając przy tym, że mamy się nie pocić. To praktycznie niemożliwe do pogodzenia, ale warto próbować. Najczęściej jeżdżę w zwykłej czapce (wiązanej pod szyją). Gdy jest zimniej, zakładam kominiarkę. Tu jednak zaczynają się schody. Para z ust osiada nie tylko na kominiarce, ale również w goglach, które często są niezbędne do jazdy. Mało tego, jestem okularnikiem i ponieważ nie jestem fanem noszenia soczewek w miejscach, gdzie trudno o higienę, często jeżdżę w okularach. Zestaw „gogle + okulary + kominiarka lub maska neoprenowa" to pewny przepis na zaparowane szkła, więc muszę zawsze rezygnować z któregoś elementu. Którego — to zależy od warunków pogodowych.

Ręce — podstawą są dość cienkie (ale nie za cienkie!) rękawiczki, np. do biegania. Na Bajkale miałem je założone praktycznie cały czas, także podczas snu. Na to zakładałem grube, dwupalczaste puchowe łapawice. Gdy robiło się naprawdę zimno, ocieplałem je dodatkowo jednorazowymi chemicznymi ogrzewaczami. W tym roku planuję zainwestować w dodatkowe osłony zakładane bezpośrednio na kierownicę, co wydaje mi się fantastycznym rozwiązaniem.

Na twarz nakładaliśmy specjalne tłuste kremy o dziwnych nazwach, które niestety zamarzały, jeśli były trzymane poza kieszeniami polara (gdzie i tak musiało mieścić się mnóstwo rzeczy — głównie baterie do aparatu i batoniki, które bez rozgrzania były twarde jak beton). Jedyne, co nie zamarzało, to poczciwy Vicks VapoRub, świetnie udrażniający nos i rozgrzewający wieczorem płuca (nie płacą mi za reklamę, a powinni).

Rower

Nie jestem wielkim specjalistą od technologii rowerowych. Uważam, że można jeździć na wszystkim i wszędzie, jeśli tylko ma się odpowiednie samozaparcie — spójrzcie na rower Kazika Nowaka, którym przejechał całą Afrykę! Nie chciałem być gorszy i na Bajkał zabrałem swój 16-letni rower Scorpio, który otrzymałem na gwiazdkę, gdy miałem 12 lat. Sprawdził się doskonale (jak zwykle zresztą), jeśli nie liczyć pękniętej kierownicy czy obręczy koła. Kierownicę udało mi się zespawać, a koło pękło ostatniego dnia, więc nie były to jakieś wielkie problemy. Kilkuletni rower Wichra, kupiony za 1200 zł, sprawował się zupełnie bez zarzutu. Główne przygotowanie polegało na kupnie opon zimowych z kolcami (można je wykonać samemu, jest to stosunkowo proste, a przepisów w internecie nie brakuje; nie będą się one jednak szczególnie nadawać do jazdy po asfalcie i dużo łatwiej o przebitą dętkę) i użyciu smaru do łańcucha na zimową pogodę.

Warto przy tym pamiętać, że jechaliśmy po zamarzniętym jeziorze, w większości po czystym lodzie lub niewielkiej warstwie śniegu. Gdy robiło się go za dużo, musieliśmy pchać nasze rumaki. Rozwiązaniem na kopny, głębszy śnieg jest rower typu fatbike, o monstrualnych oponach od 4 cali w górę. To wyspecjalizowane pojazdy do jazdy w zimie (lub w grząskim błocie o każdej porze roku), które nie sprawdzą się na weekendowych przejażdżkach nad jezioro ze znajomymi, jednak w śniegu i piachu są niezrównane.

Przygotowanie do zimowej wyprawy rowerowej

1. Jak zacząć?

Zdradzę pewien sekret — o przejechaniu zamarzniętego Bajkału marzyłem już w 2008 roku, kiedy po raz pierwszy stanąłem na jego brzegu. A nawet na samym jeziorze, bo było zamarznięte. Nie starczyło mi wtedy odwagi, a przede wszystkim wiedzy i doświadczenia, jak to zrobić. Pomysł dojrzewał przez 5 lat, przez które nauczyłem się jak radzić sobie z zimnem, jak reaguje mój organizm na ekstremalne warunki, co i jak jeść i pić, jakiego sprzętu używać. To wiedza, którą trudno streścić na tych kilku stronach, poza tym nic nie zastąpi doświadczenia. Dlatego do organizacji wielkiej ekspedycji radzę przygotowywać się metodą małych kroczków — lub jechać z kimś doświadczonym.

Ja zacząłem od wycieczki po zamarzniętej Narwi. Szybko zakończyło się przebiciem dętki we własnoręcznie wykonanej oponie z kolcami. Zanim ją naprawiłem, skończyły się mrozy i jazda po rzece stała się niebezpieczna. Pamiętaj, żeby nie wyjeżdżać na lód, jeśli istnieje choć cień ryzyka, że może się pod Tobą załamać! Powinien być gruby na co najmniej 8 cm, co wymaga dobrego tygodnia solidnych mrozów, o co w Polsce bardzo trudno. Polecam jednak szukać ich na Podlasiu — polskim biegunie zimna. Nieco łatwiej tu o mrozy, a tereny do uprawiania turystyki rowerowej są po prostu wymarzone.

2. Przygotowanie psychiczne

Zawsze powtarzam, że jeździć na dalekie, nawet ekstremalne wyprawy może każdy w miarę zdrowy człowiek — musi być tylko odpowiednio przygotowany. Jeszcze lepiej, gdy jedzie pod opieką doświadczonego przewodnika, nie jest to jednak konieczne. Jesteśmy przecież dorośli. To podejście zaczerpnąłem od znajomych Rosjan — Sybiraków z krwi i kości. Poszliśmy w Sajany; przepiękne, dzikie góry na granicy z Mongolią (z najwyższym szczytem o nazwie Munku--Sardyk — 3492 m n.p.m.). Dodajmy, że moje wcześniejsze doświadczenie górskie ograniczało się do zdobycia Kościelca. Nikomu to jednak nie przeszkadzało — dostałem stary czekan, jeszcze starsze raki i związany liną, która nie przeszłaby żadnego atestu w Europie, ruszyłem w góry. Popełniłem przy tym mnóstwo mniej lub bardziej głupich błędów, które dały mi więcej doświadczenia niż jakiekolwiek teoretyczne mędrkowanie kolegów czy przeczytane książki. Innymi słowy, jeśli chcesz przeżyć przygodę życia — zacznij działać!

3. Motywacja

Gdy jechaliśmy przez Bajkał, przypadkowo spotkani ludzie często pytali nas: „Co was motywuje do jazdy w takich warunkach?". Co za głupie pytanie. Gdy już raz odjechaliśmy od cywilizacji, po prostu musieliśmy jechać do kolejnej, inaczej nikt by nas nie uratował! Raz podjęta decyzja była w tym momencie niestety wiążąca i nie pozostawiała miejsca na dylematy. Co innego przed wyjazdem, gdy można się było jeszcze wycofać. Chcieliśmy przeżyć przygodę, zrobić coś nieoczywistego, a przede wszystkim nasycić się pięknem Bajkału (choćby to brzmiało pretensjonalnie) — niesamowitym kolorem lodu, potężnymi górami, niebem upstrzonym miriadami gwiazd. Rzeczywistość jak w taniej powieści — przeszła nasze oczekiwania.

Słyszałem jednak, że są ludzie, dla których prawda, dobro i piękno nie są wystarczającym bodźcem do ruszenia się z kanapy. Każdy ma swoją motywację i nie ma tutaj podziału na lepsze i gorsze. Jeżeli jest coś, co sprawia, że po prostu musisz wyruszyć gdzieś daleko — pielęgnuj i rozwijaj tę myśl, a być może zaskoczy Cię owocami, które wyda.

4. Przygotowanie fizyczne

Podejrzewam, że o treningu napisano już wiele w tej książce, ale nie przeszkodzi mi to w dorzuceniu swoich trzech groszy. Osobiście nie jestem typem sportowca i kiedy nie muszę, nie trenuję regularnie, starając się nadrobić zaległości na kilka miesięcy przed wyjazdem. Na szczęście potrafię też znosić w pokorze cierpienie, którego mógłbym uniknąć, trenując regularnie przez cały rok. W moim przypadku głowa jest ważniejsza niż mięśnie, choć nie mogę nazwać tego najbardziej odpowiedzialnym podejściem.

Najlepsze ćwiczenia przed wyjazdem to trening aerobowy, czyli długi, choć niekoniecznie bardzo intensywny wysiłek, który zwiększa wytrzymałość i wydolność organizmu. W trakcie wyprawy będziemy przecież pedałować przez wiele godzin prawie bez przerwy, za to w miarę spokojnym tempie. Dobrym przygotowaniem jest bieganie, pływanie czy... jazda na rowerze. Biegać nie lubię, na rowerze jeżdżę cały czas, staram się też jak najczęściej chodzić na basen.

5. Zespół napięcia przedwyjazdowego
To zupełnie normalny stan napięcia i wahania nastrojów, od ekscytacji, wręcz euforii, do totalnej rezygnacji. Nie przejmuj się, nie Ty jeden przez to przechodzisz.

Jedzenie

Jest jeszcze jeden sekret zimowego podróżnika — nie zaszkodzi lekki nadmiar tłuszczu, który organizm spali z przyjemnością w trudnych chwilach, a do tego czasu będzie to dodatkowa izolacja przed zimą. Przed wyjazdem na Syberię byłem już naprawdę dobrze podtuczony, by wrócić chudy jak strach na wróble. Dodatkową korzyścią jest świetna wymówka dla Twojego brzuszka: „Przecież przygotowuję się do wyprawy!". Podejrzewam jednak, że każdy dietetyk i trener zmiażdży mnie za takie porady. Faktem jest, że podczas tak długiego wysiłku nasze zapotrzebowanie energetyczne znacznie wzrasta, a konieczność bronienia się przed zimnem znacznie zwiększa spalanie kalorii. Dlatego, choć nasze dzienne porcje zawsze przekraczały 3500 – 4000 kcal (w normalnych warunkach nasze dzienne zapotrzebowanie to ok. 2700 – 3000 kcal), cały czas chudliśmy.

Dostarczanie odpowiedniej liczby kalorii przez cały czas wydaje się niemożliwe, jeśli zmuszeni jesteśmy wieźć całe jedzenie ze sobą — nawet gdy są to pełnowartościowe, liofilizowane posiłki i wysokoenergetyczne batoniki własnego przepisu (znajdziesz go na stronie *RowerowaRosja.pl*).

Liofilizaty i herbatę — podstawy pożywienia — zalewamy wodą ze stopionego śniegu, zagotowaną na kuchence (polecam MSR Reactor lub Jetboil). Pamiętaj, żeby nie jeść śniegu ani nie wlewać do termosu samej wody ze śniegu. Na skutek tajemniczych procesów fizycznych spowoduje ona tylko większe odwodnienie. Wystarczy jednak wzbogacić taką wodę czymkolwiek (sól, cukier, multiwitamina itd.), by miała pożądane właściwości.

Po co?
Uważamy, że zimą w pewnych rejonach świata jest ładniej niż latem. Na pewno tyczy się to Syberii i Bajkału. Zrób prosty test — przejdź się zimą w góry. Jeżeli spodoba Ci się bardziej niż latem, nadajesz się na zimowego jeźdźca. Wydaje mi się, że pytanie o sens podróżowania rowerem zimą jest równie zasadne jak o jazdę na nartach czy snowboardzie.

Skąd pomysł?
Dwukrotnie przejechałem rowerem Bałkany — pierwszy raz w 2007, trafiając na upały dekady, drugi raz z Wichrem w 2009, trafiając na upały stulecia. Po tych doświadczeniach zgodnie uznaliśmy, że nie chcemy więcej jechać w rejony, które wymuszają kilkugodzinną sjestę w ciągu dnia, bo jest za gorąco, żeby jechać. W 2011 ruszyliśmy za koło podbiegunowe. Było zimno — i spodobało nam się. W końcu trafiliśmy na tereny, gdzie postój dłuższy niż 10 minut może skończyć się zamarznięciem. Wciąż szukamy złotego środka.

Najczęstsze obawy związane są oczywiście z zimnem i lodem. Czy będzie mi zimno?
Nie wiem, zależy, jak reagujesz na temperaturę, jakie masz krążenie itd. Jedź zimą w góry (odpowiednio ubrany), a się przekonasz. Obecna technologia oferuje ciuchy na naprawdę ekstremalne warunki, jeżeli jesteś zmarzluchem, to powinieneś wybrać te najbardziej profesjonalne. Dobra wiadomość: organizm zaskakująco szybko adaptuje się do nawet najbardziej ekstremalnych temperatur. Gdy po kilku dniach spędzonych przy -30 stopniach znaleźliśmy na brzegu chatkę i rozpaliliśmy w piecu, zdziwiliśmy się, że zaczynamy się pocić z gorąca już przy 4 stopniach na plusie.

Czy baliście się, że pęknie pod wami lód?
Nieszczególnie. Lód na Bajkale jest gruby na ponad pół metra i jeżdżą po nim nawet ciężarówki. W Polsce jest to jednak oczywiście niemożliwe i coraz rzadziej zdarzają się okresy, gdy można bezpiecznie wyjechać na jezioro.

Co daje jazda w zimie?
Niesamowitą frajdę!!! Już sam fakt, że robisz coś, co większości ludzi nie mieści się w głowach, daje sporą satysfakcję. To jak jazda na sankach w kuligu, tylko to Ty jesteś koniem, który go ciągnie. To radość z faktu, że jest Ci ciepło, mimo że dookoła wszystkim jest zimno. To herbata, która smakuje zupełnie inaczej niż w mieście. To pot i cierpienie, które hartują charakter. To fantastyczne, bajkowe krajobrazy malowane śniegiem, mrozem i wiatrem. A jeśli po wycieczce masz szansę wrócić do domu — niepowtarzalna rozkosz gorącej kąpieli lub prysznica.

W drodze z psem.
Sabaka wiełosypiedystka, czyli rzecz o rzeczach niemożliwych

Agnieszka Włodarczyk,
www.3wilki.pl

Zaczęło się jak zwykle od marzeń i rzuconego od niechcenia:
— To gdzie jedziemy następnym razem?
— Jak to gdzie? Do Mongolii — odpowiedziałam bez zastanowienia, ot tak, żartem… A jednak nie do końca był to żart, raczej głęboko skrywane pragnienie, by znów się spakować i ruszyć przed siebie, daleko za horyzont, do kraju nomadów. O Mongolii poza lekcjami geografii po raz pierwszy usłyszałam kilkanaście lat wcześniej na wernisażu Piotra Malczewskiego — podróżnika i fotografa z Suwalszczyzny — właściciela domu nad Czarną Hańczą i charakterystycznego kapelusza à la Włóczykij. Mongolia z jego zdjęć i opowieści jawiła mi się jako mityczna kraina gdzieś na końcu świata, kraina, do której mają odwagę ruszyć tylko „prawdziwi podróżnicy" — podobni do niego twardziele o ogorzałych twarzach, w wytartych kapeluszach i z nieodłączną torbą na sprzęt foto, przerzuconą przez ramię. I tak dla zakompleksionej nastolatki, którą wtedy byłam, Mongolia stała się synonimem wielkiej przygody. Zupełnie dla mnie niedostępnej…
— To dokąd następnym razem? — spytał Przemek, jeszcze zanim na dobre wróciliśmy z Himalajów Garhwalu. — No jak to? Do Mongolii! — odpowiedziałam z uśmiechem i już wiedziałam, że Przemek właśnie połknął mongolskiego bakcyla.
Kilka tygodni później mieliśmy opracowany wstępny plan: znów ruszymy na długą pieszą wędrówkę. Tym razem celem miał być Ałtaj Mongolski. Chcieliśmy wędrować dwoma pasmami górskimi, Tavan Bogd oraz Tsambagarav, i wspiąć się na najwyższy szczyt Mongolii (Chüjten, 4374 m n.p.m.), a przy okazji poznać i udokumentować, jak zmieniło się życie nomadów w kraju, którego gospodarka należy do najszybciej rozwijających się na świecie. Ciekawiło nas, czy istnieje jeszcze Mongolia z opowieści Łowcy — dziki kraj koni, orłów i jurt. A może wygląda dziś zupełnie inaczej? Wiedzieliśmy już, dokąd i po co wyruszamy,

pozostało pytanie, jak się tam dostać. To może na rowerach? Pomysł wydawał się nam genialny w swej prostocie. Jadąc rowerami, obniżymy znacznie koszty podróży, zobaczymy i przeżyjemy więcej, a przede wszystkim — dotrzemy do Mongolii o własnych siłach, czyli tak, jak lubimy najbardziej. Zupełnie więc nie rozumieliśmy reakcji otoczenia: „Z psem? Na rowerach? Do Mongolii? Czyście do reszty powariowali? Przecież to niemożliwe...". No właśnie, był jeszcze pies... trzeci, równoprawny członek naszego stada. Diuna, suka rasy wilczak czechosłowacki, która od dwóch lat towarzyszyła nam w realizacji nawet najbardziej szalonych pomysłów. To z nią wędrowaliśmy przez Himalaje Garhwalu i to dzięki niej o włos udało nam się uniknąć himalajskiego tsunami — powodzi, która nawiedziła Indie w 2013 roku.

— A kiedykolwiek podróżowaliście gdzieś dalej na rowerach? — próbowali ostudzić nasz zapał znajomi.

— Nooo, właściwie to nie — odpowiedzieliśmy — ale przecież nie może to być takie trudne. Wsiadasz i jedziesz...

A pies? No cóż, też jedzie... Gorzej tylko z pedałowaniem. Wiedzieliśmy, że bez Diuny nigdzie nie pojedziemy, musieliśmy więc albo nauczyć ją jazdy na rowerze... albo poszukać innego rozwiązania.

Wilczaki czechosłowackie to bardzo aktywne i wytrzymałe psy. Dorosły zdrowy wilczak może bez negatywnych skutków zdrowotnych biec przy rowerze nawet 40 km dziennie, pod warunkiem że będzie poruszać się swoim naturalnym tempem, czyli z prędkością około 12 km/h. Gdybyśmy chcieli podróżować z taką prędkością, samo dotarcie do Mongolii zajęłoby nam 150 dni, czyli 60 dni dłużej, niż wskazuje data ważności rosyjskiej wizy biznesowej, o którą się staraliśmy. Pies może wprawdzie biec szybciej (nawet 20 – 30 km/h), ale utrzymanie takiego tempa szybko odbiłoby się negatywnie na zdrowiu Diuny, a na to nie mogliśmy pozwolić.

Postanowiliśmy, że większość podróży Diuna odbędzie w dziecięcej przyczepce rowerowej Nordic Cab „5 w 1", którą po dotarciu do Ałtaju Mongolskiego przerobimy na przyczepkę cargo mocowaną do człowieka. W ten sposób dowieziemy (a dokładniej — dociągniemy, bo rowery zdeponujemy w Bayan Olgii) nasz sprzęt biwakowy i zapas jedzenia na sam Lodowiec Potanina w Ałtaju Mongolskim, skąd ruszymy w wyższe partie gór. Brzmi prosto, tylko jak przekonać czworonoga do podróżowania w „tym dziwnym, obcym czymś, zrobionym ze śmierdzącego plastiku"? Nie było to wcale takie łatwe. Na kilka tygodni przed wyjazdem przyczepka stanęła w naszym domu w miejscu, gdzie dotychczas znajdowało się legowisko Diuny. Przez pierwszych kilka dni Diuna odnosiła się do niej z dużym dystansem. Nawet surowa kość wołowa — ulubiony przysmak naszego psa — włożona do przyczepki nie była w stanie skusić suki do nawiązania z nią bliższego kontaktu. Oswajanie obcego zajęło Diunie tydzień. Po upływie dwóch zaczęła traktować pozbawioną kół przyczepkę jak swoje posłanie. I o to nam właśnie chodziło! Kolejnym etapem było przyzwyczajanie naszego psa do podróżowania w poruszającej się przyczepce, co okazało się o wiele trudniejsze. Pierwsza próba zakończyła się już zaledwie po kilku minutach. Diuna za nic na świecie nie chciała usiedzieć w poruszającej się przyczepce, a swoje zniecierpliwienie okazywała głośnym piskiem płynnie przechodzącym w wilcze wycie. „Jak nic zaraz ktoś zaanonsuje nas straży miejskiej za znęcanie się nad psem" — myśleliśmy. Na szczęście nic takiego się nie wydarzyło, a każdą kolejną próbę Diuna przyjmowała spokojniej. Po kilku dniach ćwiczeń mogliśmy już odbywać wspólne półgodzinne przejażdżki wokół osiedla. Odetchnęliśmy z ulgą, ale czekało nas jeszcze testowanie metody podpięcia Diuny do roweru. Bo przecież codziennie około dwudziestu kilometrów miała przebiec na własnych łapach. Szybko zrezygnowaliśmy z pomysłu podpięcia psa do kierownicy pewni tego, że Diuna nie będzie zainteresowana ciągnięciem roweru. Podpięcie do siodełka w przypadku naszego psa wydawało nam się jednak zbyt niebezpieczne. Diuna jest psem polującym — kot, mysz czy inne zwierzę przebiegające przez jezdnię wzbudza w niej tak silne instynkty, że potrafi ona przewrócić rower wraz z jadącym na nim człowiekiem. W końcu nasz wybór padł na wysięgnik z amortyzatorem mocowany do sztycy pod siodełkiem. Zamocowany po prawej stronie siodełka miał umożliwić suce poruszanie się poboczem drogi. Poboczem, którego jak się miało okazać, w Rosji często po prostu nie było.

Niemożliwe staje się możliwe, czyli magia żółtego długopisu

Agnieszka Włodarczyk
www.3wilki.pl

Podróż na Wschód wiązała się z opuszczeniem granic Unii Europejskiej, a to oznaczało konieczność zdobycia wizy i to nie jednej, ale aż czterech. Początkowo planowaliśmy bowiem, że nasz trzymiesięczny pobyt w granicach Mongolii poprzedzi przejazd przez Ukrainę, Rosję i Kazachstan. Kiedy jednak wiosną konflikt Rosyjsko-Ukraiński osiągnął apogeum, zmieniliśmy plany. Nowa trasa biegła przez Białoruś i Rosję. Razem z mongolską zostały nam więc do zdobycia trzy wizy, z czego dwie — do Rosji i Mongolii na czas dłuższy niż pobyt turystyczny.

Od początku sprzyja nam szczęście. Okazuje się bowiem, że początek naszej rowerowej podróży zbiega się z mistrzostwami świata w hokeju na lodzie, które w tym roku odbywają się w Mińsku. Z tej okazji wizy na Białoruś zostają czasowo zniesione, a jedyne, czego potrzebuje wybierający się na Białoruś turysta, to bilet na jeden z rozgrywanych w czasie mistrzostw meczów. Zamiast wizy kupujemy więc przez internet najtańsze bilety na mecz Niemcy – Łotwa. A że Polacy w tych mistrzostwach nie występują? No cóż — przecież nas „prawdziwych fanów hokeja" taki drobiazg nie zatrzyma! Zdobycie wizy do Mongolii okazuje się bardziej skomplikowane. Bo pomimo tego, że Mongolia właśnie otworzyła dla obywateli Polski ruch bezwizowy, dotyczyło to tylko turystów udających się do kraju nomadów na czas nie dłuższy niż 30 dni. A my wybieraliśmy się przecież na długi, wielotygodniowy górski trekking. I znów pomógł łut szczęścia, a raczej pewien żółty długopis i odrobina znajomości:

— Dzień dobry, jestem dziennikarzem polskiego wydania „National Geographic" — pomysł, by posunąć się do niegroźnego kłamstwa, przyszedł do głowy Przemkowi, gdy po raz kolejny został odesłany z kwitkiem. Kolejka pod ambasadą Mongolii nie zmniejszała się od kilku godzin. — Jestem dziennikarzem „National Geographic" i do pracy nad materiałem o Ałtaju Mongolskim potrzebuję wizy dłuższej niż miesięczna — ciągnął przedstawienie Przemek. Zadziałało. Dzięki żółtemu długopisowi i notatnikowi z logo „National Geographic" udało mu się przebić przez biurokratyczny mur. Później zostało już „tylko" zdobycie prawdziwej legitymacji „National Geographic". Nie było to trudne. Dzięki zdobytej pół roku wcześniej nagrodzie za „Podróż Roku" „National Geographic" mogliśmy się zwrócić o pomoc wprost do Martyny Wojciechowskiej, która wysłuchawszy całej historii, powiedziała po prostu:

— Dostaniecie legitymacje. To żaden problem.

Pozostało jeszcze ubieganie się o trzymiesięczną wizę do Rosji. Tym razem, po fanach hokeja i dziennikarzach podróżniczych, mieliśmy się wcielić w biznesmenów, bo tylko wiza biznesowa gwarantowała nam możliwość wielokrotnego wjazdu na teren Federacji Rosyjskiej przez okres trzech miesięcy. Na szczęście, by „robić biznes" w Rosji, wystarczyło wnieść opłatę w jednym z biur podróży, a potem już tylko czekać. Oczywiście nikt nie musiał wiedzieć, że para polskich biznesmenów będzie przez Rosję podróżować na rowerach, ciągnąc za sobą przyczepkę z psem.

W międzyczasie załatwialiśmy sprawy związane z przewozem Diuny. Nasza ostatnia podróż była wielką improwizacją. Ze względu na brak certyfikatu potwierdzającego obecność przeciwciał wścieklizny we krwi Diuny musieliśmy zostać w Indiach dłużej, niż zakładaliśmy. I chociaż właśnie dzięki temu mieliśmy niesamowitą przygodę, nie chcieliśmy przeżywać takiego stresu po raz kolejny. Tym razem wszystko miało być dopięte na ostatni guzik. Na szczęście okazało się, że Diuna nie potrzebuje żadnych dodatkowych dokumentów. Wystarczył jej paszport i… Inaczej było z przygotowaniem weterynaryjnym. Czekały nas przecież trzy miesiące na rowerach i kolejne trzy w zupełnej dziczy, z dala od dużych miast i weterynarzy. Zdrowie naszego psa było więc w naszych rękach.

— Kupiłem banany, przyjeżdżajcie!

— Banany? Ale po co?

— Zobaczycie — nasz zaprzyjaźniony weterynarz śmiał się do słuchawki telefonu.

Tajemnica została odkryta, kiedy kilka dni później znaleźliśmy się w Pabianicach u Kuby i Magdy, którzy razem prowadzą lecznicę „Podaj Łapę" i sklep z artykułami dla zwierząt. Kiedy Magda trafiła na naszego bloga, oboje postanowili pomóc nam w przygotowaniach do wyjazdu.

— Skompletujemy wam apteczkę, a do tego nauczycie się, jak postępować w sytuacji chorób lub zranień waszego psa. Nauczę was też zszywania ran. To właśnie po to te banany. Na nich będziecie ćwiczyć szycie. Skórka banana świetnie się nadaje do tego celu.

Po kilkugodzinnym szkoleniu, w czasie którego jak mantrę powtarzaliśmy sposoby postępowania w różnych kryzysowych sytuacjach, przyszedł czas na

naukę zszywania ran. Dzięki dokładnemu instruktażowi przecięta skalpelem skórka banana została przez nas zszyta na trzy różne sposoby, najpierw nieporadnie, a po kilku próbach na tyle zadowalająco, by zyskać akceptację Kuby.
— Nie musi być ładnie. Ma się trzymać!
— Pacjent przeżył operację. Pozostaje mieć nadzieję, że w razie wypadku Diuna będzie miała tyle samo szczęścia — żartami przykrywaliśmy niepokój. Bo co, jeśli nasz pies naprawdę zachoruje w podróży? Czy w prawdziwej sytuacji kryzysowej będziemy umieli zastosować w praktyce zdobytą wiedzę? Myśleliśmy tak, nie podejrzewając nawet, że chwila próby nadejdzie tak szybko...

Sobaczka w pucieszestwie

Po pół roku marzeń, planowania i przygotowań w ostatnim tygodniu kwietnia oddaliśmy klucze do wynajętego mieszkania, zapakowaliśmy sukę do przyczepki i wsiedliśmy na rowery. A raczej — próbowaliśmy wsiąść, przeklinając się w duchu za to, że nie zrobiliśmy wcześniej próby jazdy na przeciążonych rowerach. Walcząc o utrzymanie równowagi na naszych „czołgach", zrozumieliśmy, co mieli na myśli znajomi, którzy pytali, czy wcześniej kiedykolwiek byliśmy na długiej wyprawie rowerowej. Teraz było już jednak po ptakach, pozostała nauka w praktyce. Przez pierwsze dziesięć kilometrów prowadzących przez warszawski Las Kabacki towarzyszył nam przyjaciel, właściciel suki wilczaka o wdzięcznym imieniu Biesa. Pożegnaliśmy się na skraju lasu. Od tej chwili zostaliśmy sami — dwoje ludzi i pies. Jak wataha, wilcza rodzina — mieliśmy liczyć tylko na siebie. W dobrych i trudnych chwilach. Tak zaczęła się nasza rosyjska odyseja. Dwumiesięczny przejazd przez Federację Rosyjską, który miał być tylko etapem poprzedzającym właściwą wyprawę, z dnia na dzień stawał się celem samym w sobie. Mongolia, do której dążyliśmy, była gdzieś daleko przed nami, tak daleko, że wielokrotnie słyszeliśmy:

— *Ot, duraki! W Mangoliu na wiełosypiedach? Eta niewazmożno!*

„Nigdy tam nie dojedziecie... A zresztą, po co? Tam niczego nie ma... Lepiej zostańcie z nami, w Rosji". I zostaliśmy. Nie na zawsze — do czego namawiali nas napotkani po drodze Rosjanie, ale wystarczająco długo, by zakochać się w *sieriożnym* pięknie *Rasiji*, jej mieszkańcach i majonezie w tubkach, który stał się podstawą naszych posiłków w trasie. A Mongolia? Wciąż była naszym celem, ale choć fizycznie z każdym dniem coraz bliższa, jednocześnie w naszych głowach oddalała się coraz bardziej. Powoli sami już przestawaliśmy wierzyć, że uda nam się do niej dotrzeć, zanim skończy nam się rosyjska wiza. Jak na rowerzystów przemieszczaliśmy się bowiem bardzo powoli — średnio 80 kilometrów dziennie. Na więcej brakło nam sił. Wieźliśmy ze sobą prawie 90 kg bagażu. Połowa z tej wagi to wysokoenergetyczna psia karma, która zajęła cztery przednie sakwy. Według naszych obliczeń powinno jej wystarczyć do granicy z Mongolią. Do tego kilkukilogramowa przyczepka i sprzęt do dogtrekkingu — potrzebny nam w pieszej części podróży. I na koniec ważąca prawie 30 kilogramów Diuna. O wiele za dużo. Tak dużo, że kiedy po raz pierwszy próbuję ruszyć z przyczepką z miejsca, ona ani drgnie, a ja przewracam się wraz z rowerem. Później okazuje się, że najtrudniej jest ruszyć. Kiedy już cały ten majdan uda się wprawić w ruch — jakoś siłą bezwładności toczy się do przodu. Odrobinę (dokładnie o 30 kilogramów) łatwiej jest wtedy, gdy Diuna biegnie przy rowerze. Ale to tylko od 20 do 30 km, resztę drogi spędza w przyczepce. Siłą rzeczy taka podróż odbywa się w żółwim (a może raczej psim) tempie. Pierwsze dwie godziny jazdy służą wybieganiu psa. Kiedy Diuna się zmęczy — spokojnie układa się w przyczepce i zasypia. Reszta dnia upływa na powolnej jeździe z obciążoną przyczepką, z którą każde z nas przejeżdża połowę dziennego dystansu. I tak dzień po dniu, kilometr po kilometrze, przygoda za przygodą.

Pierwsza niespodzianka czekała na nas jeszcze w Polsce:
— Przykro mi, ale nie możecie przekroczyć granicy na rowerach. To przejście dla zmotoryzowanych. Najbliższe przejście turystyczne jest w Białowieży — tłumaczył strażnik w Terespolu.

— W Białowieży? To dwa dni drogi stąd! Naprawdę nie da się nic zrobić? — nie dawaliśmy za wygraną.

— Zawsze możecie wsiąść w pociąg…

Tak też robimy. Po nocy spędzonej w krzakach, tuż za granicą miasta, kupujemy bilety na pierwszy poranny pociąg na drugą stronę granicy, a potem przez dwadzieścia minut przykuwamy uwagę obsługi i pasażerów próbą zapakowania do pociągu dwóch rowerów, ośmiu sakw, dwóch dużych worków, przyczepki rowerowej i psa.

— Naprawdę jedziecie do Mińska na zawody? — spytał białoruski celnik, kiedy próbowaliśmy zmieścić przyczepkę w wąskiej bramce wiodącej na drugą stronę granicy.

— Oczywiście, najpierw jedziemy do Mińska, a potem w *ekskursju*.

— A to *haraszo*. Witamy na Białorusi.

Białoruś zaskakuje nas pozytywnie. Choć w przydrożnych wioseczkach bieda aż piszczy, wszędzie jest bardzo czysto i porządnie. Zupełnie inaczej niż w Rosji.

Kiedy (ile dni?) później przekraczamy granicę (gdzie?), wszystko nagle ulega zmianie. Przejście graniczne straszy pustymi, betonowymi bunkrami i wszędobylskim brudem. Ziemia usłana jest śmieciami, butelkami po wódce i zużytymi strzykawkami i igłami — woleliśmy nie myśleć po czym. Strach przed zakażonymi igłami będzie nam w Rosji towarzyszył na każdym postoju w parku czy lesie. Kolejnym lękiem, który dzień po dniu jedzie z nami rosyjską magistralą M5, jest strach przed potrąceniem przez TIR-y, które mijają nas dosłownie o włos. Jazdę utrudnia nam też fala upałów, która nawiedza Rosję dokładnie w czasie naszej wyprawy. Codziennie wstajemy więc bladym świtem i po szybkim śniadaniu wskakujemy na rowery, by o jedenastej szukać schronienia w cieniu brzóz. Ale gdy tylko zatrzymujemy się na chwilę, pojawia się kolejny problem, a raczej — olbrzymia chmara problemów. Komary, meszki i kleszcze tylko czekają na sposobność, by pożywić się naszym kosztem. Dlatego nieraz, gdy w ciemności leżeliśmy wieczorem w namiocie, słysząc skrobanie próbujących przebić się przez tropik kleszczy, śmialiśmy się (choć nie zawsze było nam do śmiechu):

— Ty... A po co my w ogóle to robimy? — pytałam.
— Yyyy? Nie wiem, zapomniałem — odpowiadał Przemek.

A jednak pokochaliśmy ten kraj z jego przydrożnymi kafejkami („cafe"), w których nie można napić się prawdziwej kawy (dostępna jest tylko „3 w 1"), ale za to można zjeść ziemniaczanego pielmieni i pogadać z ludźmi ze wschodnią fantazją i jeszcze bardziej wschodnimi sercami.

— *Smotri! Sobaczka w pucieszestwie!* — wołają Rosjanie, widząc nos Diuny wystający z rowerowej przyczepki. Wszędzie tam, gdzie się pojawiamy, przywołujemy uśmiechy na twarzach kierowców, przechodniów, a nawet policjantów, którzy chętnie nas zatrzymują tylko po to, by zapytać, skąd i dokąd jedziemy, oraz życzyć nam szerokiej drogi. Kiedy zatrzymujemy się w jednym z przydrożnych barów, Diuna zazwyczaj wchodzi do środka z nami i układa się pod stołem, czekając na swoją kolej. I zazwyczaj nie czeka długo. Klienci chętnie dzielą się z nią resztkami swojego posiłku, a obsługa przynosi skrawki mięsa zbierane dla kręcących się w pobliżu półdzikich psów.

Kiedy jadąc (a raczej pchając rowery) przez pasmo Uralu, zatrzymaliśmy się w jednej z takich knajpek, by przeczekać deszcz, podszedł do nas niewysoki mężczyzna, którego szeroki uśmiech ozdabiał jeden złoty ząb.

— Nazywam się Waleria i w Kazachstanie trzymam prawdziwego wilka. Mam go od szczeniaka, jego matka zginęła, uratowałem go od śmierci głodowej — opowiadał, co chwilę rzucając Diunie skrawki mięsa ze swojego obiadu.

— *Mienia was żalka*, taki deszcz. Dawajcie, wrzucimy rowery i przyczepkę do mnie na pakę, a pies z wami wsiądzie do kabiny. Przewiozę was przez Ural.

Tak też zrobił, oferując nam również nocleg w garażu swojej firmy przewozowej.

— *Mienia was żalka* — to samo usłyszeliśmy od Ali, która tak po prostu zaprosiła nas do swojego domu, nie wiedząc, że w ten sposób ratuje życie naszego psa. Zaledwie dwa tygodnie po wyjeździe z Warszawy, zaraz po tym, jak przekroczyliśmy granicę Federacji Rosyjskiej, Diuna zaczęła słabnąć. Tego dnia wieczorem straciła też apetyt i dostała wysokiej gorączki. Leżała na podłodze w domu naszej *chadziajki*, ciężko dysząc. Podejrzewaliśmy babeszjozę. Kilka dni wcześniej, jeszcze na terenie Białorusi, zdjęliśmy z Diuny dwa opite jej krwią kleszcze. Nie pomogły ani krople, ani przeciwkleszczowa obroża, ani dokładny przegląd sierści — dwa pasożyty umknęły naszej uwadze, a teraz z przerażeniem patrzyliśmy na szybko pogarszający się stan zdrowia naszego psa. Szybko okazało się, że nasze przypuszczenia były słuszne. Jednak dzięki lekom podanym przez lokalnego weterynarza i pomocy Ali udało się pokonać chorobę. Przesilenie przyszło po dwóch dniach.

— Ala, Diuna czuje się już lepiej, ale wciąż jest za słaba, żeby podróżować. Możemy zostać u ciebie jeszcze kilka dni? — z niepokojem pytaliśmy naszą rosyjską gospodynię.

— Oczywiście, zostańcie tak długo, jak trzeba. Jesteście dla mnie jak dzieci. A w ogóle, najlepiej już nigdzie nie jedźcie, zostańcie ze mną...

A jednak pojechaliśmy. Od tej chwili przez kolejny miesiąc Diuna podróżowała w przyczepce, bez wcześniejszego wybiegania.

Rowerowa podróż do Mongolii zajęła nam w sumie 82 dni, o prawie dwa tygodnie więcej, niż początkowo planowaliśmy. Ale przecież nie planowaliśmy choroby Diuny i naszych kilkudniowych przeziębień. Grunt, że się udało. Po prawie trzech miesiącach od ruszenia z domu znaleźliśmy się wśród mongolskich stepów. Tu, w Bajan Olgii, zaczynała się druga część naszej wyprawy — marsz przez pasmo Tavan Bogd Uul... ale to już zupełnie inna historia.

Pies, pociąg i telewizor

Z Mongolii do Rosji wracamy koleją transsyberyjską. Znów dwoje ludzi, dwa rowery, osiem sakw, dwa duże wory transportowe i pies... Jak to ugryźć? W Rosji, aby duży pies mógł podróżować pociągiem, trzeba wynająć cały przedział, i to niezależnie od tego, czy jest to skład lokalny, czy międzynarodowy; nie może też jechać pierwszą klasą. Musimy więc zapłacić za cztery kuszetki, co rujnuje nasz i tak już mocno nadszarpnięty budżet. W dodatku okazuje się, że przewiezienie rowerów też wymaga sporo zachodu. Aby nasze *wiłki* mogły wrócić z nami do domu, muszą pojechać do Moskwy zupełnie innym składem. Kupujemy więc specjalne kartony, pakujemy do nich rozkręcone rowery i jedziemy na stację, gdzie okazuje się, że akurat ten pociąg jako jedyny nie ma wagonu cargo. Pozostaje więc wielka improwizacja:

— *Iswienicie pażausta, z sobaczką można?* — zagadujemy prowadnicę dla niepoznaki.

— *A namordnik jest?*

— Jest.

— *Zachodzicie...*

Kiedy pakowałam się z Diuną do pociągu, Przemek łamanym rosyjskim wyłuskiwał nasz problem.

— *No da* — zastanawiała się głośno prowadnica. — Rowerów do pociągu wziąć nie mogę... ale telewizory już tak! Gdyby ktoś pytał, wieziecie w kartonach dwa telewizory plazmowe.

"Dwa telewizory i psa", dodałam w duchu. Za to właśnie kochaliśmy Rosję. Podróż z Ułan Bator do Moskwy zajęła nam cztery doby. Po nocy spędzonej u poznanego przez portal Warmshowers, mówiącego po polsku Białorusina ruszyliśmy w stronę granicy z Łotwą. Właśnie skończyło się lato. Prognozy na kolejne dni mówiły o nadchodzących przymrozkach, a my marzyliśmy już o tym, by jak najszybciej znaleźć się w domu.

— Przepraszam, zabierzecie nas do Suwałk? — pytanie padło zaledwie sto kilometrów od rosyjskiej stolicy, na parkingu, na którego uboczu stały dwie ciężarówki z dobrze nam znanymi rejestracjami.

I znów ani dwa rowery, ani osiem sakw, ani przyczepka, ani nawet pies nie były przeszkodą w podróży. Do Suwałk, gdzie u rodziców czekał na nas ciepły obiad, dotarliśmy następnego dnia. Po 149 dniach podróży, 6140 kilometrach przejechanych na rowerach, 200 kilometrach przebytych pieszo.

No ale przecież:

— Z psem? Na rowerach? Do Mongolii? Tego zrobić się nie da…

Pies, rower i dalekie podróże — czyli Diuna radzi

Podróżowanie z psem rowerem daje wiele satysfakcji czworonogowi i jego opiekunowi. Zadbajmy jednak o bezpieczeństwo naszego zespołu i innych uczestników ruchu:

1. Pamiętaj, że nic na siłę i nie zawsze „chcieć, to móc". Nie każdy pies ma predyspozycje do „sportowego" biegania. Zanim podepniesz psa do roweru, upewnij się, że Twój pies należy do rasy, która jest stworzona do długotrwałego wysiłku fizycznego.
2. Zdrowie jest najważniejsze. To nie martwy slogan, ale podstawowa zasada w podróży. Dlatego zanim ruszysz ze swoim czworonogiem w długą, wymagającą podróż, skonsultuj jego stan zdrowia z weterynarzem. Warto też zrobić badania wykluczające dysplazję stawów.
3. Małe jest piękne, ale jest… małe. Nie obciążaj wysiłkiem fizycznym szczeniaka — długotrwały bieg jednostajnym tempem przy rowerze może doprowadzić do poważnych schorzeń stawów w przyszłości. Zacznij treningi dopiero, kiedy Twój pies skończy rok, i pamiętaj, że nie od razu formę zbudowano. A zanim zaczniesz trenować — wróć do punktu drugiego.
4. Jak się nie ma, co się lubi, to czas polubić przyczepkę. Jeśli Twój pies nie może pokonywać dłuższych dystansów, spróbuj przekonać go do jazdy w przyczepce. Pies przyzwyczajony do takiej formy transportu będzie Ci towarzyszył podczas rowerowych eskapad.

5. Pies nie zając, smycz mieć musi. W ruchu ulicznym nigdy nie puszczaj psa luzem. Pamiętaj, że jesteś odpowiedzialny za bezpieczeństwo innych. W lesie pies puszczony luzem może polować na dziką zwierzynę.
6. Paszport to nie wszystko. Udając się za granicę, sprawdź wymagania weterynaryjne obowiązujące w innych krajach. Niezbędny może okazać się międzynarodowy certyfikat zdrowia wydawany przez regionalne oddziały Państwowego Instytutu Weterynarii. Do jego uzyskania potrzebne będą aktualne szczepienia, paszport psa oraz badanie stanu zdrowia zwierzęcia. Pamiętaj, by sprawdzić też wymogi dotyczące powrotu psa na teren Unii Europejskiej.

Agata, Przemek i Diuna — 3 wilki. Na swoim koncie mają już pieszą wędrówkę przez Himalaje Garhwalu, nagrodzoną tytułem „Podróż Roku 2013" „National Geographic", i rowerową podróż z Polski, przez Białoruś i Rosję — w mongolski Ałtaj (grand prix „Rowertour" w kategorii „Europa i Świat 2014"). Od innych podróżników odróżnia ich jedno… Razem z suką rasy wilczak czechosłowacki tworzą międzygatunkową watahę, podróżniczą rodzinę, dla której nie ma rzeczy niemożliwych. Ich książka *Wataha w podróży. Himalaje na czterech łapach* otrzymała tytuł „Górskiej Książki Roku 2015" czytelników magazynu „n.p.m.".
www.facebook.com/WatahaWPodrozy
www.3wilki.pl

Być kobietą, być kobietą

Rowerowanie najczęściej kojarzy się ze sportem stricte męskim. Podróże rowerowe są jednak wyjątkiem. Są one dla każdego, bez względu na płeć, i na szczęście kobiety stanowią wśród rowerzystów coraz liczniejsze grono. Na forach rowerowych przygód powstają nawet oddzielne wątki przeznaczone specjalnie dla pań.

W dalekich krajach i tych bardziej egzotycznych, gdzie kobieta często ukrywana jest przed obcymi, to właśnie dzięki nam — kobietom podróżującym na rowerach dochodzi do jakichkolwiek kontaktów z miejscowymi. Czeka na nas ogromna ilość atrakcji zarezerwowanych tylko dla kobiet. Zwłaszcza tam, gdzie mężczyźni mają „wstęp wzbroniony".

Najlepszym przykładem są kraje muzułmańskie. To my, kobiety, zostaniemy „ukradkiem porwane" do ich komnat i na migi porozmawiamy na „nasze tematy". Czy „ten tam na dole" to mąż? Czy mamy dzieci i ile, i gdzie? Uśmiechem pokonamy ciszę i językowe bariery.

Nie zdziwcie się, jeśli na chwilę zostaniecie nianią, potrzymacie i ponosicie najmniejsze dzieciątko w rodzinie. Zostaniecie zabrane do domów ciotek, matek, babć. Doświadczycie zaszczytu zaproszenia do kuchni. Być może wspólnie przygotujecie kolację. Do stołu zasiądziecie w ich tradycyjnym stroju. Która prawdziwa kobieta nosi spodnie? Konieczna jest spódnica: wielka, przepastna! Tak się nosi prawdziwa dama!

A w zamian za nasz wysiłek zostaniemy obdarowane drobiazgami. Być może będzie to zestaw bransoletek, kolczyki, pierścionek. Może nawet sweter, „bo przecież zima idzie".

Zanim wybierzecie się w drogę warto pomyśleć o kilku sprawach:
- Tempo — jeżeli jedziecie z mężczyzną, warto uzgodnić, że to on bierze więcej bagaży i że ma jechać za Wami. Dlaczego? Same poznacie swój odpowiedni rytm jazdy, nie za szybko i nie za wolno. Nie będziecie jechały „pod

mężczyznę". Gdy mężczyzna będzie jechał za Wami, poczujecie się jeszcze bardziej bezpiecznie. Będziecie pod czujnym okiem Waszego towarzysza. Zwłaszcza gdy coś Wam zacznie dzwonić w rowerze.

- Toaleta — w tym temacie panom jest o wiele łatwiej. Z nami już łatwo nie jest. Czasami znalezienie ustronnego miejsca może graniczyć z cudem. Przeszkodą mogą być ciekawscy ludzie albo pustynia, albo pola uprawne, zwłaszcza błotniste pola ryżowe. Na szczęście jest na to sposób. Shewee, czyli lejek do sikania na stojąco. Brzmi co najmniej dziwnie, ale jest to bardzo użyteczna rzecz. Wystarczy na chwilę „zamienić się" w mężczyznę i problem z głowy. Jakże przydatny może okazać się kawałek materiału np. ogromna chusta, sarong. Z pomocą towarzysza powstanie piękna zasłonka, parawan.
- Higiena — gdy nie śpimy w hotelu, musimy na chwilę zapomnieć o codziennych kąpielach połączonych z myciem włosów. Dlatego warto w ciągu dnia zwrócić uwagę na miejsca, które mijamy. Być może duża stacja benzynowa da nam okazję do umycia włosów.
- „Babskie sprawy" — czyli miesiączka. Nie zdziwcie się, jeżeli będzie nieregularna. Zwłaszcza podczas długich wyjazdów i do dalekich egzotycznych krajów. Zmiana rytmu dnia, strefy klimatycznej oraz wysiłek fizyczny mogą nam nieco namieszać w „tych sprawach". Na krótkie i bliskie wyjazdy można zabrać wszelkie drobiazgi z domu. Możemy również kupować je po drodze. Coraz więcej kobiet, zwłaszcza podczas długich wyjazdów, używa tzw. kubeczka menstruacyjnego (z ang. mooncup). Jest ekologiczny, higieniczny i zajmuje bardzo mało miejsca w bagażu. Dobrze jest przewidzieć „te dni" i zaplanować trasę tak, aby w czasie miesiączki zrobić sobie przerwę w przyjemnym miejscu. Zamiast pedałować w upale, lepiej jest spędzić ten czas na odpoczynku w cieniu hotelowego tarasu.
- Ubranie powinno być przede wszystkim wygodne. Aby wciąż wyglądać i czuć się kobieco, warto zabrać ze sobą coś ładnego. Może to być ulubiona apaszka. Zwłaszcza w sytuacji, gdy idziemy z wizytą, o wiele przyjemniej nam będzie, jeśli „zrzucimy" z siebie to rowerowe ubranie i przebierzemy się w nasze „babskie" wdzianko.

Praktycznik dla kobiet

Ewa Świderska
www.ewcyna.com

Choć tak się złożyło, że spotkałam jedynie kilka podróżujących solo rowerem kobiet, to z wieloma jestem w kontakcie przez internet i wiem, chociażby z anglojęzycznej strony poświęconej kobietom na rowerach *www.skalatitude. com/p/wow-women-on-wheels.html*, że w Polsce i na świecie jest nas wiele.

Jazda w pojedynkę nie była i nie jest dla mnie niczym niezwykłym, aktem desperacji, tudzież niebywałej odwagi — ot, lubię jeździć rowerem, wolę też podróżować sama, no i z reguły jakoś sobie radzę. Zdaję sobie jednak sprawę, że początki bywają trudne — i dla mnie pod wieloma względami też były.

Ponieważ wiele kobiet pyta mnie, jak to jest podróżować samej, postanowiłam opisać swoje doświadczenia i podzielić się sprawdzonymi w drodze „patentami" — głównie chodzi o kwestie bezpieczeństwa w podróży w pojedynkę.

Poniżej zebrałam najczęściej pojawiające się pytania.

Czy nie boisz się nachalnych mężczyzn? Czy nie dostajesz propozycji „nie do odrzucenia"?
No cóż, oczywiście, że mam tego typu obawy. Z jakichś jednak powodów tego typu propozycji, bynajmniej w otwarty sposób, nie dostaję.

Jestem przekonana, że najistotniejsze to nie prowokować wyglądem i zachowaniem. Choć w Europie panują inne zwyczaje, tj. kobiety czasem jeżdżą w samym stroju kąpielowym czy skąpym topie (mi też się onegdaj zdarzało), to w krajach azjatyckich, które odwiedziłam, to rzecz raczej niespotykana — płeć piękna zakrywa ciało dość dokładnie przed słońcem i jednocześnie męskimi spojrzeniami. Lepiej się w tym względzie nie odróżniać.

I nie wiem, czy to przypadek, ale jedyny raz, kiedy założyłam w Azji top na ramiączkach, podjechał do mnie na oko kilkunastoletni młokos i proponował obściskiwanie w krzakach. Jak zrozumiałam, o co mu chodzi, najpierw trudno mi było w to uwierzyć, a zaraz potem pogoniłam go, gdzie pieprz rośnie. A bluzki już więcej nie założyłam.

I teraz, choć nie zakrywam się po szyję, to staram się nie prowokować strojem — szczególnie w Azji czułabym się wybitnie źle, chociażby odkrywając ramiona. Nie mówiąc już o tym, że słońce praży niemiłosiernie i jest niebezpieczne dla zdrowia.

Co, jeśli jednak taką propozycję się otrzyma?
Trzeba dać do zrozumienia stanowczo, że nie jest się zainteresowaną. Kiedyś, gdy podróżowałyśmy z koleżanką autostopem po słonecznej Italii, kilka razy zaproponowano nam seks za pieniądze. Na szczęście stanowcze „stop, wysiadamy" kończyło rozmowę.

Jak zorganizować sobie nocleg w plenerze, czyli „spanie na dziko"? (Część z Was doda — „chyba umarłabym ze strachu")
Doświadczenie przychodzi z czasem i przejechanymi kilometrami. Przez wiele lat było to dla mnie przeszkodą nie do pokonania. Owszem, spałam niejednokrotnie „w krzakach", ale zawsze w towarzystwie. Kilka lat temu, jadąc solo, rozbiłam namiot gdzieś nad Bugiem i choć było to nieopodal jakiegoś gospodarstwa, to pół nocy trzęsłam portkami, nie mogłam usnąć i nasłuchiwałam zbliżających się niebezpieczeństw. Teraz to mój ulubiony sposób na noclegi, a jak mi coś za bardzo w nocy szeleści, fuka czy wydaje inne dźwięki w pobliżu namiotu, to wkładam zatyczki do uszu.

Przełamałam się całkiem niedawno, kiedy to przeszłam „kurs spania na dziko" z moim znajomym, którego notabene poprosiłam o pomoc w tym względzie, i odtąd stosuję się do jego zasad. Jak się przekonałam, rozmawiając z innymi kobietami, są one raczej uniwersalne.

Wedle preferencji możemy spać na dziko, ukrywając się (las, zagajnik, pustostan) bądź jawnie pytając gospodarza o możliwość rozbicia namiotu na jego podwórku (polu, łące).

W pierwszym przypadku główna zasada brzmi: „Czego oczy nie widzą, tego sercu nie żal", czyli należy:
- poszukać sobie miejsca samej, np. wjeżdżając w boczne drogi, rozglądając się dyskretnie i nie rozpytując ludzi (żeby nie wiedzieli, gdzie zamierzamy nocować);
- nie dać się zauważyć; miejsce można sobie upatrzyć wcześniej, ale namiot trzeba rozstawiać po zapadnięciu zmroku, czyli jak jest już tzw. „szarówka"; wybrać miejsce jak najmniej widoczne; po rozstawieniu namiotu najlepiej poukładać sobie rzeczy w ustalonych miejscach i nie używać latarki; czytanie odkładamy do rana;

- mieć gdzieś w zasięgu wzroku jakieś gospodarstwo lub większą drogę — w razie czego można tam się udać i poprosić o pomoc (ale za blisko też nie można, bo psy wyczują).

Zdarzyło mi się kilkakrotnie, że ktoś się pojawił w pobliżu już upatrzonego miejsca i mnie zobaczył — w takim przypadku najczęściej szukałam (niestety, bo zazwyczaj jestem zmęczona i jest późno) następnego miejsca. Nigdy nie wiadomo, co komu przyjdzie do głowy i czy nie zechce nas odwiedzić sam lub z kolegami w nocy. Ale generalnie należy w tym względzie ufać własnej intuicji.

Drugi sposób to „spanie na gospodarza", czyli prosimy o możliwość rozłożenia namiotu na czyimś podwórku (polu, łące). Jeśli teren jest czyjąś własnością, to koniecznie należy spytać!

Wydawałoby się, że jest to najbezpieczniejszy sposób, ale ja rzadko go stosuję. Nie lubię za bardzo prosić, to po pierwsze, po drugie kiedyś właśnie, gdy tak zrobiłam (Polska) w środku nocy, pod mój namiot przyszedł (wcześniej miły) gospodarz z kolegami, ledwo trzymając się na nogach po wieczornej imprezie, i zabawiali się pod moim namiotem, świecąc latarkami i udając niedźwiedzie, a ja myślałam, że umrę ze strachu. Nie, dziękuję, wolę się zaszyć tam, gdzie nikt o mnie nie będzie wiedział i nie przyjdą mu do głowy tak beznadziejne pomysły.

To wszystko przypomina jakąś szkołę przetrwania, ale naprawdę nie jest źle, można się przyzwyczaić, a nawet jak ja, pokochać ten styl.

Kwestia spania na dziko i bezpieczeństwa zależy też od regionu. Podczas podróżowania po Azji czułam się dużo bezpieczniej niż w Europie i też bardzo wyluzowałam — w niektórych krajach, np. Japonii czy Korei Południowej, sypiałam, nie ukrywając się w przestrzeni publicznej (place zabaw, parki), bo czułam się bezpiecznie.

Mam teorię, że to większe poczucie bezpieczeństwa w Azji ma związek z faktem, że alkoholu nie pija się tam aż tak dużo i często jak w Europie. Alkohol zmienia ludzi bardzo i pod jego wpływem różne niezbyt fajne pomysły mogą przyjść do głowy spokojnej z reguły osobie.

I na koniec dodam — spanie na dziko nie jest obowiązkowe! Znam podróżującą od kilku lat Koreankę, która pomimo lat spędzonych w drodze nie ma odwagi na ten rodzaj zakwaterowania i stosuje drugi sposób, czyli spanie u ludzi.

Logistyka podróży w pojedynkę — przecież ja sobie sama nie poradzę!
Wiadomo, jadąc z kimś, jest łatwiej chociażby zrobić zakupy (jedna osoba może zostać przy bagażach, a druga idzie do sklepu), no ale Ty jesteś sama. Co wtedy? PROŚ O POMOC. W jakiejkolwiek kwestii. Ja przed sklepem zawsze zapinam rower i jeśli jest możliwość, proszę kogoś, aby zwrócił nań uwagę. Również w innych przypadkach, związanych np. z przenoszeniem bagaży

podczas transportu, najczęściej „chowam honor do kieszeni" i proszę kogoś o pomoc. Sama nie dam rady i tyle.

A co z naprawami roweru? Kompletnie się na tym nie znam!
No cóż, wstyd mi, ale ja też nie. Umiem załatać i wymienić dętkę, klocek hamulcowy, i to chyba wszystko. Staram się, ale pod względem technicznym jest ze mnie trąba. Nie jest to jednakże powód, dla którego miałabym zrezygnować z podróży rowerem. Zawsze można złapać rowerowego stopa i podjechać do jakiegoś magika od napraw (to znaczy ja mam nadzieję, że zawsze). Poza tym polecam media społecznościowe — np. dołączenie do grup osób podróżujących rowerem na Facebooku — zadasz pytanie, inni chętnie podpowiedzą rozwiązanie i pomogą.

Co jeszcze mogę zrobić, aby czuć się bezpiecznie?
- Stosuj zasadę ograniczonego zaufania i zdrowego rozsądku — jeśli gdzieś nie czujesz się dobrze, a intuicja podpowiada Ci, że coś tu nie gra, to jedź dalej. Z drugiej strony pamiętaj — nie każdy zapraszający do domu mężczyzna to potencjalny gwałciciel — wiele osób zwyczajnie chce Ci pomóc.
- Nie mów dokładnie, dokąd jedziesz, używaj słów takich jak „może".
- Informuj innych, dokąd jedziesz, i bądź w kontakcie (to akurat nie jest moją zasadą, ale raczej powinno być).
- Miej zapas wody i jedzenia.
- Staraj się nie jeździć po ciemku, a gdy już musisz, pamiętaj, aby rower był odpowiednio oświetlony.
- Miej naładowaną komórkę i znaj numery alarmowe.

Przekonałam się, że kobieta podróżująca w pojedynkę wzbudza w innych najczęściej uczucia opiekuńcze, a nie chęć skrzywdzenia. Jeśli czujesz, że podróż rowerem to coś dla Ciebie, nie bój się, nie czekaj na towarzystwo — spakuj sakwy, wsiądź na rower i jedź! Najważniejsze to zrobić pierwszy krok.

Dzieci

Kajtostany jak bociany,
czyli urlop macierzyński w drodze

www.kajtostany.pl

Wraz z pojawieniem się dwóch kresek na teście ciążowym, zaświtał nam w głowach pewien plan. Roczny macierzyński, brak obowiązku szkolnego dla Kajtka, comiesięczny dopływ gotówki — nic, tylko brać i jechać. Po tej chwili euforii wylaliśmy sobie kubeł zimnej wody na łby, bo chyba jednak wypada najpierw zaczekać i zapytać o zdanie najbardziej zainteresowanej. Ruta urodziła się w maju 2014 roku, Kajtek miał wtedy 3 lata. Odczekaliśmy chwilę, zaszczepiliśmy, na co trzeba, i 30 października wsiedliśmy do samolotu lecącego do hiszpańskiej Malagi. Plan był taki, by, jak bociany, przezimować w nieco cieplejszym klimacie, a później wraz z wiosną zmierzać do Polski. Padło na Maroko, gdyż w miarę łatwo i tanio można się tam dostać i wrócić przez Europę. Ale wróćmy do początku.

Czy początki zawsze bywają trudne?

Doprawdy nie wiem, dlaczego wciąż zostawiamy wszystko na ostatnią chwilę? Z pakowaniem na nasz długi wyjazd nie było inaczej. Co wziąć, przecież wszystko może się przydać, jaka będzie pogoda, co zastaniemy na miejscu? Oprócz tych dylematów, dochodziła jeszcze wyprowadzka z mieszkania, które zostawialiśmy pod opieką znajomych. Gdy zabierałam się za kolejne pudło, poprzednie było już sprawdzone i rozwleczone przez Kajtka po całym mieszkaniu. Świetna zabawa przecież! Tak wyglądało też pakowanie sakw — gdy tylko któraś była już gotowa, stawała się najlepszą zabawką dzieciaków. W końcu już nie wiedzieliśmy, co mamy, a czego jeszcze albo już nie, ale czas gonił i trzeba było wsiąść do samolotu z czterema dużymi i czterema małymi sakwami, dwoma workami transportowymi oraz dwoma pudłami z rowerami, przyczepką i dwójką dzieci. Wyzwania — to podobno napędza ludzkość. Tak, to było wyzwanie i jak tylko wylądowaliśmy pod palmami, radość z bycia tu i teraz była nie do opisania. Dzięki szalonej uprzejmości naszego gospodarza z CS (*couchsurfing.org*), który o północy przyjechał po nas na lotnisko, przez trzy dni odpoczywaliśmy po organizacji całego tego zamieszkania i już spokojnie przygotowywaliśmy się do prawdziwej przygody — przygody rowerowej.

    Pech chciał, a raczej nasza ignorancja, że pakując się, ani razu nie wpakowaliśmy całego tego majdanu na rowery i nie zrobiliśmy choćby rundki wokół bloku. Kiedy po raz pierwszy wsiedliśmy na nasze obładowane wehikuły (mama Fasola po raz pierwszy z przednimi sakwami) — zwątpiliśmy. Przecież tak się nie da! Fizycznie byliśmy absolutnie do niczego, bo w ferworze przedwyjazdowym zapomnieliśmy o istnieniu rowerów. Udało nam się przejechać Malagę i wylądować w punkcie wyjścia, czyli pod lotniskiem. Rozbiliśmy namiot i choć przejechaliśmy może 10, a może 15 km, morale wcale nam nie spadło, bo w końcu poczuliśmy, że jesteśmy w drodze. Ale żeby nie było tak różowo — w kolejnych dniach, gdy wspinaliśmy się do Rondy, było gorzej. Zamiast rozruszać się na płaskim, od razu rzuciliśmy się na góry i zrozumieliśmy, że jesteśmy za ciężcy. Zaczęliśmy pozbywać się zbędnych kilogramów, na przykład zostawiając Kajtkowe książeczki w prezencie dla dzieci naszych gospodarzy. W końcu na Gibraltarze radykalnie zostawiliśmy cały plecak „przydasi". Tak odchudzeni ruszyliśmy do Maroka, które przywitało nas deszczem, bo w końcu to był listopad. Mieliśmy, a raczej miewaliśmy, chwile zwątpienia, myśleliśmy o tym, by to wszystko rzucić, przecież nic nie musimy, sami tego chcieliśmy. Chcieliśmy tachać 8-kilogramowy rowerek Kajtka, chcieliśmy jechać z ząbkującym niemowlakiem pod namiot, chcieliśmy się pomęczyć trochę na rowerach. I kiedy tak klęliśmy na nasz los, który sami sobie wybraliśmy, kiedy było źle, wtedy pojawiali się ONI. Ludzie.

Ludzie i droga

Ludzie, zaraz obok drogi, a może tuż przed nią, są najważniejszą składową podróży. Ludzie życzliwi, uśmiechnięci, z otwartymi sercami i domami, bo przecież takich spotyka się w drodze, szczególnie rowerowej, szczególnie z dziećmi. Nauczeni doświadczeniami z Syrii czy Jordanii, spodziewaliśmy się po Maroku ciągłego nagabywania, ale nic takiego nie miało miejsca. Taksówkarze marną mieli z nas pociechę, a i hotelarze musieli odpuszczać, gdy mówiliśmy, że jedziemy do przyjaciela, w domyśle gospodarza z CS lub WS (*warmshowers. org*). I tak to pięknie zaczęła nam się układać nasza droga. Wdrożyliśmy się, wpadliśmy w pewien rytm i zrobiło się jak w domu, w końcu dom mieliśmy ze sobą. Podzieliliśmy naszą namiotową przestrzeń na kuchnię, sypialnię i bawialnię, a czasem konstruowaliśmy Kajtkowi nawet biurko, gdy chciał trochę „popracować". Ale dzień za dniem mijał nam coraz piękniej, pełniej i tylko przygodne niespodzianki i spotykani ludzie wybijali nas z rutyny. Choć pewne rytuały były nam potrzebne — poranne oczekiwanie na słońce połączone z celebrowaniem śniadania (i np. smażeniem placków z jabłkami) i zwijaniem się przez trzy godziny — to nasze przyzwyczajenia łamali ludzie, którzy zapraszali nas na posiłki, herbatkę czy nocleg. Oferowali zazwyczaj wszystko, co mieli, choć czasem był to „tylko" chleb czy koc, ale przecież każdy, kto jeździ, wie, ile takie gesty znaczą, szczególnie, gdy noc zimna, a dzieci głodne. Takie spontaniczne zgarnięcia z drogi zdarzały się najczęściej w Maroku, ale i w Europie tego doświadczaliśmy. Zdecydowanie dzieciaki ułatwiają sprawę, bo przede wszystkim przełamują wszelkie bariery. Rozbrajają sytuacje, ułatwiają rozmowy, robienie zakupów, naprawdę sporo załatwiają przez samą swoją obecność. Ileż to razy dostaliśmy dodatkowe jabłko czy pomarańczę dla Kajtka albo lizaczka, albo czekoladkę. Nic, tylko brać i jechać. Bo nawet, jak chcesz się wyjątkowo przespać w hotelu, to nagle coś nie wychodzi, tak jak np. w Evorze, średniowiecznym mieście w Portugalii wpisanym na listę Światowego Dziedzictwa UNESCO. Docieramy do Ale-hoop (coś na wzór hostelu, ale bardziej rodzinnie, a mniej imprezowo) i grzecznie pytamy o pokój. Jest. Super, bo to takie klawe miejsce, do którego chce się wrócić. Do dyspozycji jest kuchnia z pralką i kącik dla dzieci, czyli wszystko, co nam potrzebne. Układam sobie w głowie prośbę o dobrą cenę dla nas, a tu okazuje się, że sezon się zmienił i cena tym samym również. Z 35 euro, które i tak stanowią prawie dwukrotność naszego dziennego budżetu, cena skoczyła do 45 euro. Daliśmy sobie chwilę do namysłu przy portugalskiej pożywnej zupie w knajpce tuż obok hotelu. Już zamawiam, gdy okazuje się, że zupa właśnie wyszła. A niech to, co za dzień! Kątem oka widzę Zbycha rozmawiającego z kobietą z dwójką dzieci na rowerach. Gadka o tym, co robimy, trasa, gdzie, co, jak. Ona opowiada o rodzinnej firmie, w której pracuje — wyjazdy rowerowe po Portugalii. Pada pytanie, a co wy właściwie macie zamiar teraz robić? Mówimy o sytuacji z hotelem i opowiadamy, że głównie to jednak pod namiotem śpimy i u dobrych ludzi z warmshowers. Widzę telefon przy uchu, portugalskie coś tam, coś tam i pytanie: *Do you want warmshowers now?* A więc znowu stało się tak, jak miało być, a my, prócz ciepłego prysznica, mieliśmy basen, dobry nocleg i co najważniejsze — świetne towarzystwo. Tak turlaliśmy się od jednych dobrych ludzi do drugich albo po prostu oni gdzieś nas wyławiali. Tak jak Marokańczyk, który złapał nas na popasie na podjeździe. Wyskoczył z auta, wyjął 5-litrowy baniak z zimną wodą, zrobił sobie zdjęcie z dzieciakami i nadal z uśmiechem od ucha do ucha pojechał dalej. Albo wtedy, gdy Ali zaprosił nas do swojej oazy tylko dlatego, że zobaczył, jak wyrzucamy do kosza kilka worków ze śmieciami (czasami mieliśmy problem ze znalezieniem koszy i woziliśmy worki ze sobą nawet przez dwa dni). Stwierdził, że chciałby zobaczyć kiedyś swoich rodaków w takiej sytuacji i pomyślał, że musimy być dobrymi ludźmi, skoro dbamy o środowisko. Przypadki, cudowne przypadki (albo los, jak ktoś woli).

Albo taki przypadek... wszystko zaczęło się w Rabacie. Piękna jazda. I mimo, że gnaliśmy na łeb na szyję, to jechało się wyśmienicie. Zaczęliśmy robić jakieś konkretne odległości — nawet ponad 60 km. Pogoda dopisywała, słońce, lekki wiatr ni to w twarz, ni w plecy. Delikatne podjazdy, niewielki ruch, bo jak zwykle omijaliśmy główne drogi. Z Rabatu ruszyliśmy prosto na południe, pędząc polnymi dróżkami i trzymając się oceanu. Droga naprawdę wypasiona i polecamy wszystkim sakwiarzom (i radzimy: omijajcie krajową jedynkę). Mijaliśmy kolejne wioski, miejscowości, zmienialiśmy krajobraz. Najpierw przez marchewkowe pola, później przez plantacje bananowców, aż dotarliśmy do Agadiru. Spaliśmy na dziko, czasem zgarniani przez miejscowych. Myliśmy się w ilości wody równej niewielkiej kałuży. Życie płynęło, w zasadzie falowało wraz z oceanem. Przypływ i odpływ. Dzień i noc. Jazda i szybki odpoczynek. W miejscowości Al-Dżadida (El Jadida) skorzystaliśmy z gościny księdza Władysława i dalej, dalej, dalej. W końcu w Safi, po złej nocy (Rutki pobudki co godzinę i niedający spokoju huk oceanu), zmęczenie wzięło górę. Po przejechaniu 5 km zatrzymaliśmy się na odpoczynek. Mama Fasola poszła spać i wtedy pojawili się oni. Sarah i Yohan. Para Francuzów z Jury. Sakwiarze, pierwsi po przejechaniu ponad tysiąca kilometrów. Zatrzymali się, pogadaliśmy chwilę, wypiliśmy herbatkę i pojechali. My, zmotywowani, ruszyliśmy za nimi i dogoniliśmy w kolejnej wiosce. Okazało się, że są tak samo głodni jak my, więc wspólny obiad w garkuchni, a potem już się samo potoczyło jak koła naszych rowerów. Wspólny nocleg, impreza w naszym ogromnym namiocie, gra w karty do późnej nocy (23.00) i śniadanie. Im nasze powolne ogarnianie całego bajzlu nie przeszkadzało, wszystko w swoim czasie. Kolejna herbata ugotowana błyskawicznie na benzynie i wspólnie ruszyliśmy do przodu. Razem. Było fantastycznie.

    Mieliśmy kopa motywacyjnego i wielką pomoc na podjazdach. Widać było, że spokojnie jechaliby szybciej, ich przerwy trwałyby krócej, ale czuliśmy, że nie przeszkadza im nasz system. Woleli pobyć z nami. Kolejna wspólna noc, przejechane kilometry, przegadane godziny, hektolitry wypitej herbaty z miętą. W końcu za As-sawirą (Essaouria) pożegnaliśmy się, bo my mieliśmy nocleg u gospodarza z CS, a oni kolejny raz na dziko. Powiedzieliśmy sobie do zobaczenia, bo to ta sama energia i wiedzieliśmy, że się jeszcze spotkamy. Okazało się, że nie trzeba się spieszyć, nie trzeba jeździć od „must see" do „highlight". Ta sama filozofia, ta sama radość z jazdy, o której zdążyliśmy zapomnieć i zacząć się napinać. Sarah i Yohan przypomnieli nam, co jest ważne, otworzyli nam na nowo oczy. Nie zdawałam sobie z tego sprawy podczas wspólnej jazdy, ale uświadomiłam sobie później w Agadirze, że to byli dobrzy ludzie, których spotkaliśmy we właściwym czasie i miejscu. Nic się nie dzieje przypadkowo.

    Sarę i Yohana odwiedziliśmy w ich rodzinnej francuskiej Jurze, dowiedziawszy się wcześniej, że w czasie swojej podróży doczekali się dziecka. Informacja przecudna, bo sami mówili, że już wcześniej myśleli o dzieciach, ale sądzili, że z dziećmi nie da się jeździć i potem spotkali nas. Kolejny motywacyjny kop. Och, ci niesamowici ludzie w drodze (a było ich o wiele więcej).

Nasza droga usłana była dobrymi ludźmi, których czasem sami znajdowaliśmy, a czasem oni nas wyłapywali. Może to kwestia wyboru dróg? Bo poruszaliśmy się głównie bocznymi, mało uczęszczanymi przez samochody trasami. Wybieraliśmy je ze względu na bezpieczeństwo, ale również ze względu na komfort i przyjemność jazdy. W Europie staraliśmy się korzystać z wyznaczonych tras rowerowych, które ostatecznie zachwyciły nas najbardziej w Niemczech. Naszymi ulubionymi szlakami były te wyznaczone wzdłuż kanałów (np. Canal du Midi — łączące Tuluzę z Morzem Śródziemnym) lub te na nieczynnych torach kolejowych (np. Evora – Arraiolos). Dlaczego akurat te nas do siebie przekonały? Bo są płaskie i równiutkie. Takie z nas lenie i wolimy po płaskim, choć wspinaczka na przełęcze, z których rozpościera się widok na góry, zawsze warta jest wysiłku. Boczne dróżki jednak mają to do siebie, że kąt ich nachylenia może zaskoczyć i niejednokrotnie musieliśmy na raty wpychać nasz cały majdan. Na szczęście Kajtek wtedy najczęściej chętnie pomagał, choćby za pomocą wysiadki z przyczepy (to zawsze 16 kg mniej), a przy tym urządzaliśmy sobie wyścigi, kto pierwszy na górze. Przecież nie można zapominać, że jedziemy z dwójką małych dzieci, które wymagają uwagi i zabawy. I tak jak z Rutką nie było większego problemu, bo w czasie jazdy najczęściej spała, a ponadto potrzeba było jej naszej bliskości, ciepła, jedzenia i suchej pieluchy, co miała zapewnione na życzenie, to z czteroletnim Kajtkiem sprawy miały się zupełnie inaczej. Wulkan energii jakoś trzeba było ujarzmić.

Z dziećmi — zabawy, opieka, pieluchy i inne pierdoły...

I co z tymi dziećmi, cały dzień w przyczepce, nie nudzą się tak? O to trzeba by było zapytać ich, ale z tego, co opowiada Kajtek i z entuzjazmu Rutki wygląda na to, że nie. Bo w przyczepie to oni spędzali maksymalnie 3 – 4 godziny, czyli tak naprawdę tyle, co dwa spacery, które uskutecznialiśmy w domu. Dlatego gdy ktoś pyta nas, jakie dystanse dzienne pokonywaliśmy, zawsze odpowiadamy w przejechanych godzinach, bo raz w ciągu tego czasu udawało nam się zrobić 70 czy 80 km, a kiedy indziej 20 km. Nie miało to dla nas większego znaczenia, bo przecież nie o odległości tu chodzi, a o czas właśnie, o wspólny czas. Rutka w czasie drogi najczęściej spała, a gdy trochę podrosła, zaczęła coraz częściej interesować się tym, co jest na zewnątrz. I tu znowu wychodzi doskonałość roweru, który porusza się w takim tempie, że dziecko spokojnie może poobserwować otaczający je świat, a nie tylko rozmazane krajobrazy (i odpada problem choroby lokomocyjnej!). Kajtek natomiast, owszem, uskuteczniał sobie drzemkę w przyczepie, ale pozostały czas spędzał na swoim rowerku, zamocowanym za przyczepą, a później już samodzielnie albo na ramie mamy Fasoli, albo ścigając się z nami na podjazdach. Atrakcji codziennie było mnóstwo, choć trzeba przyznać, że z czasem trochę mu się opatrzyły i tęsknił za kumplami z przedszkola, za posiedzeniem w domu, za zwykłymi „nudnymi" zajęciami. Wszystkim jednak powtarzam, że w podróży, w drodze dużo łatwiej jest zainteresować czymś dziecko, bo po prostu bodźców jest więcej albo łatwiej je wyłapać. I tu wychodzi kolejna sprawa — zabawki. My mieliśmy ich zdecydowanie za dużo — część z nich Kajtek rozdawał kumplom, a część gubił. Raz odpadła nam gdzieś cała malutka sakwa pełna dinozaurów i samochodzików. Myśleliśmy, że rozpacz będzie nie do opanowania, tymczasem zaczęliśmy tłumaczyć, że innym dzieciakom zabawki się przydadzą i że to taki prezent od Kajtka dla nich — chwyciło i obyło się bez rozpaczy. Ku wielkiej radości Kajtka, jakiś miesiąc później taka sama czerwona sakwa z inną, ale jakże wspaniałą zawartością, przyleciała z Polski do Maroka i Kajtek znów mógł sam wozić swoje skarby (dzięki Tomziki i Nori). Więc niby zrobił się mały przesiew zabawek, ale później były święta i wszystko wróciło do normy, a szkoda (przepraszam, bo to ja mama Fasola jestem temu winna), bo fajniej kupować pamiątki, którymi można się bawić, książeczki w danym języku czy o danej kulturze albo mapy. Następnym razem może pójdę po rozum do głowy nieco wcześniej, a tymczasem tak naprawdę przydały nam się karcianki z dinozaurami, planszówki, piłka i zabawki do piachu. Bywało bowiem tak, że pogoda uziemiała nas na dłuższą chwilę pod namiotem i na tej małej przestrzeni coś trzeba było robić. Najczęściej ratowały nas książki, tylko już nie te papierowe, bo tych pozbyliśmy się na początku wyjazdu, ale elektroniczne. Czytnik książek nie tylko doskonale spisał się przy nocnym karmieniu Rutki (przeczytałam tak chyba z 4 książki), usypianiu Kajtka (udało nam się znaleźć kilka ciekawych książek dla dzieci, choć to i tak rynek, który w zasadzie nie istnieje), ale także na podjazdach. Znalazłam sobie bowiem sposób na ciężkie i długie podjazdy — by wyłączyć mózg i pozwolić tylko nogom pedałować, czytałam i dzięki temu nim się spostrzegłam już byłam na szczycie, bo przecież wszystko jest w głowie. Pewnie w głowie Kajtka siedział też lęk przed samodzielną jazdą na rowerze. Wzięliśmy tego ciężkiego grata (8 kg!!), by młody nauczył się jeździć i mógł nam potowarzyszyć na niektórych odcinkach trasy. Fakt, że Maroko nie jest najlepszym placem do nauki jazdy dla dzieci, ale są też tam miejsca idealne — pustynia. Długie i płaskie, proste, praktycznie bez ruchu, ciepło, słońce, nic, tylko brać i jechać. Któregoś pięknego dnia tak właśnie się stało. Po prawie trzech miesiącach targania tego żelastwa, rzucania nim o ziemię, chęci pozostawienia go wielokrotnie (w zasadzie po każdym podjeździe) i klęcia, klęcia, klęcia, wszystkie te troski stały się nieistotne. Kajtek wsiadł, pojechał i powoli zaczęło mu to sprawiać frajdę. Myślę, że rowerek schudł wtedy do 4 kg i był najpiękniejszym i najważniejszym sprzętem, który wieźliśmy. Później, będąc już we Francji, trafiliśmy do mocno rowerowej rodzinki, u której spędziliśmy pewien czas. Kajtek śmigał z dzieciakami na rowerach i już totalnie zrozumiał, o co chodzi i zaczął czerpać z tego radość. Robiliśmy coraz mniej kilometrów dziennie, bo wykręcić samodzielnie 10 km na 12' kółeczkach to nie lada sztuka. Nie miało to jednak najmniejszego znaczenia, bo oto Kajtek stał się pełnoprawnym uczestnikiem „wyprawy", poczuł to, polubił — radość dla nas wielka.

Wielką radością były również większe i mniejsze radości Rutki w drodze. Pierwszy ząbek opłacony nieprzespanymi nocami, pierwsze próby samodzielnego przemieszczania się, siadania i ten coraz bystrzejszy wzrok, który doceniał więcej i więcej. Dotyk — kamieni, liści, trawy, zapach — przypraw, owoców, owiec, smak — mandarynek prosto z drzewa czy kuskusu przyrządzonego na milion sposobów. Najlepsze było to, że nic nam nie umykało, non stop razem (czego po pewnym czasie mieliśmy też momentami dosyć). Ale jak to niemowlę ogarnąć bez przewijaka, butelek, wanienki i setki innych absolutnie niezbędnych rzeczy? Przede wszystkim należy sobie zdać sprawę z tego, co tak naprawdę jest potrzebne i to nie nam, ale maluchowi. Nagle okaże się, że przecież chodzi o bliskość, którą możemy dawać wszędzie i o każdej porze dnia i nocy. A więc obyło się bez gadżetów, no, może oprócz pozytywki do usypiania i termosu, który jest naszym numerem jeden, jeśli chodzi o wyjazd z dziećmi. Stołówkę Rutka miała zawsze gotową, wystarczył sygnał. Rozszerzanie diety obyło się bez blendera i do tej pory mały brzuszek pała wielką miłością do mandarynek, pomarańczy, kuskusu z warzywami, portugalskich, gęstych zup warzywnych i rzecz jasna do makaronu z sosem pomidorowym i parówkami (nasz klasyk rowerowy i chyba wszystkich). Przed wyjazdem właśnie dieta była dla mnie największą zagadką i obawą, ale okazało się to prostsze niż myślałam. A dla tych, co słoiczkowi, to oczywiście w całej Europie, ale także w każdym sklepiku w Maroku posiłek dla malucha się znajdzie. Kolejną niemowlęcą zagwozdką były pieluchy, bo niestety zajmują sporo miejsca i ważą też swoje. Na co dzień używamy pieluch wielorazowych, ale nie sądziłam, że w drodze będą przydatne, więc wzięłam zaledwie 2 czy 3 sztuki, tak na wszelki wypadek. W chwilach, gdy było ciepło i sucho, wielorazówki spisały się doskonale. Dodatkową motywacją do ich używania była ilość śmieci, w tym pampersów, leżących w rowach w niemal całym Maroku (to chyba największy minus tego kraju). Także do Portugalii dziadkowie Kajtka i Ruty, którzy przyjechali na marcowe urodziny Kajtka, oprócz prezentów przywieźli kolejne dwie pieluchy wielorazowe. Młodzi rodzice to tylko o tych kupkach gadają, tak więc koniec tematu, bo jeszcze tyle rzeczy do opowiedzenia. Jak np. zabawy słońcem i cieniem, jak gonitwy, jak granie w piłkę, jak skakanie i tańczenie, jak próby Rutki wspinania się na rower Kajtka, jak pierwsze „mama" wypowiadane nie tylko na mój widok, ale i na widok roweru, jak szukanie śladów dinozaurów. Jechał z nami bowiem mały paleontolog (jak sam się określał: pan teolog), a Maroko i później także

Portugalia i Hiszpania to doskonałe miejsca do poszukiwań śladów wielkich gadów. Na pierwsze tropy natknęliśmy się w Anzie, absolutnie nieznanym miejscu, a położonym zaledwie 10 km na północ od jakże znanego Agadiru. Latające gady zostawiły odciski swoich łap i skrzydeł w skałach, które obecnie znajdują się w Oceanie i można je podziwiać tylko w czasie odpływu. Można prześledzić ścieżki, którymi poruszały się całe rodziny rybożernych gadów. Oczywiście sami na to nie wpadliśmy, ale zostaliśmy „oprowadzeni" przez amatora dinozaurów, który działa w marokańskim stowarzyszeniu, próbującym spopularyzować takie miejsca. Bo faktycznie w przewodniku ani jednego słowa na ten temat, ani jednej tabliczki czy informacji, gdzie szukać śladów. My dowiedzieliśmy się o tym miejscu tylko dzięki naszemu gospodarzowi z CS, który surfował nie tylko na kanapie, ale także w Oceanie i natknął się na to miejsce. Ta wycieczka uratowała nam trochę skórę, bo zupełnie niespecjalnie przedłużyliśmy nielegalnie pobyt w Maroku. W momencie wjazdu dostaje się pozwolenie na 3-miesięczny pobyt w tym kraju, a jedyną możliwością jego przedłużenia jest przekroczenie granicy. Wszystkie możliwe granice, czyli mauretańska i z hiszpańską Ceutą lub Manilą były daleko, postanowiliśmy więc kupić bilet lotniczy z Marakeszu do Sewilli. Tak też zrobiliśmy, ale okazało się na dzień przed wylotem, gdy chcieliśmy się odprawić, że kupiłam (tak, ja mama Fasola) bilet na miesiąc później, tym samym byliśmy nielegalnie uziemieni w Maroku. Dzięki poznanym w Rabacie pracownikom ambasady wiedzieliśmy, że mamy jak najszybciej jechać na policję, żeby zgłosić się do nich jeszcze „w terminie legalności". Tata Zbych, w krótkich spodenkach, za co zaraz został skarcony, poszedł wyjaśniać naszą sprawę. Na początku nie było przyjemnie, ale kiedy zaczęło się rozjaśniać, że Zbych nie sam, tylko z żoną i dziećmi i to na rowerach od trzech miesięcy przemierza Maroko, sprawy zaczęły się jakoś układać. I tu na piedestał zostały wyniesione dinozaury, bo okazało się, że pan policjant jest akurat z okolic Anzy właśnie, więc tłumaczenie, że pięknie, że Kajtek zachwycony. Bilety udało się zamienić na tydzień później, a nam pozwolono na opuszczenie Marakeszu i dzięki temu mogliśmy zobaczyć kolejne ślady dinozaurów w okolicach Demnate. Przepiękne miejsce z widokiem na Atlas, trzeba było się trochę powspinać na tych rowerkach, ale naprawdę było warto. Historii z policją to jednak nie koniec, gdyż „szef" kazał nam się stawić w komplecie. Tata Zbych już w długich spodniach, dzieci uśmiechnięte i z dobrymi myślami w głowach, ale jednak z lekką niepewnością poszliśmy rozmawiać. Tutaj w grę wchodzą karty do gry w piotrusia z dinozaurami właśnie. Graliśmy sobie spokojnie, gdy nagle jeden z policjantów przychodzi, pokazuje Kajtkowi kartę i pyta o gatunek, Kajtek bez zmrużenia oka odpowiada i tak kolejna, kolejna i kolejna. Policjant woła kolegę, a potem następnego. Myślę, że całe piętro przyszło zobaczyć tego małego znawcę pradawnych gadów. Pojawił się „szef wszystkich szefów" z narysowanym przez siebie dinozaurem i znowu to samo pytanie, Kajtek odpowiada i rozlegają się brawa. Dobra, to widzimy już, że sprawę mamy wygraną. Dzięki, Kajtek! Komisariat ds. cudzoziemców przesyła pismo na lotnisko (tak przynajmniej twierdzą, my nie mamy potwierdzenia). Z duszą na ramieniu, po wcześniejszej utracie scyzoryków, które przez przypadek trafiły do podręcznego, idziemy do odprawy. Pani pogranicznik, nic nie rozumie, jesteśmy nielegalnie, coś tam krzyczy... tłumaczymy i w końcu łaskawie idzie na posterunek policji, z którego wraca z jakimś świstkiem papieru, dostajemy pieczątkę wyjazdową i w końcu ciśnienie spada. Udało się, bez konsekwencji prawnych i finansowych, ale to fart, raczej nie polecamy takich sztuczek. Tak, płynnie przenieśliśmy się do Europy i zaczęliśmy wracać, co zajęło nam kolejne 3 miesiące, ale jakiej wspaniałej drogi. Z pewnością nie udałoby się to bez sprzętu.

Sprzęt, bez gadżetów

Ważyliśmy dużo, między innymi przez to, że nie mieliśmy ultralajtowych śpiworów, mat i innych bajerów. Postanowiliśmy przeznaczyć pieniądze, które wydalibyśmy na nowe rzeczy, na sam wyjazd, ale jest kilka rzeczy na wyjeździe rowerowym, w które zainwestować trzeba. Pierwsza to oczywiście — rower, choć na pierwsze nasze wyjazdy jeździliśmy na starym Romecie, teraz wiedzieliśmy, że trzeba nam czegoś trwalszego. Jako członkowie Stowarzyszenia Afryka Nowaka udało nam się pożyczyć znakomite Brennabory, które są prostą, ale niezawodną konstrukcją. Oczywiście odświeżyliśmy nieco osprzęt, zmieniliśmy gumy i nie mieliśmy najmniejszych problemów, oprócz 7 gum na 7 tysięcy kilometrów i 6 kółek. Bo dochodziła nam jeszcze przyczepa, w którą faktycznie zainwestowaliśmy i to był najlepszy zakup przed wyjazdem. Norweska przyczepa Nordic Cab z plastikowym dnem przede wszystkim wytrzymała nasze kiepskie jej traktowanie i nadal jeździ! Najważniejszą sprawą była dla nas nieprzemakalność i faktycznie nawet 2 dni na deszczu przyczepa (w folii ochronnej) dawała radę. Karota (z języka hiszpańskiego) ta jest dwudziestakowa, w tym ma możliwość przewożenia niemowląt i system niezależnych „pleców". Kolejna rzecz to sakwy — Crosso Dry, które też przeżyły bez szwanku i chroniły ciuchy przed niechcianą wilgocią. Dla nas jedną z istotniejszych rzeczy był całkiem spory namiot. Zastanawialiśmy się wielokrotnie, czy nie przesadziliśmy z 2x2,4 m, ale po pierwszych dwóch dniach spędzonych non stop w namiocie w ulewie docenilśmy jego wielkość. Kajtek mógł swobodnie biegać i skakać, a my mogliśmy usiąść z wyprostowanymi plecami. Drogę pomagał nam wyznaczać GPS, który wielokrotnie zasilaliśmy z baterii słonecznej Goal Zero. Najzwyklejsza kuchenka na kartusze gazowe zapewniała nam pełne brzuszki, które najczęściej nasycaliśmy wieczorem, po całym dniu jazdy i zabawy.

Tak to przeturlaliśmy się niespiesznie przez Maroko i Europę, posiłkując się czasem stopem, a czasem pociągami. Choć zmęczeni, wróciliśmy szczęśliwi, a z miesiąca na miesiąc coraz więcej pamiętamy dobrych chwil niż tych pełnych zwątpienia, które co jakiś czas się pojawiało. Bo to wszystko i tak siedzi w głowie, którą dobrze przewietrzyć na rowerze i od razu pojawia się uśmiech i dalej chce się jechać. Jak w życiu bywają lepsze i gorsze dni i nie ma co udawać, że dzieci nie płaczą, że wszystko im się zawsze podoba i zawsze jesteśmy grzeczni. A dzieci? Tak, jak Kajtek chciał już w pewnym momencie wracać, to teraz pyta nas, kiedy gdzieś pojedziemy, bo na wyjeździe mógł się bawić cały dzień, a w domu nie ma na to „czasu", bo jakieś obowiązki: chodzenie do przedszkola, posprzątanie czasem czy jakieś wyjazdy, które szybciej się kończą niż zaczynają. I choć na 7 miesięcy pewnie już się nie wybierzemy, to 2 – 3 miesiące to idealny czas na to, by poczuć, że jest się w drodze, ale jednocześnie nie zmęczyć się nią na tyle, by mieć jej dosyć.

* * *

Tata Zbych: Geograf, z czego bardzo się cieszy. Lubi mapy i Ziemię. Kiedyś myślał, że fajnie jest podróżować, teraz wie, że lepiej turlać się niespiesznie. Robi mapy na własną rękę.

Mama Fasola: Geografka. Wsiąknięta w literaturę. Cieszy się, bo cieszyć się lubi. Woli przestrzeń niż ludzi, dlatego bliżej jej do Azji Centralnej niż Azji Pd-Wsch. Korektorka na urlopie wychowawczym.

Kajtek: Wypadkowa dwóch powyżej. Rocznik 2011. Głowa pełna pomysłów. Inaczej zwany Cieszyryjem.
Ruta: Nie wiemy jeszcze, co to za ziółko. Rocznik 2014. Nie chodzi, a jeździ na rowerze. Cieszyryjka.
Razem: Kajtostany. Rodzinnie turlamy się to tu, to tam dla samego faktu turlania się razem.

Mama Fasola zaczęła jeździć wyjazdowo na rowerze po urodzeniu Kajtka. Najpierw pojechali nad polskie morze i tak się wkręciła, że goni teraz tatę Zbycha. Ostatnio kręcili razem przez 7,5 miesięcy, błąkając się po Maroku i Europie już z dwójką dzieciaków na pokładzie, w tym półroczną (na początku) Rutką. To był zasłużony urlop macierzyński. Tymczasem szykują się do kolejnego. Teraz to dopiero będzie niezła ekipa i przygoda rowerowa.
www.kajtostany.pl

Nasz pierwszy raz z przyczepką

Tomek Gurdziołek

— No i co teraz?
— To znaczy?
— No, z wyjazdami?
— Jak to co, kupujemy dla córki przyczepkę rowerową.
— Taaaak? To będziecie dalej jeździć? Z takim maluchem?

To był rok 2008. W Polsce mało kto słyszał o takich wynalazkach jak przyczepki rowerowe dla dzieci, prawo nie dopuszczało jeszcze przewozu dzieci w przyczepkach, a pierwsi dystrybutorzy na rynku dopiero zaczynali się pojawiać. Ale my byliśmy pewni — mając już za sobą pewien bagaż doświadczeń z wyjazdów rowerowych, a przede wszystkim wielką do nich słabość — że nie zamierzamy z powodu pojawienia się w naszej rodzinie dziecka rezygnować z wielkiej radości, jaką nam te wyjazdy dawały. Postanowiliśmy zabrać ze sobą nasze dziecko w drogę. Na takich samych warunkach jak my — samowystarczalnie, biwakując w namiocie, z reguły na dziko.

Weekendowy wyjazd do rodziny z półroczną Alą. Popatrzyłem na bagażnik samochodu wypełniony po brzegi wózkiem, bujakiem, wanienką oraz torbami pełnymi ciuszków, pieluch, zabawek i innych „niezbędnych" akcesoriów dziecięcych. Jak to ugryźć na wyjeździe rowerowym?

Trzeba było usiąść z Monią i przedyskutować bardzo radykalną redukcję listy rzeczy do spakowania dla naszej córeczki. Po konsultacji telefonicznej z kolegą, który już rozpoczął przygodę z rodzinnym podróżowaniem rowerem, obwieściłem żonie radosną nowinę:
— Kochanie, kolega doradził mi, żebyśmy przygotowali dla Ali na wyjazd trzy komplety ubrań.
— Naprawdę? To bardzo dobrze, na każdy dzień będzie inny i po dwa na zmianę, jak się ubrudzi lub pomoczy. Tylko czy my je zmieścimy do sakw? Jak on to pakuje?
— Ale on powiedział, że te trzy komplety... to na cały wyjazd!
— Ale jak to, na cały wyjazd??? Trzy komplety tylko???
Na pierwszy wzięliśmy cztery.

Przed dziewiczym wyjazdem rowerowym z Alą — naszą starszą córką — największe obawy mieliśmy o jej zdrowie. Pierwsze półtora roku jej życia to była ciągła walka z alergiami i chorobami. Specjalne diety, specjalne mleko zastępcze — to wszystko musieliśmy również ogarnąć na wyjeździe. Ale udało się znaleźć rozwiązanie. Zamiast wyparzacza do butelek rewelacyjnym patentem okazał się być... termos. Tak, zwykły termos, do którego w każdym możliwym miejscu na trasie nabieraliśmy wrzątku. Odpadło zatrzymywanie się przed każdym karmieniem i rozkładanie palnika w celu zagotowania wody. Wyparzanie jako takie odpuściliśmy, uznaliśmy, że wystarczy przepłukanie butelek wrzątkiem. Starczyło. I od tej pory, pomimo, że Ala już od dawna nie pije z butelki, praktycznie na każdy wyjazd zabieramy termos, niezależnie do tego czy jest zimno, czy gorąco. Kiedy jest gorąco, wlewamy do niego często wodę z lodówki — na trasie to wybawienie!

No i mimo że pierwszy wyjazd zaplanowaliśmy do jednego z najcieplejszych miejsc w Europie, do Andaluzji, to trochę obawialiśmy się, że marcowe noce mogą być jeszcze zimne i mając skłonności do infekcji, Ala przeziębi się pod namiotem. Jednak ciepłe śpiwory okazały się być w zupełności wystarczające i ku naszemu zdumieniu od czasu tego wyjazdu Ala zaczęła zdecydowanie mniej chorować. Prawdopodobnie tak poskutkowała zmiana klimatu i przebywanie na świeżym powietrzu dwadzieścia cztery godziny na dobę. Oczywiście na pierwszy wyjazd nie inwestowaliśmy w dodatkowy śpiwór dla naszej kruszynki, tylko połączyliśmy nasze śpiwory i Alę wsadziliśmy pomiędzy nas. Zabraliśmy też ze sobą cienki, ale duży koc polarowy, który pełnił na wyjeździe bardzo wiele funkcji — w przyczepce można było nim opatulić dziecko, zrobić z niego poduszkę, a w namiocie położyć jak prześcieradło na karimaty lub narzucić go na śpiwory, gdy zrobiło się zimno.

Podczas planowania naszego pierwszego rodzinnego wyjazdu prześledziliśmy z przewodnikiem w ręku wszystkie atrakcje w okolicy planowanej trasy, wiedzieliśmy, który zamek, pałac czy galerię warto odwiedzić. W praktyce okazało się, że nasze zamiary w tym temacie w ogóle nie pokryły się z praktyką. Godzinna wycieczka po pałacowych komnatach okazała się być dla nas nie lada wyzwaniem. Ala nagle dostała nóżek i postanowiła podążać własnymi ścieżkami w zupełnie innym kierunku niż kierunek zwiedzania. Kluczowym tutaj okazał się być brak jakiegokolwiek nosidła, w którym Ala mogłaby spędzić ten czas. Przy drugiej córce już byliśmy mądrzejsi i takie nosidło zaczęliśmy ze sobą zabierać. Okazało się być bardzo pomocne, gdy na dłużej zsiadaliśmy z rowerów i umożliwiło nam robienie pieszych odskoczni od jazdy rowerem. Bo przyczepką/wózkiem nie wszędzie dało się wjechać.

Z wyjazdu na wyjazd bogatsi w doświadczenia optymalizowaliśmy i redukowaliśmy nasz dobytek w sakwach. Do tego stopnia, że na ostatnim wyjeździe, jadąc z dwoma córkami, mieliśmy mniej bagaży niż na pierwszym wyjeździe ze starszą córką! Robiliśmy to głównie z tego względu, że większość naszych wyjazdów wiodła gdzieś po górach. Więc każdy gram, a raczej jego brak, był na wagę złota. Natomiast podczas wyjazdów po płaskim terenie nie trzeba być aż tak restrykcyjnym i można pozwolić sobie na trochę bardziej rozbudowany bagaż. Szczególnie, że dystanse, jakie pokonuje się z maluchem w przyczepce, z reguły są zdecydowanie mniejsze niż na wyjazdach w dorosłym gronie. Na szczęście nigdy nie zdarzyło się nam przegiąć z tymi redukcjami ilości bagażu i zawsze mieliśmy wszystko, co potrzebne dla dziecka. Raz tylko, gdy przemierzaliśmy góry Kaukazu, nie doszacowaliśmy zapasu pieluch, a po drodze nie tylko o sklepie z pieluchami, ale o jakimkolwiek sklepie można było tylko pomarzyć. Więc na dwa dni przed spodziewanym powrotem do cywilizacji za zużyte pieluchy zaczęliśmy uznawać tylko te już maksymalnie napompowane.

Redukcje redukcjami, ale jest też kilka rzeczy, które nie są niezbędne, a które zabieramy ze sobą praktycznie na każdy wyjazd.

Po pierwsze, nocnik! Prawdziwy przyjaciel każdego rowerorodzica. Chyba nie muszę się tutaj rozpisywać o uproszczeniu niektórych kwestii higienicznych, zużyciu chusteczek i oszczędności w pieluchach?

Drugą rzeczą są podkładki do siedzenia wycięte ze starej karimaty. Często postoje wypadają w różnych, niekoniecznie dogodnych do rozłożenia karimat czy koca miejscach, więc tam idealnie sprawdzają się podkładki, które można nieco ubrudzić, zamoczyć, a po użyciu wrzucić do przyczepki w nogi dziecka. Tych podkładek z karimaty owiniętych kocem kilka razy używaliśmy też jako termosu na lody, które kupiliśmy w sklepie, ale chcieliśmy zjeść w innym miejscu. Zaś jeśli chodzi o miejsca do przyrządzania posiłków, gorąco polecamy postoje w trasie na placach zabaw, o ile takowe uda Wam się odnaleźć. Po prostu kwintesencja przyjemnego z pożytecznym!

Ostatnim z naszych nieodłącznych gadżetów jest klasyczny odtwarzacz mp3 z malutkim głośniczkiem podłączonym zamiast słuchawek. Nasza Ala o zaśnięciu bez przeczytanej przez nas bajki lub wysłuchanego bajkowego audiobooka nawet nie chciała słyszeć.

Przy drugiej córce uważałem, że w temacie organizacji wyjazdów z dziećmi mamy już pełną jasność sytuacji, co i jak. Ale pojawiły się nowe wyzwania, takie jak na przykład determinacja Moni, że niespełna roczna Lilka będzie samodzielnie jadła na wyjeździe, jak to zwykła robić w domu. Wiedząc jak to wygląda w domowych pieleszach, do tematu podszedłem bardzo sceptycznie. Oczyma wyobraźni już widziałem całą córeczkę, namiot, karimaty i połowę bagaży upaćkane w owsiance i innych półpłynnych potrawach... Ale Monia wpadła na pewien pomysł. Zaopatrzyła Lilkę w kombinezon przeciwdeszczowy, który szczelnie ją okrywał od stóp do głów i posłużył jako wielki śliniak. A pod siedzenie ceratkę do malowania o wymiarach metr na metr — tym sposobem również stanowisko jedzeniowe miało szanse wyjść bez szwanku. No i faktycznie, w trakcie pierwszego śniadania, owsianki z owocami, którą jedliśmy na karimacie, zestaw Lilki sprawdził się pierwszorzędnie! Po jedzeniu wystarczyło resztki jedzenia zetrzeć chusteczką lub spłukać je przy pierwszym napotkanym ujęciu wody i „śliniak" znów był gotowy do użycia. W trakcie wyjazdu, na którym testowaliśmy ten patent, akurat maksymalne temperatury nie przekraczały 18 stopni Celsjusza, więc kombinezon sprawował się idealnie. Natomiast w ciepłe i gorące dni wystarczy zadziałać w odwrotnym kierunku. Przed jedzeniem po prostu pozbawić malucha wszystkich ubrań i po zakończonej uczcie i zabawie z jedzeniem spłukać/wytrzeć ;).

Gdy opowiadamy znajomym o przygodach z wyjazdów rowerowych z naszymi córkami, badzo często widzimy zdumienie lub nawet lekkie przerażenie na ich twarzach. Największy szok wywołują noclegi z dziećmi w namiocie, szczególnie te w niskich — czasami lekko ujemnych temperaturach. Wtedy tłumaczę, że mamy dobre maty, ciepłe puchowe śpiwory. Gdy to nie pomaga, a znajomi są rodzicami, wtedy pytam, czy jak ich dziecko miało pół roku, rok, to czy zimą wychodzili z nim na spacery w wózku? No, wychodzili. A co dziecko wtedy robiło? No, spało. No właśnie — odpowiadam — no i my też tak sobie smacznie w naszym namiocie z dziećmi śpimy! :)

* * *

Ekipa Gurdziołków: mama Monia, tata Tomek, córki: Ala (7 l.) i Lilka (2 l.)
www.podrozekunaturze.pl

Od 5 lat rodzinnie w drodze na dalszych i krótszych wyjazdach rowerowych. Z dziećmi odwiedziliśmy już wiele miejsc w Polsce, jeździliśmy po Czechach, Słowacji, Czarnogórze, Słowenii, Chorwacji Włoszech, Hiszpanii Francji i Gruzji. Podróżowanie rowerem to nasza odskocznia od codzienności, od czterech ścian, od pośpiechu. Ciągnie nas ku przyrodzie, górom i dzikim biwakom. I uważamy, że dziecko też człowiek — podróżować lubi!

A ze starszym dzieckiem?

Marek Miłoszewski
www.rower.memorek.pl

Pierwsze przeszkody pojawią się jeszcze przed wyjazdem. To opór kochających cioć i wujków, którzy na wszelkie sposoby będą Was przekonywać, że jazda na rowerze, po kilka godzin dziennie, to straszna krzywda dla dziecka. A spanie pod namiotem to wręcz znęcanie się nad nim. Wreszcie i w Was pojawią się wątpliwości. Czy dziecko sobie poradzi? A co, jeśli zaskoczy nas zła pogoda? Gdzie spać? Jakie drogi wybrać? Warto jednak spróbować. Nic tak nie integruje rodziny jak wspólnie przebyta droga.

Czy dziecko sobie poradzi?
Oczywiście. Wystarczy tylko jechać wolniej. I to w zasadzie najważniejsza rzecz. Trzeba po prostu zredukować nasze, rodziców, oczekiwania. Warto umówić się, że zawsze dziecko jedzie na przedzie. Chodzi z jednej strony o to, żeby mieć je na oku, a z drugiej — żeby jechać tempem dziecka. Niech jedzie tak szybko, jak jest mu wygodnie. Nie popędzajcie, nie naciskajcie na pokonywanie kolejnych kilometrów. Jeśli uda się „wpłynąć na ambicję", to oczywiście maluch przejedzie jeszcze kilka kilometrów, ale lepiej skończyć wyprawę z lekkim niedosytem, niż przesadzić i zniechęcić się do kolejnych wyjazdów.

Co zrobić z bagażem?
Najlepiej, jeśli wszystko wiozą rodzice. Sama jazda jest dla dziecka wystarczającym wysiłkiem, nie ma potrzeby dokładać mu ciężarów. Jeśli obawiasz się, że nie uda się Wam zmieścić w sakwy rodziców, to warto zainteresować się przyczepkami bagażowymi do rowerów, których jest sporo na rynku. Jeśli wcześniej woziliście dziecko w przyczepce, to może teraz, kiedy przesiadło się na własny rower, przerobić ją na towarową? Dobrze jednak, żeby dziecko wiozło coś własnego. Lekkiego, ale ważnego. Młodsze dziecko będzie szczęśliwe, wioząc swoje wiaderko i łopatki do piaskownicy. Starszemu możecie zapakować np. karimaty. Są lekkie, a swoim rozmiarem dadzą dziecku poczucie wożenia ważnego bagażu. Dziecko może też wieźć w torebce podsiodłowej drobne prezenty dla ludzi, którzy w drodze Was przyjmą albo Wam pomogą.

Gdzie spać?

Oczywiście najlepszy i najtańszy nocleg to spanie pod namiotem. Niekoniecznie na polu namiotowym. Przecież prysznic i pranie potrzebne są co drugi, trzeci dzień. A do codziennej toalety wystarcza jezioro albo po prostu butelka wody. Dziki kemping to dla dzieci wielka atrakcja. Czasem jednak zdarza się, że dalej nie da się po prostu jechać. Jeśli dziecko obetrze sobie piąty punkt podparcia (rowerzysta opiera się piątym punktem podparcia na siodełku) albo najzwyczajniej nie ma siły jechać dalej, a pod ręką dostępny jest tylko hotel, to nie ma co naciskać na dalszą jazdę. Taki hotel od czasu do czasu też ma swoje zalety. Ciepły prysznic, pranie ciuchów w hotelowej pralni i rano obfite śniadanie.

Jak motywować?

Ale co zrobić, żeby dziecko po kilku dniach jazdy chciało jechać dalej? Dla dorosłego jazda na rowerze może być przyjemnością samą w sobie, ale maluch? Nie warto manipulować czy wjeżdżać na ambicję. Prędzej czy później obróci się to przeciw rodzicowi. Wybierzcie jakiś cel. Powiedzcie dziecku, że wieczorem będzie kąpiel w jeziorze albo kręcone lody, albo ognisko. Jeśli dziecko lubi zwiedzać, można jako cel pokazywać jakieś atrakcyjne miejsce na trasie. Zawsze jedźcie „dokądś".

Akcja „folia" — i deszcz jest niestraszny

Akcja „folia"

A co jeśli popsuje się pogoda? W dużym deszczu nie warto jeździć. Wiadomo — przemoczone dziecko to nie tylko możliwość przeziębienia, ale też zniechęcenie. Jednak drobny deszcz, jeśli mamy dobre ciuchy, nie powinien nas zatrzymywać. A na nagłą ulewę można stosować „akcję folia". Kiedy pada już tak, że nie da się jechać, postawcie rowery, nakryjcie je folią malarską i siądźcie pod nią, czekając, aż przestanie padać. Deszcz z problemu stanie się atrakcją.

Którędy jechać?

Trasę trzeba dobrze przygotować. Szczególnie wtedy, kiedy dopiero zaczynamy dłuższe wyjazdy z dzieckiem. Dorosły, jadąc sam, bez problemu dołoży na koniec dnia kilkanaście kilometrów, żeby dojechać w lepsze miejsce na nocleg. Dziecko może nie dać rady, dlatego dobrze wcześniej zaplanować noclegi, by o zmroku uniknąć nerwów. Jeśli chodzi o wybór nawierzchni, to tu trzeba posłuchać dziecka. Jedno będzie wolało śmigać po asfalcie, drugie wybierze spokojną jazdę łąkami. Wiadomo, że na drogach im lepsza nawierzchnia, tym więcej samochodów. A tych, szczególnie z młodszymi dziećmi, lepiej unikać. Zatem jeśli asfalt, to tylko drogi boczne.

Sprzęt

Rower, który wytrzymuje zabawy na podwórku, niekoniecznie sprosta wymaganiom dłuższego wyjazdu. Nie musi to być supernowoczesny karbonowy „ścigant". Może to być prosta maszyna. Ale musi być sprawna. Rowery dziecięce są często w fatalnym stanie. Na co dzień używane do jazdy przed domem, gdzie są poddawane katuszom zabawy z kolegami, którzy „chcieli się przejechać". Przed wyjazdem warto sprawdzić wszystko to, co powoduje opory w czasie jazdy. Stare piasty, klocki hamulcowe trące o koła, nienasmarowany łańcuch. To wszystko będzie dokładać dziecku wysiłku.

A co w nagrodę?

Podróże kształcą. Dosłownie. Mateusz już przyzwyczaił się, że kiedy omawiają w szkole jakieś „historyczne" miejsce w Polsce, a on zgłasza się, cała klasa woła chórem: „Tak, wiemy, już tam byłeś".

W Puszczy Augustowskiej widzieliśmy wiele pamiątek walk i mordów z czasów II wojny światowej. Przez kilkanaście kilometrów rozmawialiśmy o trudnej historii Polaków, Niemców i Rosjan. Na koniec dnia Mateusz tak podsumował: „Tata, jeśli udało nam się pogodzić z Niemcami, to z Rosjanami też się zaprzyjaźnimy, prawda?". Czy można wyobrazić sobie lepszą lekcję historii? Ale dziecko zdobywa nie tylko wiedzę. Uczy się samodzielności. Wierzy w swoje siły.

Jest też całkiem wymierna strona podróżowania z dzieckiem. Wiele razy zdarzyło nam się, że właściciel pola namiotowego, gospodarstwa agroturystycznego czy nawet hotelu na widok małego rowerzysty rezygnował z opłaty i fundował nam darmowy nocleg. Widok dziecka na rowerze otwiera domy i serca. To zresztą kolejna nauka z podróży. Dziecko, na co dzień uczone, żeby „nie rozmawiać z obcymi", odkrywa, że ludzie są... dobrzy.

Wreszcie: w podróży jesteśmy sami ze sobą. Mimo że spotykamy po drodze wiele osób, to tak naprawdę jesteśmy na siebie skazani i możemy nadrobić zaległości ojcowsko-synowskie, które powstają w pełnym zajęć roku szkolnym.

Jak kupić pierwszą przyczepkę?

Joanna i Darek, www.bikeOVO.pl

Przyczepki rowerowe powoli stają się stałym elementem obrazu miejskiej i pozamiejskiej turystyki rowerowej.

Podział przyczepek

Główny podział przyczepek to ten ze względu na ich przeznaczenie. Będą to przyczepki bagażowe (towarowe, wyprawowe), coraz bardziej popularne przyczepki do przewozu zwierząt i grupa najszerzej reprezentowana — przyczepki rowerowe dla dzieci.

Ze względu na konstrukcję przyczepki dzielimy na te o miękkim i te o sztywnym dnie.

- Kabiny o miękkim dnie to najpopularniejsze konstrukcje, składające się ze stelażu wykonanego z aluminiowych bądź też stalowych rurek i z naciągniętego na nie poszycia z tkaniny. Grubszej i bardziej wytrzymałej na dnie i lżejszej na górę.
Wady: Mała sztywność i wytrzymałość konstrukcji, w porównaniu z przyczepkami z twardym dnem łatwiej uszkodzić podłogę. Dno jest mniej stabilne w momencie, gdy dziecko samo już wsiada do przyczepki. Istotny jest też brak możliwości regulacji oparcia

siediska, co zmniejsza znacznie komfort jazdy bardzo małych dzieci.
Zalety: Cena. Łatwość składania. Szeroki wybór. Takie przyczepki mają zastosowanie w mieście, podczas biegania, na wycieczkach o krótkim dystansie.

- Kabiny o sztywnym dnie (plastikowym lub aluminiowym) zasadniczo różnią się budową, opartą na wannie podłogowej wykonanej z twardego tworzywa bądź też z aluminium. Dodatkowo są one usztywniane ramą aluminiową, do której montowane jest zawieszenie. Kabina mocowana jest do ramy.
Wady: Cena — ilość i jakość zastosowanych materiałów zawsze wpływa na wyższą cenę.
Zalety: Większa sztywność konstrukcji i co za tym idzie, większe bezpieczeństwo dziecka podczas przewrotki lub uderzenia w przyczepkę (stelaż i dno tworzą wytrzymałą „klatkę"), sztywniejsze i bardziej wytrzymałe jest również zawieszenie. Dno jest bardziej odporne na uszkodzenia, a kabina jest bardziej ustawna — w niektórych modelach można pochylić siedzisko, by dziecko wygodnie spało. Przy takiej konstrukcji łatwo wymienić poszczególne elementy (na przykład boczną ściankę)

Zastosowanie przyczepek o sztywnym dnie jest dużo szersze :codzienne, całoroczne użytkowanie w mieście i poza nim, długie wyprawy zarówno latem, jak i zimą. Tego rodzaju przyczepki są doceniane przez wymagającego klienta (w górach, na nartach, w lesie, na plaży, w trudnym terenie). Są idealne dla osób częściej i dłużej eksploatujących przyczepki.

Kolejny podział wynika ze zróżnicowania przyczepek ze względu na to, ile dzieci pomieszczą. Przyczepki są jedno- i dwuosobowe, przy czym podział ten jest na początku dla rodziców powodem dylematów. Najczęstszy powód poszukiwania przyczepki jednoosobowej, to chęć posiadania małej, lekkiej przyczepki. Jednak różnice tak naprawdę dotyczą głównie przestrzeni kabiny i miejsca, jakie ma dziecko wewnątrz niej.

W przyczepce jednoosobowej przestrzeni jest dwa razy mniej przy prawie takim samym rozstawie kół. Różnice w rozstawie kół przyczepki jednoosobowej i dwuosobowej są tak niewielkie (ok. 10 cm), że warto się jednak zastanowić się nad przyczepką większą. A najlepiej jest wybrać taką, która może posłużyć zarówno jako jedno-, jak i dwuosobowa. Należy zwrócić uwagę na ilość szelek bezpieczeństwa oraz na możliwość posadzenia dziecka jadącego samodzielnie pośrodku kabiny.

Najważniejsze kryteria wyboru

Pierwsze, podstawowe i najważniejsze kryterium, jakie powinna spełniać przyczepka rowerowa, to bezpieczeństwo dziecka. Sposób jej wykonania i wykorzystane w niej materiały powinny bezwzględnie to kryterium spełniać. Pamiętajmy, że kabina, w której siedzi dziecko, jest najważniejszym elementem całej konstrukcji. Dlatego jej trwałość, niezawodność, użyte materiały i tkaniny, nie emitujące żadnych szkodliwych związków (zwłaszcza w upalne dni) są tak istotne. Wszystko to poza bezpieczeństwem wpływa też na komfort jazdy małych pasażerów.

Drugi ważny aspekt przyczepek to ich funkcjonalność. Od kilku lat powszechnym oczekiwaniem wśród użytkowników jest, aby typowa przyczepka rowerowa spełniała trzy funkcje — przyczepki rowerowej, wózka spacerowego i, przy okazji, wózka do biegania. Istnieją rozwiązania, które są wyłącznie przyczepką rowerową, ale są i takie przyczepki, które pozwalają doczepić narty, uprząż do ciągnięcia wózka, uprząż dla psa lub przekształcić ją szybko w wózek cargo. Są to tak zwane wózki wielofunkcyjne — wycieczka rowerowa jest tylko jednym z możliwych zastosowań. I takie rozwiązania budzą największe zainteresowanie.

Kolejnym kryterium jest waga przyczepki. Przy pierwszym zakupie, wielu klientów sugeruje się wagą i stąd często wybór pada na przyczepki jednoosobowe. Tymczasem waga, choć tak istotna dla każdego rowerzysty, nie musi być głównym kryterium przy doborze przyczepki, gdyż to właściwości jezdne, jakość wykonania kół, łożysk i opon, a także sztywność przyczepki wpływa na jakość i komfort jej prowadzenia. Z przyczepką dla dziecka jest związana naturalna prawidłowość: łączna waga, którą ciągniemy, jest zmienna... rośnie z każdym miesiącem życia naszej pociechy.

Jeszcze jedno kryterium (często najistotniejsze) to cena...

Czym różnią się przyczepki sprzedawane w cenie nawet kilku tysięcy złotych od tych sprzedawanych w sieci za 400 – 500 złotych?

To tak jak ze wszystkimi produktami na rynku. Po pierwsze, nie mamy gwarancji co do zastosowanych materiałów, bezpieczeństwa i jakości np. spawów czy przeszyć. Ważne też jest to, czy przyczepki te posiadają materiały atestowane i tworzywa sztuczne nie emitują trujących substancji. Pamiętać należy też, że przyczepka ta powinna spełniać obowiązujące normy europejskie, a także spełniać kryteria przewidziane przez prawo o ruchu drogowym.

Bardzo istotnym i wrażliwym elementem jest mocowanie dyszla — czy jest bezpieczne, wytrzymałe oraz zgodne z obowiązującymi przepisami. Także warto sprawdzić nieprzemakalność takiej przyczepki.

Wydaje się więc, że przed podjęciem ostatecznej decyzji należy też wziąć pod uwagę komfort dziecka, ilość miejsca, jakie będzie miało w kabinie, oraz to, czy nasze plany zakładają kolejnego potomka... wtedy najrozsądniejszym wyborem będzie dwuosobowa przyczepka rowerowa.

Jeszcze do niedawna przewożenie dzieci w przyczepkach rowerowych było w Polsce zabronione. Obecnie mamy przepisy, które to szczegółowo regulują, jak i normy, które obligują producentów do wykonywania ich zgodnie z przyjętymi wytycznymi.

Kiedy zacząć

Jednym z powracających pytań jest oczywiście pytanie podstawowe — od kiedy zacząć jeździć? Jeżeli traktujemy przyczepkę również jako wózek, możemy po dziecko pojechać nawet i do szpitala na porodówkę (historia zna takie przypadki). Wystarczy, że włożymy do niej specjalny leżaczek przewidziany dla niemowląt.

Termin i czas trwania pierwszej przejażdżki rowerowej wyznacza jednak dziecko. Na pewno nie możemy pojechać z dwumiesięcznym maluszkiem na wycieczkę po kostce brukowej. Jego układ kostny jest jeszcze niedojrzały. Krótkie wycieczki i spacery zaczynamy, gdy dziecko zaczyna samodzielnie siadać. Chyba, że mamy w przyczepce wspomniany wcześniej leżaczek lub hamak lub też nasza przyczepka jest wyposażona w system regulacji siedziska pozwalający leżeć dziecku, które jeszcze nie siedzi.

Wycieczka na początku nie powinna być za długa. Dwie, trzy godziny to w zupełności wystarczający początek. Nie podróżujemy z maluszkiem sześć, siedem godzin, tak samo jak nie wieziemy go przez wiele godzin w foteliku samochodowym. Potem to już zależy od dziecka. Większość maluchów uwielbia ten rodzaj outdoorowej aktywności.

Kiedy przychodzi odpowiedni moment i uznamy, że dziecko zaczyna jeździć na krótkie wycieczki na swoim rowerku, przyczepka może okazać się wspaniałym narzędziem, by go do tego motywować. Maluch może jechać przez część dystansu obok nas, a świadomość, że gdy przyjdzie zmęczenie, może liczyć na odpoczynek w przyczepce, daje dziecku poczucie bezpieczeństwa. Dla rodziców, głodnych kilometrów, taka świadomość pracuje jako motywator i każdy dostaje od wycieczki dokładnie to, czego oczekiwał. Dzięki takiemu rozwiązaniu możemy znacząco zwiększyć dzienny dystans pokonywanych kilometrów.

Amortyzacja. Czy to ma sens?
Jest to element wyposażenia, o który najczęściej pytają osoby szukające przyczepek. Na rynku dostępne są przyczepki w cenie już ok 400 zł posiadające sprężynę (reklamowane jako amortyzator), jak i te w cenie np. 5 tysięcy zł również posiadające amortyzację. Nie trudno domyślić się, że te najtańsze rozwiązania trudno nazwać działającą amortyzacją. Niestety rozwiązania w niektórych droższych modelach również pozostawiają wiele do życzenia. Problem polega na kompromisie pomiędzy konstrukcją przyczepki, systemem zawieszenia, ceną i jakością amortyzatora. Niejeden z nas ma wspaniałą amortyzację w rowerze i wydaje się, że bez niej nie może się obyć i przyczepka. Nie możemy jednak oczekiwać, że zapłacimy 1700 – 2000 zł za przyczepkę z amortyzacją, która będzie tak samo sprawna jak amortyzator w naszym rowerze, za który zapłaciliśmy często więcej niż za przyczepkę.

Mając przyczepkę z amortyzacją, musimy zawsze pamiętać, że wieziemy ze sobą dziecko. Nie zastąpi ona naszej ostrożnej jazdy i nie umożliwi nam jazdy po dowolnym terenie. Amortyzacja nie zniweluje większości nierówności na drodze, a kiepskiej jakości amortyzacja (np. stalowa sprężyna) może być elementem wręcz pogarszającym komfort jazdy. Wystarczy pomyśleć, jakimi amortyzatorami dysponujemy w naszych rowerach i w jaki sposób ich używamy, np. blokując skok amortyzatora w odpowiednim momencie.

Przy wyborze przyczepki, także ze względu na amortyzację, musimy zachować zdrowy rozsądek. Ostatnio dobrym pomysłem jest zastosowanie zamiast amortyzatorów opon balonowych, które również pełnią funkcje amortyzującą i są w rozsądnej cenie.

Przyczepka w transporcie
Jeszcze jednym, częstym kryterium, jakim kierują się klienci, jest łatwość złożenia i zapakowania przyczepki do samochodu. Jeżeli ktoś ma mały samochód, powinien się zastanowić nad przyczepką o takim

sposobie składania, aby jej wymiary po złożeniu były adekwatne do przestrzeni w bagażnika. Niektóre przyczepki można rozłożyć na pojedyncze części i schować je np. w bagażniku dachowym.

Najczęściej popełniane błędy przy zakupie pierwszej przyczepki:
1. Sugerowanie się tylko ceną.
2. Niesprawdzanie systemu zaczepu dyszla oraz jakości pasów bezpieczeństwa.
3. Zwracanie uwagi na parametry, które nie są do końca istotne dla bezpieczeństwa i komfortu — takie jak waga i amortyzacja.

Czym powinniśmy się sugerować przy pierwszym zakupie:
1. Bezpieczeństwo (jakość zastosowanych materiałów).
2. Kompaktowość przyczepki (system składania, funkcjonalność, wygoda dziecka wytrzymałość, jej użyteczność w różnym wieku dziecka).
3. Gdzie i jak będziemy używać przyczepki.

Najczęstsze błędy na wycieczkach:
1. Niedostosowanie trudności trasy do wieku dziecka.
2. Przegrzewanie dziecka w zamkniętej kabinie.
3. Za długie dystanse bez odpowiednich przerw.
4. Za szybka jazda i brawurowa jazda.

359 Kajtostany jak bociany, czyli urlop macierzyński w drodze

Hol „Follow Me"

Jurek Szczęsny

Kiedy moja córka nauczyła się jeździć na rowerze biegowym, to bardzo się ucieszyłem. Czekałem jednak, aż nauczy się jeździć na własnym rowerze z pedałami. Tak też się stało i moja radość była jeszcze większa. Jej była równie duża, bo mogła jechać tak, jak tata. Ale wielu kilometrów to dziecko samodzielnie nie przejechało. Zacząłem wozić jednocześnie fotelik i rowerek, który podczepiałem gumami do mojego roweru, kiedy córka się zmęczyła i siadała do fotelika. Byłem zachwycony, że potrafi jechać, ale nie podobało mi się to kombinowanie z jej rowerkiem i fotelikiem. Po jakimś czasie znalazłem rozwiązanie mojego problemu — kupiłem hol Follow Me. Od tego dnia mogłem cieszyć się dłuższymi wyjazdami z całą rodziną.

Hol to bardzo sprytny zaczep do roweru rodzica. Rower rodzica może mieć koła od 26 do 29 cali, a rower dziecka od 12 do 20 cali (odpowiada to od 3 do 9 lat dziecka). Kiedy dziecko potrafi już jeździć na dwóch kółkach na swoim pierwszym rowerze, to nic nie stoi na przeszkodzie, aby zacząć odbywać dłuższe wycieczki z naszą pociechą. Hol umożliwia bardzo szybkie odpięcie i zapięcie roweru dziecięcego w każdej sytuacji. Jeżeli się zmęczy, jadąc samemu lub wtedy, kiedy zamierzamy jechać drogą, która według nas jest niebezpieczna dla małego dziecka, wystarczy podłączyć i nie martwić się o bezpieczeństwo. Kiedy znajdziemy się ponownie na bezpiecznej drodze, dziecka rower możemy odpiąć i jedzie już ono samodzielnie. Jeżeli chcemy jechać własnym rowerem, możemy hol szybko zdjąć lub jeżeli nam nie przeszkadza, pozostawić go przymocowanego do naszego rowera. Nic innego nie musimy robić. Założenie zaczepu z powrotem zajmuje chwilę. Hol możemy zakupić do różnych rodzajów piast występujących w rowerach: piasty na zacisk, piasty na nakrętki oraz piasty z przerzutkami w środku. Hol mocujemy do roweru dorosłego, a parę dodatków do roweru dziecięcego. Przy rowerze dziecięcym są to dwie nakrętki z osiami do osi koła przedniego oraz zatrzask (trzymacz) montowany do ramy roweru dziecka. Hol przed używaniem trzeba jeszcze wyregulować do rozmiaru koła roweru dziecięcego. Jest to prosta czynność wykonywana płaskim kluczem. Jak już wszystko zamontujemy, wyregulujemy i przykręcimy, to możemy cieszyć się jazdą. A to wielka frajda dla obu stron. Jakby tego było mało, to okazuje się, że na ulicy też robi to wrażenie. Córka stwierdziła, że woli jechać ze mną na holu, bo jest w centrum uwagi i wszyscy się patrzą. A kiedy jedzie sama, to nikt specjalnie nie reaguje. Podobnie śmieszne sytuacje miałem, gdy jechałem po córkę do przedszkola z jej rowerem z tyłu. Wyglądało to tak, jakbym zgubił pasażera. Córka tak bardzo swobodnie czuje się na holu, że potrafi zbierać kwiaty z pobocza w czasie jazdy. Jednak radzę pilnować, aby dziecko trzymało się obiema rękami rowerka, co uchroni go przed upadkiem np. na nierówności. Dziecko pedałować nie musi, ale może i wtedy staje się częścią tandemu. Więc kiedy pedałuje, to nam pomaga. Bardzo dużą zaletą tego holu jest fakt, że nie przeszkadza nam w możliwości montażu na rowerze sakw tylnych, worków na górze czy też fotelika dziecięcego dla drugiego dziecka. Pomysłowy i w sumie niewielki przedmiot otwiera nowe możliwości podróżowania z dziećmi. Dotychczas oprócz jazdy po trasach lokalnych, odbyliśmy razem z Follow Me kilka wielodniowych wypraw rodzinnych po Polsce i za granicą.

Zalety holu tej firmy:
- Kompaktowość, zajmuje niewiele miejsca na rowerze i w domu.
- Poczucie bezpieczeństwa na drodze.
- Możliwość jazdy z pustym rowerkiem bez dziecka (np. dojazd po dziecko do przedszkola, z którego wraca już na własnym rowerze).
- Możliwość załadowania roweru sakwami z tyłu.
- Bardzo szybkie odpinanie i zaczepianie roweru dziecięcego.
- Uniwersalność wymiarowa — na koła od 12 do 20 cali.
- Solidne wykonanie (sztywność konstrukcji, brak pochyleń).
- Radość dla dziecka i rodzica.

Wyzwania

Podróż rowerowa sama w sobie może być wyzwaniem. Mimo to, żeby nie było nam za lekko i za wspaniale, wyzwaniem jest również świat zewnętrzny.

Każdy ma swój sposób na psy. © Michał Sitarz

Psy

Są na ogół najlepszymi przyjaciółmi człowieka, ale nie są najlepszymi przyjaciółmi rowerzysty. Wystarczy, że na horyzoncie pojawi się turysta na czymś, co ma dwa koła i porusza się, wydając dziwne dźwięki, a w każdym prawdziwym psie budzi się uśpiony myśliwy.

Cóż, pies. Wśród rowerzystów pytanie: „Jak sobie radzicie z psami?" jest tak samo żywe, jak to: „Gdzie tu jest dobra knajpka?".

Najwięcej historyjek dotyczy psów w Turcji, Gruzji, na Ukrainie i w Rumunii. Również psy w Tybecie (mastiffy tybetańskie) nie słyną ze swej buddyjskiej natury. Polskie wiejskie „burki" też potrafią uczepić się nogawki i pędzić za rowerem.

Jak sobie z tym poradzić?

Jest kilka sposobów, które mniej lub bardziej się sprawdzają:

- Kamienie w kieszeniach lub w torbie na kierownicy dodadzą Wam nieco pewności siebie. Czasami samo schylenie się po kamyk bywa skuteczne. Nie potrzeba w psiaka od razu rzucać.
- Kijek do opędzania się.
- DogDazer, czyli odstraszacz psów. Jego zadaniem jest wydzielanie bolesnych dla zwierzaka ultradźwięków. Należy pamiętać, by nie przesadzić. Za długie przyciskanie guzika tylko rozsierdzi psa jeszcze bardziej.
- Rozmowa. Pies to też człowiek. Bardzo często rozmowa działa. Należy się zatrzymać i spokojnie odezwać się do psa. Większość psów zrezygnuje z dalszej gonitwy.

RUMUŃSKIE BESTIE

Ania
www.na-azymut.pl

Zwierzęta to nieodłączny element naszych wypraw rowerowych. Z Norwegii pamiętamy spłoszonego łosia, z Francji olbrzymie stada krów i dzika, w Bułgarii kolega Tomstein zachwycał się rzadko spotykanymi kraskami, a w Rumunii były psy... mieszkańcy ulic. Zaniedbane, często wygłodzone i ze smutnym wyrazem pyska. Nigdy nie miały obroży, nawet jeśli wybiegały zza czyjegoś płotu, to mam wrażenie, że były zdane tylko na siebie. Widok tych psów budził dwa odmienne odczucia: współczucie i strach... bo nigdy nie wiadomo, co zrobi półdziki pies lub cała ich gromada.

Już przed wyjazdem do Rumunii znajomi ostrzegali nas przed psami. Zapobiegawczo Gosia zabrała ze sobą gaz pieprzowy, który niejednokrotnie w obliczu kilku olbrzymów dodawał nam odwagi, a został użyty chyba tylko raz, kiedy to Gosia i Czesio odłączyli się i wypełniali misję odzyskania zagubionych zapięć. Napadło ich wtedy kilka rozwścieczonych psów pasterskich. Nie widziałam tego na własne oczy, ale opowieści brzmiały strasznie...

Mniej przyjemną przygodę z psem mieliśmy również, kiedy jechaliśmy w nocy w stronę Trasy Transfogaraskiej. Wściekły burek prawie stracił życie pod kołami samochodu, próbując doścignąć nasz peleton. Jechałam wtedy chyba jako trzecia lub czwarta. Kiedy go usłyszałam, a potem zobaczyłam, jedyne, co mi przyszło na myśl, to krzyknąć do prowadzącego Czesia: „Spiep***my". Udało się uciec, ale było naprawdę blisko... Jadąc w tamte strony, powinniście się wyposażyć w gaz pieprzowy i już sprawdzony przez nas DogDazer, bo nigdy nie wiadomo, czy za zakrętem nie czai się jakiś czworonóg gotowy do pogoni za rowerem.

Zaproszenie do domu

Być może w trakcie Waszego wyjazdu będziecie gośćmi u kogoś. Pozwolicie zaprosić się na obiad lub nocleg.

Nie zdziwcie się, jeśli za pierwszym razem taka oto propozycja po prostu Was przytłoczy, może nawet wystraszy, i odmówicie miłemu gospodarzowi. Tak było z Anią. Do dzisiaj pamięta, jak chyba już w drugim dniu w Iranie dostała taką właśnie propozycję. Oczywiście poprosiła Robba, żeby się nie zgodził. Co tu dużo mówić: po prostu się wystraszyła. Dzisiaj już sama do końca nie pamięta, o co właściwie chodziło. Było to dla niej nowe i zaskakujące. W Europie ludzie nie zapraszają przecież obcych, ot tak, do siebie na noc. Tak samo może być z Wami, ale nie przejmujcie się.

Jeśli już się z tym oswoicie i polubicie to, sami będziecie wypatrywać okazji, by kogoś odwiedzić, zobaczyć, jak mieszka, poznać. Wspaniała rzecz.

Plusy takich spotkań

- Darmowe spanie pod dachem.
- Na pewno nie wyjedziecie głodni. Poznacie lokalną kuchnię. Być może sami będziecie mieli okazję zabłysnąć kulinarnie i ugotować coś gospodarzom. Np. polską zupę ogórkową.
- Zostaniecie napojeni regionalną herbatką.
- Będziecie mieli okazję, żeby się porządnie umyć i wyprać swoje rzeczy.
- Poznacie miejscowe tradycje. Często takie wizyty kończą się odwiedzinami reszty rodziny. Nawet tej, która mieszka o kilkanaście kilometrów dalej. Zaproszenie na wesele do trzeciego kuzyna siostry mamy szwagra stryja też nie będzie czymś wyjątkowym.
- Zyskacie okazję do gimnastyki językowej. Przydatne będą umiejętności posługiwania się mową ciała i korzystania z rozmówek. Kto grał kiedykolwiek w kalambury, powinien sobie całkiem nieźle radzić.

Minusy

- Wieczorne zmęczenie po całym dniu pedałowania. Nie zdziwcie się, jeśli tuż po pysznej kolacji i krótkiej pogawędce nie będziecie mieli ochoty na wspólny wieczór. Może będziecie bardziej rozmowni rano przy śniadaniu?
- Może się zdarzyć tak, że nie poradzicie sobie z „natarczywą" gościnnością. Nie będzie Was bawić odpowiadanie na setki pytań, rozmowy do późnych godzin i brak prywatności.

Ważne jest, żeby w takich sytuacjach pamiętać o naszej odpowiedzialności względem gospodarzy. Nie traktujmy takich spotkań TYLKO jako okazji do darmowego noclegu. Szanujmy narodowe i religijne zwyczaje. Jest wiele miejsc na świecie, gdzie zwyczaje są niesamowicie istotne. W krajach muzułmańskich, dla przykładu, bez względu na płeć nie wypada siedzieć z rozłożonymi nogami czy wchodzić boso do łazienki (zawsze na progu leżą kapcie). Przed wejściem do domu należy ściągnąć buty itd. Co kraj to obyczaj. Najlepiej w takich momentach rozejrzeć się wokoło i podpatrzeć, co robią nasi gospodarze.

Na pewno będzie im miło, jeśli zostawimy im coś „po sobie". Jakąś małą pamiątkę. Niektórzy rowerzyści będą mieli ze sobą minialbum fotograficzny ze zdjęciami rodziny i domu. Niektórzy wożą ze sobą pocztówki i rozdają je w zamian za gościnę lub inną pomoc.

W ostatniej podróży mieliśmy ze sobą minidrukarkę. Zdjęcia, choć były wielkości wizytówki, sprawiały wszystkim masę radości.

Zdjęcia, choć były wielkości wizytówki, sprawiały wszystkim masę radości

Zmęczenie i nuda

Podczas długich podróży nadchodzi w końcu dzień, kiedy krajobrazy przestają zapierać dech w piersiach, ludzie wokoło są jak zwykle mili, herbata jest tak samo gorąca, kolejny klasztor, kościół czy meczet staje się kolejnym z wielu. Smutne, ale prawdziwe. Co wtedy zrobić? Wrócić do domu?

Nie, absolutnie nie!

W takich momentach cudownym lekiem będzie przerwa. Tak! Zrób sobie wakacje od wakacji. W dodatku w jakimś przyjemnym miejscu.

Zaszyjcie się w przytulnym hoteliku dla turystów i odpocznijcie. Nie róbcie niczego. Nacieszcie się miejscem. Taka przerwa zawsze dobrze robi. Nie trzeba się pakować i rozpakowywać. Nadróbcie zaległości w czytaniu książek, w kontaktowaniu się ze znajomymi, może wybierzcie się do fryzjera albo golibrody.

Po takiej przerwie powróci radość z podróżowania!

Pamiętajcie: wakacje od wakacji to ważna rzecz!

Kontuzje

Jak długo należy trenować? – jest to jedno z najczęściej zadawanych nam pytań. Trenować nie trzeba, ale trenować można. Dobra kondycja jest zawsze w cenie. Pierwsze dwa tygodnie i tak będą bolesne. Dla każdego. Nikt z nas na co dzień nie siedzi przez dobre pięć – sześć godzin na siodełku rowerowym i nie przebiera nogami.

Dlatego wszyscy muszą się do tego przyzwyczaić.

Najczęściej bolą pośladki, nawet wtedy, gdy kupiliśmy sobie „najwygodniejsze" siodełko pod słońcem. Ale zanim się do niego przyzwyczaimy, musi minąć kilka, kilkanaście dni. Dobrze będzie, jeśli przed wyjazdem „rozjeździmy" siodełko.

Bolą nas często ramiona. Cały ciężar górnej części ciała będzie teraz na nich spoczywał. Muszą się do tego przyzwyczaić.

Czasem boli też serce i duma. Zostawiliśmy za sobą znajomych i rodzinę. Zwyczajnie za nimi tęsknimy i odkrywamy, jak bardzo nam na nich zależy. A duma? Czasem zaboli, gdy przejedziesz ledwo 50 km z planowanych 120. Nie od dziś jednak wiadomo, że duma i ego są największym wrogiem człowieka.

Słońce. To nie najlepszy przyjaciel rowerzysty.

Uff, jak gorąco.

Jedni rowerzyści słońce uwielbiają. Wyeksponują swoje ciała i z każdą nadarzającą się okazją będą utrwalać apetyczną opaleniznę. Upał nie będzie im straszny.

Będą również tacy, którzy będą unikać słońca jak ognia. Jak to zrobić najlepiej? Na pewno przyda się krem UV, czapka, okulary przeciwsłoneczne. Nie bez powodu ludzie pustyni ubierają się od stóp do głów. Jest im chłodniej i nie narażają się na udary słoneczne.

O poparzenia słoneczne nie jest trudno. Czasami wystarczy chwila nieuwagi i wieczorem możemy mieć niemiłą niespodziankę. Nawet w lekko pochmurny dzień możemy się nieźle „spalić".

Ile jesteśmy w stanie wytrzymać? Jest kilka sposobów na jazdę w upale.

Choć w kapeluszu i ciemnych okularach, twarz można spalić choćby żarem asfaltu i gorącego powietrza. Iran: Pustynia Dasht-e Kavir

Pustynia syryjska

Niektórzy rozpoczynają dzień o czwartej rano, a kończą w południe.

Inni rozpoczną dzień normalnie około ósmej, a o dwunastej zrobią przerwę w cieniu np. pod drogą w tunelu dla zwierząt albo w przydrożnej knajpce, ewentualnie rozbiją tropik i poleniuchują w cieniu. Po przetrwaniu największego upału pojadą dalej, tak długo, jak zechcą.

Wiatr

Wiatr jest wrogiem rowerzysty. Zwłaszcza jeśli wieje nam prosto w twarz, nie zmienia siły i kierunku przez kilka godzin, czasami dni. W dodatku jeśli sprawia, że poruszamy się 10 km na godzinę. Każdy by się zdenerwował i stracił swoją anielską cierpliwość, jeżeli wie, że wiatr przez najbliższe dni pozostanie bez zmian i ma sprawić, że rowerowanie zmieni się w walkę z wiatrem, a przyjemność uleci wraz z nim. Gdzieś daleko. Dlaczego nie podjechać kawałek? Zatrzymać przyjazną ekipę z ciężarówką albo wsiąść w autobus lub pociąg?

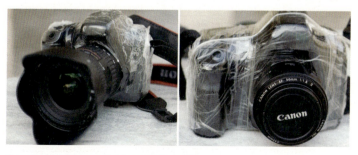
Aparaty gotowe do przejazdu przez pustynię

Droga

Droga może dać nam popalić na kilka sposobów. Przede wszystkim może być zła. Dziurawa albo z asfaltem w tak kiepskim stanie, że lepiej, żeby go wcale nie było.

Na szczęście taka droga też ma swoje ciche plusy — im gorszy asfalt, tym mniej samochodów i niejeden rowerzysta woli jechać po falistym żwirze niż po pięknej betonowej autostradzie.

Ruch uliczny jest chyba bardziej męczący niż powierzchnia drogi. Jest głośny, natrętny i zwyczajnie niebezpieczny. Każdy z nas mocno wierzy, że kierowcy są rozsądni i wiedzą, co robią — i tego się trzymajmy. Inaczej nigdzie byśmy przecież nie pojechali.

Czy to jeszcze jest podróż rowerowa? Laos po deszczu

Jazda na rowerze to samo zdrowie. Na ogół. Iran

Zakończenie

Teraz pozostało Wam już tylko jedno: ruszyć w świat. Już wiecie, że nie jest ważne, jak daleko jedziecie, i nie jest ważne, na jak długo. Najważniejsze, że teraz wszystko zależy tylko od Was.

Pozdrawiam
Robert „Robb" Maciąg